喻园新闻传播学者论丛

传媒进化论

THEORY OF MEDIA EVOLUTION

石长顺　著

社会科学文献出版社
SOCIAL SCIENCES ACADEMIC PRESS (CHINA)

喻园新闻传播学者论丛
编辑委员会

总　序

置身于全球化、媒介化的当下，我们深刻感受与体验着时时刻刻被潮水般的信息所包围、裹挟和影响的日常。这是一个新兴的信息技术日新月异快速变革和全面应用的时代，媒介技术持续地、全方位地形塑着人类社会信息传播实践的样貌。可以说，新闻传播的形态、业态和生态，在相当程度上被信息技术所决定和塑造。"物换星移几度秋"，信息技术的迭代如此之快，我们甚至已经难以想象，明天的媒体将呈现什么样的面貌，未来的人们将如何进行相互交流。

华中科技大学的新闻传播学科，就是在全球科技革命浪潮高涨的背景下开设的，在学校所拥有的以信息科学为代表的众多理工类优势学科的滋养下发展和繁荣的。诚然，华中科技大学新闻与信息传播学院还是一个相对年轻的学院。1983年3月，在学院的前身新闻系筹建之时，学校派秘书长姚启和教授参加全国新闻教育工作座谈会。会上，姚启和教授提出，时代的发展，尤其是科学技术日新月异的进步，将对新闻从业者的媒介技术思维、素养和技能提出比以往任何时代都高的要求。当年9月，我们的新闻系成立并开始招生。成立后，即确立了"文工交叉，应用见长"的发展思路，强调培养学生的动手能力和应用能力，强调在科学研究和人才培养上，充分与学校的优势理工类专业交叉渗透。

1998年4月，新闻系升格为学院。和其他新闻传播学院的命名有所不同，我们的院名定为"新闻与信息传播学院"，增添了"信息"二字。这是由当时华中科技大学的前身——华中理工大学的时任校长，也是教育部前部长周济院士所加。他认为，要从更为广阔的视域来审视新闻与传播活动的过程和规律，尤其要注重从信息科学和技术的角度来透视人类传播现象，考察传播过程中信息技术与人和社会的关系。"日拱一卒，功不唐捐"。一直以来，这种思路被充分贯彻和落实到我院的学科规划、科学研究、人才培养、社会服务等各项工作中。

因此，华中科技大学新闻与信息传播学院的最大特色，就是我们自创立以来，一直秉承文工交叉、融合发展的思路，在传统的人文学科和"人文学科+社会科学"新闻传播学科发展模式之外，倡导、创新和践行了一种全新的范式。在这种学科发展范式下，我们以"多研究些问题"的学术追求，开拓了以信息技术为起点来观察人类新闻传播现象的视界，建构了以媒介技术为坐标的新闻传播学科建设框架，形成了以"全能型""高素质""复合型""创新型"为指向的人才培养目标，建立了跨越人文社会科学、科学技术和新闻传播学的课程体系和师资队伍，营造了适合学生实践技能和科技素质养成的教学环境。

就学科方向而论，30多年来，学院在长期的学科凝练和规划实践中，形成了相对稳定的三大支柱性学科方向：新闻传播史论、新媒体和战略传播。在本学科于1983年创办之时，新闻传播史论即是明确的战略方向。该方向下的教学和研究工作主要包括：马克思主义新闻观与思想体系、新闻基础理论、新闻事业改革、中外新闻史、传播思想史、传播理论、新闻传播学研究方法等领域；在建制上则包括新闻学系和新闻学专业（2001年增设新闻评论方向），此后又设立了广播电视学系和广播电视学专业（另有播音与主持艺术专业）、新闻评论研究中心、马克思主义新闻观教研平台等系所平台。30多年来，在新闻传播史论方向下，学院尤为重视新闻事业和思想史的研究，特别是吴廷俊教授关于中国新闻事业史、张昆教授关于外国新闻事业史的研究，以及刘洁教授和唐海江教授关于新闻传播思想史、观念史和媒介史的研究，各成一家，卓然而立。

如果说新闻传播史论方向是本学科的立足之本，那么积极规划新媒体方向，则是本学科建构自身特色的战略行动。20世纪90年代中期，互联网进入中国，"新媒体时代"正式开启。"不畏浮云遮望眼"，我们积极顺应这一趋势，成功申报并获批国家社科基金重点项目"多媒体技术与新闻传播"（主持人系吴廷俊教授），在新闻学专业下开设网络新闻传播特色方向班，建设传播科技教研室和电子出版研究所，成立新闻与信息传播学院并聘请电子与信息工程系主任朱光喜教授为副院长。此后，学院不断推进和电子与信息工程系、计算机学院等工科院系的深度合作，并逐步向业界拓展。学院先后成立了传播学系，建设了广播电视与新媒体研究院、媒介技术与传播发展研究中心、华彩新媒体联合实验室、智能媒体与传播科学研究中心等面向未来的研究平台，以钟瑛教授、郭小平教授、余红教授和笔者为代表的学者，不断推进信息传播新技术、新媒体内容生产与文化、新媒体管理、现代传播体系建设、广播电视与数字媒体、新媒体广告与品牌传播等领域的研究和教学工作，开我国新媒体教育教学和科学研究风气之先。

20 世纪以来，约在 2005 年前后，依托品牌传播研究所、广告学系、公共传播研究所等系所平台，学院逐步凝练和培育了一个新的战略性方向：战略传播。围绕这个方向，我们开始在政治传播、对外传播与公共外交、国家公共关系、国家传播战略、中国特色网络文化建设等诸领域发力，陆续获批系列国家课题，发表系列高水平论文，出版系列学术专著，对人才培养起到了积极支撑作用，促进了学院的社会服务工作，提升了本学科的影响力。可以说，战略传播方向是基于新媒体方向而成型和建设的。无论是关于政治传播、现代传播体系、对外传播与公共外交，以及国家传播战略方面的教学还是研究工作，皆是立足于新媒体发展和广泛应用的现实背景和演变趋势。在具体工作中，对于战略传播方向的进一步深入推进，则是充分融入了学校在公共管理、外国语言文学、社会学、中国语言文学、哲学等学科领域的资源，尤其注重与政府管理部门和业界机构的联合，最大限度整合资源，发挥协同优势。"既滋兰之九畹兮，又树蕙之百亩"。近年来，学院先后组建成立了国家传播战略研究院和中国故事创意传播研究院，张昆教授、陈先红教授等领衔的研究团队在建构本学科的社会影响力方面，起到了非常积极的作用。

"却顾所来径，苍苍横翠微。"本学科诞生于 20 世纪 80 年代初信息科技革命高涨的时代背景之下，其成长则依托于华中科技大学（1988—2000 年为华中理工大学）信息科学和人文社会科学的优势学科资源，凝练和规划了新闻传播史论、新媒体和战略传播三大支柱性学科方向，发展的基本思路是学科交叉融合。30 多年来，本学科的学者们前赴后继、薪火相传，从历史的、技术的、人文的、政策与应用的角度，观察、思考、研究和解读了人类的新闻与传播实践活动，丰富了中外学界关于媒介传播的理论阐释，启发了转型中的中国新闻传播业关于媒介改革的思路，留下了极为丰厚和充满洞见的思想资源。

现在，摆在读者诸君面前的"喻园新闻传播学者论丛"，即是近十多年来，在这三大学科版图中我院学者群体留下的知识贡献。这套论丛，包括二十余位教授的自选集及相关著述。其中，包括吴廷俊、张昆、申凡、赵振宇、石长顺、舒咏平、钟瑛、陈先红、刘洁、何志武、孙发友、欧阳明、余红、王溥、唐海江、郭小平、袁艳、李卫东、邓秀军、牛静等诸位教授的著述，共计30余部，其论述的领域，涉及新闻传播史、媒介思想史、新闻理论、传播理论、新闻传播教育、政治传播、新媒体传播、品牌研究、公共关系理论、风险传播、媒体伦理与法规等诸多方向。可以说，这套丛书是华中科技大学新闻传播学者最近十年来，为新闻传播学术研究所做的知识贡献的集中展示。我们希望以这套丛书作为媒介，在更广的学科领域和更大知识范畴的学者、学人之间进行交流探讨，切磋学术，为当代中国的新闻传播学术研究提供华中科技大学学者的智慧结晶和思想。

当今是一个新闻业和传播业大变革、大转折的时代，新闻传播业正在经历人类历史上"百年未有之大变局"。首先是信息科技革命的决定性影响。对当前和未来的新闻传播业来说，技术无疑是第一推动力。大数据、云计算、区块链、物联网、人工智能等技术，持续带来翻天覆地的变革，不断颠覆、刷新和重构人们的生活与想象。其次是国际化浪潮。当前的中国正在越来越走近世界舞台中央，"讲好中国故事""传播好中国声音"，中国文化"走出去"和提升文化软实力，是国家层面的重大战略，这些理应是新闻传播学者需要面对和研究的关键课题。最后是媒体业跨界发展。在当前"万物皆媒"的时代，媒体的概念在放大，越来越呈现出网络化、数据化、移动化、智能化趋势。媒体行业的边界极大拓展，正在进一步与金融、服务、政务、娱乐、财经、电商等行业产生更紧密的联系。在这个泛传播、泛媒体、泛内容的时代，新闻传播的研究本身也需要加速蝶变、持续迭代，以介入和影响行业实践的能力彰显学术研究的价值。

由是观之，新闻传播学的理论预设、核心知识可能需要重新思考和建构。在此背景下，华中科技大学新闻传播学科正在深化"文工交叉，应用见长"的学科建设思路，倡导"面向未来、学科融合、主流意识、国际视野"的发展理念，积极推进多学科融合。所谓"多学科融合"，是紧密依托华中科技大学强大的信息学科、医科和人文社科优势，在新的时代条件下，以面向未来、多元包容和开放创新的姿态，通过内在逻辑和行动路径的重构，全方位、深度有机融合多学科的思维、理论和技术，促进学科建设和科学研究的效能提升和知识创新。

为学，如水上撑船，不可须臾放缓。展望未来，我们力图在传统的新闻传播史论、新媒体和战略传播三大支柱性学科方向架构的学术版图中，在积极顺应信息科技革命、全球化发展和媒体行业跨界融合的过程中，进一步凝练、丰富、充实、拓展既有的学科优势与学术方向。具体来说，有如下三方面的思考。

其一，在新闻传播史论和新媒体两大方向之间，以更为宏大和开阔的思路，打破学科的壁垒，贯通科技与人文，在新闻传播的基础理论、历史和方法研究中融入政治学、社会学、语言学、公共管理学、经济学等学科的思维方式和理论资源，在更广阔的学科视域中观照人类新闻传播活动，丰富学科内涵。特别的，在"媒介与文明"的理论想象和阐释空间中，赋予这两大学术方向更大的活力和可能性，以推进基础研究的理论创新。

其二，在新媒体方向之下，及时敏锐地关注 5G、人工智能、云计算、区块链等新兴技术日新月异的发展演变，以学校支持的重大学科平台建设计划"智能媒体与传播科学研究中心"为基础，聚焦当今和未来的信息传播新技术对人类传播实践和媒体行业的冲击、影响和塑造。在此过程中，一方面，充分发挥学校的计算机科学与技术、电子信息与通信、人工智能与自动化、光学与电子信息、网络空间安全等优势学科的力量，大力推进学科深度融合发展，拓展本学科的研究领域，充实科研力量，提高学术产能；另一方面，持续关注和追踪技术进步，积极保持与业界的对话和互动，通过学术研究的系列成果不断影响业界的思维与实践。

其三，在新媒体与战略传播两大方向之间，对接国家面临的健康中国、生态保护、科技创新等重大战略，以健康传播、环境传播和科技传播等系列关联领域为连接带，充分借助学校在基础医学、临床医学、公共卫生、医药卫生管理、生命科学与技术、环境科学与工程、能源与动力工程等学科领域的优势，在多学科知识的有机融合中突破既有的学科边界，发掘培育新的学术增长点，产出标志性的学术成果，彰显成果的社会影响力和政策影响力。

从 1983 年到 2019 年，本学科已走过了 36 年艰辛探索和开拓奋进的峥嵘岁月，为人类的知识创造和中国的新闻事业改革发展贡献了难能可贵的思想与智慧。在人类的历史长河中，36 年的时间只是短短一瞬，但对于以学术为志业的学者们而言，则已然是毕生心智与心血的凝聚。对此，学院谨以这套丛书的出版为契机，向前辈学人们致以我们最崇高的敬意！同时，也以此来激励年轻的后辈学者与学生，要不忘初心，继续发扬先辈们优良的学术传统，奋力在当今和未来的时代里书写更为辉煌的历史篇章！

"潮平两岸阔，风正一帆悬。"在技术进步、全球化发展和行业变革的当前，人类的新闻传播实践正处于革命性的转折点上，对于从事新闻传播学术研究的我们而言，这是令人激动的时代机遇。华中科技大学新闻传播学科将秉持"面向未来、学科融合、主流意识、国际视野"的思路，勇立科技革命和传播变革潮头，积极推进多学科融合，以融合思维促进学术研究和知识创新，彰显特色，矢志一流，为建设中国特色、世界一流的新闻传播学科，为我国的新闻传播事业改革发展，为人类社会的知识创造，为传承和创新中华文化与文明做出应有的积极贡献！

张明新

华中科技大学新闻与信息传播学院教授、博士生导师，院长
2019 年 12 月于武昌喻园

前　言

　　本文集《传媒进化论》，是笔者第三部论文集，所选编的是 2010 年以来公开发表的近 50 篇论文。虽说本集中最早的论文发表已近十年，但今天阅读起来仍然觉得蛮有"味道"，细究起来恐怕还是与论文选题的新颖、研究视角的独特和语言表达的凝练有关。

　　论文集起名为"传媒进化论"，不是故弄玄虚，它是笔者在苦思冥想不得奇妙之时，恰逢今年暑期西藏之旅到拉萨的西藏自然科学博物馆参观达尔文进化论图片展，其间豁然受到启发，进而为笔者的文集取名如上。其一，笔者这十年的研究进程及成果，正是传媒进化的一个微观反映，文集收录的第一篇论文《媒体进化论：重塑现代广播电视主流媒体传播体系》便是明证；其二，"传媒进化"是文集中关于媒体在传媒技术进步的推动下，不断蜕变、转型和发展的真实写照；其三，"传媒进化论"反映了传媒的发展规律与趋向，传统媒体不死，新兴媒体不绝，这或许是现代传媒体系建构的生命力所在。

　　本书分为上、中、下三编。

　　上编：主要集中于融合传播创新研究。开篇论文为总起，即阐明了本论文集主题"媒体进化论"，认为新媒体的迅速崛起，改变了传统媒介生态，也引发了传媒融合治理模式的重构。在媒体竞合发展的新格局中，探索传媒如何建构新型主流媒体，重塑现代广播电视传播主体，重建现代广播电视三重关系，重构现代广播电视运作模式，重组现代广播电视话语体系，为现代传播体系的建构提供可资借鉴的思路。

本文集选题具有一定的前瞻性，特别观照了新传媒生态下的新型主流媒体建构、新闻生产模式创新及媒体融合等研究，观点较有新意。如《互联网思维下的新型主流媒体建构》，将新型主流媒体界定为以服务用户为主体价值取向，以开放平台为功能转型，以产品迭代为技术支撑的新型传媒主体。其特征表现为：互动与共生——新型主流媒体的生态因子；服务与开放——新型主流媒体的思维理念；品质与引导——新型主流媒体的传播效力。

前瞻性是学术研究应具备的目标元素，也是学术成果的价值体现。在"融合传播创新研究"的选编中，《物联网的传媒化生存》以专业的敏锐性，捕捉到物联网与互联网的最大区别在于后者是人与人之间的信息交互，是一个虚拟世界。而物联网则是对现实物理世界的感知和互联，即人与物体间的沟通和对话，这与传媒的信息传播沟通特征在本质上具有一致性。

研究的角度新，是笔者的学术追求。当社会普遍认为新兴媒体的崛起将重塑传媒生态格局的时候，笔者则反向思考"电视对新媒体的催生、重塑与范式化"及"新兴媒体的电视化现象"。笔者认为，一方面媒体融合推动了电视的新媒体化进程，另一方面电视媒体在科技、艺术、内容、媒体观念等方面也影响着新兴媒体的发展走向，形成了新兴媒体的电视化现象，创造了新媒体的"电视体"，范式化了新兴媒体的内在特质。

中编：主要突出电视传媒进化研究。集中从电视传播的角度探讨媒介发展问题。开篇以《审美话语·叙事话语·娱乐话语：中国文化电视发展六十年》为统领，回顾中国电视六十年的发展历程，探索文化电视从苏醒到复兴的多样化表达及其话语转变，即文化电视的解放，从权力话语转向审美话语，成就了一大批蕴含着哲理的文化电视作品；文化电视的崛起，从表现话语转向叙事话语，探索以讲故事的方式改变文化电视的语态；文化电视的复兴，从言语话语转向娱乐话语，让"文化+"提升文化电视的影响力和竞争力。

《为听而做：视听时代的电视媒介重塑——2012中国歌唱类选秀节目述评》视角新颖，从以视频为主体的电视选秀节目感受到对声音本质回归的追求，并从歌声之真、故事之真、评声之真三个维度诠释了电视听觉本真的内涵，这正是视听时代电视娱乐节目为听而做的垂范。

《中国广播电视公共服务体系建构》等文，延续了笔者对公共服务电视本质的一贯学术追求。笔者认为广播电视公共服务作为一个重要的学术话语，是对"市场失灵"的矫正，是实现城乡和地区公共服务均等化的重要举措。笔者还从公共电视的历史观照、公共利益的现实考量和公共服务的理想追求等方面，探索转型中的公共电视和中国电视的公共服务。与此同时，对窥视心理的婚恋娱乐、模式化的真人秀泛滥等进行反思，揭示那些曾经令人肃然起敬的人道主义的责任感和使命感在各种戏谑调侃下变得虚弱、虚伪的消费文化的生态真相。

下编：主要涉及传播教育改革研究。21世纪初的媒体融合打破了传媒生态格局，同时波及新闻传播教育改革，影响到未来新闻专业毕业生的职业道路。那么，媒体融合将如何影响新闻传播教育，未来传媒业需要什么样的人才，新闻教育期待怎样的培养模式创新，这些正是"媒体融合与新闻传播专业教育改革"研究所需要探讨的主要问题。

本书相关研究认为，在倡导通识教育的同时，应至少与传媒业界的发展保持同步，为未来的职业生涯做好一定的专业教育铺垫。特别是在媒体融合的大背景下，需要培养跨学科的视野、跨学科的思维、跨学科的人才。过去，我国的新闻传播教育侧重于专识教育，"专业"分工越来越细，甚至将某些专业技能知识划分出"专业"类型，这与"融合"下的跨专业能力培养相去甚远。随着新闻传播领域以前所未有的速度不断地变革，未来从事这一职业的人必须能够迎接各种各样的挑战。新闻传播教育也应迎合创新人才培养的国际化趋势，在教学理念、教学模式和教学体系方面不断创新。

今天的世界已经进入媒体融合时代，融合正在影响新闻传播教育，新闻教育期待培养模式创新！

目　录
CONTENTS

上编　融合传播创新研究

下编　传播教育改革研究

上编　融合传播创新研究

媒介进化论：重塑现代广播电视主流媒体传播体系

内容摘要： 新媒体的迅速崛起，改变了传统媒介生态，也引发了传媒治理模式的重构。在媒体竞合发展的新格局中，传媒如何建构新型主流媒体，重塑现代广播电视传播体系，成为本研究的核心。本文主要探索重塑当下传播主体多元化的形态格局，建构媒体间优势互补和满足用户需求的多元化传播主体。此外还分别研究了重建现代广播电视三重关系、重构现代广播电视运作模式、重组现代广播电视话语体系等问题，进而探索如何打造一个强有力的现代广播电视主流媒体传播体系。

关键词： 媒介进化　媒介生态　传播主体　现代传播体系

新媒体的迅速崛起，改变了传统的媒介生态，也引发了传媒治理模式的重构。在媒体竞合发展的新格局中，传媒如何建构新型主流媒体，重塑现代广播电视传播体系，成为当代传媒变革的一项重大课题。

一　重塑现代广播电视传播主体

大众传媒作为重要的社会力量，其发展离不开信息技术及社会政治、经济等各方面的影响。在当前新媒体环境下，现代广播电视体系传播主体正在发生着深刻的变化。视听新媒体与传统广播电视的逐步融合，不仅改变了传统广播电视的媒介生态，也使得现代广播电视体系下的传播主体日益呈现多元化趋向。因此，重塑当下传播主体多元化的形态格局，打造多样化的新型主流媒体，建构媒体间优势互补和满足用户需求的多元化传播主体，对于重塑现代广播电视传播体系，增强媒体竞争力、传播力有着重要的现实意义。

"工作、睡觉和看电视"，曾经是二战之后整个发达国家人们做得最多的三件事，电视一度把人们黏在椅子和沙发上。而如今新媒介环境下的年青一代正从单纯对媒介的消费中转变过来，当他们观看在线视频（不是看电视）时，还能同时发表评论、进行分享、评分排名，甚至可以和远在千里之外的其他国家观众一起讨论。这种对自由时间的使用选择，并能同时通过社会化媒体与他人联系，这是传统电视无法企及的诉求，直到今天才逐渐被电视界认识并为之震惊。在当代，唯有加快转型升级，构建和发展现代广播电视传播体系，打造新型主流媒体，才能使之成为决定传媒市场格局的主导力量。现代广播电视传媒，作为"最新的补救性媒介"，遵从媒介进化的人性化趋势（保罗·莱文森，1979），实现着其自身媒介化的延伸，以视听"终端统一"的新形态拓展了媒介融合的崭新局面。其传播体系即以现代传媒技术为基础，调整组建具有新质影响力的新型主流媒体结构，重构广播电视传播整体系统（见图1）。

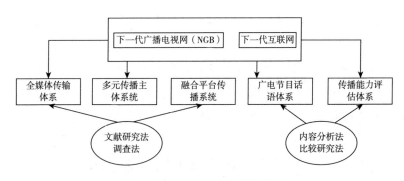

图1 现代广播电视传播体系框架

现代广播电视传播体系的特征表现为四个本质属性：现代性、融合性、主体性、分享性。

现代性。这是指广播电视媒体随着数字形态的变化演进为数字视听新媒体，实现跨媒介和跨国界传播。在进化论的视野里，现代传媒根植于多媒体传送系统及与社会、政治权力系统中，它必将带来一些相应的转变：视听新媒体的专业化发展在所有传媒领域日益加剧；媒介的市场化和媒介权力组织的集团化发展；"世俗化"文化主导地位的提升，及随之而来的传统媒体的衰落。现代广电传媒正是沿着这三个维度发展，并从传统媒介领域分离出来，成为一个逐渐现代化的调节系统和维持广电传媒发展不可或缺的基本条件。

融合性。这意味着现代广播电视媒体通过组织的合作与协作，利用多渠道、多平台发送更丰富的新闻和信息，以最大限度地传播给更多的公众。以网络视听产业为例，截至 2017 年 6 月，中国网络视频用户规模达 5.65 亿，用户使用率为 75.2%。其中，手机视频用户规模为 5.25 亿，手机网络视频使用率为 72.6%。[①]

这说明，在现代广播电视传播的框架体系层面，由网络视频和手机视频传输渠道等构成的融合平台传播体系，成为构成现代广播电视体系五个重要的子系统之一。

主体性。视听新媒体与传统广播电视的逐步融合，不仅改变了传统广电的媒介生态，也使得现代广播电视体系下的传播主体日益呈现多元化趋向。多元化是现代社会的最重要特征之一，因此，重塑当下传播主体多元化的形态格局，打造多样化的新型主流媒体，建构媒体间优势互补和满足用户需求的多元化传播主体有着重要的现实意义。依据不同的分类标准，现代广播电视主体可划分成不同的类型。从主体性质看，多元传播主体包括传统主流媒体、民营（商营）传媒主体和个人传播主体（如进入到公共话语空间的自媒体、公民记者、UGC 等）。2017 年 9 月初，东方明珠、看看新闻与联想宣布达成战略合作，合作三方将在客厅娱乐领域展开密切合作。东方明珠副总裁、百视通总裁史支焱认为，技术革新带来大屏的价值升级，与其说互联网是家庭客厅价值再发掘的入口，不如说家庭客厅娱乐也是互联网的最后一个增长机会。

---

① CNNIC：第 40 次《中国互联网络发展状况统计报告》，2017 年 8 月 4 日。

分享性。20世纪的媒介作为一种单一事件发展着，即消费，诚如电视的消极作用，它减少了人与人之间接触的时间。但实际上，"社交替代假说"理论告诉我们，人们实际使用媒介的目的，既包括消费，又喜爱创造与分享。特别是在现代广播电视传播语境下，涉及多样化的传播渠道整合，如手机电视传播平台的构建、广电"两微一端"的发布延伸、广电网台的融合推进等，这些渠道和传播平台的融合，让分享变得廉价，让全世界的人都成为潜在的参与者。其中，个人分享，能创造潜在价值；公用分享，能创造公用价值；公共分享，能创造公共价值；公民分享，能创造公民价值。

二　重建现代广播电视三重关系

在互联网时代，传统媒体所开创、建立及保持的大众传播秩序和关系已经改变，我们进入一个以信息大量生产与高速流动为特征的网络社会。在这个全新的生态系统中，人、媒体、信息以及三者之间的关系正在发生着巨大的变化，一种基于关系资源的构建所引发的"社会资本"在社会成员间进行重新分配的重大"关系革命"。面对这种改变，传媒业必须重塑在此环境中交往的人与组织的行为，推动传播关系变革，重构广播电视与用户、媒体、政府三重"新交流关系"。

广电与用户的情感共享关系。社会网状式的勾连、节点与节点之间的信息交换与互动关系，已成为新闻信息生产与传播的主要方式之一。"参与、对话、分享"的重要特性，使信息生产的语境、方式以及关系结构发生了颠覆性的变化。原来广播电视与用户之间的关系是简单的你播我看（听）的状态；移动互联网时代，广播电视与用户之间的传受关系，回归或增添了人与人之间的情感因素与互动关系。现代广播电视媒体与用户之间的关系不再仅仅是简单的信息传递与接收关系，更是一种情感交流与共享的关系。BBC早在2006年提出的"创造性未来"计划中，就明确将"年轻受众"和"积极主动的受众"作为重点开发的对象，以吸引他们更加主动地参与到节目的收看、讨论及分享过程中。BBC充分利用内容对用户的吸引力，加强与用户之间的联系，2007年又推出网络视频点播服务 iPlayer，成为影响力最广的传统媒体互联网视频服务品牌，被认为在广播电视数字化过程中具有里程碑的意义。

从过去重视以传播者为中心的生产关系，到现在重视以用户为中心的消费关系，再到移动互联网时代的体验关系，广电媒体尤其需要重点关注自身与用户的关系、内容与用户关系、用户与用户关系的打造。让用户的观看行为深入到社交网络中，通过好友间的分享观感和发送推荐，形成以内容为中心的社交圈。在内容与用户关系产品方面，逐步形成个性化定制、即时性获取、全景式体验和参与式生产运行机制。而广电与用户关系的维系，除了主要依赖提供独特的内容产品外，还要以用户需求为核心，实现终端服务优质化、渠道传输快捷化、平台数据集成化，变随机性的传受关系为嵌入式的供需关系，并以此作为办好媒体的终极目标和追求。

广电与竞争者的利益共生关系。广电媒体与新兴媒体的消长并不是简单的此消彼长的零和过程与线性发展关系，而是在竞争的过程中相互融合、共同发展的"伙伴关系"。在实施以平等、合作与开放为基本特征的"伙伴关系"战略过程中，广电媒体与新兴媒体突破原先的资源和市场边界，在不同地区和不同领域进行跨界整合，并开放自身资源，实现协同合作，形成新的价值网和经营模式。尤其在内源性织网中，应建立强链接关系，打造凝聚型关系。同时对旧有的采编机制进行颠覆性变革，调整内部组织结构，真正实现台网一体化运营和采编流程再造。

按照媒体融合发展需要，重构广播电视业务流程和运行机制，可以广播电视新闻制播为基础，打造新闻信息的"中央厨房"，做到一次性采集、多媒体呈现、多渠道发布，并在策划、采访、编辑、播发四个环节中进行变革，包括节目策划的"无缝对接"、节目编辑的"受众导向"变革和全媒体发送的多终端变革。目前，我国已有不少广电媒体开始尝试搭建"中央厨房式"的全媒体新闻中心。2017 年 8 月 19 日，人民日报媒体技术股份有限公司联合中国记协新闻培训中心、中国视协新媒体委员会、北京大学新闻与传播学院、清华大学新闻与传播学院、中国人民大学新闻学院、中国传媒大学新闻传播学部等单位共同建设的"中央厨房融媒体学院"揭牌，意在打造融合领域顶级的"一站式"教育服务专业机构，成为全国媒体行业高端人力资源市场需求的重要标志性事件。总之，要想创建一流媒体，真正融入现代广播电视体系，流程再造是最重要的基石。一个强大的编辑、策划平台，一支专业的融媒型记者团队，一种采编之间流畅的协调机制，加上集团内外公共数字平台的资源共享等，成为现代广电传播体系缺一不可的要素。

广电与政府的责任共治关系。传媒与政府两者的关系不应当是对立的，而应当是互相促进与监督的。政府作为社会管理者的角色，媒体作为社会监督者的角色，目的都是维护社会公共利益，促进社会更好的发展。2017年，国家新闻出版广电总局、国家网信办等部门先后密集下发《关于进一步加强网络视听节目创作播出管理的通知》《互联网新闻信息服务管理规定》《网络视听节目内容审核通则》《网络文学出版服务单位社会效益评估试行办法》《关于把电视上星综合频道办成讲导向、有文化的传播平台的通知》等一系列文件，引发"行业地震"。这一系列旨在维护行业健康发展的文件进一步说明：广电与政府关系的建构以社会责任为嵌入点，一方面广电按照传播规律对政府工作进行新闻报道和信息传播，使民众了解政府工作，促进政府的应变效率和政策执行力；另一方面，政府对广电的发展提供政策资源，对于维护社会共同利益具有积极意义。

三　重构现代广播电视运作模式

现代广播电视的建构发展，催生出各具形态的视听产业新模式，包括基于转型的媒介融合模式、基于用户的视听运营模式和基于创新的互动合作模式等。特别是当互联网虚拟世界越来越接近现实世界时，意味着现代广播电视运营模式将要被重新架构。如何构造一个供更多合作伙伴共同搭建、供用户自由选择的分享平台，是媒体融合时代需要思考的问题。而视听新媒体产业的发展，从本质上看，是基于互联网思维对传统广电的改造，在与互联网基因的深度融合中，实现生产体制、运作流程、产品形态等系统的创新和转型。

从传统广电渠道向视听新媒体渠道转变。新媒体技术的变革不仅改写了我们的社会生活，也改变了我们观看节目的渠道、终端和方式。保罗·莱文森认为，媒介革命经历了三个阶段，在第三个阶段，人们能够在任何地方、任何时间获取一切信息，包括图像、声音和词语等①。他认为，所有媒介终将变得越来越人性化，它们处理信息的方式越发像人一样自然，且优于已有的任何媒介。这是媒介环境学派的理想建构，国内外传媒集团全媒体战略实施为之提供了佐证。

渠道竞争力的核心是内容分发能力，它为广播电视节目进入多样化的媒介市场提供了潜能，特别是为观众提供了更为便捷的多样化的观看渠道选择。以互联网电视为例，现已成为许多国际知名频道抢占新高地的路径。英国 BBC 与推特网开展一系列合作，利用社交媒体在节目推广和内容分发中的优势，提升了 BBC 节目的触达率和知晓度。BBC 还专门针对 Twitter 的传播特点，制作了适合在该网播出的短视频节目，包括最新信息的背景，以及有关新闻的深度报道。这些短视频被传送到 BBC 在 Twitter 网上的 480 万@BBCWorld 接收终端，有效地延伸补充了传统 BBC 的播出渠道，得到了用户的极大关注。

传统广播电视媒体通过应用数字媒体新技术拓展的传播渠道，将促进广电应用程序成为当下的一个热点领域。有研究预测，到 2020 年，全世界基于新媒体应用程序的视频观看将占到整个收视时间的一半。这意味着，近半数的观众将"撇开电视机看电视节目"，大量的智能移动终端将可能凭借 App 之类的应用程序赢得越来越多的用户。为此，许多国际著名广播电视集团公司都在积极强化应用程序的开发。美国 CBS 利用新应用程序，不仅能播放该公司全天时段的完整版电视节目，还能提供 24 小时节目回放功能。此外，更值得关注的是 CBS 开发出所有热播节目的第二屏功能，并整合社交媒体互动功能，为广大用户提供一个与明星或选手直接互动的平台。美国 CNN 也于 2014 年 4 月推出了一个名为"收看 CNNx"（Watch CNNx）的平板电脑应用程序，拓宽了用户收看新闻的渠道和个人体验边界。

从单一模式向多渠道运营模式转变。传媒多渠道的数字业务运营转型，让广播电视台借助新媒体技术平台，开发出一些新业态，涵盖移动媒体、社交媒体、OTT 业务等。如处在媒体前沿的一些美国 ABC 地方电视台，已

---

① 〔美〕保罗·莱文森：《手机：挡不住的呼唤》，何道宽译，中国人民大学出版社，2004，第 170~171 页。

从多媒体终端上获取了占总体收入 10% 的广告收入。在我国，传统广播电视机构也开始转变观念，以用户需求为导向开发各类新服务，拓展媒体的增值空间。不论是传统电视节目，还是视频新内容，跨屏互动的设计都将成为未来成功节目的标配。在多屏合一的时代，用户的注意力越来越分散，只有激发传统媒体平台和新兴媒体平台之间的用户转化，才能真正保持传统媒体的持久影响力。媒体融合平台的本质，是服务性平台而非播出渠道平台，它呈现出显著的跨界特征。其目的是聚合资源，将不同的社会要素、产业要素聚合，为新功能的形成提供基础和动力。因此，这种聚合多发生在不同媒介之间，可以促进媒体产业形成上下游全覆盖的产业链。

上海文广传媒集团（SMG）的互联网电视（OTT），打造面向"走出去"的互联网电视运营模式，试图更全面地包罗整合产业链上下游，尤其是对下游的延伸。合并重组之后的 SMG 子公司——新百视通公司（BesTV）（2015 年 6 月 3 日变更为"上海东方明珠新媒体股份有限公司"），推出了"百视 TV"的旗舰 App 产品，将之前 SMG 旗下的所有新媒体及入口，全部集合到一个入口，让 SMG 集团所有的内容，包括新闻、综艺、体育、财经、影视、少儿等节目，集中在这个 App 上呈现。BesTV 依托 SMG 强大的视听内容创意与生产、新媒体管理与运营的综合优势，试行"基础服务+增值业务"的运营模式（简称"A+X"模式）。

百视通面对复杂的竞争局面，加快向产业链上下游的发展，将触角延伸至整个产业链，以争取掌握更多主动权和控制权。向上游渗透，即从单纯的内容整合集成编排，向内容制作、发行领域探索，并与国内外内容版权商合作，不断扩充新媒体版权库。向下游渗透，主要是加强终端产品的开发与合作，与相关企业、电信运营商形成更紧密的关联，构建更为持久的具有核心竞争力的新兴媒体产业链。从新百视通的公司构成看：重组后的百视通，已经拥有了原百视通的互联网电视播控平台、互联网视频企业风行网、Xbox① 上的 OTT 电视内容运营权，以及内容生产方尚世影业，

---

① Xbox，是由美国微软公司开发并于 2001 年发售的一款家用电视游戏机。Xboxone 百视通为闲暇时光带来更多选择，包括来自国内外的影视、纪实、动画、赛事、资讯、娱乐节目，每月更新上千小时，海量内容全面尽览。

它们已经营造出完整的一套互联网电视生态，从政策内容以及运营方面已经形成了完美的覆盖。

四　重组现代广播电视话语体系

现代广播电视传播话语体系构建，集中表现为广播电视话语权的建构，它通过话语文本内容、话语表达方式、话语传播理念、话语传播渠道的系统建构形成合力体系，以增强现代广播电视媒体的话语影响力。因此，研究话语平台的多重利用、话语主体的公众延伸、话语方式的开放联动、话语传播的首发引导等，将勾连出话语体系的基本框架。现代广播电视传播体系的构建和发展，必将寻找"鼠标"，形成基于"按键"模式的全球信息发布平台，提升中国话语的传播能力，并在世界传播新秩序的建构中发出中国媒体的声音。在全球化传播语境中，现代广播电视话语如何担当"壮大主流思想舆论"的责任，其表达的主题、风格和基调如何才能够激发观众的收视兴趣，如何在全球寻找中国的话语空间，在传播中正确传达中国声音成为目前必须思考的一个问题。

表达主题：社会价值的同构共生。在全球化语境中，由于文化的差异性和文化传播的复杂性，我国传统主流媒体报道往往以我为中心，忽略其他关键性的新闻语境。因此，未来在新闻题材的选择上需要不断改进和创新，既要以我为主，又要换位思考，根据不同地区观众文化差异和收视心理上与本土话题的契合点，最终要呈现给观众一幅多元（而不是单一传声筒）、立体的图景。特别是在一些重大突发事件新闻发生之后，当人们在得不到主流媒体的权威信息时，不得不通过其他渠道获得信息，这就给谣言和不实之词留出可乘之机，将严重损害中国声誉、形象，使中国主流广电媒体的公信力大大降低。

表达方式：广播电视的叙事传播。现代广播电视话语表达方式要根据受众的接受习惯进行调整，利用受众习惯的话语来表达新闻的核心观点。表达的故事化叙事和富有情感的传播，是被全球主要媒体所广泛采用的世界语言。CNN 提出"新闻就是 LIVE"的目标和口号，这个口号有两点诉求，一个是对现场直播（live）的追求，另一个就是对生活、生存状况

（live）的人文关怀。我国广电媒体的专业化传播，虽比 UGC 等自媒体传播有着很大的优势，但同样也应该减少抽象式、概念化的表达，学会通过故事化的报道风格，构建符合观众收视心理的新闻文本，达到贴近受众、贴近生活的目标，以激发受众的移情效应。

表达平台：话语影响力的整合域。面对竞争日趋激烈的国内外舆论态势，现代广电传播只有加强媒介传播力量整合，才能在世界传媒领域发出中国声音，树立良好的国家形象，广电媒体的内容资源与和品牌优势应借助新媒体延伸扩展。比如《见字如面》这档在当时看上去品位高雅、内容生僻、难如"俗"屏的节目，却赢得了年轻观众的心，一方面说明我们过去低估了受众的欣赏水平，而另一方面，促其成功的一个重要原因可能是通过腾讯视频的影响力和平台推广，成就了《见字如面》第一季的成功。腾讯视频平台上《见字如面》12 期节目斩获 1.7 亿次点击量，单期最高点击量超过 4800 万次，成为一场始料未及的文化之旅。作为台网联动方的腾讯视频与黑龙江卫视，搭建起一个以项目联动为基础的"互惠互利"框架，不仅带动了整个节目的影响力，反过来也作用于电视端，使这档节目脱颖而出。

随着新型传媒集团的构建，所有广电机构的传播平台都可能趋向"一元多屏"。2009 年，BBC 提出了"1+10+4"新媒体战略，即：一个品牌（BBC）；十个产品（包括新闻、数字广播、体育等）；四个终端（包括电脑、电视和手机等）。这样调整后，不仅收看 BBC 电视节目的传统观众没有减少，而且点击 BBC 线上平台产品的英国用户更是超过了 50%。我国中央电视台在整合统一内容资源的探索上，将新闻微博、微信业务和手机移动客户端相继开通，使央视品牌传播由单向渠道向多终端渠道、多元联动转型，新媒体和传统电视互相促进和推动。于 2016 年 12 月 31 日 12 时开播的中国国际电视台，即以"电视主打，移动优先"，实现了多形式采集、多平台共享、一体化生产、多终端分发。2017 年 2 月 19 日"央视新闻移动网"上线，实现多屏联动、互动分享、社交化功能，做到电视与新媒体一体化生产、通稿媒资共享、多平台分发，使用户不论是在"客厅，行走，身边"都能时刻见证、实时发现，有效地促进了媒介传播力量的整合。

　　总之，现代广播电视主流媒体传播体系的建构，应充分遵循新闻传播和新兴媒体发展规律，强化互联网思维，以传播力、公信力、影响力为目标，通过广播电视传播主体的重塑，与用户、竞争者、政府三重关系的重建，以及运作模式的重构、话语体系的重组，进而打造一个强有力的现代广播电视主流媒体传播体系。

（中国广播电影电视社会组织联合会

"新形势下广电媒体发展与责任研讨会"主题报告，2017）

全息时代媒体融合纵深发展的
三个维度[*]

内容摘要：媒体融合作为世界传媒发展主题，正在形成媒体全息化、现代化、综合化和全球化发展态势，表现出不同媒品形态、不同媒体介质和不同传媒主体融合的新特征。我国传媒要在世界传媒格局中增强竞争力，需要运用信息革命成果，推动媒体融合向高度、广度和强度三个维度纵深发展。新型主流媒体和新型传媒集团的建构，推动媒体向着更高层次的融合；县级融媒体中心建设与平台用户分享的激增，实现了媒介地理学上的空间扩张，进一步增强了新型主流媒体抵达受众用户的地域广度感；而推动传媒纵深融合向强度发展，则追求全程媒体无时不在的传播、全息媒体无处不在的传播、全员媒体无人不用的传播、全效媒体无所不及的传播。

关键词：全息媒体　纵深融合　用户体验　传媒格局

2019 年 1 月 25 日，习近平总书记主持中共中央政治局第十二次集体学习，专门就全媒体时代和媒体融合发展主题，到人民日报社媒体融合发展第一线调研。习近平强调，推动媒体融合发展、建设全媒体成为我们面临的一项紧迫课题。要推动媒体融合向纵深发展，做大做强主流舆论，巩

---

* 本文系教育部人文社科项目"智慧交通中的信息隐私顾虑及其行为效应研究"（编号：19C10487011）部分成果。

固全党全国人民团结奋斗的共同思想基础，为实现"两个一百年"奋斗目标、实现中华民族伟大复兴的中国梦提供强大精神力量和舆论支持。①

媒体融合作为世界传媒发展主题，正在形成媒体全息化、现代化、综合化和全球化发展态势，表现出不同媒品形态的融合、不同媒体介质的融合和不同传媒主体融合的新特征。我国传媒要在世界传媒格局中增强竞争力，就"要抓紧做好顶层设计，打造新型传播平台，建成新型主流媒体，扩大主流价值影响力版图"②，推动媒体融合向三个维度发展。

一　推动传媒纵深融合，向高度发展

媒体融合概念，自美国麻省理工学院普尔教授最早在 1983 年出版的《自由的科技》一书中提出以来，这种泛化的"传播形态融合"，由英国《每日电讯报》和美国《今日美国》分别于 2006 年和 2008 年开启了世界传媒融合的转型之路，呈现出各种媒体多功能一体化的发展趋势。随后，CNN 率先在电视界开展与网络新媒体的融合，通过线上互动、电视网播出以及线下服务相结合的"三点多面"的方式全面铺设融合传播网。

在我国，几乎与世界媒体融合同步发展，2008 年《烟台日报》国内首家全媒体采编系统正式上线运营。继而，中央和省级媒体分别建立融媒体集团，刷新了媒体竞争格局。互联网时代的媒体融合发展，日渐趋于移动化、社交化、智能化，及内容多元化，这些变化极大地改变了舆论生态和媒体格局，使新闻舆论工作面临新的挑战。新媒体在许多突发事件中成为首发媒体，影响着舆论导向，传统主流媒体话语权逐渐式微。在数字媒体技术迅速发展的影响下，传统媒体开始大力拓展延伸发展新媒体，启动了内生性媒体整合，然而却未给予新兴媒体的主体地位，在传播过程中总是处于辅助者角色。

2014 年 8 月 18 日，中央全面深化改革领导小组第四次会议审议通过了

---

① 习近平：《推动媒体融合向纵深发展　巩固全党全国人民共同思想基础》，《人民日报》2019 年 1 月 26 日，第 1 版。
② 习近平：《推动媒体融合向纵深发展　巩固全党全国人民共同思想基础》，《人民日报》2019 年 1 月 26 日，第 1 版。

《关于推动传统媒体和新兴媒体融合发展的指导意见》，习近平在会上强调要推动传统媒体和新兴媒体深度融合发展。深度融合，即站位要高，向更高层次发展。在自上而下的大力推动下，我国传媒面对深刻变化的媒体格局，着力建设两类传媒新型主体，具体目标是，打造一批形态多样、手段先进、具有竞争力的新型主流媒体，建成几家拥有强大实力和传播力、公信力、影响力的新型媒体集团，形成立体多样、融合发展的现代传播体系。

目前，在中央统一部署下，我国各省区市相继成立了报业融媒体集团和广播电视总台。新近组建的中央广播电视总台也于 2018 年 4 月 19 日正式揭牌亮相，成为我国媒体深度融合发展的一大亮点，它与人民日报和新华社一起构成国家三大旗舰媒体集团。传媒集团的融合实现了广播与电视传统媒体之间的整合、纸媒与新媒体扩张的跨媒体融合。但这一阶段的融合只是完成了集团内共享的所有权融合，以及媒介共享的策略性融合，而对更高阶段的融合还将继续进行纵深改革，即进一步实现以多媒体融合技能完成新闻信息采集的融合、新闻打包传播的结构性融合、综合运用全媒体完成新闻事实传播的新闻表达融合。

然而，在目前运行机制的媒体融合中，大多只是"形似"的融合，还没有真正做到"神似"的融合。在现行融媒体机构中，新兴媒体未入主流，只是作为"副业"处于传播链条的辅助地位。虽然偶尔在重大媒介事件的报道中，将新媒体作为噱头，但日常的主流新闻报道策划与首发主体少见新媒体的身影，新闻话语的方式很难进入新媒体用户，尤其是年青一代用户的眼帘和头脑。因此，推进媒体融合纵深发展，应以互联网思维形成基本共识，加快新型主流媒体进军新媒体主阵地的步伐，将最核心的生产力放到最活跃的新兴媒体生产线上，将优秀传媒专业人才和优质传播内容向新型媒体主阵地汇集，甚至将新媒体作为国家重大新闻信息首发阵地，并以此作为推动传媒深度融合、向高度发展的重要标志。

与此同时，新型媒体集团的打造应自立于世界传媒之林，增强与国际传媒集团平等对话的自信与底气，掌握国际传播中的话语权。特别是要能通过娴熟的议程设置，传播话语叙事方式的改革，在重大新闻事件传播中让世界听到、听懂、听清中国的声音，引导事件的话题走向。

二　推动传媒纵深融合，向广度发展

媒体的纵深融合，本义暗含更广地域的纵向深度发展，或传播空间的深度覆盖。为此，推动传媒纵深融合，即可向两个方向延伸发展。

一是现代传播体系的纵向发展。2018 年 8 月，习近平总书记在全国宣传思想工作会议上讲话时指出，要扎实抓好县级融媒体中心建设，更好引导群众、服务群众。9 月，中宣部部署 2020 年底基本实现县级融媒体中心在全国全覆盖。11 月，中央审议通过《关于加强县级融媒体中心建设的意见》。2019 年 1 月 15 日中宣部、国家广播电视总局发布《县级融媒体中心建设规范》。在不到半年时间内，中央数度密集部署县级融媒体中心建设工作，可见，媒体融合发展的重点将拓展到县级融媒体建设，成为向广度推进的前奏曲。

县级融媒体中心建设，标志媒体融合从省级及以上媒体延伸到基层媒体，实现了媒介地理学上的空间扩张，增强了新型主流媒体抵达受众用户的地域感。长期以来，这是一块被忽略甚至被污名化、被挤压的传媒阵地。诚然，县级基层广播电视在强势传媒集团的挤压和新媒体的蚕食下，遇到了前所未有的困境，为了求生存难免出现一些问题，但就此否定或裁撤全国近乎唯一的县级政府的舆论宣传机构，而上级传媒机构的娱乐化市场运营趋向和新闻传播的在地性弱化，对县级阵地的舆论导向又鞭长莫及，针对性也不强，其结果将我国庞大的基层宣传舆论阵地拱手让出，而非主流和非健康的信息传播乘虚而入并侵蚀着广大群众。

近期，中央对推进县级融媒体中心建设进行统一部署，提出了县级融媒体建设的重大使命和任务，这是新时代深化文化体制改革的重大举措，也意味着推进媒体融合工作重点从主干媒体拓展到支系媒体，必将促进国家传媒体系的全盘激活，助力完善国家治理体系现代化，打通融媒体建设"最后一公里"。目前，在县级融媒体国家试点县和中宣部样板县的建设模式被推出之后，全国正按预定部署迅速推进发展，但县级融媒体建设模式的同质化复制和省县两级"系统部署模块"平台的空置化倾向应予以防范化解。应重点探讨契合国家治理体系改革总目标，有效整合县域传统媒体和新兴媒体等所有公共媒体资源，协调传媒与政务/民生综合服务，推倒内生科层机构的"一面墙"，进行机构的深度融合，并在国家建设标准的省平台支撑框架下，将技术的社会形态作为一种治理的动力，最大化贯通利用省、县两级系统部署功能模块，打造县域融合传播平台，探寻构建移动优先下的县域融媒体传播矩阵，实现县级融媒体的一体化流程再造。

二是用户服务体验的纵深发展。2015 年 12 月 25 日，习近平总书记在视察解放军报社时曾指出，"读者在哪里，受众在哪里，宣传报道的触角就要伸向哪里，宣传思想工作的着力点和落脚点就要放在哪里"。[①] 县级融媒体中心建设处在我国传媒体系的一线阵地，从空间感看是最接地气的地方媒体，如按照预期到 2020 年基本实现全国县级融媒体的全覆盖，就表明我国构建了世界最大的新型主流媒体体系，进而推动传媒纵深融合，迈向广度发展的阶段性目标。

当前，我国网民已经超过 8 亿规模，在新兴媒体迅速发展的背景下，越来越多的用户通过移动终端获取信息，特别是青年一代更是将互联网作为获取信息的主要途径。融媒体建设面对舆论生态的深刻变化，能在新型传媒机构运营上，实现现代主流传播体系的前伸延展。同时，在引导群众、服务群众，拓展政务服务、智慧城市建设和智能传播的基础上，加强传播手段和话语方式创新，把政务服务和用户服务纳入传媒第一资源，吸引用户关注主流传媒内容，让党的创新理论"飞入寻常百姓家"，将成为今后推动传媒纵深融合、向广度发展的另一个重点。

从世界传媒发展趋向看，美国传统三大广播电视网基于"移动优先"的发展战略，从 2015 年开始相继推出"电视无处不在"的终端融合模式。英国 BBC 也重视网络平台建设，联通线上线下，早在 2006 年就推出了"创意未来"计划，关注高品质的内容生产、注重用户关系的建构，优化与提升用户的体验，成为行业的领军者[②]。其前移融合传媒平台，注重用户体验的做法，可为我国传媒纵深融合、向广度发展提供借鉴，以促

---

① 习近平:《坚持军报姓党坚持强军为本坚持创新为要 为实现中国梦强军梦提供思想舆论支持》,《解放军报》2015 年 12 月 27 日, 第 1 版。

② 吕岩梅:《英国"画布"计划及对中国下一代广播电视服务的启示》,《东岳论坛》2010 年第 1 期。

进传媒技术、市场运作、管理体制等方面继续创新改革。

在互联网资源共享的全息社会中，传媒业的核心竞争力在哪里？有关新闻媒体报告曾指出，用高品质的内容吸引用户；继续在网络布局，吸引数字受众；深度的社交连接，营造更好的社群感等，都是增强传媒核心竞争力的最好选择。随着社交媒体的崛起，用户分享的需求激增，新型主流媒体也应因势而动，充分运用"两微一端"等社交媒体融合平台，融入社交网络中，并通过朋友圈的分享与推荐发送，形成以主流媒体内容为中心的社交圈。这样，通过对用户关系的进一步开发扩大化，特别是将年轻受众和积极主动的用户作为重点开发对象，增强年轻用户黏性，方能实现媒体融合向更高阶段发展。

三 推动传媒纵深融合，向强度发展

习近平总书记在主持中央政治局集体学习时强调，全媒体不断发展，出现了全程媒体、全息媒体、全员媒体、全效媒体，信息无处不在、无所不及、无人不用[1]。这既是对全媒体时代四个层次的精辟概括与阐释，又是对我国媒体纵深融合的殷切期望。面对传播方式的深刻变化，我国新型主流媒体融合跟上时代潮流，因势而谋、应势而动、顺势而为，引导受众向新型主流媒体融合平台走，往主流媒体线上走，朝主流媒体移动手机客户端走，形成新的"四全"传播机制。

1. 全程媒体无时不在的传播

全程媒体是对媒体融合传播的基本判断。在现代传媒体系建构中，强调"坚持一体化发展方向，通过流程优化、平台再造，实现各种媒介资源、生产要素有效整合，实现信息内容、技术应用、平台终端、管理手段共融互通，催化融合质变"[2]，形成资源集约、结构合理、差异发展、协同高效的全媒体传播体系。

---

[1] 习近平：《推动媒体融合向纵深发展 巩固全党全国人民共同思想基础》，《人民日报》2019年1月26日，第1版。

[2] 习近平：《推动媒体融合向纵深发展 巩固全党全国人民共同思想基础》，《人民日报》2019年1月26日，第1版。

全媒体传播体系能克服传统纸媒报道时间的局限，弥补广播视觉传播的短板，突破电视节目时段的限制，借助"中央厨房"新闻采编发流程的再造和融媒体中心建设指挥中枢的调度，全程追踪新闻从事件发生、发展高潮到新闻结束不断线的接力传播。真正做到突发事件在第一时间发布，掌握舆论引导主权，让每一个时间节点的信息随时都能面向公众传播，也让新闻事实过程呈现在阳光下，更客观真实，从而提高新型主流媒体的公信力。

"中央厨房"式的采编发流程再造发端于《人民日报》，成为媒体融合发展的重要一环。运用这一传播模式，可构建一个全新的空间平台、技术平台和组织架构。

同时可以打破媒体板块分割，打破地域传播垄断，建立中央和地方、省市县系统模块贯通的采编发联动平台，实现一次采集、多元生成、多渠道传播，推动媒体融合向纵深发展，做强做大主流舆论，大大提高传播力。

传播流程的改革，在西方媒体传播中已形成了一整套科学的流程，如CNN全媒体传播流程——首发新媒体短消息—带图片新闻稿—短视频—新闻连线—新媒体综合稿—新闻成片，对传统媒体的成套新闻进行了创新发展。在我国，中央电视台也开启了"电视+"时代，构建成一云多屏的四大平台传播体系，包括桌面互联网（央视网）、移动互联网（手机央视网、央视影音客户端、央视新闻客户端、公共视频传播平台、4G 视频集成播控平台）、宽带互联网（IPTV、互联网电视）和社交媒体网（"两微"矩阵、海外社交媒体账号），形成强大的融合传播体系。特别是"央视新闻移动网"（2017 年 2 月 19 日）的上线，从过去的媒体产品对受众服务转变"为媒体服务"，加速了"新闻直播"的日常化运营，汇集并带动了全国省级广电系统入驻平台的全域传播。

2. 全息媒体无处不在的传播

全息媒体，意思是传播的呈现形式愈加多元，图文、视音频、游戏、AR 等，给用户的阅读体验也是各取所需，新闻的呈现更为立体。同时，在物联网、人工智能、云技术等新技术的推动下，形成万物皆媒的时代。[①] 这

---

① 独孤九段：《【解局】政治局开年首次集体学习，为何选在了人民日报？》，人民日报微信公众号侠客岛，2019 年 1 月 25 日。

表明全息时代传播的全符号、全体验和全媒体已经到来，而未来全媒体转向的热点可能在视频传播上，因此需要发挥和挖掘传统电视媒体的专业优势。

一份由中国网络视听节目服务协会发布的《2018 中国网络视听发展研究报告》显示，现在我国视频用户规模已经达到 6.09 亿，其中手机视频用户 5.78 亿，短视频用户 5.94 亿，直播视频用户 4.25 亿。庞大的视频用户规模迎来了视频产业的爆发期，2018 年年末，腾讯微信发布了"时刻视频"，抖音的平台也力图让用户体验到短视频的"美好"带来的惊喜感，通过更好的交互体验构建起社区的互动仪式链。而 B 站也推出了短视频应用等，视频俨然已成为网络媒体产品流量入口的新标配。

业界专家孙玉胜曾在 2018 中国网络媒体论坛致辞中断言：视频是传播的最高形态，未来也不会改变。学者李良荣也认为，"短视频将成为未来新闻发布的主要方式"。因为，移动互联网的发展正在推动短视频成为用户获取信息的重要方式，短视频的发布也符合当前碎片化的阅读场景和人们高效获取信息的习惯。更为重要的是，短视频还更加符合新生代的媒介使用偏好。[①]

随移动化发展而增强的视频化新变革，将推动我国新型主流媒体因势而动开启全息传播时代，传统电视媒体继续发挥视觉传播的看家本领，人民日报和新华社也早已布局人民电视和中国新华新闻电视网（CNC），打通 PC 端、移动端和客户端，同步推送，实时共享，实现新闻内容发布的全渠道、全时化传播，"让主流媒体借助移动传播，牢牢占据舆论引导、思想引领、文化传承、服务人民的传播制高点"。[②]

3. 全员媒体无人不用的传播

全员媒体，即人人都有麦克风，人人都可能利用智能手机发布信息、交流传播。这一时代特征将会带来两个方面的变化，一是信息内爆时代的到来，由于全员媒体的强大制造和流动能力，使得整个社会被庞杂的信息所笼罩；二是传媒生产方式的改变，使得智能信息采集和编发程序的图存

① 李良荣：《短视频将成为未来新闻发布的主要方式》，《青年记者》2018 年第 30 期。

② 习近平：《推动媒体融合向纵深发展 巩固全党全国人民共同思想基础》，《人民日报》2019 年 1 月 26 日，第 1 版。

对传统传媒流程再造变得更为迫切。前者的改变，会带来信息的多元和文化认同的干扰，后者的变化则要求传媒机制进行根本性的改革，把记者编辑从原有的传统媒体生产线上解放出来。

习近平总书记在党的新闻舆论工作座谈会上讲话时（2016）指出，媒体竞争的关键是人才竞争，媒体优势的核心是人才优势。要加快培养造就一支业务精湛的全媒型、专家型人才队伍。也就是说，媒体融合情境下的新闻生产平台、采写机制的改变，使采编人才的传统分类将变得越来越不可能。媒体需要将报纸、广播、电视、网络等采编作业有效结合起来的全媒型采编卓越人才。全媒型人才要求必须具备三种能力，即：能用手机对突发事件进行报道；能在一天内为网站写稿，又能提供视频；还能为报纸写深度报道，为电视台做视频纪录片。

4. 全效媒体无所不及的传播

传统媒体传播效果的评价注重发行率和收听收视率，也就是传媒覆盖到达率。而对谁是真正的用户，谁对你的报道反响怎样，以及传播对用户态度和行为改变的影响全无知晓。在融合媒体时代，却可以通过传统媒体网、互联网、移动网、社交网和物联网等全媒体进行无缝对接有效传播，并利用融合平台大数据分析，清晰地描绘用户画像，促进传媒占有较高的市场份额，做到更有针对性、更为精准和更有效率的全效传播。一项调查表明，即使在互联网和社交媒体异常活跃的大多数西方国家，新型主流传媒仍然具有较高的传播效果，且影响面涉及广泛。

EBU（欧洲广播联盟）于 2016 年对 25 个欧洲国家的广泛调研结果表明，国家公共服务媒体的良性发展与多个社会指标的改进具有相关性，其中包括与腐败控制的紧密相关性。

全息时代正催发一场前所未有的传媒变革，受众在哪里，传媒的触角就伸向哪里。习近平总书记提出，党报、党刊、党台、党网等主流媒体必须紧跟时代，大胆运用新技术、新机制、新模式，加快融合发展步伐，实现宣传效果的最大化和最优化。① 这为推动媒体融合纵深发展指明了方向

---

① 习近平：《推动媒体融合向纵深发展 巩固全党全国人民共同思想基础》，《人民日报》2019 年 1 月 26 日，第 1 版。

和目标，也让我们更加理解习近平关于新闻舆论工作重要论述的一致性。随着媒体融合的发展，进一步创新传播理念、内容和方法、手段，让新型主流媒体借助融合传播，增强针对性和实效性，牢牢占据舆论引导的传播制高点，并通过打造新型传播平台，建成新型主流媒体，让媒体融合纵深推进发展得更高、传播得更广、影响力更强。

（原载《中国新闻传播研究》2019 年第 1 期）

媒介融合语境下的新闻生产模式创新

　　内容摘要：以融合编辑室为枢纽的集约化、数字化的新闻生产模式是一种新的新闻生产实践，通过报道主体的多元化、编辑管理的互动化、报道过程的协作化、传输终端的多渠道化，实现协同传播，资源整合，多媒体故事生成、多媒体信息发布的新闻生产流程。本文从编辑融合流程、记者采集协同和新闻生产转向三个方面论述了新闻生产模式的创新。

　　关键词：媒介融合　融合编辑室　集约化采集　新闻生产模式

　　媒体融合是在数字技术、网络技术的发展和放松规制的语境下，不同传统媒介产业通过并购、重组和整合，达到渠道、组织、内容和终端融合，实现集约化、数字化、多元化的融合新闻生产的过程。媒体融合使媒介的生态环境和产业价值链发生了根本性的变化，新的媒介生态环境需要再造编辑流程和组织架构，创新新闻生产的流程，建构新的新闻生产模式。西方学者从多维视角界定媒介融合，但其本质内容仍是发生在新闻生产领域，正如美国南加州大学安利伯格传播学院教授拉里·普莱尔（Larry Pryor）所说，"融合新闻发生在新闻编辑部中，新闻从业人员一起工作，为多种媒体的平台生产多样化的新闻产品，并以互动性的内容服务大众，通常是以一周7日、每日24小时的周期运行"。① 本文从编辑流

---

① Stephen Qinn and Vincent F. Filak, *Convergent Journalism*: *An Introduction*, Focal Press, 2005, p. 5.

程、新闻生产流程和新闻生产模式三个方面递进式地论述了媒介融合语境下新闻生产模式的创新。

一 多元互动的融合性编辑枢纽

媒体融合是在放松规制、技术融合和受众细分化的多重驱动下产生的。放松规制促成跨媒体、跨所有制媒介集团建立，使得融合新闻生产成为可能；技术融合使得手机、互联网等融合终端出现，文本、图片、音频、视频等可以在一个终端上展示；而受众细分化、碎片化是媒介融合的最终驱动力，融合媒体时代的受众在任何时间、任何地点想获取各种形态信息成为新的需求，使得融合新闻生产成为必然。在媒介融合的语境下，传统的线性单向的编辑流程不能适应新的传媒生态，需要对传统的编辑室进行结构融合和组织融合，把不同媒体的编辑室整合到一起，形成新的组织架构。新的架构需要组建一个班子，统一流程，统一考核，监管和协调多媒体的编辑流程，通过整合资源，实现规模经济效应。

在媒体融合的进程中，西方媒体纷纷进行组织融合和结构融合的试验，自从美国媒介综合集团在佛罗里达州坦帕市成立坦帕新闻中心，建立跨媒体融合编辑室以来，《纽约时报》《今日美国》《华尔街日报》《洛杉矶时报》等一些美国大报都已经把报纸和在线的编辑人员融合在一起。例如美国甘耐特报业集团把公司属下的全国89个日报的编辑室变成融合信息中心，这样做的目的就是借助多媒体平台为读者和观众提供文本、音频和视频多媒体信息，这些平台包括日报、网络、手机、期刊和其他的媒体，同时媒介融合加强与社区的互动。[①] 新的融合编辑室是智慧型编辑室，通过新的采集过程，培养出一批具有媒体融合理念和多媒体采集技能并善于沟通协调的多媒体人才。

（1）融合编辑室是融合新闻报道的枢纽，由协调管理型编辑和内容生产制作型编辑共同主导编辑流程。如果说传统的媒体编辑是"单兵种"

---

① Thom Lieb, "All the News: Writing and Reporting for Convergent Media," Towson University, 2008, p. 2.

作战,那么融合编辑室就是"多兵种、海陆空"协同作战。这就赋予了编辑新的权限和职责,要求融合媒体的编辑具有新的编辑理念,以及组织和管理多媒体产品的策划、采集、加工、制作和发布的能力,做到策划迅速、决策科学、调动灵活。例如,美国媒介综合集团最早在 2000 年就建立了多媒体编辑部"坦帕新闻中心",把其属下的报纸、网站和电视台编辑部整合在一起,统管三种媒介的新闻生产,实现联动效果。《纽约时报》把 1000 多人的报纸编辑人员和数字运营队伍整合在一个功能一体化的融合编辑室。美国论坛公司也把其拥有的《芝加哥论坛报》、电台、电视台和新闻网站的编辑部整合在一起,组建了多媒体新闻编辑部门,把不同媒介的内容产品的生产放到一个技术平台上去策划、组织和生产,然后多渠道传播。

在西方融合编辑室里面,一般把编辑分为协调管理型编辑和内容生产制作型编辑。协调管理型编辑又分为新闻流编辑、资源管理编辑和故事生成编辑,他们共同协调管理采编流程;内容生产制作型编辑负责具体的某一个媒体内容生产,与管理型编辑实现互动协调。前者是参与策划和资源分配的高级编辑人员,后者是内容制作和传播的普通编辑人员。新闻流编辑(News flow editor)发挥宏观管理融合编辑室里的信息流动的作用,处于多媒体信息流的中心位置,监视整个信息的采集、加工和生产,根据新闻事件的性质确定报道什么和怎么报道,相当于执行总编的角色,负责监视各种不同的故事通过各种平台传输。这就需要新闻流编辑对不同的媒介文化、专业术语和工作方式有比较深刻的认知。正如丹麦奥尔堡最大的融合新闻机构 Nordjyske 的主编 Ulrik Haagerup 把自己描述成一个新闻总指挥,每个编辑对自己的内容负责并向他汇报,不同的媒介有不同的需求,不同的编辑精加工多媒体内容。①

故事生成编辑(story builder editor)相当于现场监制,集中了几种传统的编辑角色功能。在多媒体编辑室里,同一个新闻信息在不同的时间和空间里流动,故事生成编辑管理同一个主题的信息多媒体流,同时直接管

---

① Jeffrey S. Wilkinson, August E. Grant, Douglas J. Fisher, *Principle of Convergent Journalism*, Oxford University Press, 2009, p. 30.

理信息出口和各种不同的多媒体可获取的信息元素。故事生成编辑必须具备对细节的审读能力、对故事生成的不同路径和需要配置资源的把握技能等。对故事生产编辑的最大挑战就是分辨一个故事的哪些方面可以通过不同媒介来讲述，然后通过这些媒介来区分内容。新闻资源编辑（News Resource editor）相当于信息专家和图书馆的参考咨询馆员，具有高超的信息管理能力，负责全部档案、数据的收集、分类和整理，包括背景资料、重大事件的前期资料、视频音频资料以及各种表格数据的提供。新闻资源编辑要理解信息图景，尽可能提供相关的参考和链接。① 内容制作编辑从其手中获取有关数据，生产适销对路的新闻产品，并与管理型编辑适时沟通。

（2）从单向线性的编辑流程转变为多元互动的编辑流程。传统的编辑流程是单向的、线性的、静态的，具有垂直一体化的特点。而在融合媒体编辑室里，传统的编辑角色、定位和功能已经不适应融合媒体时代的要求，编辑成为新闻生成的主导者、沟通者、协调者，从幕后走向前台。由于报纸、杂志、广播、电视、网络和手机等媒体的编辑整合在一起，多元互动成为必要，包括协调管理编辑与普通编辑的互动，不同内容编辑的互动，编辑与记者的互动，编辑与受众的互动。如图1所示，不同的编辑要实行动态的横向管理和纵向管理，例如从策划，组织采编人员，信息的采集、筛选、过滤、加工、制作、配置到合成等环节，实行纵向管理，统筹整个流程，这需要编辑具有敏感的价值判断力和独特的创造力。同时要加强对编辑流程的横向管理，因为不同的媒体和题材新闻报道的内容、手法、结构、形式和发布渠道不同，融合编辑部的多元互动、沟通协调就不可缺少，唯此，才可实现不同媒体和内容生产的无缝对接。多媒体编辑就像具有创造力的"厨师"，用相同的"原料"烹调出不同花色、不同口味的"菜肴"。这表明编辑不仅要具有多媒体的编辑技能，还要具有适应不同媒介形态、不同用户需求的差异化编辑策略，根据用户的需求生成不同形态的新闻，从而满足受众的需求。

---

① Stephen Qinnn, *The Fundamentals of Multimedia Reporting*, Peter Lang Publishing, inc. New York, 2005, p. 94.

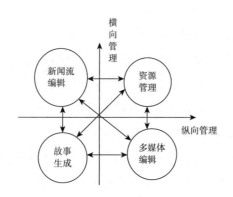

图 1　融合编辑室的互动与管理

（3）从"编辑主导式"编辑流程转变为"编辑和受众共同参与式"的编辑流程。在媒体融合时代，新闻不再是一种独白，而是一种交流，受众从被动的接受者变成主动的生产者。受众的参与包括如下几个方面：第一，受者从信息的接受者变为信息的生产者，从接受末端走到了信息生产的前沿。基于 P2P 技术的 Web2.0 网络应用，以个人和自组织为中心，各种自媒体层出不穷，例如博客、微博、播客、掘客、维客、即时通信、SNS、论坛等，模糊了传者和受者的界限。第二，受者参与到媒体的议程设置中来，受众和编辑之间的互动性加强，呈现共享式、协同式、交互化的特点。受众的参与使报道主题多元化，呈现共同生产和多元表达的特点，有利于公众参与社会的民主化进程，有利于公共事务的解决和公共领域的建构。第三，受众资源往往成为信息来源，参与到原创性新闻生产中来，大大拓宽了新闻信息来源，产生了众多"公众记者""市民记者"。而受众的信息提供往往在关注的视角、价值观、关注的重点和细节方面与传统媒体大不相同，它丰富了报道的内涵。第四，受众调查和反馈也是新的编辑流程必然要求，利用网络、手机等多媒体，多渠道获取受众的反映和意见，发挥受众的积极性和创造性。

二　协同分享的集约化新闻采集

新闻生产流程创新就是要实现多媒体信息的采集、管理、加工与发布，建构一种协同分享式的集约化的新闻生产流程，它以融合编辑室为枢纽，呈现开放、多元、兼容的特点。这需要编辑记者的协同作战，沟通协调，并产生联动效应和化学反应，如图 2 所示，达到一次采集、多重加工、多平台发布的效果，实现信息资源的多重升值。

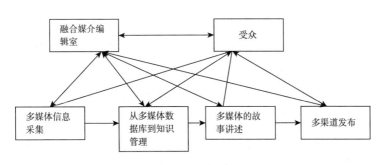

图 2　融合新闻生产流程

1. 多媒体新闻资源的采集

　　未来的记者必须具备能写、能拍、能摄的基本技能，在美国被称为"背包记者"，面对突发新闻事件的时候，具备文字、图片、音频和视频多媒体信息采集技能，并能完成多媒体信息包的采集。当然，对于重大的新闻信息的采访是集团协调作战完成的，根据不同的专业特长和技术水平统筹安排，共同完成采集任务，通常来说包括经验丰富的文字记者、摄像记者和摄影记者组合而成。美国的密苏里大学和南加州大学等在培养能够适应多媒体的人才方面进行了新的课程设置和安排，他们培养的多媒体记者一般携带一个苹果电脑、索尼数字摄像机、录音笔和移动卫星手机，就能够完成所有音频、视频以及 Flash 的编辑工作。学者布鲁斯（Bruce）等人对世界上第一个真正意义上的融合新闻机构《Tampa 论坛报》"融合新闻中心"的从业人员作了深度访谈，访谈者对未来的新闻从业人员的基本技能提出了如下的要求。第一，在该中心工作，从业人员必须首先要有一门技能特别精，但同时又能胜任其他工作，即一专多能。第二，他们强调新闻写作与报道对各种平台中的基础作用。第三，对新技术有着很强的适应能力和协作能力。第四，跨平台的人际交流能力。第五，具有融合新闻跨平台的工作经历[1]。

2. 从数据库的信息整合到知识管理

数字技术下的媒介融合所催生出来的内容生产是基于数据库的生产模式，数据库将新闻信息等内容资源进行整合、共享和优化配置，成为内容资源增值的平台，在这个平台上，记者、编辑以多媒体手段完成信息采集、加工与发布。数据库管理系统是一个集音频、视频、文字图片、编目、存储管理、检索和发布于一体的系统，该系统不仅是多媒体采集平台，也是经营管理平台。例如，《南方都市报》就采用数字化采编管理平台，按照多媒体的运行规律，在采编发的流程中提供可读写、可编发、可搜索、可整合的管理界面，并整合报系内容数据库、读者数据库、广告数据库，实现多个数据库的双向互通和信息搜索。同时把新闻发布端前移，把管理端和用户端合二为一，推出开放式鲜橙互动网络平台，成为集融合新闻信息发布及 SNS 社区互动于一身的多媒体信息交互社区。在这个平台上，记者、编辑、网友等都可以发布消息以及进行人际交流，受众与记者共同参与新闻生产的全过程。

在媒体融合时代，不仅要传播信息，而且要解读信息，提高信息产品的品质和价值，加强知识管理。具体来说，就是编辑从信息采集者变为信息合成者，通过信息筛选、意义解读和价值判断，揭示事物之间的相互联系，提高受众的认知力和更好地理解世界，把有价值的信息资源转化为有效的知识。知识管理的另一个目标是加强员工的合作，消除因文化的刻板成见造成的分歧。合作建立信任，美国融合编辑室就委任了一个知识管理专家，协调团队合作和获取反馈。

3. 多媒体故事的讲述

多媒体信息采集完成以后，编辑、记者充分利用各种不同媒体的特点，讲好多媒体的故事。电视新闻具有视觉性、即时性、冲击力和感染力，报纸具有深入解读、可保留、信息量大的特点，网络则具有互动性、

---

① Bruce Garrison & Michel Dupagne. (2003), A Case Study of Media Convergence at Media General's Tampa News Center. in University of South Carolina, Columbia, S. C. Retrieved November 27, 2007.

及时性和可搜索性。一般来说，对于突发事件，首先为网站提供快讯和图片，为广播制作口播新闻，甚至可以制作成电视现场节目，还为手机用户定制信息，更多的信息和背景资料可以作为报纸的深度报道的素材。例如美国小镇堪萨斯州的劳伦斯世界公司，2001 年就开始把属下的报纸、网站和有线电视融合在一起，其总经理安·加纳（Ann Garner）说，对于突发事件，理想的状况是先在网站上传播，因为其速度最快，然后电视视频报道和增加一些素材，报纸再做更深入的报道，为了避免三种媒体出现同质化的报道，有时候安排报纸记者到电视台参加一些对话节目，节目透露报纸上的一些内容，但不是全部。①

4. 多平台的发布

融合编辑室都具备一套可以在统一界面上加工、编发文字、图片、音频和视频的数字化管理平台，编辑根据集团内各种媒介的不同介质特征加工整合，通过电视、广播、报纸、手机、互联网、户外大屏、移动电视等新的渠道发布多媒体信息，满足受众个性化的需求，扩大受众规模，实现新闻信息发布时间的多重设置和新闻内容的相互嵌入，提升了媒介的影响力。例如，美国华盛顿邮报网站为非传统发布平台制作内容而获得艾美奖，并获得 7 个视频奖提名中的 5 个，ESPN 也通过手机为他们的用户提供体育新闻、比分、统计、内容提要和视频新闻。BBC 多媒体编辑部主任彼得·赫鲁克斯（Peter Horrocks）在博客中写道："今天起，BBC 广播新闻、网络新闻和电视新闻这三大部门将不复存在，而代之以一个新的编辑系统……新的编辑部结构，将有助于我们提高工作效率，从而在改善 BBC 新闻方面节约投资。我们将开发更多的新闻需求，例如将内容制作的平台延伸到手机及移动电视方面，开创个人定向服务，为网络提供声音和视频支持。"②

三　资源整合的渗透式媒体经营

技术融合和所有权融合促使传统媒体产业之间的进入壁垒逐渐消失，

① Stephen Qinnn, *The Fundamentals of Multimedia Reporting*, Peter Lang Publishing, inc. New York, 2005, p. 100.

② BBC News Reorganizes into Multimedia Newsroom, Siber Journalist net, 2007, 11, 15.

产业间的边界趋于模糊，例如三网融合，网络上互联互通，业务上相互渗透和交叉，形成你中有我、我中有你的媒介生态环境。媒体融合延伸了新闻报道的广度和深度，从而改变了现有传媒市场的版图，使旧的传媒的运作架构和盈利模式日渐式微，建构了新的集约化、数字化的新闻生产模式，创造了新的产业价值链，成为未来新闻生产的主要目标。

1. 从单一的经营向多媒体的经营转变

传统的媒介产业经营是单一的、线性的经营，未能充分有效地开发和利用媒介资源，导致媒介产业盈利模式单一，更多地依赖广告，增加了经营风险。这种单一直线型的新闻生产模式，缺少内部和外部资源的整合，在产业经营上表现为生产、传输、分配、接收各个环节在单一媒体内部的线性流动，不能充分开发和利用资源，成本大，内耗严重，内容生产出现一定的饱和性，在一定程度上制约和限制了媒介产业的发展。

传统媒体产业要进一步发展，必须加强资源整合，从单一的经营转向多媒体经营，盈利模式共享和互补，从而降低生产成本，增加产业整体效益，拓展生产链，从粗放型生产到集约型生产。特别是以互联网、手机为代表的新媒介的异军突起，加速了传媒产业中不同形态和门类在同一操作平台上的渗透和融合，消除企业界限，协同生产尤为必要。协同生产使得采编人员、客户、设备和新闻资源的集约化使用，实现媒介产品的广度深度开发和多次转化增值，达到生产集约化、经营一体化、经济规模化。例如凤凰集团的电视媒体、凤凰网、《凤凰周刊》等由集团控制的子公司按照自己的业务目标开展融合新闻业务，实现集约化经营，产品的形态有栏目及其组合、DVD 系列、丛书、短信系列服务等，不同的媒介产品对信息进行不同程度的挖掘和利用，达到信息的多重升值。浙江日报报业集团与北大方正合作开发了"数字报纸与跨媒体出版系统"，实现传统报纸、数字报纸、手机报纸、光盘出版及其全文数据库产品一体化生产和多元化出版。

2. 从独立的新闻生产向融合的新闻生产转变

传统媒体的新闻生产通常有着独立的经营理念、运作模式和细分市场。这种产品单一的运营方式很难应对市场的变化和受众的多元化需求，要通过生产流程的设计与资源的整合，利用不同类型媒介的介质差异，在新闻生产传播上实现资源共享而又产品各异，从而做大做强。在数字化出现以前，文字、图片、音频和视频等不同的产品形态是不能兼容的，数字技术打破了这个壁垒，不同内容的产品内容经过数字化的处理和传输，内容生产逐渐走向融合，数字化使媒介产业之间的联动甚至是融合成为新的发展趋势。例如报纸、广播、电视和网络、手机之间的联动互补，最终实现数字化的内容生产，形成新的数字化的生产方式。数字化的融合新闻生产的目的是实现内容增值，在生产领域，可以通过集约化生产，降低内容生产成本，提高内容生产效率；在使用领域，同一内容在不同的终端上使用，内容产品的多次使用可以提高内容产品的使用效率，构建融合媒介产业的集合平台。

3. 从专业工作者的新闻生产向全民参与的新闻生产转变

在传统的媒介生产环境下，受众也在一定程度上参与内容的生产，但是程度和规模都十分有限。在媒体融合时代，随着网络技术和数字技术的发展，双向互动传播成为可能，传者和受者之间的界限日益模糊，受众既是大众媒介产品的消费者，也是媒介产品的生产者，内容生产主体日益多元化。普通公民借助手机、博客、微博、播客、BBS、SNS 社交网站、网络视频等，发布新闻和表达观点，"草根"记者在重大突发新闻事件的报道中产生了一次次的轰动效应。例如伦敦地铁爆炸、东南亚海啸、克林顿丑闻等，第一时间发布报道的是公民记者而不是专业记者。虽然专业媒介组织在新闻报道中占有主导地位，但是新媒介正在改变大众传播的面貌，个人对个人、个人对多人、多人对多人的传播网络已经形成，传受一体化和全民参与新闻生产成为新的趋势。

总之，以融合编辑室为枢纽的集约化、数字化的新闻生产模式是一种新的新闻生产观，通过报道主体的多元化、编辑管理的多元互动化、报道过程的集体协作化、报道手段的丰富多样化、传输终端的多渠道化，实现协同传播，资源整合，提高效率，延伸新闻生产链，最终形成一次采集、多种信息整合、多媒体故事生成、多渠道信息发布的新闻生产流程。当然，这种新的新闻生产模式在我国还处于初期阶段，不仅受制于国家宏观的媒介规制政策，也受制于媒体人的融合新闻理念、融合文化的生成和融合组织的重构。

（原载《当代传播》2011 年第 1 期）

互联网思维下的新型主流媒体建构[*]

　　内容摘要：新型主流媒体是在互联网思维指导下，以服务用户为主体价值取向，以开放平台为功能转型，以产品迭代为技术支撑的新型传媒主体。围绕新的媒介生态，新型主流媒体通过渠道、平台的融合提高综合传播力；通过"内化"反应塑造媒体公信力，通过强化主流话语的认同感，提高话语权和影响力。

　　关键词：新型主流媒体　互联网思维　传播影响力　媒体公信力

　　主流媒体一般指具备一定规模，体现并传播社会主流意识形态与主流价值观，坚持并引导社会发展主流和前进方向的主要媒体。而在新的媒介生态环境下，传统媒体面临着全面转型，新兴媒体也面临着进入主流的问题。只有传统媒体与新兴媒体融合发展，即实现"你就是我，我就是你"的一体化发展，才能形成具有强大传播力和竞争力的新型主流媒体。新型主流媒体应当在互联网思维指导下，以服务用户为核心，以开放平台为功能转型，以产品迭代为技术支撑，在坚守主流思想舆论新阵地方面发挥重要作用。

一　互动与共生：新型主流媒体的生态因子

　　互动媒体的出现及其与传统媒体的共生，成为当代媒介生态的典型特

---

　　*　本文系国家社科基金重点项目"构建和发展现代广播电视传播体系研究"（项目编号：13AXW008）的部分成果。

征。媒介环境学告诉我们，媒介演化的适者生存标准就是适合人类需要的媒介得到存活和发展。由于理性的人对媒介有控制和指导进化的能力，使得技术发展的趋势是越来越人性化。① 而媒介进化是在互动中产生的，各种媒介形态不是线性地此消彼长，而是在相互借鉴中共同满足人类传播的需求。纵观人类传播史上的五次革命，媒介的生存与发展"似乎是一种相互协调、共进共荣的共生关系"。② 媒介生态的改变带来的媒介形态"人性化趋势"在互联网时代体现得尤为明显，其中以主体、信息和技术三大因子构成了当前新型主流媒体的主要生态环境。

主体因子：互联性与"去中心"。在媒介生态互动的理念下，传统主流媒体向新型主流媒体的转型，实质上是媒介主体的生态位拓展。主体因子是互联网生态系统中最为活跃的因子，根据信息在交换过程中的参与状况，主体因子可以分为信息生产者、信息消费者和信息中介。而互联网让世界变得扁平化，人人都可能是传播主体，UGC（用户生产内容）在很多领域被广泛采纳。在新的媒介生态环境中，多重主体因子是互联性的、去中心化的，两个或更多的客户端间的信息交换、信息分享，乃至于信息速度和发布时间都是由自己确定。因此，生产者、消费者之间的界限更加模糊，媒体中介的作用似乎在减弱。

新型主流媒体处在这样一个生态系统中，必须不断适应外部环境，从（群体）分化到（系统）互动和（角色）选择不断进化，减少交流的时空限制。尤其在网络生态体系中，个体之间的关联、群体和组织之间的关联，构成了各个社会层次的网络，加剧了社会分化的进程。不同的年龄、文化背景、社会阶层的人使用不同的媒介，导致媒介的多样性需求在增加而不是减少。主体因子在这样一个复杂的新媒介环境中，比以往任何时候都需要新型主流媒体的引导。因此，新型主流媒体需要正视传播主体因子特性和需求的变化，正确引导主体因子成为新型"生态链"中的重要一环。这一点客观要求新型主流媒体依然要发挥传统"守门人"的中介作

---

① 〔美〕保罗·莱文森：《数字麦克卢汉》，何道宽译，社会科学文献出版社，2001，第7页。

② 邵培仁：《论人类传播史上的五次革命》，《中国广播电视学刊》1996年第7期。

用，在 UGC 和 PGC（专业生产内容）之中找到一条生态平衡之路。这既需要以大数据等后台系统作为技术支撑，又需要坚守新闻传播规律作为内容品质的保障。

信息因子：互动性与"内爆性"。信息因子是媒介生态系统中的客体性的资源要素，也是最不稳定的要素。信息的质量和信息传播的机制，是决定媒介生态和谐与平衡的重要一环。互联网时代的信息因子摆脱了"一对多"发布的大众传播系统的羁绊，具有较强的互动性，变得更为丰富。《新新媒介》的作者莱文森认为："新新媒介的用户被赋予了真正的权力，而且是充分的权力；他们可以选择生产和消费新新媒介的内容，而这些内容又是千百万其它新新媒介消费者-生产者提供的。"[①] 他清晰地向我们描绘了社会化媒体的互动传播机制，且这种机制更加凸显互动和参与的心理动机和个人动机，这是新型主流媒体所不能漠视的新的媒介生态因子。

在网络社会中，人际传播、大众传播和大众自我传播这三种传播共存、互动、互补，而不是相互取代。[②] 三种传播的共存让公共空间与私人空间更多地交叠在一起，使得信息更加多样化。"草根"阶层获得了空前的话语权与参与感，然而在"光怪陆离"的网络世界里，信息的多样性和丰富性也可能产生误导的信息。信息类别的边界模糊，难以区分，从而形成麦克卢汉《理解媒介》中的信息"内爆"：媒介的强大制造和传播功能使得整个社会被信息充斥，人们越来越难以将事实与噪声分开，将主流与"非主流"区隔。新型主流媒体处于高互动性与可能"内爆"的媒介环境中，"遵循新闻传播规律"显得尤为重要，不仅要主动参与到互动环节中，凸显主流意识和精英定位，还要在尊重差异的基础上凝聚共识。

技术因子：快速性与"可视化"。推动新型主流媒体的建构，要充分重视技术的核心驱动力。不论是建立多媒体的传播平台，还是建立跨媒体的统一数字化管理流程，均离不开技术的支撑。数字化促进了信息在生

---

① 〔美〕保罗·莱文森：《新新媒介》，何道宽译，复旦大学出版社，2011，第3页。

② Castells, M. (1998), *The Information Age, Economy, Society and Culture*, Cambridge, *MA: Blackwell*. - (2009), Communication Power, Oxford：Oxford University Press.

产、分配和消费方面不同程度的增长，技术力量的快速迭代，生成了一种"速度文化"，越来越多的信息正在更频繁和更快速地被传递。① 与此同时，可视化也成为"速度文化"的另一表征：形象被认为是一种比语言、文字和数字消费得更快的符号。从"读图时代"的表述到今天应用大数据制作"数据新闻"的理念，无一不是数字技术的产物。

快速性和"可视化"带来了时间指向的共识性、空间指向的共存性、能力指向的控制性和精神指向的理解性。它为人类带来了便捷，同时也造成文化领悟上的肤浅和信息生产的粗糙与僵化，对健康的媒介生态环境是一种威胁。然而技术的发展，毕竟遵循一种"发明—推广—采纳—规制"的历史逻辑，新型主流媒体要为更广泛的公众利益服务，数字化生存是必然，"拥抱"技术是基础，如何有效地掌控技术，加快建设和完善新媒体集成融合平台，需要我们做更加长远的思考。

二 服务与开放：新型主流媒体的思维理念

通过对互联网环境下媒介生态要素的再认知，我们知道，新型主流媒体所处的媒介环境因子已经发生了质的改变。因此，建构新的媒介主体，必须排除固化的传统思维方式，遵循新兴媒体发展规律，强化互联网思维，以适应新的媒介生态体系。这点已被适应性更强的新媒体所证明，而这恰恰是阻碍传统媒体转型的主要症结所在。2011 年，在百度联盟峰会上，百度公司董事长兼首席执行官李彦宏表示："在中国，传统产业对于互联网的认识程度、接受程度和使用程度都是很有限的。在传统领域中都存在一个现象，就是他们'没有互联网的思维'。"何谓"互联网思维"？小米科技有限责任公司董事长雷军总结为"七字诀"：专注、极致、口碑、快。② 360 公司董事长周鸿祎将它具体到方法论上：第一，用户至上；第二，体验为王；第三，免费模式；第四，颠覆式创新，归根结底还是对

① 〔荷〕简·梵·迪克：《网络社会——新媒体的社会层面（第二版）》，蔡静译，清华大学出版社，2014，第 209 页。

② 钟殿舟：《互联网思维：工作、生活、商业的大革新》，企业管理出版社，2014，第 34 页。

用户的理解。可以说，用户至上是其他三个维度的基础。[①] 这些理念大多来自互联网企业的经验总结，某种程度上为新型主流媒体的建构与发展提供了可借鉴的思路。因为二者有着相同的目标：在"传播"的战场上提升影响力、竞争力。从这个意义上讲，互联网思维是指，基于互联网环境，以"人"的需求为中心的迭代产品生产和用户服务的意识。对新型主流媒体而言，其互联网思维以服务用户、开放平台和产品迭代为主要特征。

用户概念，服务思维。互联网思维的核心即用户思维，也是主流媒体所面对的新型主体因子。在互联网时代，传统媒体的市场在萎缩，但从用户的角度看，他们所能获取到的新闻和资讯不仅没有减少，反而大大增多了。其原因在于新媒体加强了用户行为模式的识别和信息服务的精准投放，大大提高了多媒体、多终端信息发送的效率。而媒体服务应以用户需求和使用情境为出发点，"人在哪儿，媒体工作的重点就该在哪儿"，"用户在哪里，央视的服务就在哪里，央视的覆盖就在哪里"。这些观点是中央级媒体在探讨推动媒体融合，建构新型主流媒体话题时达成的一个共识。换言之，将追踪用户使用产品的情景，化为媒体设计的一个重要思路：关注用户在什么时候、什么状态、什么习惯下使用你的内容。BBC的受众观念就是服务性的，他们提出了"马提尼媒介"（Martini Media）跨平台传播策略，其目标是"让受众用最适合自己的方式来获得信息，并且要快、准、精"。[②] 在每一个媒介形态的"触角"上如何增加用户"黏性"，靠的是个性化需求的满足。新型主流媒体不仅要融合各种媒介的传播优势，更要精心研发如何在每一种媒介上，传播差异化的媒介信息与产品。对于用户来说，在信息和众多媒体几乎处处可见的今天，只有最能符合用户特定需要的媒介才能获得他们的注意，赢得他们的使用。这些认识和理念归结成一条首要原则为"用户体验至上"，即从用户使用情景的角度去设计和开发媒介产品，甚至做超出用户预期的使用体验，才能赢

---

① 根据《周鸿祎自述：我的互联网方法论》一书的结构框架归纳，中信出版社，2014。
② 央视网，http：//www.cctv.com/cctvsurvey/special/BBCquanmeiti/20111231/111056.shtml，2014 年 11 月 1 日。

得市场青睐。

注重服务思维意味着传播理念的改变，不再是传统的"我播你看"，而是构建一种新型的主体因子关系，特别是推动主流社群发展。互联网时代的主体因子"互联性"大大增强，社群化效应凸显，而社群意味着"口碑传播"，即受众是最好的话题制造者和传播媒介。对新型主流媒体来说，同样不可忽视社群建设，主流媒体代表着主流受众，只有做社群的代言人，才能增强网络社群对主流意识形态的认同感。现在传媒业早已经走过了出版即结束、播出即结束的阶段，这都只是经营的开始，应进一步挖掘内容产品之外的"粉丝价值"，运用多种现代公共关系手段，来形成并经营自己的社群。在信息爆炸的新媒体环境中，用户群比以往更需要定制化的服务，更需要"志趣相投"的关系网络。一个强有力的新型主流媒体要善于及时转变传播理念，探索一条个性化、社群化的用户服务新路径。

平台概念，开放思维。纵观网络世界的杀手级应用——脸谱网是社交平台、谷歌是搜索平台、维基是百科互动平台……，他们无一例外地选择将自身平台化，用开放的思维，让信息、交友、娱乐等多种应用程序在这个平台上施展、流通。尤其是以社交网站起步的脸谱网，它的开放平台让每个人以兴趣开发出来的应用软件为成千上万人服务。在信息因子互动性和"内爆性"的今天，开放平台是主流媒体实现信息传播功能转型的理想路径。具体来说，新型主流媒体应在全媒体平台打造基础上，建构扁平的组织架构和开放的传播流程。

全媒体平台是新型主流媒体构建的前提。美国西北大学教授李奇·高登曾于 2003 年归纳了美国存在的"媒介融合"类型：所有权融合、策略性融合、结构性融合、信息采集融合、新闻叙事或表达融合。[①] 这几种类型从媒介机构的融合到报道业务的融合、内容资源的共享和采编角色的融合，清晰地概括出了媒介融合的全流程状态。其中，所有权融合契合了新型媒体集团在平面、网络和广播电视上同时拥有跨界营销和内容资源共享

---

① Stephen Quinn, *Convergent Journalism—The Fundamentals of Multimedia Reporting*, New York：Peter Lang Publishing, 2005, p. 9-12.

的规制理念，这类新型媒体集团的构成恰恰符合新型主体的一种新形态。在完成上述几种融合的基础上，建构具有传播力、竞争力、影响力的新型主流媒体，即从新兴媒体建设初期的"你是你，我是我"的阶段，发展到互动时期的"你中有我，我中有你"的阶段，及至融合发展的"你就是我，我就是你"的理想实现阶段，也就是"一体化发展"阶段的新型主流媒体。① 融合化的新型媒体平台理念有两种主要表现形式：一是打破内部不同媒介之间的壁垒，实现不同媒体内容及渠道的融合；二是本着互联网的开放精神，做内容和产品的集成平台，延伸产业链。"BBC 在线"是吸引年轻受众，延伸其广电服务到各年龄段的新媒体产品，其中 iPlayer 平台战略的作用不容小觑，从 2011 年 2 月的再次改版开始，BBC iPlayer 允许其他电视台的节目链接，以更加开放的姿态合纵连横，拓展"产业链"。这种做法不仅避免了沦为新媒体的内容供应商而为他人"做嫁衣"，反而以"海纳百川"之势巩固了自己的主导地位。

扁平的组织架构和开放的传播流程是新型主流媒体的"骨架"和"血脉"。BBC 前新媒体技术部总监阿什利·海菲尔德曾指出，"未来 BBC 所有数字内容和服务的提供，都将紧密围绕三大主题展开：'分享'、'发现'和'使用'"。② 在这个理念的引导下，BBC 的新闻团队进行了"脱胎换骨"式的组织和流程再造：将原先独立的电视、广播和网络新闻运营平台整合成一个跨平台多媒体新闻中心，它可以将某一新闻资源按照受众不同需求与传播途径的差异进行调整，使其适合在电视、广播、网络、手机、互动电视等多个平台上播发。③ 这实质上是用一种开放的思维，打通信息流通的各个环节。扁平的组织构架减少了信息流通的关卡，保证了播发速度，而开放的传播流程增强了个性化和互动性，尤其增加 UGC 部门鼓励受众提供线索、参与报道，将自己从传统广播电视内容提供商变成一个聚合型媒介平台，吸引更多消费者参与节目内容的制作，交流讨论和创造。搭建新的"骨架"并繁育新的"血脉"，让融合化的新型媒体平台

① 胡占凡：《推动台网深度融合 打造新型主流媒体》，《新闻战线》2014 年第 9 期。
② 唐莘：《"三网融合"背景下解读 BBC》，《中国记者》2011 年第 4 期。
③ 唐苗：《BBC 媒介融合的多重意义》，《视听界》2013 年第 7 期。

更加适应新媒体生态环境。

目前，在我国广播电视领域，中央电视台、中央人民广播电台、中国国际广播电台、SMG（上海）、华数传媒、南方传媒、湖南广电等几家传统媒体早已获得 IPTV、互联网电视等牌照，并负责建设、管理和运营互联网电视集成平台。虽具有某种"垄断"经营的意味，但却没有取得令人意想的成效，恐怕主要还在于发展新型主流媒体的平台开放思维问题。平台的开放，不是简单的多个媒体的叠加，也不是传统媒体以新媒体为拓展渠道的"新瓶装旧酒"，而应充分发挥平台上各种媒体的独特优势，以开放的思维，形成"一个平台、多个媒体和多个终端"的立体化信息传播模式。

产品概念，迭代思维。产品迭代思维与用户服务思维一脉相承，前者侧重技术应用的维度，通过技术优化媒介产品的用户体验，以"微创新"的手段，进行产品迭代更新。"小米"手机自问世以来不断迎合市场、快速迭代、优化功能，从而获得巨大成功。他们相信用户就是驱动力，坚持"为发烧而生"的产品理念，在国内首创了用互联网"众包"模式开发手机操作系统，形成了 60 万发烧友参与开发、改进产品的壮观场面，因此，在短期内即获得超常规的迅猛发展。这里描绘了一个生产者与使用者"互动"或者说"共动"的内容生产与消费图景。

新媒体以先天的技术优势针对用户新需求快速进行产品迭代，而传统媒体因为产品思维的缺失与新技术的短板造成了布局新媒体却基本无所作为的窘境。产品迭代追求的是"快速性"，先人一步，抢占先机，否则可能会造成受众流失。因此，新型主流媒体需要突破性地实现产品迭代的思维。上海报业集团的新闻客户端"澎湃"上线之后及时汲取用户的反馈，进行了几次"小步快跑"的改版微调，这种尊重用户的做法，为"澎湃"赢得了广泛的社会影响力。

产品化的运作思维，必然会有全新的管控操作模式。英国的学者维克托·迈尔-舍恩伯格等在所著的《大数据时代》一书中认为，数据分析是产品迭代的一个重要工具，随着后台系统接收到的数据越来越多，系统可以通过一种"反馈学习的机制"，利用自己生产的数据判断自身算法和参数选择的有效性，并实时进行调整，持续改进自身的表现。[①] 2013 年美国 Netflix 公司制作的电视连续剧《纸牌屋》即是根据用户点播时的大数据反馈，包括 3000 万用户的收视选择、400 万条评论、300 万次主题搜索，来决定拍什么、谁来拍、谁来演、怎么播，并最终掀起了收视狂潮。可见，大数据作为技术手段，从宏观上为媒介发展探索了一种新的运营模式，从中观上以"众包"的形式，改进媒介产品性能，从微观上挖掘用户信息、预测热点需求和提供可视化的数据新闻。

三 品质与引导：新型主流媒体的传播效力

新型主流媒体之"新"主要体现在思维之新，即服务用户、平台开放和产品迭代"三位一体"的建构理念。而新型主流媒体之"主流"主要体现在传播影响力的提升，即面对新兴媒体的"挤压"，主流媒体内在的本质反映与要求。

皮尤研究中心（Pew，2011）发现，互联网 80% 的新闻和信息流向集中在排名前 7% 的网站，大多数网站（67%）受互联网时代之前"遗留下来的"新闻组织控制。[②] 互联网时代的用户看似被"赋权"，产生大量 UGC，但是 PGC 依然具有高品质和不可替代性。特别是在专业性报道和政治意见传播中，主流媒体依然具备独特优势。因此，新型主流媒体的构建，既要坚持传统主流媒体的权威性、公信力，又要在互联网思维指导下，进行生态位的拓展，形成一体化、立体式的融媒体传播体系。

新型主流媒体的传播力——强调传播渠道、平台融合性。新兴媒体的崛起，以其信息传播的迅速性、即时性，以及覆盖面广、首发率高而影响世界，媒体的传播力再次被技术"唤醒"。荷兰著名传播学者简·梵·迪克通过对新旧媒体比较研究，提出了衡量传播力的九个要素：速度、到达

---

① 〔英〕维克托·迈尔-舍恩伯格、〔英〕肯尼思·库克耶：《大数据时代》，盛杨燕、周涛译，浙江人民出版社，2013。

② 〔英〕詹姆斯·柯兰、娜塔莉·芬顿、德斯·弗里德曼：《互联网的误读》，何道宽译，中国人民大学出版社，2014，第 19 页。

率、存储、精确度、选择性、互动性、同步程度、复杂程度和隐私保护程度。① 其中，新媒体潜在的地理和社会到达率非常广泛，海量存储非传统媒体所能比，且新媒体的数据精确性在逐渐增加，并能提供文字、图像、音视频等多种符号信息。新媒体的这些特点都应成为新型主流媒体兼收并蓄的优势，使之能帮助主流媒体增强传播话语权。

媒体传播力的速度、到达率要素告诉我们，新型主流媒体传播力的建构，首先应尽可能地扩大传播范围，实现全媒体传播渠道的混合覆盖，保证接收终端的多样化、立体化，以实现传播内容价值的最大化。BBC 经过几年的媒体架构重建、传播流程再造，继续以其公信力和权威性领跑新媒体领域，在伦敦奥运会上"一战成名"，让此届奥运会被誉为第一届真正的"数字奥运会"。新媒体领域的高关注度也为 BBC 带来了直接的经济利益，然而最重要的是，伦敦奥运会 BBC 的受众调查显示，80% 的年轻人对于 BBC 新闻的印象大幅提升，认为其时尚、高端。而此前英国民众对 BBC 的印象多为保守、刻板，只有中老年人才观看 BBC 的节目。此役之后，BBC 争取到大批年轻人成为其长期忠诚用户。②

传播渠道的创新与平台的融合，一方面可以充分利用传统媒体的品牌价值和权威性，坚持主流立场、发掘深度观点、制作优质内容，另一方面也可发挥新媒体的平台、渠道的互动性、快速性等优势，让传统媒体和新兴媒体优势互补，双轮驱动，一体发展，形成新型主流媒体的核心竞争力、传播力。

新型主流媒体的公信力——强调新闻传播权威性。美国学者埃利奥特·阿伦森在谈到人们对社会影响的反应时认为，依从、认同、内化，是社会影响的三种效果。③ 其中"依从"可以转化为对传媒的依赖性，"认同"可看成对传媒的文化解读立场，而"内化"（internalization）则是让传播入脑、入眼、入耳、进心的最佳诉求，也是对社会影响最持久、最根深蒂固的反应。要对受众产生"内化"的反应，做到既传播到客户端，

---

① 〔荷〕简·梵·迪克：《网络社会——新媒体的社会层面（第二版）》，蔡静译，清华大学出版社，2014，第14～15页。
② 唐苗：《BBC 媒介融合的多重意义》，《视听界》2013 年第 7 期。
③ 〔美〕埃利奥特·阿伦森：《社会性动物》，郑日昌等译，新华出版社，2001，第 34 页。

又走进用户的心田，就需要提高媒体的公信力和权威性。而公信力体现在对真实性的承诺和坚守，这就回归到了新闻传播的规律——真实性、客观性报道。

对新型主流媒体来说，首先要让主流的声音进入大众群体，才有引导舆论的可能。中国的传统媒体这几年频频出现公信力危机，受众价值认同呈弱化趋势，尤其在微博、微信、网络视频等自媒体平台争夺眼球的这些年，形成了中国特有的官民"两个舆论场"的明显界限。其中深层次的原因在于新媒体的发展，让多元化的思想得以沟通交换，社会化媒体赋予了人们绕开"官方口径"，重新诠释文本意义的权利。近年来尤其在一些群体性事件和重大国际事件报道中，主流媒体频频"失语"和"失态"。因此要改变这种局面，还需要在重大事件的报道中发力，尊重新闻传播规律和新兴媒体发展规律，打破"两个舆论场"的对立，建构共同的尊重事实、服务用户的价值取向。尤其是官方舆论场，要主动融入新媒体的舆论语境中，既坚持严肃性和权威性，又能用公众容易接受的方式去说话。

新媒体赋予了公众自己选择和接受讯息的权利，因此在网络的信息洪流中，在舆论场的众声喧哗中，新型主流媒体更要强化塑造权威的媒体形象，尽可能发出权威的声音，履行主流媒体的舆论监督职能和文化传承使命。

新型主流媒体的影响力——强调主流话语的认同性。逆水行舟，不进则退的道理，在媒介话语权竞争中体现得淋漓尽致。为了赢得更多的社会影响力和话语权，就需要在赢得信任感、增强吸引力、强化依赖感和提高服务性方面下功夫。①

信任感是获得影响力的首要条件。在媒介融合语境下，新型主流媒体呈现多元化趋势，大量新兴媒体的快速发展得益于市场化运作，也不可避免地受到市场的负面影响。媒体公开报道的 21 世纪网新闻敲诈事件，即突破"底线"，用媒体公权力换取"有偿沉默"极大地破坏了媒体公信力。信任感的建立是一个长期的过程，只有建立融媒体的自律机制，坚守

---

① 〔德〕卡尔·曼海姆：《意识形态与乌托邦》，姚仁权译，中国社会科学出版社，2009，第11页。

媒体责任，强化社会担当，才能增强新型主流媒体的发展活力。

吸引力是获得影响力的关键路径。新型主流媒体应善于从资源获取与整合中赢得吸引力。吸引力的关键是认同感，要充分考虑社交媒体受众的心理和习惯，采用融媒体形态和运营方式，整合采编资源和传播渠道，利用社交媒体网络建立自己的"粉丝群"，从而增强内容的感染力。在媒体融合过程中，很多主流媒体都开通了微博、微信、App 客户端，来强化社交媒体的属性。传统媒体利用社交媒体进行"二次传播"，并注重结合社会化营销中的"话题性"原则，在社会上引发正面的、深层次话题的讨论，充分体现了主流媒体引领舆论、提升品位的职能，从而建立起一种珍贵的新型主流媒体的吸引力。

依赖感是获得影响力的重要表现。在互联网 Web2.0 阶段，基于真实的人际关系的社交媒体让人容易找到融入社会的感觉，从而产生某种"依赖感"。移动互联网进一步加强了这种"依赖"，产生诸如手机"微博控""微信控"。这一方面挤占了人们使用传统媒体的时间，加深了传统媒体与社交媒体在受众分布上的"沟壑"；另一方面也给了新型主流媒体"弯道超车"的绝好契机，抓住移动互联网的"社交化、视频化、移动化"特点，增强用户对新型主流媒体的"黏性"。传统主流媒体在融媒体时代，要运用多媒体手段，加强内容生产与加工的能力，做到一次采集、深度开发、多次利用，让信息得到多层次、多角度、全方位的传播，并针对不同受众的喜好、不同终端的传播规律来进行信息产品的二次生产与加工，最大限度地提升主流媒体的话语权，达到最佳的传播和服务效果。

服务性是获得影响力的内在要求。媒体的公共服务主要体现在以公众知情权为核心的一系列公共利益的实现。在舆论监督和应急事件报道上，新媒体因其低门槛、匿名性、传播迅速等特点，发挥出越来越重要的公共服务作用。如"微博反腐"，自然灾害中的公民通过微信组织救援，等等。在媒体融合发展的态势下，新型主流媒体利用社会化媒体，强化自身的公共服务性，创造一个更高效的意见表达平台和健康的媒介生态环境。

总之，新型主流媒体的建构，应以传播力、公信力、影响力为目标，坚持新闻传播和新兴媒体发展规律，强化互联网思维，形成现代传播体系，进而增强中国媒体的话语权，讲好中国故事，让中国以更真实、更文明、更可亲的形象立于世界面前、通达世人心灵。

（原载《编辑之友》2015 年第 1 期，《新闻与传播》

2015 年第 4 期全文转载）

现代视听信息产业模式创新研究

内容摘要： 视听新媒体时代的广电媒体转型与融媒体的建构发展，催生出形态各异的视听产业新模式。本研究通过分析筛选，汇集了一批用于描述或解释现代视听产业的模式，并运用图像描述和文字叙述的方式，对各种模式的特定目的及视听产业链的各个环节关系网络进行清晰的勾勒。在"基于转型的媒介融合模式、基于用户的视频运营模式和基于创新的互动合作模式"的框架下，整理出目前主要盛行的八种产业模式。它们都从不同程度上揭示出模式的启迪价值并预示着视听新媒体产业发展新路径。

关键词： 视听新媒体　产业模式　媒体融合　启迪价值

33 年前，英国著名传播学者丹尼斯·莫奎尔精心选取了 35 种（1993 年第二版修订为 66 种）大众传播理论模式，将之整理汇集成图文并茂的册子，并逐一介绍其含义、演变过程和主要优缺点，成为传播研究的宝典而影响至今。进入 21 世纪以来，以欧美为代表的真人秀节目模式风行，并带动起国内视听产业的又一个高潮，视听新媒体产业模式也逐渐成熟。本文在分析研究当代传媒的有关成果时，总结整理出八种较为突出的视听新媒体产业创新模式。

模式（model），"是用图像形式对某一客观现象进行有意简化的描述。每个模式试图表明的是任何结构或过程的主要组成部分以及这些部分之间的相互关系"。① 在本研究中，模式还用以表示媒体生存和发展的典型化方式，主要用图像描述和文字叙述的形式，简要阐释媒体产业化发展过程中内部结构和外部关系的互动，希望能为媒体和研究者有所启示。

一 基于转型的媒体融合模式

诞生于 21 世纪初的媒体融合现象，经过十多年的发展逐渐成为全球信息产业主流趋势。如今，媒体融合作为国际传媒大整合之下的新作业模式，将传媒业有效结合起来，资源共享，衍生出不同形式的信息产品，然后通过不同平台传播给受众。

在我国，推动传统媒体和新兴媒体在内容、渠道、平台、经营、管理等方面的深度融合，已上升为国家战略，成为打造新型主流媒体，建成拥有传播力、公信力、影响力的新型媒体集团的行动指南。它必将推动传统广电产业的转型和各种跨媒体融合的视听产业模式诞生。

1. 媒体融合平台建设模式

2003 年，美国西北大学里奇·戈登（Rich Gordon）教授根据不同传播语境下所表达的含义，系统地归纳了美国当时存在的五种"媒介融合"的类型：所有权融合、策略性融合、结构性融合、采编流程融合、新闻呈现融合②。而从媒体融合的实践看，它不仅仅是媒介形态和业务的融合，而是多层次、多平台、多类型的融合（见图 1）。

媒体融合中最为关键的基础建设是平台融合模式创新。视听新媒体产业的发展，从本质上看，是基于互联网思维对传统广电的改造。在与互联网基因的碰撞裂变、深度融合过程中，实现体制机制、生产流程、产品形态、传播方式等系统创新和整体转型，形成三大平台的战略融合（见图 2），包括建构全媒体信息处理平台、用户行为数据处理平台、全媒体运营平台。

---

① 〔英〕丹尼斯·莫奎尔、〔瑞典〕斯文·温德尔：《大众传播模式论》，祝建华译，上海译文出版社，2008，第 2 页。

② Stephen Quinn, *Convergent Journalism-The Fundamentals of Multimedia Reporting*, New York: Peter Lang Publishing, 2005, p. 9-12.

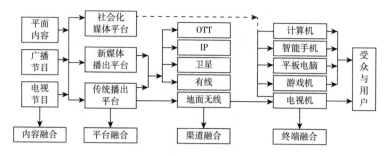

图 1 媒体融合传播模式①

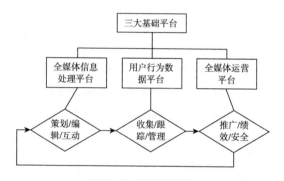

图 2 三大基础平台

资料来源：参考《2014 中国媒体融合发展趋势报告》，《梦工场观察》公众号，2014
年 12 月 31 日。

搭建以数据为基础的技术平台，不仅有利于建立统一的数字出版管理
流程，也将带来媒体品牌运营和营销模式上的突破与创新。在新媒体环境
下，平台化之路的关键是开放、聚合、社交、跨界（见图 3）。无论是建
立开放式 Web2.0 平台以增强社交属性，或是通过信息的个性化定制来提
高用户黏性，在未来的"超级编辑室"中，技术与算法的支撑与媒体内
容资源同等重要。可以说，数据技术部门是架构的核心和基础，它横跨所
有部门，在各个部门间交叉协作，起到无法替代的作用。

从图 3 中，我们还看到内容与平台的双向整合，以此为基础，实现用

---

① 李宇：《融合时代的电视业：概念与模式》，《电视研究》2015 年第 1 期。

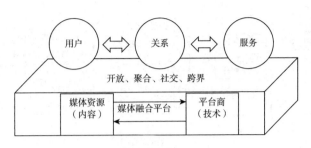

图 3　媒体融合平台建设模式

户、渠道、技术等多方面的资源聚合，以及跨业态经营的快速转型和跨越式发展。如 BBC 的 iPlayer 新媒体平台，用户能用 player（播放器）通过任何终端检索与观看，实现节目内容通过电视网、互联网等多种渠道，在电视、手机、平板、电脑等四屏终端上的全覆盖和互动，从技术上打破了不同媒介之间的界限。同时，BBC 在不同属性的媒体之间建立起相互渗透、协调合作的关系，通过"中央厨房式"信息流程再造，进行自内而外的革新，实现了内容和渠道的融合。

媒体融合平台的本质，是服务性平台而非播出渠道平台，它呈现显著的跨界特征。跨界合作的目的是聚合资源，将不同的社会要素、产业要素聚合，为新功能的形成提供基础和动力。因此，这种聚合多发生在不同媒介之间，可以促进媒体产业形成上下游全覆盖的产业链。这种开放、聚合、社交、跨界平台的所有应用都通过提供贴身的信息服务打造传媒的功能，形成内容入口、关系入口、服务入口"三位一体"的媒体融合平台。

综上所述，在媒体融合时代，以内容生产、聚合传播、场景社交为一体的"同步"模式，将成为视听新媒体产业的常态。而一旦建立了这种全新的融合传播理念，就将去除媒介区隔，打破广播、电视和互联网等媒体之间的界限，将用户需求与信息业务紧密结合，建立跨平台的节目制作和共享机制。

2."TV+"新业态模式

"TV+"新业态模式是由"互联网+"行动计划发展而来的一种模式，其本质是以视听新媒体形态实现 TV 效能的最大化。融合互联网后的广电媒体形态以双向、多渠道、跨屏等形式，进行内容的传播与扩散，并以交互化、实时化、社交化、个性化、融合化等特征为业态延伸方向，由此生发出无限种可能的视听媒体新业态（见图4）。

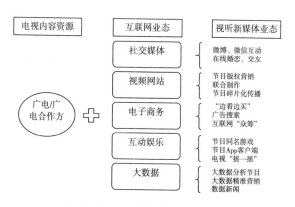

图4　电视+互联网的新业态模式

电视+社交媒体。社交电视（Social TV）是在用户观看电视节目的背景下同时提供传播及社交互动的服务。CNN、BBC等国际主流广电媒体都早已应用社会化媒体来加强网络平台的建设，试图增加诸如与朋友分享链接、添加评论、扩展用户的网络身份等手段以触及更广大的人群。而社交电视业务由节目制作公司等内容提供商、电视台等电视服务商、广电网络等电视运营商和社交网服务商共同打造，形态千变万化。在电视节目的基础上，可整合社交互动、情境感知、收视率调查、视频聚会、语音传播等各种服务（如图5）。

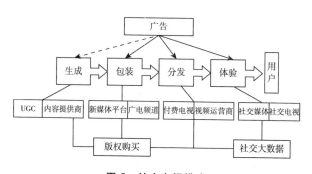

图5　社交电视模式

社交属性让电视从一种单向的广播式传播中彻底解脱出来，使得观众与观众之间，观众与电视台之间，观众与内容提供商甚至广告主之间形成一种衔接。因此广电媒体应及时借力社交媒体放大影响力，有效地留住社交平台上的用户。如"央视"以强大的内容资源为主导，辐射电视、PC、移动各端，打造跨媒体、广覆盖的多屏传播平台。社交端通过"@央视新闻"官方微博、"央视新闻"微信公众号和央视新闻客户端三大新媒体传播渠道，增强电视用户黏性。用户通过央视新闻客户端，不仅能收看央视新闻频道的直播，还能将电视新闻"广播化"，通过点击"听电视"按钮，即可收听央视新闻频道直播的音频。在央视栏目界面，用户可以订阅60多个央视品牌栏目，收看最新和往期的节目。至2014年底，"央视新闻"新媒体经过两年多的发展，微博、微信、客户端用户总数已突破一亿，已然成为主流媒体与互联网用户融合互动的重要平台①。

电视+视频网站。目前电视与网络视频重叠受众已超过1/3。《中国网络视听产业报告》数据显示，截至2014年，中国网络视频用户已超过4.39亿，其中手机视频用户超过3亿，网络视听服务已成为网民在线消费时间最长、覆盖细分群体最广的基础性网络服务。用户数量的不断攀升彰显了视频行业高速发展的态势，为适应我国互联网用户普遍年轻化的特点，电视娱乐节目在受众定位上也往往与这些群体相契合，并通过电视节目版权输出到视频网站，带来互联网用户消费的增量。初现品质的"纯网生"视频节目也纷纷反哺电视频道，为节目创新提供新的动力。

电视+电商。通过电视或网络视频，直接链接到电商平台，最终实现从告知到边看边买的模式转化。如 SMG 影视剧中心与天猫深度合作下的《女神的新衣》节目、东方卫视开年大戏《何以笙箫默》等，观众不仅能看到明星演出，还可以掏出手机在天猫上买到明星身上的服饰。

"F2O"（Focus to Online）模式，是"电视焦点事件+电子商务"构成的一种新型电视+电商的模式，其作用机制是，热点事件在电视等媒体形成扩散效应，电商平台迅速推出相应产品（如美食、服饰等），满足瞬

---

① 《"央视新闻"新媒体用户突破一亿》，央视网，http：//news.cntv.cn/2014/12/22/VIDE1419247618924196.shtml，2014-12-22。

间激增的新需求，从而进一步推动热点事件的升温，形成媒体和电子商务的良性互动（如图6）。

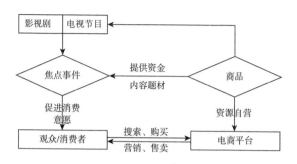

图6　F2O 电视+电商模式

F2O 模式对于电视等媒体、电商平台来说是一种双赢。电视媒体带来的热点事件效应，能够转化为实际的商业订单，这既是一种影响力的体现，也为未来商业模式的开发创造了条件；电商平台借助热点事件也实现了平台引流、扩大了营业额的增长。未来，媒体之间的融合将进一步地加深，所有的媒体都会共生于一个大的营销平台上，在消费者的每一个消费决策上有不同的媒体去支撑、推动。电视媒体将成为拥有用户大数据的重要注意力入口和行动力入口，在电视屏幕上实现品牌的体验、互动、购买，这是未来电视的最大突破。

电视+大数据。其最大价值在于积累并经营用户，实现下一步电视广告的精准投放。传统媒体有着丰富的内容资源，在节目首播时能在第一时间吸引观众的注意力，然而却缺乏积累并经营用户数据的大数据业态。在吸引了观众的注意力以后，如何积累并经营用户数据成了首要解决的问题。Netflix 的首部自制连续剧《纸牌屋》成为大数据应用的经典。尽管有营销的噱头在里面，但毋庸置疑，大数据与视听媒体的结合是大趋势。电视媒体通过机顶盒的数据、各种手机电视的数据，完全可以形成用户（而不是观众）的数据库，并利用大数据分析节目，使大数据成为视听媒体的驱动力。

3. 产业链垂直整合的生态系统模式

产业链垂直整合是对产业链进行纵向调整和协同的过程。随着下一代互联网、下一代广播电视网等新技术的广泛应用，与视听行业密切相关的彩电企业、互联网企业、电信企业都将通过整合资源向视听整机领域渗透，从而实现产业链上下游协同发展，实现制造与运营融合、终端与内容融合、网络与业务融合。该模式的特点是以"制造+内容+服务"为创新发展方向。

如乐视公司真正对于市场和行业产生影响力，正是在于其以视频为入口的超级电视的成功，进而成为客厅战场的有力竞争者。乐视在硬件端完成了乐视垂直产业链的合龙工作，使得乐视网所拥有的视频版权优势、乐视影业和乐视体育所提供的内容，能够通过手机、汽车和未来的电视转化为实际的产品，从而实现版权内容的价值变现。这种商业模式构成了一个闭合的生态系统（见图7），由"平台+内容+终端+应用"构成，相互协同运转。

图7　产业链垂直整合的生态系统模式

资料来源：《每日经济新闻》2014年3月27日，第6版。

湖北广播电视台探索的"垄上模式",成为另一种产业链垂直整合模式,即利用一个对农传播和服务的综合电视频道——垄上频道,采取"频道+渠道""线上+线下"的方式进行整合化的产业运作。线上通过内容播出,打造节目品牌链;线下通过"大三农"(农村、农民、农业)和"小三农"(农药、化肥、种子)的渠道整合,构建农业信息咨询服务、农资销售、绿色农产品销售、农村金融保险等多项业务,打造传媒参与现代农业服务的产业链。2013年,垄上传媒集团依托垄上频道线上广告经营收入仅6500万元,而线下产业经营则超过4.2亿元。这种模式依托的还是传统广电的权威性,特别是地面频道在二、三线城市和农村市场上的影响力,瞄准某一市场需求点,进行垂直开发,以专业化谋求价值变现。而乐视的模式主要以互联网企业为主,它们在市场开拓、资源整合和用户体验方面具有独特优势因而可能成为未来视听产业的主流。

二　基于用户的视频运营模式

一个完整的网络视频产业链应该包括:技术提供商、平台运营商、内容提供商,以及作为产业链下游出现的企业广告主和目标受众。在美国,传统主流视频网站有三类,分别代表三种模式:以Youtube为代表的UGC视频网站、HULU模式、NETFLIX的视频租赁模式(向用户收费)。而在中国,网络视频UGC内容吸引眼球的作用大于其商业价值(这里特指广告价值);中国用户对付费的认同度较低,在短期内我国不大可能有独立的类似Netflix的模式。因此,走HULU式的正版内容+免费观看+广告盈利的模式成为很多国内视频运营商的共同选择,如"芒果TV"独播模式。

1. 依托产业链上游的HULU模式与芒果TV模式

2008年3月12日,默多克新闻集团与NBC合力打造的新视频网站Hulu正式上线,主要特点是提供专业、权威、正统、有正式授权的高质量专业视频,以与Youtube注重用户创造相区别,它标志着独具特色的HULU模式正式诞生(见图8)。

全球的视频网站都面临"烧钱"经营的问题,而HULU却创造了该

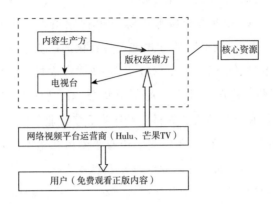

图 8　依托产业链上游的 HULU 模式与芒果 TV 模式

行业的盈利神话：创办后第一年即实现盈利，2009 年收入为 1 亿美元，2010 年创收达 2.63 亿美元，2011 年实现营收 4.2 亿美元，2012 年盈利 6.95 亿美元。Hulu 模式的主要优势如下。

（1）丰富的正版内容来源。内容上，HULU 有四大节目来源：NBC、FOX、ABC 三大投资方自身所拥有的视频节目（包括新闻、访谈、连续剧、音乐、演唱会、电影等），并与索尼、米高梅、华纳兄弟、狮门影业及 NBA 在内超过 220 家传统媒体内容商合作，同时也与 Comedy Central、圣丹斯频道以及 PBS 这样的小众内容提供商，及一些网络内容提供商（包括社交网站）合作。可以说，正版内容对提升自身的品牌价值、影响力和提高对广告主的吸引力都有极大的促进作用。

（2）感受极致的用户体验。HULU 模式的第二大优势是其人性化的观看体验和清晰别致的网站架构。HULU 摈弃了很多视频网站使用的播放软件，让用户直接在线观看，十分便捷，且选择面广、收看步骤简便。

（3）独立运营的权利。这一点很容易被忽视。HULU 从成立第一天起就是由风险投资参与的独立媒体公司，享有独立运营权。这样无论在资金还是在团队激励上都更有优势。

HULU 模式飞速的发展，使得美国、日本、英国等发达国家的业界都掀起了 HULU 模式热。我国湖南广电旗下新媒体"芒果 TV"，将打造"中国式 HULU"作为湖南广电互联网转型的一个实验方向。湖南卫视以

"自制节目版权不分销"为支点，成就了有别于其他互联网视频平台的核心竞争力。芒果 TV 把握内容这个最重要的入口，深挖黄金内容在网络平台的独特价值，同时利用稀缺的互联网电视牌照资源，在电视、手机、PC 等领域整合资源，让内容贯穿在各个重要硬件入口，进一步形成闭合的"芒果生态圈"。

2. 延伸产业链下游的 SMG 互联网电视（OTT）模式

上海东方传媒集团（以下简称"SMG"）的互联网电视（OTT）模式与芒果 TV 不同，芒果注重"独播"模式，而 SMG 则相反打造面向"走出去"的互联网电视运营模式，试图更全面地包罗整合产业链上下游，尤其是对下游的延伸。合并重组之后的 SMG 子公司——新百视通公司，按照 OTT 智能电视的规律，抓住 B2B（企业对企业）、B2C（企业对消费者）两个模式（见图 9），成为服务数百万级 OTT 用户的广电播出机构与新媒体运营商。

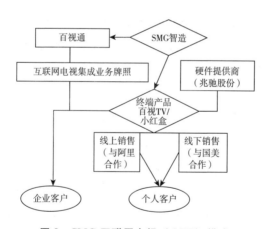

图 9　SMG 互联网电视（OTT）模式

SMG 擅长资本运作进行资源优势互补。旗下百视通作为互联网电视集成业务的七家牌照商之一，能够实现对企业客户业务的价值变现。在对个人客户端，通过入股兆驰股份，将生产终端、发售产品、用户营销的成本外包出去，让百视通能够集中精力把内容和 OTT 平台运营好。再通过与阿里巴巴、国美等企业合作，打通线上+线下的销售渠道，实现对个人客户业务的商业布局。

此外，2015 年 SMG 在深化 OTT 战略布局中，还推出整合内容与渠道两大入口的"SMG 智造"。在内容上重点深耕 SMG 强势内容 IP 化、IP 产品产业化，成立专门面向互联网传播的内容生产团队，共同开发塑造适应移动互联网时代要求的节目；在渠道入口融合上，把原有分散的移动互联网入口（IPTV、手机电视、有线数字电视、机顶盒与智能终端、网络视频等）统一到"百视 TV"的品牌上，实现"一次生产，多屏分发"。通过百视通等把持多屏入口端，占据互联网电视入口大门，培养规模化的互联网电视用户群体，形成用户流量变现，实现商业模式彻底转型。

三 基于创新的互动合作模式

互动，是媒体从线性传播向互动传播转变的标志，是新兴媒体的典型结构特征。互动的最终目的是取长补短、发挥各家优势，从而达到创新创优的目的。这里列数三种主要的互动合作模式，分别代表了跨屏幕的互动、跨媒体的互动和跨文化的互动。

1. 跨屏互动模式

《中国电视媒体跨屏互动融合创新趋势》研究报告指出，跨屏互动，即通过新一代移动互联网技术建立起来的屏与屏之间的链接和交互，已成为中国电视媒体的一种新趋向。它弥补了电视单向传播的短板，使得电视具有可交互的双向传播功能。移动端用户可以通过扫一扫、摇一摇等应用直接参与电视节目，使跨屏传播、跨屏收看视频节目逐渐成为主流。同时，用户可直接互动、分享、触达其产品，达到一种置身于场景之中的多维体验。天脉聚源（北京）传媒科技有限公司推出的"媒体桥模式"较有代表性（见图 10）。

"媒体桥"是专注于电视媒体跨屏互动，跨界融合的平台产品和服务。它通过集成第三方微信微博 App 入口连接平台完成电视跨屏互动，实现连接演播室、连接电视观众、连接节目互动、连接商业扩展的常态化移动互联网电视伴随服务（见图 11）。

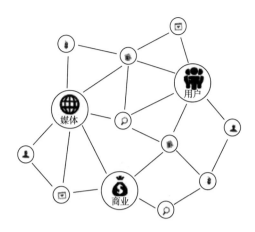

图 10 "媒体桥"模式

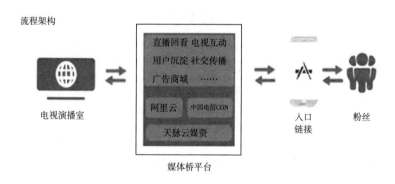

图 11 跨屏互动模式

资料来源:《中国电视媒体跨屏互动融合创新趋势研究报告》,2015。

实现跨屏互动的入口连接,可利用多种路径:一是利用已有的移动互联网平台;二是基于微信入口的接入模式,以春晚微信摇电视为代表;三是利用或自建 App,如芒果 TV 自建平台、自主运营;四是利用第三方服务商的基础架构快速融合,使电视一举跨入移动互联网领域,实现质的飞跃。如图 10 所示"媒体桥"平台,服务于 200 多个电视媒体,用户达1.08 亿。

媒体桥跨屏互动模式的价值在于:让电视核心资源和互动广告实现了增值,电视观众有效沉淀为用户和粉丝,TV+、P2O 等模式扩展了电视的新空间。尤其是电视与手机用户互动，形成了大屏观看、小屏互动，边看边分享的新收看模式。

2. 台网联动模式

台网联动模式虽然与跨屏互动都是互动模式，但后者强调不同媒介间的互动，前者侧重于媒体间的联动，相当于跨媒体的互动。

在第21届上海电视节"2015综极会"论坛上，与会代表达成一个共识，"台网互动合作一定是未来的主流趋势"。优酷土豆集团高级副总裁杨伟东认为，近两年来，综艺自制生态链已经形成主流媒体（电视台）、视频网站（新媒体）、制作人和制作公司"三足鼎立"的局面，这对未来台网联动产生现象级自制综艺节目奠定了坚实的基础。"跑男"制作人俞杭英认为，未来现象级节目诞生土壤的基础是"深度台网互动"，但与之前电视台节目给互联网播放这样简单的台网互动不同，将来的台网互动，一定是互联网和电视台基于各自优势，撬动各自核心优势携手合作的模式。

此外，百度旗下爱奇艺网站开创了一种VIP会员首播，再上星播出的"先网后台"新模式。这种台网联动模式对视频网站的付费会员数量和质量有较高要求，否则在视频网站的营收会减少，就失去了"先网后台"的意义。随着更多带有互联网基因的"纯网生"节目在电视频道上展播，更多的媒体将会选择台网联动模式播出。

3. 节目制作宝典流通模式

节目模式，作为一种高度工业化的电视节目生产流程的产物，是一种先进的创意与方法，其核心并不仅仅是操作手册或者范本，更是关于节目结构搭建、框架流水线设计的配方。进入21世纪以来，随着西方真人秀节目模式的引进，带动了中国电视工业时代的发展，使节目"模式"成为整个电视业的热词。殷乐认为，当前电视模式的发展已经成为全球重要的媒介、社会、经济和文化现象，模式输出不仅带来了巨大的经济效益，也逐渐成为国家软实力构成之一。① 从模仿、引进到本土化改造，直至原创、反向输出，节目宝典交易模式逐渐唤起了我国节目制作人的标准意识

---

① 殷乐：《电视模式产业发展的全球态势及中国对策》，《现代传播》2014年第7期。

和流程设计理念，加快了我国电视媒体与国际制作水准接轨的步伐。

电视节目按照工业化的流程标准来生产，从而形成了需要严格遵守的制作宝典，通过 Davidj Bodycombe 的一篇介绍电视节目模式"制作宝典"指南的文章（见图 12），可以大致了解创意及制作过程。

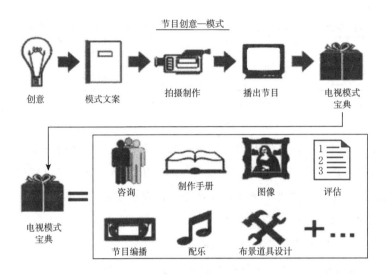

图 12 节目制作宝典流程

资料来源：媒介 360。

图 12 简要清晰地阐明了电视节目从创意到模式形成的主要过程：创意→模式文案→拍摄制作→播出节目→电视模式宝典。并高度概括了电视模式宝典的基本要素：电视模式宝典=咨询、制作手册、图像、评估、节目编播、配乐、布景道具设计+……目前国际电视模式创制主体构成越来越多元化，小型创意公司正在崛起，从另一个侧面印证了互联网新经济带来的质变。

节目制作宝典的生产只是电视模式产业链的上游，后面还将进入专业的发行、销售阶段。西方电视节目制作人不仅发展了成熟的节目模式产业链（如图 13），而且各个环节都具备产业链的整体观念，呈现创新主体多元化与专业化的特点。而我国的电视模式产业还处于初级阶段，位于产业链下游位置。许多业内人士已经认识到过度引进模式的泡沫，以及创新模式带来的机遇。可以说高品质的"节目制作宝典"才是全球节目模式流通中的制胜法宝，而"创意"才是模式源源不断的保证。

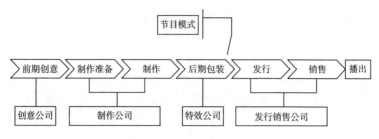

图 13　电视节目模式产业链

　　综观现代视听信息产业模式，大多建立在世界传媒格局的变革之中，新媒体的应用已成为视听产业做大做强的关键战略。我们在模式的创新、开发、应用中，应融进中华文化元素和现代媒体技术，探索出具有鲜明中国特色的现代视听信息产业模式。

　　4. 基于 IP 的"全产业链"模式

　　《融合文化：新媒体和旧媒体的冲突地带》一书的作者亨利·詹金斯认为"媒体融合并不只是技术方面的变迁这么简单。融合改变了现有的技术、产业、市场、内容风格以及受众这些因素之间的关系。融合改变了媒体业运营以及媒体消费者对待新闻和娱乐的逻辑"。由此可见，融合不仅仅是一个技术过程，更是一种文化的流通与共享，因为它鼓励消费者获取新信息，并把分散的媒体内容联系起来。基于 IP 的"全产业链"模式，就是对融合文化的一次商业实践。简言之就是从版权交易，到影视内容的制作发行，再到游戏、电商、实景娱乐、玩具等实体物品销售、艺人经纪、粉丝经济等一系列衍生产品的开发。从 IP 产业链上游以网络文学为代表的版权交易，到中游的影视剧，再到下游的衍生品开发，市场规模呈现向下逐级增长的正金字塔结构（如图 14）。未来对 IP"全产业链"的掌控者一定是能持续创造"粉丝价值"的一方。

　　以《花千骨》为例，2015 年暑期在湖南卫视播出的电视剧《花千骨》，其出品方慈文传媒重金购得小说改编电视剧版权。首轮播出后带来6300 万净收入，接下来还有二轮发行和海外发行收入。《花千骨》还没播

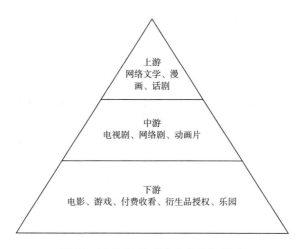

图 14　基于 IP 的"全产业链"模式

完，慈文和爱奇艺五五分成合作网剧《花千骨番外》的意向就已达成。借助电视剧的影响力，同年 7 月"花千骨"手游上线，流水高达 2 亿多，单笔充值最高达到 82944 元，比长期盘踞在手游第一位的"梦幻西游"还多出近 3 万。

　　基于 IP 的"全产业链"模式有以下优势：①以网络剧为代表的网络观剧人群的年龄主要集中在 19~25 岁，和电影、游戏的玩家人群高度重合（电影观众平均年龄在 21 岁，游戏玩家则在 20 岁），非常适合以 IP 为纽带打通游戏、电影、衍生商品、乐园等，实现"全产业链"的协同效应。②由于上游积累的粉丝人气，减少了中游的影视剧的投资风险，且中游具有"扩音器"的效果，减少了下游的营销成本。③付费模式将会给视频网站的 IP 运营提供更大的盈利空间。付费会员的贡献达到免费会员的 20 倍（全年会员价格 360 元/年），如由网络小说《盗墓笔记》改编的网剧开启了付费观看的模式，爱奇艺全网点击量达到了 24 亿次。

（原载《现代传播》2016 年第 2 期）

全媒体的概念建构与历史演进

内容摘要： 全媒体转型已成为当代中国传媒的发展趋向。本文从全媒体的概念建构与辨析入手，探寻中国全媒体的发展演进之路，即全媒体发展的初期孕育，全媒体发展的报业转型，全媒体发展的整体推进。而未来全媒体发展的关键在于全媒体的共识认知、制度建构、流程再造和全媒体人才培养。

关键词： 全媒体　历史演进　媒体转型　人才培养

中国传媒业的全媒体发展之风已从报业吹向了广播电视界，并引发了理论界的高度关注与研究，截至 2012 年 12 月，在中国知网以主题"全媒体"进行检索，可检索到 1500 多条记录。与此同时，在百度网络搜索引擎中以"全媒体"关键词进行搜索，可找到相关结果 2400 多万个。从目前文献检索的全媒体研究来看，多是描述性的分析或个案式的追踪探讨，缺乏学理性的深层次研究。

一　全媒体的概念建构

全媒体的发展起于何时？由于认定的依据不同，可能会有不同的时间标志看法。但基本认同的意见是，国外以 2006 年英国老牌报纸《每日电讯报》的全媒体改革之路为起点，随后，由《今日美国》2008 年开始尝试的产业链重构推进了全媒体的实践。在我国，全媒体转型最早可追溯到

2007 年 6 月《广州日报》滚动新闻部的成立，专门负责报纸与手机、网站等部门的联动发稿。次年 7 月，国内首家全媒体采编系统在烟台日报传媒集团正式上线运营，记者的身份也悄然转型，开始面向多个全媒体终端——纸质报、手机报、多媒体数字报、电子移动报、户外视屏等发布。2009 年 1 月，宁波日报报业集团全媒体新闻部正式成立，标志着全国第一个以全媒体命名的媒体机构诞生。同年，南方报业集团正式提出构建"南都全媒体集群"的理念。那么，全媒体的内涵究竟是什么？

1."全媒体"概念学说

全媒体概念界定众说纷纭，通过文献整理，大致可归纳为三种学说。

（1）报道体系说。该观点认为，全媒体化，是指一种业务运作的整体模式与策略，即运用所有媒体手段和平台来构建大的报道体系。从总体上看，报道不再是单落点、单形态、单平台的，而是在多平台上进行多落点、多形态的报道系统。报纸、广播、电视与网络是这个报道体系的共同组成部分。[1] 这一观点从新闻传播业务本体出发，落脚点放在全媒体形态的报道体系上，较好地概括了全媒体报道的模式和特征，但是将其限定在媒体"报道"业务层面，略显褊狭。

（2）传播形态说。该观点认为，全媒体是综合运用各种表现形式，如文、图、声、光、电，来全方位、立体地展示传播内容，同时通过文字、声像、网络、通信等传播手段来传输的一种新的传播形态。[2] 也可以说全媒体是在这些媒体表现手段基础之上进行不同媒介形态（纸媒、电视媒体、广播媒体、网络媒体、手机媒体等）之间的融合，产生质变后形成的一种新的传播形态。[3] 从形式来看，全媒体不是指媒体类型的应有尽有，而是指不同媒介类型之间的嫁接、转化、融合。从内容来看，其基本内涵主要体现在四个方面：一是信息资源的多渠道采集，二是统一的专业资源加工，三是全方位业务系统支持，四是多渠道资源增值应用。从结果来看，主要表现为内容生产的多形态、产品发布的多渠道和传播介质的

① 彭兰：《媒介融合方向下的四个关键变革》，《青年记者》2009 年第 6 期。

② 刘小帅、张世福：《3G 时代：传媒价值链的重构》，《网络传播》2009 年第 7 期。

③ 罗鑫：《什么是"全媒体"》，《中国记者》2010 年第 3 期。

多终端。① 此类观点将全媒体视为不同于以往的新型传播形态，强调了各种媒体间融合生产信息内容的立体传播状态，可以说较全面地概括出了全媒体传播的形态特征。

（3）整合运用说。该观点在综合前人认识的基础上，从广义和狭义两个方面进行界定。从广义上看，全媒体即指对媒介形态、媒介生产和传播的整合性应用。从狭义上看，全媒体是指立足于现代技术发展和媒介融合的传播观念，综合传统媒体与新兴媒体，在媒介内容生产、媒介形态、传播渠道和传播方式、媒介运营模式、媒介营销观念等方面的整合性运用。② 这一观点突出了全媒体更具宏观性的"整合应用"，将多因素全部囊括其中，但未清晰地概括出全媒体概念的内涵和外延。

在观照了"全媒体发展"及概念学说之后，我们发现目前有几个共同点可作为界定和理解全媒体的要点。一是全媒体发展的主体是传统媒体，这是其面对新媒体而求生存发展的必由之路；二是发展整合多种媒介形态，而缺乏多种媒介形态间的统合协同就构不成全媒体；三是实行多媒体分流传播，并根据媒体的不同分流生产出不同的媒体产品；四是作为一种新型的运行模式。

2."全媒体"概念辨析

伴随着信息网络技术的发展而衍生出众多相关概念，如"超媒体""多媒体""富媒体""跨媒体""融媒体"等，其间也有异同之处，要科学地认识全媒体的概念，就有必要对这些相关概念进行辨析。

"超媒体""多媒体"是两个紧密相关的概念。首先，"超媒体"是计算机技术中的一个术语，它又与"超文本"紧密相连，"超文本"是包括文本、静止图片、表格、线图多种媒体格式的非线性的计算机的交互信息系统。而"超媒体"是包括超文本信息在内的动画、视频、音频等多种媒体格式，允许非线性与交互链接的信息系统。在此基础上来理解"多媒体"概念就顺理成章了，它是利用超媒体进行信息传播的方式，即运用包括文本、静止或运动图片、动画、视频、音频等多种媒体格式来展

---

① 郜书锴：《全媒体：概念解析与理论重构》，《浙江传媒学院学报》2012 年第 4 期。
② 姚君喜、刘春娟：《"全媒体"概念辨析》，《当代传播》2010 年第 6 期。

示信息的传播方式。① 因此，"超文本""超媒体""多媒体"是一脉相承的，它们是依据计算机文件格式或者传播符号类型提出的概念，全媒体也确实需要"多媒体"多元和立体地展示传播内容，但"全媒体"概念是传媒转型的一种运营方式。

"富媒体"则是指信息传播中除了提供在线视频的即时播放外，内容本身还包括网页、图片、超链接等其他资源，与影音同步播出，为网络公司和网民提供一种全新的媒介体验。富媒体与多媒体技术的最大不同在于，富媒体增加了交互性内涵，即用户可以在信息播放过程中控制和改变传播内容。② 因此，"富媒体"作为一种新型的媒体体验方式，可以在全媒体的具体操作中得到一定运用，如 iPad 移动媒介终端上由参与式构成的信息产品就是利用了富媒体交互方式。

关于"跨媒体"概念，我们发现最初的全媒体化其实就是跨媒体运营，跨媒体实为全媒体早期孕育阶段的表现形态。有研究认为"跨媒体"是"横跨平面媒体（报纸、杂志、图书、户外广告）、立体媒体（电视、广播、电影）和网络媒体的三维平台组合，是新旧媒体杂交、融合的产物"。③ 我们认为"跨媒体"就是要突破原有单一媒体类型的限制，跨向其他的媒体类型传播，并实现两方或多方联合与互动式的发展。

"融媒体"概念与"媒介融合"紧密相连，而"媒介融合"是指在以数字技术、网络技术和电子通信技术为核心的科学技术的推动下，组成大媒体业的各产业组织在经济利益和社会需求的驱动下通过合作、并购和整合等手段，实现不同媒介形态的内容融合、传播渠道融合和媒介终端融合的过程。④ 融媒体（融合媒体）正是媒介融合过程的最终产物，它是在理想的媒介内外环境中，整合了新、旧媒体的特征和优势，实行一个统一平台对不同媒介或终端进行信息资源集成配置和融通生产的媒体运行模式。

---

① 陶智勇、蔡进：《超文本、超媒体、多媒体概念的界定》，《今日电子》1997 年第 9 期。
② 朱松林：《富媒体：网络广告的新选择》，《传媒》2006 年第 3 期。
③ 王学成、来丰：《论跨媒体联合》，《新闻大学》2002 年夏季号，第 1 页。
④ 蔡雯、王学文：《角度·视野·轨迹——试析有关"媒介融合"的研究》，《国际新闻界》2009 年第 11 期。

二 中国全媒体的发展演进

中国全媒体发展近十余年，经历了一个循序渐进的过程，大致分为三个发展阶段：第一个阶段是初期孕育阶段；第二个阶段主要是报业的全媒体转型；第三个阶段是全面推进阶段，从报业全媒体业态扩展到广播电视介入全媒体建构。

1. 孕育：全媒体发展的初期尝试

中国全媒体的启程是在 21 世纪初，是从报业的跨媒体运营开始的。传统报业在广播电视的竞争下，特别是互联网的兴起和迅速普及，使报业的生存和发展受到极大冲击，乃至出现"报业寒冬论"。在此种情形下，报业如何突围？传统报业纷纷开始思考自身拓展生存空间的问题，并开启跨媒体发展的探索之路。

2001 年，《沈阳日报》的改革探索可以看作是我国报业早期的全媒体尝试。该报在国内率先实现了采编网络化和管理一体化，通过图文合一的采编网络平台建立起集报社各种业务于一体的系统，完成报社整个信息化系统建设，为报社未来实现流程一体化开辟了道路。[①]

中国报业的跨媒体运营，从创办报纸网站开始，实施报网互动是其典型特征之一。报业网站建设，以 2000 年 10 月《人民日报》在其网络版基础上打造的"人民网"为起点，它标志着报业开始跨向综合性新闻网站，在新闻业务上尝试不同于纸媒的内容生产。国内其他报纸也纷纷在人民网之后推出自己的新闻网站，自此，报纸与网络开始了报网业务联姻互动的尝试。"这种互动一方面表现在每条报纸新闻的下面，都会用超链接形式组合相关的网络稿件；另一方面，网上点击较多或者反馈热烈的热点事件，都会成为报纸上的新闻，而报纸上的重点稿件，又会被搬到网上做突出处理。"[②]

报业跨媒体转型的另一个探索是打造视频记者，这经历了一个从

---

① 刘延军：《沈阳日报实现采编网络化管理一体化》，《中国传媒科技》2002 年第 5 期。
② 郜书锴：《全媒体记者：后报业时代的记者先锋》，《青年记者》2011 年第 7 期。

"视觉新闻"到"视频新闻"的变化过程。"视觉新闻"首先由上海《东方早报》发起，该报于2003年创刊伊始就明确提出了"新闻视觉化"的理念。视觉新闻最初就是强调在报道中大量使用新闻图片，包括占据大版面的大幅照片，甚至推行视觉化的新闻叙事，以吸引受众的眼球。后来《嘉兴日报》《南湖晚报》《南方日报》等媒体纷纷成立视觉中心，尤其是《南方日报》视觉新闻中心将版式设计人员、摄影记者和图片编辑进行了整合。但此时的报业都还没有将视线转向视频领域，这种情况在2007年取得了突破，《南方都市报》摄影部在报业首设视频记者岗位，标志着国内报业的第一批视频记者诞生，随后《新京报》《京华时报》等也积极推进视频记者岗位的专业化进程。[①] 报纸打造自己的视频记者队伍，这为日后报业的全媒体布局奠定了基础。

2. 转型：全媒体发展的报业探索

在报业跨媒体运营探索的同时，新闻出版总署报纸期刊出版管理司也于2006年8月5日开始组织实施"数字报业实验室计划"，这一计划旨在探索传统报纸向数字网络出版的转型，该计划在我国报业很快得以实施。同年12月20日，沈阳日报报业集团打造的国内首家全流程、全媒体数字报——《沈阳日报》《沈阳晚报》《沈阳今报》正式上线。它与以前的数字报刊系统不同，在全流程、全媒体数字报刊平台上系统实现了从采集、生产制作、发布、交换、反馈到经营的一体化的运营流程。在内容表现形式方面，全媒体数字报不仅能真实展示传统报纸的原版样态，而且增加了视频、动画、音频等多媒体元素，极大丰富了读者阅读。[②]

中国报业在经历了跨媒体经营之后，开始进入了全媒体转型发展阶段，这个时间分割点大致在2007年，以国家宏观文化发展导向政策为标志。《国家"十一五"时期文化发展规划纲要》（2006年9月发布）、《新闻出版业"十一五"发展规划》（2006年12月31日发布）两份文件确立了"国家数字复合出版系统工程"发展规划，该工程包括"全媒体资源服务平台""全媒体经营管理技术支撑平台""全媒体应用整合平台"

---

① 郗书错：《视觉传播：融合新闻的转型与实践》，《现代视听》2008年第8期。
② 王立成：《中国首家全媒体数字报在沈阳诞生》，《记者摇篮》2007年第2期。

等建设项目，这是我国首次以官方文件形式正式提出"全媒体"概念，并将其作为媒介发展方向。依然是在2007年，新闻出版总署启动了全媒体数字采编发布系统工程建设，确定南方报业传媒集团、烟台日报传媒集团等作为"国家数字复合出版系统工程"的试点单位，由此开启了我国报业全媒体转型的重大工程。

2007年10月29日，烟台日报传媒集团启动"全媒体数字采编发布系统"的研发，通过优化原有的产品生产流程，推动集团从报纸生产商向内容提供商转型，并于次年3月组建集团全媒体新闻中心，建成全新的全媒体数字平台，初步实现了一次采集、动态整合、多个渠道、多次发布的数字化传播。①

宁波日报报业集团从2009年起，以成立全媒体新闻部和全媒体数字技术平台投入使用为标志，开始了通过流程再造以促进媒体融合的全媒体实践。1月13日，宁波日报报业集团成立了全国首家全媒体新闻部，首批全媒体记者每人配备高清摄像机、数码相机、录音笔和笔记本电脑，实行全天候的多媒体信息发布模式。5月初，新设立基于手机报纸、手机电视的3G事业部，实现多媒体、即时和互动的移动新闻播报。6月上旬，集团全媒体数字技术平台通过新闻出版总署的评审和验收，实现了全媒体综合性新闻内容生产体系的新运行模式。②

南方报业传媒集团社长杨兴锋在2009年提出向全媒体集团转型，《南方都市报》继而正式实施南都全媒体集群战略，构建起了包括报纸、杂志、广播、视频、网络、手机报以及户外LED媒体等全媒体形态集群，向着"全媒体数字信息运营商、媒体和信息的混合运营商、现代通讯社"转型。③ 此外，南方报业旗下的《21世纪经济报道》与中央人民广播电台经济之声合作推出中国首家移动互联网电台；《广州日报》成立负责报纸与手机、网站等部门联动发稿的滚动新闻部；《人民日报》及"人民

① 蔡雯、刘国良：《纸媒转型与全媒体流程再造——以烟台日报传媒集团创建全媒体数字平台为例》，《今传媒》2009年第5期。
② 田勇：《全媒体运营：报业转型的选择——宁波日报报业集团的全媒体实践》，《新闻与写作》2009年第7期。
③ 曹轲、庄慎之、陈雨：《南都全媒体集群构想》，《青年记者》2010年第19期。

网"着力打造人民电视、人民播客、人民掘客和手机人民网、手机强坛、手机电视、手机报等原创互动全媒体系列;杭州日报报业集团实行报网合一并组建"全媒体记者"队伍;等等。在此时期,新华通讯社也在视频新闻领域取得实质性突破,不仅开通了新华视频新闻专线,还于2010年元旦和7月1日分别开播了中国新华新闻电视网(CNC)华语频道、英语电视频道,开始走上全媒体通讯社之路。

3. 风潮:全媒体发展的整体推进

在我国报业全媒体转型之时,广播电视业也不甘寂寞,继报业之后也迅速跟上全媒体建构的潮流。在2010年前后,中国网络电视台和央广广播电视网络台先后开播,标志着电视和广播媒体也开始向全媒体发展。2009年12月28日,中国网络电视台正式开播,这是我国视听新媒体发展的一个里程碑,也是我国电视行业介入全媒体建构的重要起点,它依托中央电视台向用户提供视频直播、上传、搜索、分享等服务,形成了以强大的视听互动为核心、融网络与电视特色于一体的多终端立体传播平台。我国省级网络广播电视台的"首张绿卡"——安徽网络广播电视台于2010年7月正式启动。随即黑龙江、湖北、江苏等省级网络广播电视台紧随其后陆续开播,诸多市级网络广播电视台亦相继涌现。

深圳广电集团从2010年开始打造全媒体集群,整合全媒体力量,试图建成我国第一家一站式全媒体运营平台,为客户提供一站式全媒体营销服务。浙江网络电视联盟则是浙江省县、市广播播出机构联合浙江在线新闻网站创办的,初步形成了浙江地方广电视频网站集群。由杭州文化广播电视集团、浙江广播电视集团等多家单位投资组建的杭州华数数字电视公司,专注于互动、融合为特色的全媒体业务,在全国三网融合领域形成较大影响。华夏传媒集团公司与深圳广播电影电视集团等40多家城市媒体共同打造的"城市联合网络电视台",实施跨媒体和多终端的节目营销,已覆盖全国22个省份,近8亿用户。

广播媒体的全媒体探索,始于2010年8月中国国际广播电台开办的"中国广播电视网络台"(CIBN)。该台拥有61个传播语种、全业务媒体形态和新媒体国际传播平台,以"向世界介绍中国、向中国介绍世界、向世界报道世界"为宗旨，向全球受众提供综合信息服务。紧随其后，中央人民广播电台也于同年9月获准建立"央广广播电视网络台"，这是我国国家级网络广播电视台，是继"中国网络电视台"之后又一个获准建立的中央级网络广电机构，也是中央人民广播电台以网络视听节目传播及互动服务为核心的跨网络、跨终端、全媒体的新媒体播出机构。中央人民广播电台在该年年初还成功开办了中国第一份有声手机报。另外，与之并行的中国国际广播电台则在获得IPTV牌照之后又于2010年初步建成了基于移动互联网、面向手持终端的英文信息平台——"移动国际在线"，大大拓展了自身的全媒体建构。

在中央级的广播电台带动下，全国地方广播电台也纷纷走上全媒体发展的道路。湖南人民广播电台着力打造全媒体直播室，集广播、网络、电视直播于一体，其直播节目通过光纤传输，由湖南电台交通频率、湖南移动电视、芒果广播网组成的全媒体进行传播。黑龙江人民广播电台在重大报道中将网站视频与手机视频同步直播，将广播音频内容配上记者采访的图文内容，实现多媒体传播。沈阳广播电视台则全力打造全媒体交互式演播室，既可完成涵盖电视、广播、网络等主流媒体业态节目制作、播出，又可在播出过程中实现全媒体平台的节目与受众互动交流，真正迈向统一的全平台、全媒体演播室，实现了电视、广播、网络、手持终端等平台的全覆盖式播出。[①]

三　全媒体的未来发展思考

发展基础：全媒体的认知共识。全媒体转型，是未来传媒发展的必由之路。但同任何改革一样，全媒体的发展也必然会遇到各种思想障碍和阻力。解决问题的关键是媒介观念的解放与调适，必须首先从观念上改变以往的惯性思维，深刻理解全媒体发展的必然趋势与运行规律，寻求一种与时俱进的媒体发展道路。

---

① 莫克：《沈阳广播电视台全媒体交互式实验室系统设计与实现》，《现代电视技术》2011年第12期。

　　发展保障：全媒体的制度建构。中国传媒的发展离不开传媒规制，就我国的传媒规制而言，还没有形成与全媒体发展完全配套的一系列制度，这就要求必须对现有的相关传媒规制进行革新，尤其是要打破以往森严的媒介壁垒。这点可从国外借鉴中得到启示，如美国1996年修正并通过的新《电信法》，打破了以往传媒产业跨越不同媒体运营的限制，带来了美国综合性传媒集团的整合性飞速发展。

　　发展途径：全媒体的流程再造。中国全媒体的发展尚在探索中，尤其在全媒体的运作模式上还没有形成一种成熟有效的模式。按照传统媒体的习惯和模式，很难适应全新的全媒体运营需求，这对于不同种类的媒体运作而言，必然需要一定时间的探索与磨合找到适合自身全媒体化的具体运作方式。

　　媒体的战略取向应该采取"媒体+平台"的模式，在已经搭建的内容平台层面，通过提供一种支撑环境，建立起较为完善的市场运作、合作及利益分配机制，为全媒体平台的良性运作提供外部性保障。在此基础上，实施全媒体的流程再造，即实现"前端全媒体采集，后端流媒体制作，终端互动式体验"。

　　发展关键：全媒体的人才培养。在以全媒体数字技术平台为依托、以多媒体为主要报道方式的后报业时代，全媒体记者是不可替代的新闻人才，是实现全媒体转型的关键。全媒体人才即"全能记者"，是业界最终完成全媒体转型的重要保证。传统新闻传播学，总是泾渭分明地把记者分为"报纸（新闻）"、"广电"或"网络"新闻记者。而全媒体则强调媒体的交叉、专业的多能。为此，必须随着媒体对人才的新需求，探讨全媒体新闻记者、编辑人才培养途径。它要求一线记者能实现从单一传播向多元传播的转型，能够在第一时间内同时采集图文、视频、音频信息。

　　全媒体是媒介融合的一个特定阶段，全媒介进程所达到的最终效果就是形成真正的融合媒体，或称为"融媒体"，即真正实现多种媒介全方位的融合运行。融媒体状态绝不只是技术层面或业务层面的融合，同时还需要媒体所有权的融合。"从媒介生态学角度看，融合媒介促进传媒产业的更新换代和全面升级，体现了媒介发展的必然趋势"。① 发展全媒体是一个长期的过程，也并非所有的新闻媒体都适应全媒体转型，但全媒体建构并向融媒体过渡，一定是未来传媒的发展方向。

（原载《编辑之友》2013 年第 5 期）

---

① 邰书锴：《全媒体：概念解析与理论重构》，《浙江传媒学院学报》2012 年第 4 期。

论报业的全媒体转型

内容摘要：在竞争激烈的信息时代，全媒体被公认为报业转型的一条必由之路，而 iPad、平板电脑等新型终端的出现，也为报业的全媒体转型点燃了希望之光。在这一浪潮中，只有占领平台，完成全媒体的流程再造和产品再造，并实行统一的管理，才能真正实现向全媒体的战略转型。

关键词：报业转型　全媒体战略　内容平台　全媒体人才

雷蒙德·威廉斯在《电视：科技与文化形式》中有关社会意向与科技发展共同催生社会生活面貌的预言，如今得到证实。在数字媒介技术和信息多元化需求的双重合力下，媒体间原本泾渭分明的界限逐渐被打破，媒介融合的趋势愈演愈烈，而全媒体也被公认是报业转型的一条必由之路。

其实早在 2006 年下半年，英国的老牌报纸《每日电讯报》就已踏上全媒体改革之路，而《今日美国》也于 2008 年下半年尝试推进产业链重构。2009 年，南方报业传媒集团正式提出构建"南都全媒体集群"的理念，成为我国首批向全媒体转型的媒体之一。那么究竟全媒体的内涵是什么？报业的全媒体转型之路又该如何推进呢？

一　全媒体概念演进

"全媒体"，是指打通传统媒介界限，在数字介质上，构建全新的融文字、图片、音频、视频、动画等多种表现形式于一体的内容平台，并打破原有的刊发和播出频率，实现全天 24 小时滚动内容提供。① 全媒体的理念核心就在于：打破媒介之间的壁垒，实现不同媒体内容及渠道的融合，探索一种新的运营模式。

全媒体的"全"可以从三个维度进行理解：从传播载体上，可以简单概括为报纸、杂志、广播、电视、音像、出版、网络、电信、卫星通信等诸多传播形态和终端形式的总和；从传播体验上，则涵盖了视觉、听觉、触觉以及形象等人们接受信息的全部感官体验；从传输网络上看，它包括了传统发行网、局域网、国际互联网和移动互联网、Wi-Fi 及其他类型的无线网际网络，等等。② 由此可见，全媒体是实现媒介融合的过渡阶段。

全媒体的理念是从西方引进的。21 世纪初，媒介生态环境剧变，报业发展受到了来自互联网、手机等移动通信业务的巨大冲击。《迈阿密先驱报》的资深专家查克·费德利曾经指出，报业目前已进入发展困境，每一家报社都不得不为生存考虑，视频新闻几乎是所有报社的唯一亮点。③ 美国媒体风暴公司总裁布莱恩·斯道姆也认为，新一代报纸记者最重要的一点就是要学习收集声音，把声音和静态的画面结合起来，制作类似电视新闻一样的文件，这将会成为一种趋势。他还认为文字说明起了消除歧义的作用，但声音的加入将把对照片的认知带到更高一层。同时，视频材料可以为文字新闻提供更多的视觉表达，视频新闻部分取代文字新闻将是必然趋势。④

在媒介生态日趋数字化的语境下，为了适应数字报业转型的需要，一些报业集团纷纷成立多媒体中心，开始了全媒体报业的实验性探索。如《那不勒斯每日新闻报》成立多媒体中心，要求记者同时采集视频新闻、广播新闻和摄影新闻。2004 年 11 月底，《华尔街日报》网站推出视频平台，在网站的首页显示播出视频框，网民可以点击观看最新视频新闻。

---

① 吴蔚：《欧美报业危机下的"全媒体"生产链重构》，《南方传媒研究》2010 年第 23 期，第 87~93 页。
② 张惠建：《"全媒体时代"的态势与路向》，《南方电视学刊》2009 年第 2 期。
③ 郜书锴：《全媒体记者：后报业时代的记者先锋》，《青年记者》2011 年第 7 期。
④ 郜书锴：《视觉新闻，报纸突破新途径》，《中国新闻出版报》2008 年 3 月 27 日。

2006年10月,《华盛顿邮报》网站开始播放视频新闻。这一年,美国有61%的报业网站可以播放视频新闻。如今,在美国,几乎所有的报业网站都设有不同模式的视频新闻发布平台。

在全媒体的编辑模式方面,《今日美国》的做法也值得借鉴。该报头版实行标题化、简约化的编辑手法,头版通常只显示标题和副标题,有的配上一两句的简讯,最长的文字消息也不过三五百字,而记者所采写、拍摄的更多文字、图像、声音等相关内容则"链接"到网络上。该报几乎所有的稿件末尾都有指向网络版的链接路径,每个记者均开设了新闻博客,把报纸上容不下、发不全的声像、图文资料全部传到网络版或记者博客上,真正做到了报网互相补充、互相联动。这样的操作方式,不仅使稿件变得短小精悍,而且在不减少新闻数量的基础上,使得报纸版数得以减少,降低了成本,在使新闻信息资源得到最大化开发利用的同时,又适应了读者快节奏的阅读需求。

而我国报业的全媒体转型最早可追溯到2001年,地处东北的《沈阳日报》率先尝试全媒体化运营。经过几年的发展,我国报业在全媒体运作方面取得了新的突破。2007年6月《广州日报》滚动新闻部成立,负责报纸与手机、网站等部门的联动发稿。同年《南方都市报》摄影部首次设置视频记者岗位,《新京报》和《京华时报》等报社也相继推进视频记者岗位的专业化进程。次年7月,随着国内首家全媒体采编系统在烟台日报传媒集团正式上线运营,记者的身份也悄然转型,记者不再局限于向某家媒体供稿,而是面向多个全媒体终端发布——纸质报、手机报、多媒体数字报、电子移动报、户外视屏等。2009年1月,宁波日报报业集团全媒体新闻部正式成立,这支全媒体记者队伍以全媒体数字平台为依托,以视频多媒体为主要报道方式,标志着国内数字报业发展迈入新的历史阶段。

报业近期的目标无疑是全媒体,其基本思路应是记者采访的文字、图片、录像等新闻在第一时间通过个人终端抵达个人用户,随后在报业网站上滚动发布事件的实时进展情况,然后是报纸上的全面报道,最后是新闻事件的图文视频深度报道和分析。

二　全媒体战略转型

全媒体转型的关键在于实现媒体战略的转型，我国以南都报业和杭州日报集团为代表，探索出了较为成功的路径。南都报业在新一轮的全媒体转型中，制定了发展战略目标："在确保传统报刊行业龙头地位的同时，优先做好跨媒体融合，力图实现全媒体生产能力、全介质传播能力的跃升，最终构建起'南都全媒体集群'。真正做到'南都无处不在'，最终实现全媒体生产能力。"为了实现这一目标，该报系在坚持报刊主业的同时，通过合作、自建、兼并等方式，构建起了以奥一网为枢纽的联通网络、广电、无线、移动、户外文字、音视频融合的数字业务主平台。一般而言，报系的多元化战略是从三个层面逐步推进的。

一是跨区域办报。2003 年以来，南都报系从省内省外两方面着力突破我国报业 "一城数报" 鼎立的区域分隔型产业布局。在省际跨区域扩展方面，早在 2003 年，便与光明日报报业集团联合创办《新京报》，2007 年又与云南出版集团合办并控股《云南信息报》，2010 年初为上海《新闻晚报》提供改版服务，6 月又开始为贵州《黔中早报》提供改版顾问服务。在省内跨区域扩展方面，2006 年与肇庆市委合办《西江日报》，之后又实行 "省版+大珠三角城市读本模式"，即 "2+6（珠三角城市日报群）+2（港澳）" 的模式，与其母报《南方日报》一起联合进军珠江三角洲地区。跨区域办报的战略，强化了《南方都市报》总部的核心竞争力，提升了该报的品牌，使该报在内容生产理念及能力、运营管理模式方面均取得了领先优势。[①]

二是跨行业拓展。除了立足报业之外，南方报业还积极探索跨行业运营。早在 2001 年创办《21 世纪经济报道》之时，就与上海复星集团展开战略合作，实行管理层持股制度。此后，南方报业还成立了户外新媒体公司，重点拓展户外 LED 项目，并策划大型的活动和论坛，如金枕头、博鳌房地产等大型论坛等。通过多方面拓展，实现了跨行业运营。

---

① 郭全中：《转型背景下南方报业多元化发展实践》，中国报协网，2011 年 5 月 21 日。

三是跨媒体融合。实现跨媒体的融合是南都报系全媒体战略的重要举措，2009 年，南都报业与广东电台新闻台合作创办《南都视点·直播广东》栏目，每天播出半小时节目，12 月，又与潮声卫视合拍《商帮之旅》。此外，该报还与珠三角各城市电台、电视台，开展从栏目到频道的整体性合作，真正实现了报纸、广播和电视三大媒体类型的融合。

在与新媒体的融合方面，2009 年，南都报业入股凯迪网，探索网络言论价值产品化的路径。与此同时，南都报业与电信部门进行合作，由奥一网发布覆盖早、中、晚三个时段的南都手机报。此外，还开发了针对 iPhone 等多款智能手机的手机阅读器客户端，实现手机上网阅读功能，并在奥一网与手机阅读器上共同开通南方微博，正式步入微博时代。近期，南方报业还与深圳一家公司进行合作，开发手持阅读器项目，尝试向其他类型的手持终端进行业务拓展。

在报业的跨媒体布局转型方面，《杭州日报》同样做出了前瞻性的探索。该报业集团党委书记、社长李建国曾说："无线移动终端，是未来媒体必争之地，报业不能轻易放弃。"[1] 作为一家地方性报纸，《杭州日报》自 2006 年起就开始了 "1+6" 的跨媒体布局：报刊主业+广播、电视、移动媒体、户外媒体、互联网、数字媒体。这一布局模式，基本涵盖了现代传媒目前所有的形态。

除作为主业的报纸坚持差异化发展思路外，在广播业务方面，该集团旗下《都市快报》与杭州交通经济广播《交通 91.8》共同投资组建都快交通 91.8 传媒公司。在电视业务方面，2008 年开始参股华数数字电视集团，在此基础上，《都市快报》还组建了视听中心，独立制作电视节目 "快报时间"，并通过华数零频道播出。2010 年与杭州市文广集团组建楼市传媒公司，运营 66 房产电视频道。在移动媒体业务方面，除了与各类通信运营商合作推出手机报之外，该集团还积极开发手机阅读和电子书阅读产品。2010 年 10 月，该集团与汉王合作，旗下 6 份报纸成功登陆汉王书城。《都市快报》也面向 iPhone 推出客户端。在户外媒体业务方面，该

---

① 任琦、章宏法：《看传统报业玩转新媒体——访杭州日报报业集团党委书记、社长李建国》，《新闻实践》2011 年第 11 期。

集团推出了城市电视、阅报栏等电子屏类产品，组建了900个由LED构成的阅报栏，目前正进行第二代改造，并将要添加视频信息。① 自此，杭报集团的全媒体战略思路可以归纳为"先进入，全尝试"的模式，这种模式也带了初步的效益。

三　全媒体运作模式

在信息时代，谁占领平台，谁就将掌握未来的整个市场，腾讯、阿里巴巴、苹果等企业的成功充分说明了这一点。而南方报业和杭州报业的全媒体转型也启示我们，全媒体的战略取向应该采取"媒体+平台"的模式。

1. 全媒体平台再造

所谓的平台模式，是以对传统产业造成颠覆性破坏和整体重构来获得发展的，如维基百科对传统百科全书产业的颠覆。全媒体时代的平台建设，应突破媒介范围内的局限，在三网融合的背景下采取"基础平台+应用平台"的模式。

基础平台建设，以架构基础网络，提供基础产品和服务为主，但不直接向最终用户提供产品和服务的建设。而应用平台建设，则依托基础平台，通过内生和与产业生态中的伙伴合作，搭建各种功能或专业性的平台，开发应用服务产品，与终端用户连接。②

应用平台可分成两级：第一级应用平台，以内容平台为主，并在此基础上拓展内容平台、支付平台、商务平台和信息平台等可提供多项服务的多元化平台；第二级应用平台，则以商务平台为基础，在此基础上发展起涵盖媒体平台、经营平台和广告平台的多元化平台。

南方报业采取的就是从内容平台建设入手，搭建一个由"内容平台+中央数据库+以奥一网为入口的有线及无线移动互联网"共同构成的全媒

---

① 任琦、章宏法：《看传统报业玩转新媒体——访杭州日报报业集团党委书记、社长李建国》，《新闻实践》2011年第11期。
② 曹轲、庄慎之、陈雨：《南都全媒体集群构想》，《青年记者》2010年第19期。

体网络，并在此基础上进行内容生产。

内容平台的搭建是全媒体网络的重点，采用全媒体技术平台以后，可以实现一个产品多个出口，一次采集多渠道发布。多媒体中心旗下的各类媒体，如电视台、报纸、杂志、网络等，都可以使用由统一的内容平台所生产的媒介产品及服务。

中央数据库是内容平台实现交互的核心，它包括了内容、用户、商户数据库及各种应用平台数据库的整合。其中线索库是网络化的、实时动态的报料平台；原创库则将信息采集和媒介剥离，使素材信息实现条理化、结构化、智能化；中央库，即待编稿库，形成分类存储的初加工内容产品；应用库，即集成平台，编辑可按用户需求和信息接收端指标，对内容产品分类加工。

"全媒体数字采编发布系统"则是整个全媒体网络运行的基石，它包括个人平台、待编稿库、资料中心等9个功能模块，容纳了待编稿库、历史资料库和成品库三个数据库，实现了用户管理、内容管理、线索管理、选题管理、任务管理和数据库管理的统一。[①]

然后，在已经搭建的内容平台层面，通过提供一种支撑环境，建立起较为完善的市场运作、合作及利益分配机制，为全媒体中心的良性运作提供外部性保障。与此同时，还要构筑一个多接口的、数字化的开放性平台，让社会上的内容生产组织主动吸附到本平台上，并通过相互合作，掌控更多来自各类终端的信息源，完善中央数据库和应用平台网络，实现产业链的延长。

2. 全媒体流程再造

全媒体的流程再造可以概括为：前端全媒体采集，后端流媒体制作，终端互动式体验。以国内较早成立的烟台日报全媒体新闻中心为例，2008年3月，烟台日报传媒集团组建全媒体新闻中心后，在其创建的"全媒体数字采编发布系统"这个统一的内容平台上，集团记者围绕某一新闻事件，采集包括文字、图片、音频和视频等在内的相关素材，并将素材录入全媒体数据库，随后将这些素材二次编辑和加工，然后由各媒体各取所

---

① 刘国良：《纸媒转型与全媒体流程再造》，《中国记者》2009年第2期。

需，并通过深加工生产出各种形态的终端新闻产品，通过不同的传播渠道发布。烟台日报初步实现了一次采集、动态整合、多个渠道、多次发布的数字化传播流程。

烟台日报的全媒体新闻中心由三部分组成，相当于集团内部的通讯社：总编室负责总体指挥及协调各子媒体的运作；采访部门负责日常采访工作；数据信息部负责稿件标引、背景资料搜集、针对大事件的前期资料整理以及视音频素材的编辑整理。

在全媒体流程再造过程中，全媒体组织再造是关键一环。全媒体中心可设置中央编辑部（包括总编室、采集室、数据库部、数据挖掘部等）和运营部两个大部门。在办公方面，目前较为常见的是建立同心圆式的办公室，如烟台日报创办了一个虚拟组织——YMG 特别工场，一旦有突发或重大新闻事件发生，由全媒体新闻中心牵头，其他各媒体临时抽调人员组成。[①]

3. 全媒体产品再造

全媒体产品再造也是全媒体运作中的重要环节。经过全媒体化运作，南都报业的全媒体资源实现了如下转变：重点要闻与奥一网、南都网、南都手机报等实现有效链接。"南方周末时事 60 分"与南方电视台初步达成共建意向。受众可通过手机（下游，即时阅读）、网站（中游，中度阅读）、报纸（上游，深度阅读）三种方式实现三层阅读。

iPad 报则是全媒体产品中值得关注的一种形式。2010 年 7 月初，苹果平台期刊服务商"中文报刊"上线后，南都报业、解放报业、宁波报业等媒体都相继推出 iPad 报，截至 2012 年 1 月，我国通过其上架的报纸已达 104 份，而这一数字仍在更新。

iPad 报将报纸的版面语言、互联网的特性（简洁明了的排列格式、海量的条数优势）及 iPad 的介质特性结合在一起，既充分体现了传统报纸版面语言"悦读"的魅力，又将互联网互动、超链接、多媒体的特性以及 iPad 轻盈、随心所欲的特性融入其中，使手持化新闻阅读成为一种

---

① 蔡雯、刘国良：《纸媒转型与全媒体流程再造——以烟台日报传媒集团创建全媒体数字平台为例》，《今传媒》2009 年第 5 期。

新的阅读潮流。

在内容版块设置上，iPad 报融合多媒体的阅读方式，其中《宁波播报》的内容设置模式比较具有代表性。该报新闻版块，设有热点新闻、本地新闻、国际国内、I 拍的图片视频四个频道；互动版块，包括论坛、微博、报料、投票等内容；生活版块，则包括天气、交通提示，与宁波网链接的房产、汽车、金融、义务红娘、法院执行等服务。在页面设置上，《宁波播报》中间区域实行小图加标题、摘要的形式，右侧互动分类区域聚合最新热点话题及互动内容，左侧为集团各报及手机报等电子版点击阅读区域及生活服务板块。该报支持当天及近三天报纸的原版下载阅读。

iPad 报的诞生不仅仅是阅读方式的改变，而且也带来了受众特点的变革，它使受众，从被动信息接收走向主动的信息寻求；从信息接受群体化走向信息的个性化；从满足事件的结果走向更重视事件的发展；从单纯"我说你听"走向信息既接受又传播。iPad 报实现了传授的快捷化，文本的搜索化，参与的互动化，阅读多媒体化，信息的选择化，它代表了未来报纸手持式阅读的一种发展方向。

四　全媒体记者培养

全媒体人才即"全能记者"，是报业最终完成全媒体转型的支撑力量。

何谓"全能记者"？澳大利亚迪肯大学新闻学院史蒂芬·奎恩博士认为，"全能记者"分三个层次：第一个层次是能够用手机对突发事件进行报道；第二个层次是一个记者能够在一天内既能为网站写稿，又能提供视频和博客新闻，还能为报纸写稿；第三个层次是既能够为报纸写深度报道，又能够为电台电视台做纪录片。"最理想状态就是传媒集团能拥有所有这三个层次的记者。"[①]

全媒体运作要求一线记者实现从单一传播向多元传播的转型，要求记者能够在第一时间内同时采集图文、视频、音频信息。《华盛顿邮报》对

---

① 《"2009 媒体融合战略战术高级研讨班"观点概述》，《中国记者》2009 年第 9 期。

记者进行技术轮训，培养记者的电视新闻采集与制作技术，每周指定 5 名记者专门采集视频新闻，目标是培养 100 名专职视频新闻记者。《坦帕论坛报》对 60 名文字记者和摄影记者进行了摄像技术培训，目标是让所有记者都成为视频新闻的高手。而《杭州日报》也要求一个记者必须同时负责三个栏目的制作，包括在快报写文章，在交通电台播新闻，在快报视频主持节目。目前，该报已有 40% 的一线采编人员通过培训掌握了全媒体采编的各种技能。

在以全媒体数字技术平台为依托、以多媒体为主要报道方式的后报业时代，迅速成长起来的全媒体记者是不可替代的新闻人才，是实现报业数字化转型的时代先锋。

实现全媒体运作，要求新闻中心为记者和编辑们提供必要的硬件支持，为记者配备较为齐全的采访"武器"，如为每位一线记者配备笔记本电脑，移动、联通两种无线上网卡，以及照相机、摄像机、智能手机等设备，以便同时满足多元符号采集、报道新闻的需求。

由于全媒体中心涉及人员多、产品多、终端多、服务多，因此实现统一的管理是必须的。包括统一用户管理、统一内容管理、统一线索管理、统一选题管理、统一任务管理和统一数据库管理。

总之，报业的全媒体转型任重而道远，没有固定的模式，也没有一定的成规，只有锐意进取才能探索出适合自己的道路。

（原载《新闻前哨》2012 年第 5 期，《新华文摘》
2012 年第 17 期全文转载）

中国报业的 iPad 生存

内容摘要："中国报纸的 iPad 生存"是传媒界在过去两年中最热门的话题之一。本文对中国 iPad 版报纸进行了全面回顾和观照，探讨 iPad 版报纸的形态特征及发展趋向：由报纸 iPad 版向全媒体 iPad 版发展、由依托传统媒体运营向 iPad 媒体独立运营、由免费使用向付费使用过渡。

关键词：报纸生存　iPad　独立运营　付费使用

2010 年 1 月 20 日，苹果公司首席执行官史蒂夫·乔布斯宣布 iPad 诞生，至今已逾两年。自 2010 年 5 月 7 日，《南方都市报》iPad 版成为第一家进入 iPad 的中文报纸，此后中国众多报纸便不断推出 iPad 版。"中国报纸的 iPad 生存"成为报业实践的崭新课题。本文试图对中国 iPad 版报纸进行全面观照，梳理 iPad 版报纸的发展现状，探讨 iPad 版报纸的形态特征，综述 iPad 版报纸的学术论争，展望 iPad 版报纸的发展前景。

一　中国 iPad 版报纸的发展现状

自从 2010 年 1 月苹果 iPad 诞生以来，面临生存发展的中国报业就敏锐地予以关注，并探索新媒介环境下的报业发展新路径。截至 2012 年 1 月 20 日，在不到两年的时间里，中国就有 104 家报纸登上 iPad 版。iPad 平板电脑结合了手机和笔记本电脑的设计，更轻巧、更便捷，能提供浏览互联网、收发电子邮件、观看电子书、播放音频或视频等功能，因此，为报纸、电视等传统媒体利用 iPad 提供了新型电子媒介基础。在 iPad 时代，中国 iPad 版报纸必将为 iPad 中文用户提供更为人性化和个性化的信息获取方式与独特体验，并极大地促进中文媒体的日益繁盛，也将前所未有地改变着中国的媒介生态（见表 1）。

表 1　中国 iPad 报纸名录

党报	都市报/晚报类	专业报
《人民日报》《光明日报》《北京日报》《广州日报》《东莞日报》《深圳特区报》《解放报业》《文汇报》《淮安报业》《福州日报》《新华日报》《重庆日报》《安徽报业》《云南日报》《湖北日报》《贵阳日报》《河南日报》《辽宁日报》《宝安日报》《黑龙江日报》《山西日报》	《环球时报》《北京晨报》《京华时报》《新京报》《北京商报》《东方早报》《新民晚报》《南方周末》《东方图片报》《华东旅游报》《旅游时报》《扬子晚报》《江南晚报》《扬州晚报》《无锡新传媒》《宁波播报》《温州报业》《温州都市报》《浙报传媒》《青年时报》《嘉报传媒》《南方都市报》《羊城晚报》《羊城地铁报》《新快报》《晶报》《东莞时报》《新闻画报》《深圳传媒》《现代快报》《华商报》《华西都市报》《都市快报》《城市画报》《福州晚报》《厦门商报》《海峡都市报》《信息时报》《I 时代报》《半岛晨报》《鲁中晨报》《成都商报》《成都女报》《辽沈晚报》《重庆时报》《潇湘晨报》《江西晨报》《经济晚报》《云南画报》《大河报》《河南商报》《新安晚报》《今晚报》《贵阳晚报》《燕赵都市报》《山西晚报》《三晋都市报》	《经济观察报》《经济参考报》《第一财经日报》《每日经济新闻》《河北经济日报》《21 世纪传媒》《国际商报》《证券日报》《证券时报》《中国证券报》《大众证券报》《电脑报》《网络导报》《中国计算机报》《中国网友报》《电脑教育报》《中国文物报》《医师报》《生命时报》《健康报》《健康咨询报》《国家电网报》《汽车导报》《《中国汽车画报》《体育画报》《篮球报》

上述 iPad 报纸共计 104 家，通过对 iPad 版报纸的基本分类分析发现，尽管 iPad 版报在我国发展迅速，但也存在以下不平衡问题。

首先，中国 iPad 版报纸的地域发展不平衡。

为便于分析，本文将我国区域划分为东、中、西部三个地区，东部包括北京、天津、河北、辽宁、上海、江苏、浙江、福建、山东、广东和海南等 11 个省份，西部包括四川、重庆、贵州、云南、西藏、陕西、甘肃、青海、宁夏、新疆、广西、内蒙古等 12 个省份，中部包括山西、吉林、黑龙江、安徽、江西、河南、湖北、湖南等 8 个省份。据统计，我国东部有 iPad 版报纸 80 家，占我国总量的 76.9%；中部有 14 家，占我国总量的 13.5%；西部有 10 家，占我国总量的 9.6%。

由此看来，我国 iPad 版报纸绝大部分在东部地区，而中部地区和西部地区数量较为有限，东、中、西部的 iPad 版报纸数量呈现"阶梯型"递减状态，恰与这些区域经济社会的总体发展状况相吻合。第一，从苹果 iPad 的终端售价来看，不同型号 iPad 的大陆售价从人民币三千多元到六千多元不等，对于总体经济较为发达的东部地区市民而言，无购买压力，而对于经济较为落后的中、西部地区普通市民而言，可能会有经济压力。第二，东部地区的社会节奏比中、西部地区更快，人们的信息需求更为强烈，iPad 能非常方便快捷地满足人们的社会信息需求。第三，在处于市场化转型的中国大陆，市场需求决定市场供给，东部地区的报业市场化相对更强，因此比中、西部地区更致力于开拓 iPad 报纸事业。当然，随着中、西部地区社会经济的发展，其 iPad 电脑的拥有量将日益增多，信息质量需求将日益提高，报业发展动力也将更为强劲，其 iPad 版报纸必将有显著发展。但我国 iPad 版报纸区域发展不平衡的总体状况在短期内恐难改变。

其次，我国不同类型的报纸 iPad 版发展也不平衡。这集中表现在全国性报纸和地方性报纸、党报体系和市场化报纸之间发展的不平衡，基本状态都是前者较弱，后者较强。

就全国性报纸和地方性报纸而言，我国 104 家 iPad 版报纸中，全国性报纸有 27 家，占我国总量的 26.0%，而地方性报纸有 77 家，占我国总量的 74.0%。因此，我国 iPad 版报纸绝大部分属于地方性报纸，凸显地方报业的地域性突围冲动，试图借 iPad 跨地域发展，借机覆盖全国乃至全球。诚然，在我国报业结构中，地方性报纸总量确实远超全国性报纸数量，iPad 版报纸的数量与此成正比关系，但这仅是一个客观因素。而进一步研究则发现，地方性报纸在开发 iPad 版方面明显表现出更高的积极性，特别是那些分布在经济发达省份和城市的地方性 iPad 版报纸。

党报体系报纸和市场化报纸在开发 iPad 版报纸方面也呈现相似特征。我国党报体系（包括党报和未市场化的行业报纸）拥有 iPad 版报纸的有

28家，占我国总量的26.9%，市场化报纸（包括都市报晚报类和市场化的专业报纸）拥有iPad版报纸的有76家，占我国总量的73.1%。由此可见，我国iPad版报纸绝大部分属于市场化报纸，市场化程度越高的报纸开发iPad版的动力就越充足。从中央到地方的党报系统十分庞大，但将舆论宣传阵地扩充到iPad平台的并不多见，而市场化报纸面临市场竞争压力，要扩展生存发展空间，必然要抓住任何可能的发展机会，iPad为其提供了一个良好的平台。

二　中国iPad版报纸的形态特征

iPad版报纸形态与传统报纸有哪些不同，iPad版报纸与报纸网络版相比又有哪些独特之处，是否能给予信息使用者独特的阅读体验？这些都直接关涉iPad版报纸能否吸引和满足受众需求，成为我国iPad版报纸生存发展的关键所在。

（一）中国iPad版报纸的内容

就中国iPad版报纸的内容而言，主要分为两类：一类是将传统报纸的内容全部搬到iPad中，类似报纸网络版，这多见于党报体系的iPad版报纸；另一类情况是在传统报纸原有内容的基础上，针对iPad所具有的特性，增加了大量适合iPad体验的新内容，堪称"多媒体"报纸，多见于市场化报纸。由于不同类型的报纸具有不同的生存模式，体现出不同的市场化程度。党报体系的报纸生存压力较小，因而开拓iPad版报纸的动力本相对不足，但市场化报纸面对激烈的市场竞争，出于生存发展的压力，为iPad用户提供更好的信息服务是其必然的选择，因为只有吸引尽可能多的信息用户，才能更好地拓展生存空间。

iPad版报纸内容的设置融合了多媒体阅读方式，一般设置如下版块。

新闻板块：设有热点新闻、本地新闻、国际国内新闻、I拍的图片视频等四个频道。

互动板块：设有论坛、微博、报料、投票等。

生活板块：包括天气、交通提示，与网链接房产、汽车、金融、司法执行等。

报纸原版下载阅读：主要是近三天报纸的下载。

就绝大部分中国 iPad 版报纸而言，传统报纸的信息内容在 iPad 版报纸中都以不同方式呈现，这既可以让使用者获得与纸媒同样的信息内容，又可通过 iPad 版报纸的独特编排，从多媒体、多元符号的链接中，让用户体验到全媒体的信息服务。

通过对具体个案的解析可以让我们更清楚地认识到 iPad 版报纸和传统报纸在内容层面的差异。《新华日报》iPad 版是我国省级传统主流媒体向新兴传媒转型的代表，从内容上看，它包括"今日要闻"、"江苏动态"、"文体财经"和"专题服务"四大频道，以及"视频新闻"、"图片新闻"和"24 小时实时滚动新闻"三大板块。该报 iPad 版将当天的《新华日报》电子版内容原样呈现，此外，"视频新闻"和"图片新闻"则是传统报纸中所没有的内容板块。尤其是"视频新闻"在 iPad 版报纸中得到充分发挥，体现出"全媒体化"的趋势和特征。《南都 DAILY》是南方报业传媒集团发布的 iPad 版报纸，它分为评论、重点、时事、深度、视觉、国际、财经、娱乐、体育、漫画、专栏等众多板块，囊括了文字、图片、视频、流媒体等多媒体呈现形态，其主界面背景则实现动态天气播报，根据用户所处地理位置，实时呈现相应天气场景，使用户获得更真切的虚拟体验，这些都为用户提供了一份丰富立体的精华信息大餐，这在传统报纸中是不可能呈现的。

从以上案例可知，iPad 版报纸同传统报纸及网络版相比，其综合性特征明显增强，这样能够更好地满足 iPad 用户多样性、个性化的使用需要。iPad 版报纸中的"视频新闻""动态天气"等更是弥补了纸媒的视觉缺陷和即时性报道的不足。

（二）中国 iPad 版报纸的形式

从 iPad 版报纸的形式层面看，其形态已与纸媒相去甚远，与网络版报纸的设计相比也更为人性化。总体来看，我国网络版报纸，其表现形式依然是以文字报道为主，其他形式的报道较少，基本是纸媒的翻版。而独具特色的 iPad 版报纸，一般都是专门针对 iPad 版精心研发的多媒体新闻产品，已给予用户前所未有的新闻阅读体验。

iPad 报的版面语言，继承了传统报纸的栏目式编排优势，又融合了网页分栏式版面特点，大都采用"横三竖二"式的版式，即左、右窄栏，中间宽，或左窄右宽。每个板块到栏目列表，都具备滚屏功能，很好地配合了介质的轻触滑动的特性。每个板块的转换采用头标式、列表式设计，使报纸版面语言优势的移植与 iPad 终端屏幕相得益彰。

iPad 报的版式注重页面兼顾，中间区域采用小图加标题、摘要形式；右侧互动分类区域，聚合最新热点及互动内容；左侧为报业集团各报及手机报等电子版点击阅读区域、生活服务等内容。这样充分发挥了 iPad 轻盈、随心所欲的特性，使手持式新闻阅读成为一种新的阅读潮流。用户只需手指轻轻滑动屏幕，便可实现快速翻页、点击打开阅读内容、放大图片等功能。阅读效果也绚丽多彩，用户可以随意调节文字大小和显示方式，体验高清晰度的新闻图片。由于栏目板块是经过人性化、精细化的设置，与传统报纸不同，读者可以更精确地自主选择资讯信息，从被动信息接收走向主动信息寻求，从信息接受群体化走向信息个性化，从满足事件结果走向更重视过程发展，从单纯"我说你听"走向信息既接受又传播，这些都给用户带来新的阅读体验。

iPad 版报纸不约而同地采用了多媒体报道的模式，以实现传播方式的立体化，从而给予读者完全超越纸媒及网络版报纸的全新方式。在 iPad 版报纸上实现了读报（图文）、看报（视频）、听报（音频），以及查报（链接）、录报（下载）和说报（互动）功能的一体化。从而也体现了 iPad 报的共性特征：传授的快捷化、文本的搜索化、参与的互动化、阅读多媒体化和信息的选择化。如《南都 DAILY》就完全实现了新闻资讯从图文报道到音视频立体传播的跨越，既彰显了南都的新闻理念，又符合移动互联网用户的阅读习惯。如今，新闻报道已经从以往的"图片"时代迅速转变为"视频"时代，视频新闻必然成为 iPad 版报纸的一种重要报道形式，这在传统纸媒中是不可想象的。

iPad 版报纸的互动性，使其拉近了传统报纸与读者的关系，这成为 iPad 版报纸基于移动网络信息平台的另一个重要特征。几乎所有 iPad 版报纸都尽可能多地采用了评论、微博、报料、投票等全面的互动方式。如

《广州日报》iPad 版，用户可以对每则新闻信息发表自己的观点和意见，也可以通过留言向《广州日报》进行报料，或者与《广州日报》进行其他的资讯互动，还可以直接通过《广州日报》iPad 版访问"广州日报·大洋微博"，随时分享身边信息。

（三）中国 iPad 版报纸的经营

中国 iPad 版报纸的经营完全不同于传统报纸，其生产成本更为低廉，发行方式更为便捷，且形成了与传统报纸完全不同的盈利模式。

首先，iPad 版报纸的生产成本更为低廉。从经营的角度而言，成本核算必不可少。iPad 版报纸的内容生产相对于传统报纸的内容生产，有着截然不同的情形。传统报纸的内容生产，涉及印刷设备、报纸纸张、印刷油墨、印刷人员等多方面的高成本投入，而报纸售价的低廉导致根本不能收回制作成本，售卖报纸完全是亏本，而靠广告赚钱补贴。如果没有足够的广告收入，传统报纸将无法生存，这也正是当下传统报纸所面临的严酷挑战。而 iPad 版报纸的内容生产不涉及纸张、印刷等因素，一次制作即可供用户无数次下载，更因其不涉及物质实体的成本投入，其售价就更为低廉，从而形成一定的价格优势，加之更为人性化的阅读体验，自然吸引了 iPad 报纸阅读者。

其次，iPad 版报纸的发行方式更为便捷。传统报纸的发行需要建立一个非常庞大的发行系统，以保证报纸订阅和零售发行的畅通。除"邮发合一"的强大发行机制外，更有报社自办发行的庞大队伍和无数的报纸零售摊点。iPad 版报纸的发行则十分简单，它不需要复杂的发行网络。依托苹果公司 App Store 的收费平台，只需在应用商店发布 iPad 版报纸应用程序并及时进行更新，iPad 用户在应用商店里通过付费（或免费）方式下载该应用程序，就意味着 iPad 版报纸发行工作的完成。下载该应用程序的用户越多，就意味着该报纸的发行量越大。

最后，iPad 版报纸已经形成了独特的盈利模式。就 iPad 而言，自主选择和付费购买应用程序是苹果用户所普遍认可的售卖方式，iPad 版报纸作为苹果应用商店里的应用程序，采取收费模式完全符合 iPad 用户的消费习惯。对中国的 iPad 版报纸而言，目前绝大部分报纸是免费提供给用户的，其目的是推出产品、吸引用户，而不在于盈利。正如南方报业传媒集团前董事长范以锦所言，"最早进入 iPad 的中文媒体《南方都市报》，也一直面临着盈利模式的问题。现阶段《南方都市报》通过 iPad 发布数字内容产品的用意在于，输出品牌影响力从而提升用户的占有量。事实上，对于许多纸媒而言，不管未来 iPad 能否帮助它们打破付费阅读的僵局，当前 iPad 更大程度上的意义还是一种营销手段"。① 而国外已经有了比较成功的案例，如《华尔街日报》iPad 版的诸多用户每月付费 17.99 美元阅读该报，新闻集团专门为 iPad 设计的报纸 *The Daily* 则每周售价 0.99 美元。在付费阅读收入和报纸广告收入中，苹果公司作为平台提供商从中也获得一定比例分成，但具体的利益分成方案需重新考量，这将是报纸媒体与苹果公司双方的一次博弈。中国 iPad 报纸在实施付费订阅后也须适应这一规则。因此，iPad 版报纸的盈利模式完全不同于传统报纸。

三　中国 iPad 版报纸的论争与前景

（一）　中国 iPad 版报纸的论争

传播媒介演进的历史表明，当新的技术和市场催生出新媒体之时，围绕新、老媒体的生存发展必有一场论争，iPad 报纸也不例外。

目前国内针对 iPad 版报纸的论争，主要存在针锋相对的两方观点。

一方观点认为，iPad 版报纸基于 iPad 平台的完美体验和强大功能，能够拯救危机中的报业。

2008 年报业寒冬来临，传统报纸媒体纷纷寻找新的发展模式，试图为报纸发展注入新的血液，增添新的活力。iPad 在全世界的热销，带来的是一个数目庞大的固定用户群体，iPad 版将成为报纸发行的新选择，而且报纸与 iPad 结合优势明显：从形式到内容的革新、用户全新的体验、

---

① 盛佳婉、范以锦：《当纸媒拥抱 iPad，付费梦想能否照进现实》，《新闻实践》2011 年第 4 期。

报纸优点与新媒体特色完美融合。由此，iPad 版报纸将实现报纸形态的革命性变革。[①] iPad 不仅可以还原纸的形态和精髓，而且延伸了纸的功能，尤其是推动了内容付费的实质进程。[②] 它改变了内容传播、媒体运营及服务的思路与方式，从创造新型终端着手，打开了互联网长期以来缺乏有效盈利模式的死结。iPad 可以好比是在全球网络平台上建立了一座媒体品牌连锁超市。iPad 不仅是终端，而且是集展示平台、竞争平台、支付平台、互动平台于一身的"杀手级平台"。[③]

在此方观点的人士中，甚至还有人认为 iPad 或许能带给传统媒体一次彻底的革命，纯纸媒将消失，取而代之的是拥有多种发行渠道的复合型媒体形式。[④] 正如新闻集团 CEO 默多克在接受媒体专访时曾说，"苹果 iPad 将领导内容消费的革命"。

另一方观点认为，iPad 版报纸未必是报纸的救星，且自身存在诸多问题，相反传统报纸已开始复苏，依然有相当的生命力。而 iPad 版报纸至少面临四大难解之题。

一是竞争对手问题。iPad 不仅是媒体终端，更是一个极度多元化的娱乐平台，用户时间和注意力是有限而分散的，iPad 版报纸至少面临游戏类应用、微博等社会化媒体应用、新闻聚合服务类应用以及其他 iPad 报纸应用等几大竞争对手。二是受众识别问题。苹果公司目前拒绝将用户资料提供给媒体或出版商，这样媒体就不能准确识别自己的受众。三是生产方式问题。iPad 报纸需精心制作耗时耗力，同时其应用更新还受制于苹果公司审核流程，必然难以保证新闻时效性。四是盈利模式问题。苹果要与 iPad 版报分成订阅费的 30%，广告收益的 40%。[⑤]

此外，iPad "应用"开发中也存在如下基础问题：①阅读的网络条件限制，脱机版的更新周期也是问题；②阅读的界面比实际报纸小，简单继承报刊版面带来阅读困难；③"应用"中的互动仅有评论、转发及与微

①　杨秀国、李行知：《iPad——报纸发展的革命性变革》，《新闻知识》2011 年第 9 期。
②　余婷：《iPad 推动纸媒数字化转型》，《网络传播》2011 年第 11 期。
③　尹良润：《iPad：不仅是终端，更是平台》，《中国记者》2011 年第 3 期。
④　杨国强：《iPad 是传统媒体的救命稻草吗》，《IT 经理世界》2010 年第 12 期。
⑤　陈禹安：《纸媒"iPad 转型"四大战略疑点》，《中国记者》2011 年第 2 期。

博关联等常规手段，缺乏给予用户在移动中互动的创新手段；④个性化服务不足，未必能超越传统媒体和网站。总之，iPad 未必是适合一切人群、一切场合的终端，它只是很多新可能中的一种。①

还有学者认为报纸有相当的优势，价格低廉、携带方便、自然质感、看完即扔的随意性等特点，决定了其他新媒体不可比拟。这就是为什么纸媒被称为"媒体中的面包和盐"，能够长期存在的原因。报纸在发展史上遭遇的挑战不止一次两次，然而由于其不可取代的优势，每次挑战都化险为夷。② iPad 的出现并不意味着传统纸媒的彻底终结，传统的报纸、电视依然是中国广大受众接受信息的最主要方式，iPad 不是取代传统媒体，而是推动媒体和受众进一步细分，给予不同群体不同环境下的多种选择。2010 年 5 月全国 30 多家都市报老总聚首畅谈报业未来，大多数人认为中国纸媒开始进入复苏期。③

从截然对立的两方观点中，我们可以获得一些启发：新媒体不断涌现是媒体发展的规律，iPad 只是最新出现的一种新媒体而已。可以预见的是，未来将是更趋多元化的新媒体样态，媒体世界的繁荣发展、公众服务的不断提升都需要多样化的媒介生态。报纸是否继续有着强大生命力，这取决于其自身能否在市场竞争中保持优势和前进的动力，这就要求报纸应当随着媒体生态的变化而不断革新，稳步加快与新媒体的融合进程，归根结底是更好地满足受众信息需求。

（二） 中国 iPad 版报纸的前景

在 iPad 诞生两周年之际，回顾 iPad 版报纸飞速发展的历程，自然生发出对 iPad 版报纸未来前景的思考。

我们首先看两个调查数据。一个调查来自美国 Harris Interactive 公布的民意调查结果，该调查显示：15%的美国人使用 iPad 或 Kindle 电子阅读器来阅读报刊书籍。另一调查来自中国互联网消费调研中心的《2011

---

① 彭兰：《iPad 传播：新空间与新模式》，《对外传播》2011 年第 2 期。

② 李北陵：《"iPad 电子报纸"未必是"救星"》，《青年记者》2011 年第 3 期。

③ 张艳、范以锦：《当传统报纸遇到 iPad》，《新闻前哨》2011 年第 3 期。

年中国苹果 iPad/iPad 2 用户调查研究报告》，该报告显示：51.1%的用户认为 iPad 阅读体验好于纸质媒体，55.4%的用户认为 iPad 阅读体验好于电子书，近八成用户认为 iPad 阅读体验优于智能手机，52.5%的用户购买 iPad 的主要用途是"读电子书/报纸"。由这两个调查，我们可以乐观地判断，iPad 版报纸只要不断改进新闻报道的内容和形式，一定大有可为，应当坚信 iPad 版报纸有着良好的发展前景。

我国 iPad 版报纸已形成了一定规模，iPad 版的期刊也有很多种，而广播电视媒体的 iPad 版目前也有北京广播电台、中国广播网、中国网络电视台、中央电视台、新华电视等数家。报纸 iPad 版的模式相对较为成熟，而广播电视媒体的 iPad 版应当以何种样态提供给用户，使之既区别于传统广电媒体，又体现 iPad 特性，这是一个更具挑战性的课题。

此外，作为美国品牌的苹果 iPad 占据了中国 99% 的平板电脑市场。我国也有多款国产 pad 电脑，尤其是"E 人 E 本"平板产品，无论在便携、超薄、低耗能等各硬件指标还是在内部软件性能方面都力图赶超 iPad。但是，iPad 在全球热销所带来的巨大潜在用户群正是各报纸纷纷推出 iPad 版本的动力。我们有国产 pad，但却没有国产"××pad 版报纸"，这是值得深思的问题。

但是不管情况怎样变化，传媒的 iPad 生存发展是大势所趋。未来将由报纸 iPad 版的强势发展走向所有传统媒体 iPad 版的全面发展。iPad 对于各传统媒体的价值和效用都将日益彰显，极大地拓展传统媒体的时空。在运营方式上，iPad 版将由依托传统媒体运营走向完全独立运营，默多克的 iPad 报纸 *The Daily* 已经表明了 iPad 媒体独立运营的可行性。在经营模式上，iPad 媒体将由免费下载模式走向 iPad 媒体的全面收费模式。就我国传媒 iPad 版而言，免费提供只是过渡形态，收费使用才是成熟模式。

多种形态的传统媒体在 iPad 平台共舞，将更好地满足用户获取信息的多样化体验。传统媒体与 iPad 平台的融合将是不可阻挡的发展趋势。

（原载《现代传播》2012 年第 5 期，

《新闻与传播》2012 年第 8 期全文转载）

物联网的传媒化生存

内容摘要： 物联网作为 21 世纪最具发展前景的高技术产业之一，如同应对当年刚兴起的互联网一样，我们是发出传统媒体将化为"泡影"的惊呼，还是以满腔热情的态度去拥抱它呢？历史将会证明，谁抓住了新信息技术发展的机遇，谁先把握住了"物联网"的优势，并恰当地运用它，谁就能在将来的传媒发展中获得竞争优势。本文从物联网的传媒特征切入，继而围绕物联网的传媒影响和物联网的传媒应用等问题展开研究。

关键词： 物联网 智慧地球 物体对话

物联网作为 21 世纪最具发展前景的高技术产业之一，近来逐渐进入传媒人的视野，并成为传媒界的一个热词。物联网，被称为是继计算机、互联网之后世界信息产业的第三次浪潮，也是我国信息产业未来发展的战略支点。从数字化、网络化到现在的智能化，"物联网"标志着信息传播技术演化的新进展。

对于传媒领域来说，"物联网"的延伸与扩展应用将给传媒领域带来新的挑战和机遇。如同当年的互联网刚开始兴起一样，我们是发出传统媒体将化为"泡影"的惊呼，还是以满腔热情的态度去拥抱它呢？历史将会证明，谁抓住了新信息技术发展的机遇，谁先把握住了"物联网"的优势，并恰当地运用它，谁就能在将来的传媒发展中获得竞争优势。

一 物联网的传媒特征

物联网的概念（The Internet of Things，简称 IOT）自 1999 年由美国麻省理工学院（MIT）提出后，2005 年在突尼斯举行的信息社会世界峰会（WSIS）上，国际电信联盟（ITU）又发布了《ITU 互联网报告 2005：物联网》，正式确认了"物联网"的概念。报告指出，无所不在的"物联网"通信时代即将来临，世界上所有的物体都可以通过网络主动进行信息交换。

"物联网"顾名思义就是"物物相连的互联网"。物联网的核心和基础仍然是互联网，是在互联网基础之上的延伸和扩展的一种网络。不过，其用户端延伸和扩展到了任何物品与物品之间，以此进行信息交换和通信。

物联网和互联网最大的区别，在于后者是人与人之间的信息交互，是一个虚拟世界。而物联网则是对现实物理世界的感知和互联，实际上就是传感网，即物物互联，感知世界。物联网的传媒特征可以从各个角度理解。

"沟通性"：即物联网的本质是人与物体间的沟通和对话，这与传媒的信息传播沟通特征在本质上是一致的。而且物联网可以通过装置在各类物体上的电子标签（RFID），传感器、二维码等经过接口与无线网络相连，赋予物体智能，从而实现人与物体的沟通和对话，并延伸到物体与物体间的沟通和对话。这种将物体连接起来的网络被称为"物联网"。

"模式化"：模式是再现现实的一种理论性的、简化的形式。传播学的奠基者将传播过程分解为若干组成部分，抽掉其组成部分的具体内容，对传播过程高度概括，制成传播模式，如香农和韦弗的数学模式：

$$\boxed{信源} \xrightarrow{信息} \boxed{发射器} \xrightarrow{信号} \boxed{信道} \longrightarrow \boxed{接收器} \xrightarrow{信息} \boxed{信宿}$$

物联网的过程也是一个信息系统传递过程，它首先在物品上嵌入电子标签、条形码等能够存储物体信息的标识作为信源，然后通过无线网络的方式将其即时信息发送到后台信息处理系统，各大信息系统可互联形成一个庞大的网络，从而达到对物品进行实时跟踪、监控等智能化管理的目的。这完全类似于信息由发射器通过网络信道抵达物品信宿的智能化模式。

"系统性"：从物联网的技术要素角度看，互联网作为新媒体是实现"物联网"的网络基础，而无线传感器网则是实现"物联网"的技术基础，计算机应用是实现"物联网"的内部条件，标准化是实现"物联网"的关键。此外，实现"物联网"传播，还要有地理信息系统（GIS）、全球定位系统（GPS）等关键技术。这符合传媒发展的基本规律，即每一次传媒技术的重大发明都会导致新兴传媒的崛起，并涉及各个传媒系统及其之间的关系。

从本质上看，"物联网"是互联网在形式上的延伸与扩展，它传承了互联网的普遍性特征，即"物联网"的关键不在"物"，而在"网"。实际上，早在"物联网"这个概念被正式提出之前，网络就已经将触角伸到了"物"的层面，如交通警察通过摄像头对车辆进行监控，通过雷达对行驶中的车辆进行车速的测量等。此外，还有人们在多年前就已经实现了对物的局域性联网处理，如自动化生产线等。

在物联网与传媒的关系上，欧盟更是给予了明确的界定。2009 年 9 月，在北京举办的物联网与企业环境中欧研讨会上，欧盟委员会信息和媒体司 RFID 部门负责人 Lorent Ferderix 博士提出，物联网是一个动态的全球网络基础设施，它具有基于标准和互操作通信协议的自组织能力，其中物理的和虚拟的"物"具有身份标识、物理属性、虚拟的特性和智能的接口，并与信息网络无缝整合。物联网将与媒体互联网、服务互联网和企业互联网一道，构成未来互联网。

欧盟、美国、日本等都十分重视物联网的发展，并且已做了大量的研究开发和应用工作。美国正在加快实施"智慧地球"科技战略。早在 20 世纪 90 年代，美国克林顿政府就计划用 20 年时间，耗资 2000 亿~4000 亿美元，建设美国国家信息基础结构，创造巨大的经济和社会效益。在一定程度上说，互联网革命是由美国"信息高速公路"战略所催生。而今天，"智慧地球"战略被不少美国人认为与当年的"信息高速公路"有许多相似之处，同样被他们认为是振兴经济、确立竞争优势的关键战略。美国现任总统奥巴马就任后，提出了"物联网"的经济振兴计划，启动投资110亿美元智能网的研究与建设。如果把感应器嵌入和装备到全球每个角落的电网、铁路、桥梁、公路等设施中，并且被普遍连接，就会形成"物联网"，即"互联网+物联网"＝"智慧地球"。该战略有可能如当年互联网革命一样掀起科技和经济浪潮。

温家宝同志在十一届全国人大三次会议上做《政府工作报告》时也明确提出，积极推进"三网"融合取得实质性进展，加快物联网的研发应用，加大对战略性新兴产业的投入和政策支持。在《国家中长期科学和技术发展规划纲要（2006-2020年）》中，也将物联网列入重点研究领域。2009年8月7日，温家宝同志在无锡考察时还明确指示，应高度重视物联网的发展，要尽快建立中国的传感信息中心，或"感知中国"中心。2009年秋，在北京国际通信展期间，中国移动正式推出关于"物联网"的家庭安防等应用。"我国物联网的启动和发展与国际相比并不落后，国内不少城市和省份已大量采用传感网，来提供电力、交通、公安、农渔业中的'M2M'（机器对机器）等信息通信技术的服务。"（朱东屏，2010）

物联网为我们展示了生活中任何物品都可以变得"有感觉、有思想"这样一幅智能图景，被认为是世界下一次信息技术浪潮和新经济的引擎。美国权威咨询机构FORRESTER预测，到2020年，世界上物物互联的业务，跟人与人通信的业务相比，将达到30∶1，因此，"物联网"被称为是下一个万亿级的通信业务，这些都为传媒发展预留出巨大空间。

二　物联网的传媒影响

新媒体的每一次变革，都会引起传统媒体的高度关注。作为具有传媒性质和特征的物联网，对于传统媒体而言意味着什么呢？物联网的兴起是机遇还是挑战，是竞争还是融合？这些都成为传媒关心和研究的问题。

（一）物联网将助推传统媒体智能升级

"物联网"的传播突破，远远不止是对物体实现连接和操控。"物联网"通过信息技术手段扩大了网络的意义和价值，实现了人与物之间的交流与对话，形成一个泛在的、无处不在的网络环境。泛在的网络使得信息的接触更加唾手可得，将会掀起传媒发展与应用的新高潮，助推传统媒体智能升级。从信息搜集的广泛性、即时性、实证性方面看，都将远远超过传统媒体的能力，甚至在社会与自然的危机传播中，它都会起到有效地预警作用，这是现代传媒所无法企及的。从数字化、网络化到现在的智能化，物联网预示着传统媒体发展的新趋向。由于物联网的兴起，深刻的阅读、视听革命在所难免。未来的传媒内容生产，将要更加符合新型阅读、视听的要求。与物联网密切相关的传媒产业应高度关注物联网的最新进展，及时应对，把握发展机遇。

（二）物联网将引发人们对于媒介性质的再认识

传媒的"内容"生产一直是传统媒体的优势所在，也是传统媒体生存与发展的重要基础。当新媒体的变革到来之时，如果能使传统媒体"内容"与新兴传播方式相融合、相适应，将会使传媒取得更大的发展。这从互联网的发展对传媒的引申与拓展方面，可以找到许多现实的成功案例。至少在传统媒体的新形态方面就已令我们眼花缭乱了，如网络广播、网络电视、网络报纸，手机报纸、手机电视等。

物联网的传播使得物体都能被赋予"内容"，并在不断进行人与物交流、物与物的交流中生产"内容"。早在1964年，麦克卢汉出版了一本《理解媒介》的奇书，虽然晦涩难懂，却又令人如痴如醉，完全在于他提出了许多奇特、费解的警语："媒介是人的延伸"，"媒介即讯息"等。麦克卢汉作为信息社会和电子世界的先知，他的预言在网络时代的今天已成为现实，我们仿佛刚刚读懂他的"媒介信息论"。而当物联网这种新型传播形态出现时，使其在传播意义上有了更大的突破，我们是否可以说"物体即信息"呢？如此而言，不论是对传统媒体，还是对物联网新型传播形态，我们都将重新定义认识。在物联网的传播中，正如物体本身的物理属性，信息是固有的、弥散的、非集中化的，但通过装置在各类物体上的电子标签（RFID）、传感器、二维码等经过接口与无线网络相连，物体将循环地进行讯息的"生产"与"再生产"，这在更大程度上消除了对于媒介性质的认识，甚至可以认为"物体即媒介"。

（三）物联网将会提供多方位的信息选择服务

物联网作为一种媒介融合的新平台，突破互联网的限制，将物体接入信息网络，在网络泛在的根基上将信息传播技术应用到各个领域，包括报纸、广播、电视等传统媒体领域。物联网可以使传统媒体的触角进一步扩张，实现"无限级"的传播深入，突破时空对于传统媒体的束缚。借助物联网，传统媒体对于人类生活的渗透将更加深入，甚至可以做到"生活圈媒体"的转型。在物联网平台下的传统媒体将实现媒体使用的生活化、移动化、感知化，为我们呈现出温总理所描绘的"感知中国"的图景。

在"感知中国"的背景下，物联网使传统媒体信息极大地散布到各个角落，突破单一媒介的渠道限制，为媒介受众的信息选择提供多方位的服务。这种平台的演进也将加快传统媒体的渠道整合、平台聚合。在物联网的作用下，我们可以利用平台革新、多功能链接等方式实现传统媒体新的增长点，到那时，我们还可以随时随地感知传统媒体内容的丰富性，甚至媒体本身细微的变化，真正使媒体的延伸性得到极大的拓展。

三　物联网的传媒应用

物联网的应用对我们来说其实并不陌生，从北京奥运会的视频监控、智能交通、电子标签（RFID）、食品溯源管理等都早已应用物联网。目前物联网已经在智能楼宇、路灯监控、智能医院等领域广泛应用。如果我们手中有一款可以定位的 GPS 功能手机，它其实就是物联网的信息终端，这样在物联网时代，人与物之间、物与物之间的新通信形式诞生了。过去有任何人之间在任何时间、任何地点的信息交换，现在加入了任何物体，实现了人与人、人与物、物与物的信息交换，在这种情形下，各种连接会因此翻番增加，并创造出一个全新的动态的网络。传媒也可以利用无线射频识别（RFID）系统、全域网络系统，开发更多的传媒功能，形成全新的传媒系统。

全新的传媒服务体系。物联网的应用一般被公认为有三个层次，底层是传感网络，第二层是数据传输的网络通道，包括移动网、互联网等比较成熟的泛在网络。再上面第三层是内容应用层。如果说物联网整个产业链的基础是传感器这个产业，那么，"传感网给整个移动通信、互联网都带来了一个全新服务的体系，它会把通信或者是传输的业务扩展成从感知、传输到处理的一个综合服务体系"（范云军，2010）。对于传媒来说，应抓住物联网所带来的机遇，借助物联网平台延伸价值链，将"物联网"与"互联网"整合起来，在内容层面"泛在"地挖掘，实现人类社会与物理系统的整合。同时，在互联网基础上，利用 RFID、数据通信技术组成一个覆盖世界万事万物的全域网络。在这个网络中，万物自动识别，信息资源共享，彼此互动"交流"，排除人为干预，真正实现传媒报道世界，世界感知传媒。

全新的传媒内容开发。IBM 前首席执行官郭士纳曾提出一个重要的观点，认为计算模式每隔 15 年发生一次变革。这一判断像摩尔定律一样准确，人们把它称为"十五年周期定律"。回顾传媒历史，基本上遵循了这一"周期定律"。1965 年前后发生的变革以大型机为标志，1980 年前后以个人计算机的普及为标志，而 1995 年前后则发生了互联网革命。每一次这样的技术变革都引起传媒间甚至国家间竞争格局的重大动荡和变化。在这种背景下，华中科技大学新闻传播教育学院于 1998 年提出新闻传媒专业的学生应重新学会写字（使用电脑）、重新学会采访（使用互联网）、重新学会走路（学驾驶）、重新学会说话（英语普及）。这种改革实践，进一步说明了传媒应抓住机遇，着重去发展那些与自己核心相关联的领域，并通过新的传播平台，把原有的传媒手段进行多层次开发，把原创的内容进行多层次的开发、全方位的传播，以提高内容附加值，提供更多个性服务。与此同时，还可借助物联网与互联网的双重平台拓宽信息采集渠道，在新兴媒体内容的呈现方式上符合新时代的需求，拓展物联网传播中的新形式，更好地满足受众的阅读需求。

物联网使用无线电波来识别物体，它能够实时追踪物体以便获得关于位置和状态的重要信息。利用这一技术探测物质状态改变的能力对媒体记录周围环境变化具有很大的帮助，它使得媒体能够对周围环境的改变迅速做出反应，并通过传感器从环境中收集数据，生成信息，提高对周围环境的反应能力，以此进一步增强传统媒体采编方面的优势。同时，借助物联网和用户的力量进行信息采集和报道，将节省传统媒体的人力与资源。实际上物联网在这里是代替记者做一些信息收集和连接运算的工作。

全新的传媒生活挑战。物联网的出现创造出许多创新性的应用和服务，这样将从很多方面改变我们的传媒生活，甚至影响我们的行为和价值观。其中最为重要的挑战是对信息数据和个人隐私的保护。《ITU 互联网报告 2005：物联网》指出，对隐私和数据安全的关注是广泛的，在追踪用户位置变化，收集用户兴趣和喜好的传感器和智能标记这方面更甚。当日常物件能够拥有视觉、听觉和嗅觉时，再加上计算和通信能力，物和人之间、物和物之间持续的数据交换，很有可能给数据所有者和数据接触者带来未知隐患。特别是网络技术的大范围普及更能加剧这种问题。那么，靠什么来最大限度地控制我们周围嵌入的成千上万的"眼睛"和"耳朵"呢？

国际电信联盟报告指出，网络安全保护不能仅局限在技术解决方案上，更重要的是要从社会伦理与法制上加强防范。如果政府、市民团体和隐私关注者不能达成一致，物联网的发展就会受到阻碍乃至终结。数据隐私和安全是移动商务和物联网关心的一个主要问题。因此，确保用户的隐私和数据安全，已经成为物联网健康发展与运用的首要问题。考虑到这一点，在未来因特网的安全方案和物联网之外的用户控制中，我们都可以通过无数到达方式，并以物联网来处理互联网的多样化问题，诸如加密安全，保护措施的实施。只有通过广泛宣传保证解决这些敏感问题，我们才能从未来以用户为中心的物联网中受益。从这个意义上说，只有具备强烈的问题意识，充分了解产业发展可能带来的负面影响和风险，并按照趋利避害的原则做好相应准备，我们才能迎接现代物联网生活所带来的挑战，从而增强新兴传媒的社会竞争力。

（原载《新闻前哨》2011 年第 1 期）

新兴媒体的电视化现象
对媒体融合的启示

内容摘要: 媒体融合推动了电视的新媒体化进程,同时,电视在科技、艺术、内容、媒体观念方面也影响着新兴媒体的发展走向,形成了新兴媒体的电视化现象。新兴媒体与传统媒体的互动、互构、趋同的发展态势表明,媒体一体化发展需要吸收传统媒体所积累的宝贵经验,全面评估新兴媒体和传统媒体的双重影响力,进而打造以人的身体为感知中心的新型媒体。

关键词: 新兴媒体 电视化现象 媒体融合 感知中心

当下研究传统媒体新媒体化现象较多,却鲜见新兴媒体电视化现象的相关论述,这违背媒体融合的规律,也影响媒体一体化发展。由此,笔者从媒体关系理论出发论述新兴媒体的电视化现象,探寻其对推动媒体融合、打造新型媒体的理论启示。

一 媒体关系理论为新兴媒体电视化现象
研究奠定理论基础

随着新兴媒体对传统媒体不断征服、重塑以及传统媒体的不断突围、转型,研究者开始将目光聚焦于传统媒体和新兴媒体关系的理论研究,取得了丰硕成果。媒体关系理论完善了既有媒体理论,同时也启示研究者在关注新兴媒体影响传统媒体的同时，注意后者对前者的修正、改编乃至重塑的种种现象。

媒体融合论认为，传统媒体和新兴媒体相互补充，形成了差异化的媒体生存格局。美国学者詹金斯说，融合的本质不是新兴媒体对传统媒体的征服和消灭，也不是后者对前者的吞并和同化，而是两者优势互补，彼此借力和依赖，从而在差异化中获得共同发展，在趋同之中获得差异化生存空间。① 媒体融合使彼此相互嵌入成为可能，电视对新兴媒体的影响或者说新兴媒体的电视化是两者融合互构的结果，它们在趋同化过程中并未丧失自身特有质素，而是形成类似于但不同于彼此的发展之路。

媒体融合论的另一重要观点是媒体之间存在修补关系。此观点的代表性人物布雷特·道森认为，新兴媒体和传统媒体不是对立，而是相互修补（repair）。② 这种你中有我、我中有你的双重关系模糊和消除了传统媒体和新兴媒体的边界，双方不断互补、融合、渗透，决定了新兴媒体重塑传统媒体存在样态的同时，传统媒体也会凭借自身传统优势将其内在特质传输、渗透、内化于新兴媒体，改编、修正和重塑它，并使之向着传统媒体"归位"。因此，如果囿于新兴媒体"影响论"和传统媒体"消亡论"的二元对立思维，不利于我们以多元视角思考电视与新兴媒体的复杂关系。可以说，电视和新兴媒体共同成为媒体融合的重要组成部分，在这种情况下，思考新兴媒体的电视化现象有助于揭示媒体之间相互影响的不同面相，为推动媒体融合，实现一体化发展提供启示。

二　新兴媒体的电视化现象是媒体融合的另一面相

1. 电视在技术上直接催生了新兴媒体

就媒体发展史而言，电视在新兴媒体的形塑过程中担负着助产婆的重要角色。例如，早期视频游戏借助了电视屏幕才获得空前发展，电脑亦是

---

① 〔美〕亨利·詹金斯：《融合文化：新媒体和旧媒体的冲突地带》，商务印书馆，2012，第41页。

② Bret Maxwell Dawson, "Tv Repair: New Media 'solutions' to Old Media Problems," Dissertation, Northwestern University, Ann Arbor: ProQuest/UMI. 2008, p. 8.

如此。电脑在发明之后的很长时间里，并没有自身的显示媒介，而是受到电视屏幕的启发，按照其样式和技术制造出了能够和主机相连的电脑显示器。另外，电视遥控器形成的"点击观念"也启发了电脑鼠标的诞生。可以说，电视为电脑"器官"的发明奠定了物质基础，提供了技术观念。尤其电视从诞生之日起便与电子信息技术结合起来，预示了新技术的广阔应用前景。可以说，在新兴媒体的发明之初，电视技术的内在影响已经显现出来，使其带有强大的电视基因。

2. 电视的某些艺术形式被新兴媒体借鉴

电视对高清艺术的追求建立在新技术发展的基础上，从黑白电视到彩色电视再到高清电视，电视对视觉艺术的执着追求同样影响着新兴媒体，甚至可以说，电脑最终实现高质量服务，是从电视机分辨率标准那里借来的。① 电视屏幕不仅提供分辨率技术支持，而且开启了新兴媒体对视觉审美的不断追求，同时也催生了更多新技术、新媒介的出现。电视艺术形式的借鉴使新兴媒体越来越像移动的电视。以网络媒体的编辑艺术为例，为了方便搜索和点击，网络媒体逐渐倾向于改变原初的碎片化呈现方式，而是以栏目或板块形式，对相似或相同的内容进行编排，例如新浪网的《新浪体育台》的栏目，像电视台一样以"节目表"形式进行节目预告。可以说，电视的视频化、栏目化编辑艺术和产品封装方式不断提升新兴媒体的收视体验。

3. 电视创造了新媒体的"电视体"新样式

媒体融合的一个重要动力即是"去媒体"与"超媒体"的双向运动。去媒体的目的是使接受者忘记媒体在场，相信接受对象的存在，超媒体则相反，是提醒接受者注意到接受对象的同时注意到媒体的存在。② 这种双向流动必然产生内容上的交叉融合，网络视频即是这样的结果。网络对电视视频进行去媒体，使观众忘记新媒体技术，让具有电视"方框"形状的视频和节目流动直接呈现在受众面前，同时设置片头片尾过滤、播放模

① Toby Miller, *Television Studies: The Basics*, New York: Routledge. 2010, p. 179.
② Jay David Boher, *Remediation: Understanding New Media*, Cambridge MA: The MIT Press. 2000, p. 272.

式选择、信息共享和评论、二维码扫描等功能，时刻提醒受众新技术的存在。这种内容上的融合交叉是一个永无止境的过程。获得普利策奖的《纽约时报》"雪崩"新闻报道，六大部分采用了 15 个视频，给"雪崩"新闻报道增添与受众交流的"面孔"和"眼睛"，从而最大限度地发挥了传统电视的优长，增强了网络报道的真实性、情感性和直观化效果。但这些访谈视频并没有使用传统电视"连续性的正反打镜头"，5 副人物面孔中有 3 副视线向左，2 副向右，这与电视迥然不同。进言之，网络媒体通过去媒体和超媒体创造了源于但不同于电视的"电视体"新样式。特别是很多电视"体裁"特征的文本经过网友的"观展/表演"行为，创造了网络与电视的杂糅形态。电视剧《甄嬛传》热播之时，网络上流行的"甄嬛体"便是电视与网络在文本上的"修辞性融合"。

4. 电视的媒体观念"范式"化了新兴媒体的内在特质

董天策教授在库恩"范式"理论基础上研究认为，任何"范式"都意味着有一定的概念或术语、一定的世界观、一定的范例所构成的实践模式或理论模式，规定了该学科或该专业的基本理论、基本观点、基本方法，具有范例的指示作用。[①] 电视之所以能够对新兴媒体进行范式化，主要原因在于电视经过长期的发展之后形成了比较成熟而稳固的价值、理念和收视习惯，当面临新兴媒体的挑战时，电视既会对自身的范式进行修正，也会凭借其自身的固有信念、价值和规范对新媒体范式进行修正，同时指引新兴媒体建立新范式。

如电视重视受众之间的情感共鸣和分享，这在一定程度上"范式"了新兴媒体的内在特质。众所周知，新兴媒体发展之初是作为个人媒体、私人媒体而存在，但电视的社会属性修正了新兴媒体，推动了社交媒体的兴盛。可以说，新兴媒体在与电视的竞合过程中，受到了电视社会性特质的规范、指引。又如电视的亲密性、日常性不但使新技术由精英群体走向普通大众，而且使电脑和视频游戏机成为人们的日常消费品。在电视范式的影响下，在电脑上观看视频就像电视一样具有屏幕的"沉浸感"，

---

① 董天策：《民生新闻：中国特色的新闻传播范式》，《西南民族大学学报》（人文社会科学版）2007 年第 6 期。

从而与受众建立了亲密性的情感交流关系，受众在观看新媒体网络剧、电视剧、深度报道时获得了和电视一样亲密的收视感觉，甚至分不清是在收看电视还是电脑。可以说，电视的沉浸感、亲密感不但将电脑带入日常生活，而且将受众的电脑行为电视化。近年来，新兴媒体减少技术的复杂性，努力像电视一样简单、休闲、舒适，显示了电视推动新兴媒体从小众走向大众、从神龛走向日常生活、从信息搜索走向休闲娱乐为主的重要影响。

三 新兴媒体电视化现象对推动媒体融合的启示

1. 吸收传统媒体的发展经验

传统媒体在打造新型媒体过程中具有重要作用，媒体融合发展需要吸收传统媒体所积累的宝贵经验。如上文提及，技术的复杂性降低了新兴媒体的接受效果，然而，电视从内容到传播技术积累了丰富经验，其日常生活化的内容生产、传播以及休闲化的媒体接受经验为新兴媒体减少技术复杂度、增强节目制播效果提供了宝贵启示。

当然，经验的学习给新兴媒体也带来了诸多挑战：如何把握借鉴传统媒体经验的"度"？不能机械模仿而作茧自缚，也不能完全被传统媒体所收编和归位，丧失定义"新"的能力，造成自身的新危机。当前，很多网络视频在影音载入前后的等待时段里播放在线广告，这种盈利模式是最主要、最常见的网络在线盈利模式，但它并没有超越传统电视的局限，换句话说，如果新兴媒体丧失创新能力，则会像传统媒体一样面临危机。因此，及时吸收传统媒体的发展经验，克服其不足，对于推动媒体一体化的融合发展、打造新型媒体具有重要的现实意义。

2. 全面评估传统媒体和新兴媒体的双重影响力

电视的影响力表明，电视对新兴媒体具有很强的渗透力、融合力、重塑力，需要我们全面考察传统媒体"重塑影响力"和新兴媒体"整合影响力"的双重关系。我们往往从电视的广告经济总量、电视的收视份额、电视节目制播水平、资源优势、品牌优势、人才优势等方面评估电视的影响力，忽视了电视对新媒体本身的重塑影响力，导致传统媒体的发展总是笼罩在新媒体整合影响力的阴影之下。

陈力丹说，媒体融合要理解为"内容生产+产品形态+渠道占有"的"一体"，[1] 这意味着推动媒体融合、打造新型媒体，需要有效发挥传统媒体和新兴媒体的优长，保持它们彼此的内在质素和特点，在"一体"之中实现差异化发展，最终实现既能保持传统媒体的重塑影响力，又能拓展新兴媒体的整合影响力；既做到内容为王，又实现传播渠道的多元化。这要求我们充分应用大数据的信息统计和分析功能，跟踪和评价传统媒体和新兴媒体在不同传播渠道、受众群体、产品消费中的接受状况，在此基础上，统一组织规划和设计，协调传统媒体和新兴媒体的差异化融合，形成优势互补、相互调适和提升的良好局面。

3. 以人的身体为感知中心建构媒体的"触觉性空间"

电视对新兴媒体的修正、补充和重塑能力表明，我们要跳出传统媒体"消亡论"的理论陷阱，以人的身体为感知中心，发挥传统媒体和新兴媒体之间的差异化优势，推动一体化发展，进而打造新型媒体。

新型媒体之"新"的本质是围绕人的身体感知这一中心，创新和突破媒体与人之间的传统关系。麦克卢汉认为，媒体是人的器官和感觉的延伸，这揭示了媒体的本质特征，然而，丽莎·吉特尔曼等人认为，媒体不仅仅是延伸，而是做了比延伸更多的事情，它们吸收（incorporate）了身体，也被身体所吸收。[2] 这一观点强调媒体与人之间的相互影响，注意到身体对媒体的形塑作用，使媒体围绕身体而不断延伸，身体成为媒体自身延伸的中心，进言之，传统媒体与新兴媒体的未来发展都要围绕人的身体，满足人的身体感知需要，这是媒体融合的基准和归宿。

《纽约时报》的"雪崩"新闻报道表明，多媒体的相互改造和重塑事实上加强了身体作为信息定制者的中心地位，身体成为重要信息选择的处理器，由此，传统媒体和新兴媒体在"雪崩"报道的相互融合中形成了"触觉性空间"，从而让受众更好地感知信息，并转换为图像（视觉、听觉和触觉），增强图像的相关性和连续性，提高信息的可理解性。"雪

---

① 陈力丹：《用互联网思维推进媒介融合》，《当代传播》2014 年第 6 期。

② Lisa Gitelman, *New Media: 1740-1915*, Cambridge MA: The MIT Press. 2009, P. XX.

崩"报道的成功之处是按照人的内心需要和情感流动"调和"不同媒体之间的关系，在顺应受众情感流动的前提下，将传统媒体和新兴媒体按照其不同的特质进行统一规划和组合，提高媒体融合效果，增强媒体接受体验。

在媒体融合时代，不仅要关注电视的新媒体化生存，也应该关注新兴媒体的电视化现象，随着媒体发展和社会变革，将产生更多的新兴媒体电视化现象。这表明，以电视为基础的传统媒体具有打造新型媒体的传统优势，是传统媒体和新兴媒体一体化发展的重要力量和组成部分。应该发挥"互联网思维"优势，吸收传统媒体的发展经验，整合多元媒体资源，创新传播方式和管理模式，开创新型媒体融合发展新局面。

（原载《中州学刊》2015 年第 7 期）

即时通信时代的网络规制变革

——从"微信十条"谈起

内容摘要："微信十条"的发布引起了海内外舆论的广泛关注，国家通过管源头、管资质、管信息加强微信立法管理，用法律保障用户通信自由和社会公共秩序。本文根据互联网时代的三个阶段，从自我规制、政府规制到即时通信阶段的社会规制展开纵向研究。另一方面，以美国、欧盟和中国对即时网络的监管为例，探讨代码规制向国家规制途径的转向，充分论证了即时通信时代网络规制理念和方式的重大变革。

关键词：微信十条　网络规制　即时通信　纵向研究

当代互联网已经超越门户网站时代、社交媒体时代，进入以人的关系、信息及时流动、平台间开放共享为核心的即时通信时代。微信作为一种新型即时通信工具，以基于"朋友圈"关系网络的信息传播、超自由的民意表达方式，以及呈几何级增长模式的信息传播速度，提升了社会传播的模式和信息传播机制，极大地改变了人类的交往方式和社会生活方式。

目前微信用户已经突破 8 亿，月活跃用户约 3.96 亿，公众账号数量达到 580 万个，并以每天 1.5 万个的速度增长，已经成为移动互联网最重要、最受欢迎的应用之一。庞大的用户群体、巨量的信息传播，在没有有效监管的状态下渐次乱象丛生。仅今年上半年，作为微信平台的运营者，腾讯的安全中心举报平台收到的关于谣言、诈骗等信息的举报就多达6000 万条，腾讯公司配合政府净网行动，已经封停公众账号 400 多个。①②③④ 我们在享受微信等即时通信应用带来传播便利的同时，也遭受着社会失序的困扰，如对公民隐私权的侵犯，不良商家的营销造势、谣言的肆意传播等，严重破坏了网络传播秩序并损害公共利益，这给我国公共领域的构建以及中国法治化进程带来了障碍。

一　自由与秩序：从历史观照到当代审视

近年来，国家互联网信息办公室（以下简称"国信办"）联合工信部、公安部等部门在全国范围内开展对微信等移动即时通信应用专项治理行动，集中整治即时通信工具公众信息发布中的违法违规行为。2014 年 8 月 7 日，国信办又正式发布了《即时通信工具公众信息服务发展管理暂行规定》，被网民简称为"微信十条"。消息一经发布，就引起舆论的广泛关注。有民众担心，加强微信立法管理后，微信个人朋友圈的网络表达自由、信息自由等功能将受到限制，其实，这种担心大可不必，言论自由与社会秩序是有机对立统一体。

早在互联网的婴儿期，美国政府就预见性地在新修订的《联邦通讯法》（1996 年 2 月 8 日）中，专设一章"传播风化法"，以管理互联网上淫秽和色情的内容。然而，即便是这一最基本的社会规范，也招致部分人的反对，最具代表性的是互联网自由的斗士 John Perry Barlow 在当天发布的一个赛博空间的宣言中，呼吁不受规制的、实施开放的互联网，这在某种程度上反映了自由主义的声音。

自由，作为"一种文明的造物"，它把人从具有反复无常要求的小

---

① 《微信不是法外之地》，CCTV-1《焦点访谈》2014 年 8 月 7 日。
② 转引自张旅平、赵立玮《自由与秩序：西方社会管理思想的演进》，《社会学研究》2012 年第 3 期。
③ 张跣：《微博与公共领域》，《文艺研究》2010 年第 12 期。
④ 〔英〕詹姆斯·柯兰、娜塔莉·芬顿、德斯·弗里德曼：《互联网的误读》，何道宽译，中国人民大学出版社，2014，第 121 页。

群体的羁绊中"解放出来",是人类"最高政治目的"。然而,如哈耶克所言,自由之所以成为可能"是经由那种同时也是自由之规的文明之规的进化"造就的,也就是说"我们之所以享有自由,实是因我们对自由的约束所致"。① 因此,社会秩序"作为为其他一切权利提供了基础的一项神圣权利",与自由同样具有最高的价值。自由与秩序两者之间既有张力,又相辅相成,并在法治下"开放且抽象的社会"趋于适当平衡。这既是现代社会本身持续稳定的内在原因,也是社会规制所追求的最高境界。自由与秩序是辩证的关系,任何个人的自由必须在法律的范围内行使,不能突破底线,妨碍他人自由。世界上任何一个国家都不允许谣言、暴力、欺诈、色情、恐怖信息传播。我们知道人类社会言论自由与社会规制关系是对立统一的,纵观传媒管理历史和实践,一方面是个体对媒体自由的追求,另一方面是社会对媒体进行管制与限制的要求。

在今天这个高度信息化的时代,言论表达的方式和渠道愈发多样,从传统报刊书籍到广播电视、网络论坛、微博、微信,大大提高了公众参与公共事务的热情,从政治领域、经济领域,到民生领域,众多议题的民众声音由于获得了多种表达渠道而变得日益有力。特别是微信等即时通信工具的迅猛发展,用户通过指尖上的转发、分享、围观、点赞、评论,获得了更多的话语权,另一方面,即时通信工具传播内容和传播方式的碎片化使得微信用户更接近于即逝公众②,"坏消息综合征""震惊体验"和"速度魔鬼"紧紧地和他们交织在一起,真假难辨的小道消息、不胜其烦的名牌代购、"无责任"转发和随手点赞,逐渐成为"朋友"们的新习惯。各种网络失序现象时有发生,言论自由和社会秩序严重失衡,影响了社会本身的持续稳定发展。在即时通信时代,互联网已发展到成熟时期,尽管还存在互联网的非政府化规制理念,但在互联网规制机构和机制的形成上,由政府发挥关键作用,诚如"微信十条"用法律保障用户的通信

---

① 转引自张旅平、赵立玮《自由与秩序:西方社会管理思想的演进》,《社会学研究》2012 年第 3 期。
② 张跣:《微博与公共领域》,《文艺研究》2010 年第 12 期。

自由和通信秘密，同时规定公民在行使自由和权利的时候，不得损坏国家、社会和公众利益，还是世界大多数国家的通用做法。

二　无序与有序：从自我规制到社会规制

2014 年，是中国互联网诞生二十周年的日子。二十年前，中国科学院 NCFC 工程通过美国 Sprint 公司连入互联网的 64K 国际专线开通，实现了与互联网的全功能连接，从此中国被国际上正式承认为第 77 个真正拥有全功能互联网的国家。二十年来，中国互联网从无到有，从小到大，从大到强，经历了门户网站、社交媒体、即时通信服务工具三个阶段。我们对互联网的管理，包括政府管理、制度、政策、安全和法律等层面，从无序到有序，互联网治理方式也发生了重大变革。

1. 网站时代的自我规制

互联网初期的技术门槛较高，主要是科研技术人员在使用互联网做科学研究、学术交流等，随着新浪、搜狐、网易等门户网站以及大量新网站的开通并涉足新闻传播，互联网才真正走入大众的视野。对互联网的管理也尚处于摸索阶段，政府初始秉持"先发展，后管理"的理念，无为而治，主要以非政府组织社会化形态的管理为主。在网络管理初级阶段的 1994 年，负责完成中国互联网首次全功能接入的不是政府，而是具有专家组织性质的中国科学院。1997 年主管域名的 CNNIC 机构成立，也行使了政府的职能，通过以 CNNIC 和中国互联网协会等为核心构建社会组织管理体系，虽然只是先导的自我规制管理，但事实上却发挥了无可替代的重要作用。1998 年信息产业部成立，正式成为互联网产业的主管部门。此前的行业组织和产业组织协同管理模式，为中国互联网的发展壮大做了大量的"外包"治理工作。这种中国早期互联网的发展管理模式，通过动员非政府主体参与社会化治理体系，不失为解决各种弊端的一种有效选择，称得上是中国互联网初期最有效的非制度化自我规制。

2. 社交媒体时代的政府规制

随着互联网第二次浪潮的掀起，互联网管理开始从非政府组织和产业部门非制度化自我规制转向政府制度性规制。有关网络的法规、自律规章不断出台，着力点在于网络文化市场的整治以及信息传播内容的规范管理。2000 年 9 月 25 日，国务院首次公布的《互联网信息服务管理办法》开始施行。"办法"规定，对经营性互联网信息服务实行许可制度；对非经营性互联网信息服务实行备案制度。同时，对涉及九类领域的有害信息内容施行禁止，包括禁止反对宪法原则、危害国家安全、损害国家利益、煽动民族仇恨、破坏宗教政策、扰乱社会秩序、散布色赌暴恐、侵害他人权益等内容。随后，国务院相关部门相继根据各自领域的情况颁布了相关实施办法与规定。如文化部于 2002 年 5 月 10 日下发了《关于加强网络文化市场管理的通知》；新闻出版总署、信息产业部于 2002 年 8 月 1 日施行《互联网出版管理暂行规定》；国新办、信息产业部于 2005 年 9 月 25 日颁布《互联网新闻信息服务管理规定》；卫生部自 2009 年 7 月 1 日起施行《互联网医疗保健信息服务管理办法》等。此外，由中国互联网协会等群团、民间组织发布的《中国互联网行业自律公约》，博客自律公约、妈妈评审团、微博辟谣平台，也充分遵循来自网民自组织的管理职责，在构筑网络世界良好秩序方面发挥着积极作用。但政府多部门共管互联网的状况，容易造成一方面监管机构林立，队伍庞大，人浮于事，管理效果不佳的现象；另一方面权力管辖重叠，很容易出现"都不管"或"争着管"的现象，导致不同系统、部门之间的矛盾，使互联网信息服务管理难以落到实处。因此，在当前社交媒体极为活跃的情况下，亟须探讨新的互联网治理方法。

3. 即时通信时代的社会规制

随着微博、微信等移动互联网的兴起，互联网发展进入第三个阶段——即时通信网络阶段。面对即时通信网络时代发展的新形势，传统科层化行政化管理方式，已不能适应即时通信时代的跨终端、跨网络运行的需要。国家互联网信息办公室于 2014 年 8 月 7 日正式发布了《即时通信工具公众信息服务发展管理暂行规定》（以下简称《暂行规定》），顺应即时通信时代的演进规律，确立了适合即时通信网络时期以市场为基础的、灵活的、提供回应性服务的国家治理方式，同时首次明确建立统一协调、职责明确、运转有效的监管体系。《暂行规定》主要针对微信、微米、易信、来往、米聊、陌陌、时光谱等基于移动互联网提供即时信息交流服务的社会规制，俗称"微信十条"。其亮点在于以极其简要的文字规定，彰显了对即时通信工具公众信息服务发展管理的深刻内涵。其一是在管理主体及其职责规定上，除了沿用传统规制的政府主管部门外，还在《暂行规定》中明确将即时通信工具提供商、互联网行业组织和即时通信服务提供者等三者纳入管理主体，建构行业自律管理体系，落实安全管理责任，实现了管理主体的多元化体系建构（不同于传统的多头管理）。尤其是强化了像腾讯这样的即时通信工具的提供商的责任和管理机制，明确了他们在提供即时通信工具时，要和用户之间签署相关的协议，核实真实的用户信息。而作为政府主管部门的国家互联网信息办公室，只是负责在即时通信工具公众信息服务发展管理中起到统筹协调的指导作用。其二，对即时通信工具服务提供者与使用者的公众信息传播，仅提出了"七条底线"原则，即承诺遵守法律法规、社会主义制度、国家利益、公民合法权益、公共秩序、社会道德风尚和信息真实性等。归纳起来，这些"底线"实际上就只包含为两性：真实性和公共性。前者作为信息传播的第一要务，成为世界定律，否则就是对信息服务的全盘否定。后者所谈公共性，包含了公共权益、公共秩序、公共安全、公共道德等，是社会秩序的基本保障，在任何国家都不允许突破，真正符合社会伦理道德与法规的"底线"。这是用户使用即时通信工具的最基本要求，是国家、社会和公民利益的最大公约数，有利于保护公众正当的言论自由。

三　自律与治理：从代码规制到国家规制

在快速发展的互联网环境中，海量的信息流增加和混杂的社交观点聚集，加重了人们对即时通信工具公众信息的忧虑，及对服务发展管理的关切。不论人们在互联网规制上有多少分歧，但对"规制"本身却没有否定，问题在于由谁规制，如何规制。从规制主体看，主要反映为自我规制的自律和政府主导的治理理念，这在前面已有论述；从规制途径看，主要分为代码规制和国家规制。

代码，指的是嵌入软件或硬件的指令，它们本身就是规制的一部分。

代码规制观认为，代码就是法规，"代码的写手日益成为法规的制定者。他们决定什么是互联网的违约，什么样的隐私应该保护，什么程度的匿名应该得到允许，什么程度的信息存取应该得到保证"。[①] 然而，有趣的是，当红互联网的开放性和深层原理受到威胁时，即便是代码规制的主张者和推崇者，都无一例外地转向寻求国家规制的支持。美国及欧洲许多国家的干预迹象表明，国家与政府在互联网的规制上，仍然发挥着关键的作用。世界各国正在积极改进现有的网络治理方式，通过国家制定法规政策对信息发布类业务服务提供商进行监管。

1. 监管服务提供商：美国对即时网络的监管

作为最早使用即时通信的国家，美国一直在探索有效管理即时通信网络的方法，打击通过即时通信网络散布威胁国家安全、社会安全的恐怖信息行为。为了维护网络信息安全，美国社交运营网站需经政府许可以及个人身份信息验证，联邦法院还要求网络视频提供商保留用户数据，包括用户的登录信息地址等，以供警方侦破案件之用，美国国防部为了防范黑客通过社交网络进行恶意渗透和安插间谍软件，开始禁止国防人员使用军方电脑登录 MySpace 等 10 家社交网站。这意味着美国政府正在加速实施互联网监控。为了让未成年用户远离网络色情和暴力，美国还加强对社交服务提供商的监管，美国哥伦比亚特区和 49 个州的官员达成跨州协议，对 Facebook、MySpace 等社交网站设置了 40 多项安全限制，其中新增的安全限制包括禁止有前科的性犯罪者使用社交网站，限制成年用户在线搜索未满 18 岁用户信息的权限，建立一个特别工作组寻求甄别用户年龄和身份的方法。

2. 监察违法社交网：欧盟对即时网络的监管

欧盟等国家和地区纷纷围绕社交网络制定和完善了信息安全、网络隐私保护相关的法律法规，强调依法加大对利用信息技术危害国家和公众利益行为的惩处力度。欧盟委员会通过了"互联网持续安全行动计划"的决议，旨在促进互联网的安全和在线新技术的发展。新的项目预算为

① 〔英〕詹姆斯·柯兰、娜塔莉·芬顿、德斯·弗里德曼：《互联网的误读》，何道宽译，中国人民大学出版社，2014，第 121 页。

4500 万欧元，用于治理违法和有害的互联网内容，保护未成年人，制止网络犯罪，消除网上种族歧视。为了防范"数字化 911"，欧洲网络与信息安全署（ENISA）越来越强调社交网络的危险性，与社交网站签署自律协议以及欧盟安全社交网络原则，严密监察 Facebook 和 MySpace 等社交网站，并通过立法对未经允许恶意将照片公布到网络并散播的用户进行制裁。ENISA 将建立多种语言的信息共享和警报系统，加强成员国网络治理交流，并正在讨论如何与全欧盟的电信监管机构合作。自伦敦地铁爆炸案后，英国政府对信息安全的关注度日益提高，对发展迅速的社交网络也纳入了监管范畴。目前，英国政府加强对通过 MySpace、Facebook 等社交网站发送信息的监控，以保障国家安全，这说明欧盟对即时网络的监管立场越来越强硬。

3. 监督微信提供者：中国对即时网络的监管

中国对即时网络的监督主要是强化对即时通信服务提供者的法律规制。"提供者"既包括即时通信工具提供者，又包括即时通信工具的使用者，因为在公众信息服务传递过程中，二者互为提供与使用者，其概念界限已经模糊了。从"微信十条"内容看，国家主管部门的监督与监管主要在隐私保护、实名注册、备案审核、内容限制等方面对即时通信服务提供者进行了规范，明确了违规行为的处罚措施。可以预见的是，"微信十条"的发布必将给我们的生活带来重大影响和变化，它将有利于微信即时通信工具的持续良性发展。

"微信十条"还明确了即时通信工具服务提供者的安全管理责任，规定了即时通信工具服务提供者的合法资质，提出了公众信息传播的"七条底线"，这实际上显示国家在微信信息服务方面的监督，主要是管源头、管资质、管内容。

管源头。微信在开通后短短的 14 个月发展中就突破了 2 亿用户，而这个时间长度上，即使是快速发展的微博用户也才达到 5000 万户。按照拥有 5000 万受众规模的"大众媒介"标准来看，报纸用了 50 年、广播 38 年、电视 13 年、互联网用了 4 年达到被称为"大众媒介"的地步的，可见，微信之类的即时通信工具（媒介）借助数字技术的发展速度之快，远远超过了传统媒体。面对巨大用户群的服务监管，光靠国家监管部门一方显然是不够的，只有抓住关键，才能牵一发而动全身，实现有效监管。这次"微信十条"规定就着重对公众信息账号的监管，真正做到管住了源头。对即时通信工具服务提供者来说，也相当于为他们提供了一把"尚方宝剑"，赋予了他们更多的监管责任，以对一些涉及公共安全、虚假信息、网上滥用行为等问题进行前置处理。

管资质。"微信十条"第四条规定，即时通信工具服务提供者及其从事公众信息服务活动，都应当取得相关资质。规定按照"后台实名、前台自愿"的原则，要求即时通信工具服务使用者通过真实身份信息认证后注册账号，未取得相关资质的公众账号将不得发布、转载时政类新闻。这条规定充分显示了我国互联网规制的监管性与开放性的辩证统一。对社会而言，有利于促进即时通信工具的有序健康发展，有利于保护公民个人和社会机构的正当权益，因此，相应的资质管理很有必要。至于言论自由问题，当个人账号的真实身份被核实之后，在网上仍可使用匿名发布信息而不受任何影响，只不过对可以发布或转载时政类新闻的公众账号要加 V 认证的标识，实际上给这些有资质的公众账号一个权威的身份认证，提升了他们的公信力。

管内容。当前，即时通信聚合网络信息服务越来越丰富，难免会出现网络服务和网络行为中的人际冲突。另一方面，目前在微信圈中依然能够看到淫秽、赌博、暴力、欺诈、泄密、谣言等内容在网络上广泛散布，甚至恐怖势力也可利用微信等即时通信服务工具快捷、廉价、隐秘性高的特点，威胁国家和社会安全。因此，"微信十条"画出了"七条底线"的信息规定，对用户（即时通信服务使用者）进行了适度的行为规制，这是用户使用即时通信工具的最基本要求，是国家、社会和公民利益的最大公约数，有利于保护正当的言论自由。网络应用"七条底线"的画出，是互联网管理价值底线的延续和逻辑起点。中国坚持"先发展，后管理"的理念，审慎立法，为互联网发展预留了空间，对于打击网络谣言传播、保障网民正当权益、维护社会公共利益、保障国家信息安全具有十分重大的意义。唯其如此，才能营造和谐、清朗的网络环境，让网络成为真正服务于社会的公信平台。

微信等即时通信服务监督方面的"三管"，不论是管源头、管资质，还是管信息，实际上都着眼于管未来。"微信十条"的出台是互联网管理方式的新进展，它对如何通过规制的方式推动互联网管理诉求目标的落实，做出了有益的尝试，必将有利于法律环境的构建，有利于个人信息的保护，有利于网络空间的净化，有利于网络治理的提升。

（原载《编辑之友》2014 年第 10 期）

"三网融合"下的传媒新业态与监管

内容摘要："三网融合"新政的推出，促使利益各方在博弈的竞合中前行，而传媒业态的全新体验又对现行监管规制提出了挑战。国家网络信息安全的保障促使我们在分步实施"三网融合"目标的进程中，必须清晰地界定监管范畴，建构信息安全监管体系，统一监管主体。

关键词："三网融合" 传媒新业态 监管体系 监管主体

2010年1月13日，国务院常务会议（以下简称国务院会议）决定，加快推进电信、广播电视网和互联网的"三网融合"，并取得实质性进展。这意味着原先独立设计运营的三网将相互渗透、相互融合，从而开启传播新时代。

6月，又经国务院三网融合工作协调小组审议批准，确定了我国第一批12个三网融合试点地区（城市），包括北京市、大连市、哈尔滨市、上海市、南京市、杭州市、厦门市、青岛市、武汉市、长株潭地区、深圳市和绵阳市，这标志着三网融合试点工作正式启动。三网融合，将既有的网络融为一体，不仅节约了社会资源，也将给社会群众带来实实在在的便利。但由于多年来形成的部门分割与业务分割，要推动国家三网融合试点，真正实现这项新兴业务，必须为之提供法律保障，创新其运营模式，特别是要推动监管体制改革。

一 问题提出：传媒规制遭遇挑战

国家广播电影电视总局（以下简称国家广电总局）近来发文，要求各地广电部门清查违规 IPTV 业务。这是继 2010 年 2 月"广西 IPTV 被叫停事件"之后的两个月内，国家广电总局再次下令清查。而相关的电信人士则称，在"三网融合"的大背景下，电信推出的互联网视听业务和广电的有线电视是互补关系，并认为国家广电总局的这次清查是自我保护反应。为何对基于"三网融合"下的同一新业态行为会产生截然不同的反应呢？

1. 融合"业务"边界的模糊

"三网融合"的实质，是基于内容和业务的融合，也就是利用一根光缆，可以让用户打电话、上网、看电视，而不是基于三个网络的融合。国务院会议在"三网融合"的阶段性目标中也明确提出：2010~2012 年，重点开展广电和电信业务的双向进入试点；2013~2015 年，全面实现三网融合发展，普及应用融合业务。

国务院会议明确了双向业务进入和融合业务普及的时间表，但未对上述业务进行明确界定，这大概是造成广电和电信部门在"三网融合"语境下，各自对 IPTV 及网络视频新业务进行倾向性解读及其管控的重要原因。

一般而言，广电业务应包含广电视听节目的制作、传送业务，而电信业务则指基础语音服务和增值视听服务。二者的传播符号均为视听符号，在"三网"的环境下具有鲜明的交叉融合性。

随着宽带网络时代的来临，视频内容突破了互联网传输技术的瓶颈，自 2002 年中国电信"互联星空"在广东试点以来，全媒体视频行业迅速崛起。有人将目前我国的网络视频行业划分为五种角色，即广电队（CNTV、上海文广等）、电信队（互联星空、IPTV 等）、门户队（新浪、搜狐、腾讯等）、网络电视队（PPTV、PPS 等）和视频分享队（土豆、优酷等）。① 在这五种角色中，最主要的播送平台和竞争对手，仍集中在"三网"的广电、电信和互联网行业。尤为突出的是 IPTV 新业务发展迅

---

① 刘珊：《进入视频网络化时代》，《媒介》2010 年第 2 期。

速，截至 2009 年底，我国 IPTV 用户已达 460 万户，连续三年增长率接近 100%。而走在全国前列的上海市 IPTV 用户已突破百万户。有专家预测，2010 年全国 IPTV 用户将继续以 100% 的增长率扩展，到年底全国 IPTV 用户有望接近 900 万户。[①] 面对这一诱人的 IPTV 市场前景，拥有庞大的宽带用户市场的电信怎能无动于衷呢？

"三网融合"新政的推出，预示着网络显示终端必将朝着"三屏合一"的方向发展，但原有政令的实施又迫使利益各方只能在博弈的竞合中前行，融合的步伐不会一帆风顺。

2. 传媒监管规制的调整

国家广电总局针对 IPTV 电视业务连发两道清查禁令，依据是国家广电总局、信息产业部审议通过的，2008 年 1 月 31 日起施行的《互联网视听节目服务管理规定》（国家广电总局、信产部 56 号令），这一规定标志着网络视频业务的监管正式开始。"规定"设定了市场准入门槛，明确指出，没有"网上传播视听节目许可证"不得从事互联网视听节目服务。这样，IPTV 牌照准入式运营就成为中国 IPTV 市场的一大特色。

在实际运作中，各部门则巧借政策，呈现多样化的经营模式。上海文广传媒集团"百视通"凭借其 IPTV 资质，与 15 个省份的电信运营商进行合作，已拥有 300 万用户，成为全球 IPTV 用户最多的运营商。另一方面，电信商巧借农村党员教育学习之名，打政策"擦边球"，独立发展 IPTV，挑战现行规制。虽说受益于国务院"三网融合"双向进入试点政策的新政，电信有望解除 IPTV 牌照的制约，依托宽带提速发展，但国务院会议未出台实施细则，也未对国家广电总局、信产部"56 号令"的规定提出修订，导致目前出现相关政策的矛盾状态。于是，IPTV、互动电视与互联网电视，三种新业态在不同利益者的驱动下，各自为政。

根据国务院的部署，目前三网融合工作协调小组已经制定出"三网融合"双向进入的试点方案。为尽快推进"三网融合"，适应层出不穷的传媒新业态的发展，必须在国家层面对现行相关传媒政策进行清理、调整，制定便于操作可行的双向进入的目录及实施细则。

---

① 张彦翔：《2010：IPTV 竞合之年》，《中国数字电视》2010 年第 1 期。

二 实践探索：传媒业态的全新体验

数字媒体技术的迅速发展，不仅提出了"三网融合"的重大命题，而且大大影响了传播产业的结构，出现了适时开发的传媒新业态。处于不断变化的流动状态中的新媒体技术边界，几乎不会受到约束、受其影响，海量的传播内容、全新的传媒产品，无疑重构了传媒新秩序。下一代广播电视网（NGB）将影响媒介受众和社会的自然属性，对传统的传媒监管也提出了新的课题。

1. 传统收视习惯的终结

"三网融合"最直接的体现就是"三屏统一"，即手机、电视和电脑屏幕的融合。通过手机、电视、电脑看电视已成为现实；通过电视机上网、看电视、打电话、发短信、点播视频、数据传输、遥控家电等，这预示着"全媒体家电"时代已经到来。电视已不再是传统意义上的电视机，CMMB、IPTV、移动多媒体广播电视等新兴媒体不断涌现，传统的家庭电视观看环境开始被突破。

看电视的空间无限拓展。电视的出现，将人们从黑暗的电影院观看环境转移到明亮自由的家庭客厅，让人们足不出户便可知晓天下事，欣赏到精彩生动的电影。可是当人们一旦脱离家庭收视环境，就会出现信息的断裂。如今，这种状况随着数字媒介技术的发展，电视观看环境一再突破，已实现了无缝对接。一种基于地面数字广播电视网的手机电视——中国移动多媒体广播 CMMB（China Mobile Multimedia Broadcasting 的简称），自2008年开始为北京奥运提供服务以来，已成功实现商用，用户可以通过手机打电话，看电视、听广播和上互联网。两种技术的融合，开启了自主知识产权融合发展的新领域。截至 2010 年 3 月，CMMB 信号已在全国303 个城市开通，中广传播公司和 28 个省级子公司已全部挂牌投入运营。3 月 22 日，中国移动又与中广传媒共同宣布，双方联合打造的 TD+CMMB 手机电视业务 G3 即日起在全国正式商用，从而开启了"三网融合"的新业态、新实践。目前 G3 手机用户可以同步收看到 CCTV-1 综合、CCTV-13 新闻、CCTV-5 体育频道的电视节目以及睛彩电影和两套地方节目。这标志着一张由全国广电系统和中国移动共同参与打造的中国移动多媒体广播电视网基本成型。此外，无论是在旅途或上下班的移动状态，或是电梯口的短暂等待，或是广场公共空间的休闲，都会伴随着不同形态的移动电视、楼宇电视、大屏电视。这些对于长期处于家庭环境中收看电视的人来说，意味着传统的收视习惯被打破。

新媒体技术不仅改善了既存的传播方式，也绘就了新媒介形态图，无所不在的数字信息把我们送入下一个新时代，同时也构建出一种公共传播的新秩序。

看电视的时间无限延长。传统电视的线性传播对观众具有较强的约束力和控制性，转瞬即逝的电视播放也给错时的观众带来了诸多遗憾。在三网融合背景下的信息高速公路时代，人们再也不用担心错失观看精彩节目的时间，视频点播给观众带来完整的视频应用服务，实现从被动娱乐到主动娱乐的转变。任何人只要连上信息高速公路，就会从中央文件服务器或数字视频数据库点播影视节目和其他新闻资讯服务。

"三网融合"改变了我们的工作和生活方式，通过电视、手机推送和朋友分享节目，已成为题中应有之义。电视机、手机、计算机终端不再是必须归属某一个网络，或某一个运营商，而是一个共享的终端，各种媒体的界限因为重叠变得越来越不清晰。老百姓从手机、电视、电脑看电视，下载、点播节目也不再是梦。但随之而来的是新传播技术对于影视业版权系统的影响，以及"节目分享"这种超越于广播电视信息并通过有线再发送的版权机制，与知识产权领域发生冲突。如何努力将知识产权法扩展应用到新的技术领域，让知识和文化既被收视者利用，又遵从市场化的逻辑，这在传播技术的全球应用和知识产权领域的全球拓展过程中是需要认真研究的。

2. 智能服务业态的开发

"三网融合"是以用户为中心的"业务"融合，其基本要求是服从国家的政策，服从人民的利益，尊重科学规律，创新多种业务形态，为人民群众提供丰富多彩的文化需求保障。广电网在"三网融合"中的工作目标之一是：从看电视变为用电视。围绕这个目标，国家广电总局提出要实现三大创新，即技术创新，建设下一代广播电视网（NGB）；体制创新，组建国家级网络公司，打造适应"三网融合"的统一的运营主体；服务创新，即在内容方面创新广电六大新业态①，包括全媒体互动电视、直播交互融合数字电视、互联网与数字电视融合、通信网与数字电视融合、新业态数字电视和物联网与数字电视融合。

"三网融合"下的广播电视新业态的开发，将给我们的生活带来全媒体的新体验，包括收看电视、VOD 点播、时移节目、动感游戏、家庭结算、新闻定制、电视短信、实时路况、电视贺卡、电视邮箱、电视门户、数字舞台、数字音乐、电视杂志、电视商城、投票调查、热点排行、信息检索、视频会议、远程教育、家庭保健、影视分享、电视秒杀、智能家庭、智能楼宇，等等。

在这些眼花缭乱的功能服务中，一些是传统媒体内容的延伸、方式的转变、手段的融合。另一些则与传统媒体的功能相去甚远，如物联网与数字电视的融合，其功能的开发简直无法用当下的想象来预测未来。

"物联网"作为一种物际互联的智能信息网络，通过装置在各类物体上的智能传感器，与接入系统和互联网相连，从而给物体赋予智能，实现人与物、物与物、物与人的沟通和对话。物联网被认为是国际上继互联网之后的又一次重大信息技术变革，是我国政府重点支持发展的七大战略性新兴产业之一。在 2010 年全国"两会"上物联网也成为两会代表、委员们关注的 ICT 四大热点之一。前不久，"武汉·中国光谷物联网产业技术创新联盟"在武汉成立，目前将重点示范推广应用智能交通、智能湖泊、智能城管等 16 个与市民生活密切相关的项目。"三网融合"后，下一代"广播电视网"将与新一代物联网结合起来，无疑是重大的创新选择。即使今后在家庭生活中，用户也可通过电视控制家电，当进入菜单后，就可实现电灯、空调等电器的开、关，还可调节电器的温度、亮度。如果在冰箱里面有扫描系统，你能通过自动读食物的条形码，查到商品的产地、是否过期或为假冒伪劣品，从而使电视机真正成为家庭不可或缺的好帮手。对于这类新业态的体验，早已超出了新闻媒体的范畴。

---

① 国家广电总局科技司司长王效杰 2010 年 4 月在武汉广播影响发展战略与规划研讨会上的专题报告：《三网融合与下一代广播电视网建设》。

"三网融合"把自成体系的网络融合在一起，既要克服各自为政的冲突和排异，又要突破部门和行业的界限、打破利益和市场的垄断，需要进行体制机制的创新和再造，更需要进行新业态监管的全新探索。

三　未来管理：媒体融合的安全保障

"三网融合"给人们带来的最大变化是，从过去的"看电视"变成"用电视"，家庭的电视机已经变成了一个信息终端、多媒体终端，在家庭里可以便捷地享受到各种服务，但随之而来的问题是如何保障信息和网络安全。

1. 监管目标的调整

"三网融合"的主要任务之一是要强化网络信息安全和文化监管。但融合后服务环境发生了变化，融合服务主体、融合服务内容、融合服务功能也变得更为多元，"三网融合"的边界也越来越复杂，因此，需要对融合规管制度进行调整，对传统传媒内容和网络使用项目进行甄别。根据加拿大、韩国、荷兰和瑞典这四个被列为全球领先的宽带市场的经验，在对"广播"和"网播"的监管上进行了区别处理。以互动电视为例，在瑞典，用户利用交互式的服务购买物品、发送电子邮件、玩游戏、浏览新闻，并使用无线键盘或电视遥控作为输入设备。而在加拿大，一项关于互动电视的调查，也区分出三类服务，包括增值节目、非传统的独立节目及互联网电视。在对互动电视服务是否归属于广播节目的问题上，影响到其内容是否受到相关规制的管制。加拿大广播电视和电讯委员会（CRTC）提出了互动电视服务的最终定义，即在很大程度上依赖于"节目相关"的内容可以被认为是"广播"，反之则不然。

在关于网络广播政策的辩论中，也引起"四国"各方面的争论，集中在是否将网络纳入法规的管理范畴。在加拿大，对于通过互联网传送广播之类的服务是否应该规范，监管机构的新媒体政策结论是，互联网的网播服务，没有必要加以规范。荷兰媒体管理局也表示，互联网服务，包括网播，就目前的定义而言，不属于法律管制下的媒体。但同时表示，一些在互联网的广播和电视节目，应当调节公众利益。而在瑞典，网播则被视为有线广播,是否纳入规范管制范畴,没有明确。

2. 监管体系的构建

美国《商业周刊》网站 2010 年 3 月 16 日发表了一篇题为《为什么美国需要国家宽带计划》的文章,认为"过去的世界由谁统治外海来定义,今天的世界由谁提供最佳网络连接来定义"。

从这个意义上说,"三网融合"不仅符合作为国家发展战略的选择,而且在加强国家的信息安全和文化安全方面具有重要的意义。信息安全涉及信息网络的硬件、软件及其系统中的数据能否受到保护。硬件安全系统建设重在基础设施保障与监管体系,软件安全系统主要指内容信息安全,关涉文化与意识形态问题,主要依赖国家信息安全法制体系保障。

基础设施保护应被视为"三网融合"下国家安全的优先目标。在"三网融合"背景下,传统的媒体组织框架发生了变化,原来独立分明的媒体界限变得越来越模糊。新的信息流动方式不仅改变了新闻记者的工作方式和新闻媒体内容的呈现方式,而且在"用电视"的新业态中关涉信息安全管理中的"鉴权完整"(Information Authentication, Completeness)。当信息通过传感器传递到服务基站后,需要汇总信息并做出最后的数据分析,以供用户查询使用。但在新的传输系统中,信息有可能受到非法用户的篡改和恶意的攻击。

有专家指出,信息安全的保障是"七分管理,三分技术",管理是保障信息安全的重要环节。建立信息安全基础设施保障体系,就是要加强风险管理、入侵检测、内容安全与监管等[①],必要时建立包括针对病毒在内的应急反应体系,这在传统的广播电视基础设施安全保护中是一个新问题。

在信息安全法制体系的建设中,需要健全各项安全政策、制定安全法规和条例,依法保障通信网络和信息安全。美国作为全球宽带市场最为领先的国家,为规范网上行为,打击网络犯罪活动,先后制定了一系列法律加以规范,这些法律涉及:加强信息网络基础设施保护、打击网络犯罪的法规;规范信息的收集、利用、发布,以及对隐私权的保护法

---

① 蔡翠红:《美国国家信息安全战略》,学林出版社,2009,第 260 页。

规；确认电子签名及认证的法规；其他安全法规，如《网络安全研究与开发法》等①。这些法规对我国"三网融合"相关法律的制定有一定的借鉴作用。

任何信息政策和法规的制定，都是以信息环境为依据的，但在实际执法问题上却遇到了挑战，如IPTV的清理问题，就是在"三网融合"的信息环境中出现的新问题，执法主体与执法对象间出现了错位冲突，出现了与网络有关的纠纷，这反映出与之相关的配套法规滞后于"三网融合"发展，迫切需要在管辖权、管辖内容的界定方面重新定义。

3. 监管主体的统一

根据国务院会议精神，推进三网融合的基本原则是"统筹规划、资源共享"，将通信网和广电网建设和升级改造纳入国家统一规划，实现互联互通、资源共享，避免重复建设；"分业监管、共同发展"，广电与电信主管部门按照各自职责分工，分别履行行业监管职责，鼓励广电与电信企业合作、优势互补，实现共同发展；"加强管理、保障安全"，要改进和完善信息内容监管方式，提高监管能力，保障网络信息安全和文化安全。基本原则中涉及的运营主体、运营市场、运营业务均有交叉，而监管主体虽然强调了合作，但管理仍然是"分业"的。尤其是监管主体的非独立性特征，影响到市场公平竞争的监管，当涉及各自利益的时候，难免出现意见分歧，其结果是实行单方利益保护。

监管法规与政策的目标应当是创造一种允许有效竞争的环境，防止"寡头垄断"态势的发生。但目前我国的监管领导体制是一种相互交叉的多重领导体制，容易造成决策权的分散而使政令多出。面对"三网融合"后的传媒新秩序，我国的"融合"政策是否应以促进通信服务提供商之间的竞争为目标，促使电信和广电双方互联互通、资源共享、共同发展，从而扫清有线电视和电信公司之间的竞争障碍？

国务院会议为我国三网融合制定了"两步走"的诱人目标，并且从今年开始要有实质性的进展，广电系统的有线电视数字化将朝着从单向变双向、从看电视变为用电视的方向发展。从用户角度看，通信服务的融合

---

① 蔡翠红：《美国国家信息安全战略》，学林出版社，2009，第55页。

也正是在这些市场中发生。许多国家根据通信融合的预期正在调整他们的规管制度。在这种境况下，我国"三网融合"后的媒介规制与监管主体是否要发生转变呢？有人提议，从国务院成立跨部委协调机构开始，过渡到在同一部委下设立不同专业局来分别处理广电和电信的监管事宜，到最后建立独立的大监管机构。这是充分考虑了历史和现实的理想选择。[①]

"三网融合"的试点方案已经公布并将试行。我们相信，在"三网融合"目标的推动下，我国广电网、电信网、互联网融合的发展必将突飞猛进。未来将突破传统媒体行业与电信相关行业的技术壁垒，媒体间的融合竞争将更加激烈。只有打破原有的行业壁垒，重构广电、电信产业链，并在政府管理方面做出相应调整，才能形成新的传媒秩序，推动"三网融合"取得实质性的进展。

（原载《现代传播》2010 年第 8 期）

---

① 全国人大代表、TCL 集团董事长李东生在 2010 年全国人大会议期间的提案建议。

大数据时代的媒体内容生产创新

——基于耗散结构的理论视角[*]

内容摘要：大数据时代的一个重要特点是信息的富足和流动，这正是耗散结构理论中最重要的元素。本文试图依托互联网进程和人类演进的规律，以耗散结构理论的核心思想建构媒体内容生产模式。耗散结构视角下电视内容生产创新的价值在于可以减少信息的混乱与无序程度，通过优化数据信息结构使电视内容生产创新系统更有序，帮助媒体在内容生产创新中做出最优决策。

关键词：大数据　耗散结构　内容生产　创新系统

云计算、大数据、物联网、移动互联网等新型的、具有革命性变革的技术形态正在将人类的社会、政治、经济生活带入一个全新的时代，信息智能化的广泛应用正在改变并将深刻影响到人类生活的每一个角落，人们的思维方式、生活方式乃至信息使用习惯都在发生变化，蕴含人类行为方式的"规律性密码"，在庞大的数据中展现出背后有迹可寻的"秘密"。

2013年被称为"大数据元年"，传媒行业大数据的影响表现得更为直接，视频用户通过推送获得更为精确的"产品信息"，视频受众的"拟态信息环境"也在被缔造和定制。数据信息的收集整理和分发不仅会对各

＊　本文系国家社科基金重点项目"构建和发展现代广播电视传播体系研究"（项目编号：13Axw008）部分成果。

种类型的数字新媒体产生"数据基数"上的倍加优势，同时对以电视为代表的传统媒体也将带来质的影响。海量数据信息的输入不只会带来媒体形态和传媒竞争态势的非均衡，更会触发受众与传播者信息传播路径及内容生成流程上的进化，这是一个以信息（负熵）为场景构建起的一个媒体内容创新系统。

一　大数据时代媒体节目创新的理论基础 ——耗散结构

客观世界的存在状态取决于主体的观测，我们对客观世界的观测行为本身参与了客观世界的创造过程，对事物的认知创造了新的事物。在融合生态下，任何客体的存在都并非绝缘、孤立的，如何利用大数据技术改进媒体自身的生产流程、实现媒体发展的创新驱动，已经成为摆在媒体人面前的一项重要课题。

1. 大数据下媒体内容生产的思维转向

一是由重视样本转向重视整体。数据＝样本，用全部数据代替抽样样本。大数据的操作理念是用全部数据分析取代了样本分析。二是由重视精准转向重视混沌。不再执着于精准，而是接纳混沌繁杂的数据。数据的绝对大量就让容错标准得以降低。三是由重视因果转向重视关系。大数据技术强调的是相关性而不仅仅是因果间的必然性，它既涵盖了或然性也涉及必然性，相关性分析法就是为了以数据为核心预测未来的趋势和走向，减少未来的不确定性。

目前，数据信息的来源既可以从传统的机顶盒或测量仪中获得，也可以来自网络视频的触发和停留行为。对传统媒体而言，机顶盒的功能已经逐步实现了升级，对用户开启、转换、锁定及增值业务使用等的操作情况能够进行精确到秒的样本回路数据（return path data）收视研究①。网络视频观众的收看偏好和点击行为依托跨媒体平台的技术优势同样可以被记忆。随着电视节目向视频节目转变，收集用户收视信息的方式将从"原

---

① 　吕海媛：《大数据与电视媒体的未来》，《视听界》2013 年第 4 期。

子"转化为"比特",这是为创新媒体内容提供的另一种可能性的参考。而同时,这种样本=整体的全局数据分析法,混沌学的奇观,关联性的转化思维都给传统媒体场域中的媒体内容生产带来了挑战。

2. 大数据下媒体内容选择的信息流动

信息的富集从三个方面改变了媒体生态。第一,众多的节目让观众有了更多元的选择维度,因此选择变得愈加烦琐;第二,一批内容细分清晰的频道和节目(新闻、电影、体育、音乐等)的出现使得观众更容易看到可供选择的节目;第三"电视屏"的变化(IPTV、互联网电视、智能电视、OTT等)使数据信息高度融合,改变了原来的信息选择结构,从而导致受众拥有了大部分主动权。随着媒介技术的发展,人们很多时候不再通过电视机看电视节目,而是通过 Hulu、Netflix、AppleTV、PPTV、优酷、土豆、智能手机和平板电脑等点播。不仅如此,人们通过网络看完节目之后,还会通过社交媒体如 Twitter、微信、微博、Facebook 进行分享和评论,进行二次人际传播,使节目的影响力得以二次扩散。

大数据时代中的信息在受众选择节目中承担着重要的行动关系,而受众的情感和内容需求及心理选择变化也被分成了四个层次,这种内禀式诉求螺旋被概括为"4IR"理论,即趣味反应(Interesting Reaction)、个性决策(Individuality Resolve)、关联互动(Interaction Relativity)、利益回报(Interests Retribution)。从笔者建构的流程图中可以看出,受众在选择什么样的节目、为什么选择这样的节目、收视后如何进行反馈等过程中,形成了一个系统,而信息经历了富集、淘汰、覆盖、波动、发散、搜索,始终在系统的各层不同位置不断变化(见图1)。

图1模式认为,观众根据节目信息和自己的观察而设计一种常用的选择策略。该模式中的影响元素是"社会位置和文化资本""收视习惯""节目熟悉程度""个人原始信息投射"(指每个观众或家庭固定收看一类节目)。新增的元素是"评论与分享"(与家人或朋友分享收视体验并进行二次传播)。其中涉及如下过程:了解信息;搜索内容并选择媒体种类;决定看什么怎么看;定期对收视选择重新评估。该模式侧重内容因素的重要性,强调媒体内容的创新对受众选择的影响,即节目越有信息基础和信息流动,新的节目被选择的可能性就越大。

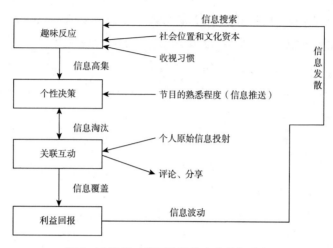

图1 大数据时代下的媒体内容选择流程

在这个受众节目选择模型中，信息是基本输出和交换单位，按照物理学的概念，信息表示的是系统内部有序、趋稳的程度，与熵对立。熵是耗散结构理论中一个重要分析参数，是系统中未知性或无序性的量度，这里指信息的混乱程度，而系统有序程度越高，信息熵越小，信息量越大；无序程度越高，信息熵越大，信息量越小[①]。所以，信息就是负熵。

耗散结构强调，当开放的系统远离平衡态，系统当中的某个参量到达非线性区，通过与外界物质、能量、信息的交换，形成熵的流动，系统就可能发生突变，形成一种时间、空间或功能上的新的稳定有序结构。这种有序状态需要运动，通过持续性地与外界交换物质和能量进行维稳，不受外界的微小扰动影响而消失。[②] 现代科学方法论中耗散理论与协同论、突变论被并称为"新三论"，它的提出源于比利时物理学家普利高津（Prigogine）教授在20世纪70年代关于系统理论的研究。利用耗散结构理论中的模型和算法研究复杂系统的表达，耗散结构理论已经从物理学扩散到生命科学、信息科学、经济学和社会学等领域。

---

① 鲍际刚等：《信息熵经济学》，经济科学出版社，2013，第2页。

② 蔡立媛、张金海：《负熵：大数据时代 TPWKR 企业营销五阶段模型的建构——以"购买的五阶段模型"为分析对象》，《现代传播》2016年第5期。

因此，大数据时代中的信息收集、处理与应用弹性正是耗散结构中的流动值，外界及组织自身的信息输入、输出的交换为构建媒体内容创新的耗散系统提供了阈值。要实现媒体内容的创新，使媒体内容不断被受众选择，就必须把它嵌入到耗散结构中去分析，以耗散结构理论的核心思想建构大数据媒体内容生产创新体系，寻求耗散结构理论下媒体内容创新的熵变机制和可行性对策，为综合研究媒体内容创新与持续发展提供新的角度和方法。

二 媒体内容创新耗散结构形成的本质和条件——熵变

当物质流、能量流和信息流在系统自身与外部环境间发生交换时，会引起系统熵值的变化。系统有序化程度的度量可用"负熵"即信息表征，系统在变化中其内部的不可逆过程会引起正熵增加，为了维持发展和有序化程度必须要从外部环境引入"负熵"（信息）以抵消正熵增加，使系统自身的熵变为负，总熵减小，才能使系统趋近稳定、合理、功能强、状态优的结构。

大数据时代媒体节目创新系统内的确存在熵，其影响因素包括节目创新系统中的内容创作人员，以及节目创新的政策、资金环境，享用并反馈节目创新内容的用户等，实际上，从创意、策划到执行的各流程、各环节中，都存在内外物质、能量与信息的转化。

对一个非均衡状态下的开放系统，公式 $dS = diS + deS$，其中 dS 表示系统的熵的变化，是系统功能转化率的度量，总熵变（dS）包括两个部分，即 diS 和 deS。diS 代表系统内部由于不可逆过程所引起的熵的改变；deS 代表系统与外界交换能量、物质和信息所引起的熵变。[①] 系统内部的熵在增加的同时，会同步持续地与外界环境进行交换，形成负熵流（$deS < 0$）。当 $|deS| > diS$ 时，即 $dS = diS + deS < 0$ 时，系统从外界引入的负熵（信息）

---

① 王志勇、王春秀：《基于耗散结构理论下企业产品技术创新分析与模型的建立》，《价值工程》2012 年第 9 期。

抵消了系统内部的熵值，系统的熵值变为负，总熵就会减小，系统就会变得更有活力（见图2）。而反之，如果系统内部产生的熵大于外界流入的绝对熵值，系统则会发生衰变，最终直至消亡。[①] 因此，一个封闭系统即意味着熵增、无序和衰落，而开放意味着熵减、有序和进步。[②]

媒体内容生产是一个具有输入输出且内部含有多重反馈的远离平衡态的开放系统。媒体内容创新系统应该设法让这一系统远离平衡态和近平衡态区域，驱动系统到达远离平衡态的非线性区，才有助于思维创新的不断生成，有助于媒介内容的不断优化，有助于媒介组织由低序向高序的晋升。媒体内容创新系统中的各子要素在系统内部与外部进行交换中发挥各自的融通作用，以助推系统不断地更迭和再造。

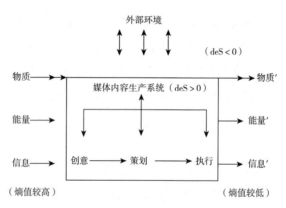

图 2　媒体内容生产创新子系统的熵变过程

从图 2 中可以看出，媒体内容创新活动是一项复杂工程，要将其视为一个完整的系统看待，这一系统既有内涵性也有外延性。媒体内容创新体系的两个因素引发熵流的产生，作为系统内部，媒体内容创新涵盖了创意、策划到执行的过程，涉及目标、层次、序列等内容，其内部所产生的熵增（diS）是系统损耗中不可逆的。而大数据时代，因为数据的体量巨

①　平恩顺：《负熵驱动的突破性创新关键技术研究》，博士学位论文，河北工业大学，2014，第 54 页。

②　平恩顺、檀润华：《面向成熟期产品突破性创新设计模糊前端阶段过程研究》，《工程设计学报》2014 年第 4 期。

大、种类繁多、价值密度高，使得媒体内容创新系统在与外界进行物质、能量、信息的交换中有更大的负熵（信息）输入，而这些正是融合新媒体技术的发展、大数据的应用和节目制作管理知识达成的，体现在影响创新系统的子要素流动与加持，如人才、知识、技术、资金、资源、设备、产品以及政策等。

三　运用耗散结构理论进行媒体内容生产创新

既然耗散结构理论与媒体内容生产创新存在适用性，那么如何运用耗散结构理论进行媒体内容创新就成为问题的关键。耗散结构理论确定了4个系统形成新的有序结构的条件。一是系统要具开放性；二是系统要获取足够的负熵流即信息量；三是非线性相互作用即多维互动；四是涨落或称诱因、契机的引入。基于耗散结构理论与媒体内容创新之间一般与特殊的关系，运用这四个条件有助于改进媒体内容的创新。

1. 开放的系统

系统耗散结构得以形成、维持、发展和有序化的前提是开放。唯有开放系统才能够与外界进行"熵"的交换。

照此原则，在媒体内容生产创新活动中，要避免内容制作团队和媒体从业者自我封闭，应采用多种渠道和方式，不断从外界获取信息和资料，引导创新团队积极地与外界保持联系，了解受众的诉求和兴趣点，使自己成为一个"开放系统"。比如：打造学习型媒体团队，经常开展头脑风暴，通过团队个体与群体间的业务学习和交流，创新节目题材、思路和形式。营造宽松的人才环境，允许不同岗位的人才进行流动，加大对媒体创意人才的引进力度，以便通过人才交流使知识不断得到更新，并建立媒体高端创意人才资源库，设立创新媒体领军人才基金。拓宽信息沟通渠道，通过组织专家学者的理论培训扩大媒体创意团队的知识视野，同时可以通过定期组织跨省、跨国的业务学习，实地考察开展节目信息交流活动，保持与外界的联系，了解先进地区好的节目经验和制作方法。建立媒体联盟，通过交互活动链接不同的媒体资源，对先进节目的模式和形态进行版本引进和版权购买，也可在不同媒体间进行资源互换。

2. 足够的信息量

耗散结构理论认为，"非平衡是有序之源"。只有在远离平衡态的条件下，系统才有可能发生突变，形成新的有序结构。当系统处于一种十分不稳定的状态时，如果此时外界对系统施加足够的影响，系统就有可能通过涨落或突变进入一个稳定状态，形成新的有序结构。这就是说，获得足够量的负熵（信息），是系统有序、合理结构得以形成的另一个条件。

这个原则启示我们，在大数据时代，媒体进行内容的生产创新，应该注意获取足够的负熵即"信息流"，因为信息"可以看作熵的消除或负熵"，是耗散结构中的重要标量①。即在媒体内容的生产创新活动中，应尽可能多地获取用户信息和市场信息，市场需求与市场竞争是推动创新的两大动力。Netflix 制作的《纸牌屋》就是利用庞大而充分的信息来为内容服务，通过 2900 万用户和尼尔森的收视数据，综合分析每期节目的用户搜索、评价分值、地理位置、社交媒体分享频次、用户添加书签数据、用户登录授权数据等，为每一帧的内容分析、用户收视习惯提供数据支持，并结合背景、音量和画面颜色等改进下集内容。信息数据已从简单数值演变为对收视行为的描述——性别、年龄、收入、地区、学历、工作性质、收视环境、心理偏好等，通过大数据精准记录下人们收视的时间、内容和媒介，可以追踪到每位受众的收视动机、需求和时机。借助这些数据资料的掌握和分析，可以勾勒出完整的受众收视图谱，呈现受众的显性需求和隐性需求，无疑为媒体内容的创新提供新的参考。同时对于媒体而言，运用多元、海量的信息可以实现数据化和规模化播出，使视频节目在手机、电脑等新媒介平台上具有了实时互动的可能性（见图 3）。

3. 非线性相互作用

非线性相互作用即多维互动，是系统中具有相关性的作用机制，它不是系统内部作用关系的简单相加，而是多种作用制约、耦合、协同而成具有整体效应的全新机体，能够催生系统新质。

---

① 德虎、杨东化：《负熵是什么》，《自然杂志》1990 年第 13 期。

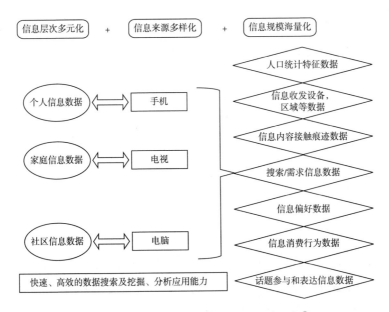

图3　电视业运用大数据重构信息互动平台①

　　泛信息化的大数据时代，在媒体内容生产创新活动中，应克服那种彼此孤立、互相隔离的单向度思维倾向，要充分意识到媒体创新团队中的个人与组织、波动要素与介质环境间的相干关系。精英传播向大众传播的转向已彰显出受众主体地位的迁移，受众既是媒体传播的接受者、参与者、使用者也是二次传播者。中国逾3亿的活跃社交媒体用户群，成为全球社交媒体用户数量最多的群体，社会化媒体使用时间已经超过视频和门户网站。媒体内容创新可借助互联网、社交媒体发动有关节目的热议话题和故事性传播，重新组合受众互动信息平台的链接，接近数据源头，从注重内容倾向于建构关系。通过对科技资源配置方式的优化、对先进科学技术的引进（VR虚拟现实等），实现品和质的创新。运用全媒体、全渠道、全终端实现媒体内容的创新，实现各资源的协同放大，已经成为媒体内容产业发展的必然趋势。

---

① 连少英：《电视产业多屏战略研究》，中国传媒大学出版社，2014，第75页。

4. 诱因或契机

耗散结构理论指出，系统在演化过程中会出现"涨落"。涨落是一种随时都可能发生的随机性与不可预见的事件，通俗的理解就是"诱因"或"契机"的意思。

媒体内容的创新同样需要重视诱因或契机的诱发与推动。大数据时代，媒体内容的创新可以利用数据挖掘，了解多方关切，契合时代核心价值的发展，紧跟国家大政方针和价值导向，以媒体融合为契机建构现象级媒体内容生态圈，从外部引入物质、能量、信息流，以维持媒体内容创新的耗散结构。资本作为一种物质形式是媒体内容创新的一种重要"诱因"，媒体应不断拓宽资金渠道，广泛地吸取各类资金形式整合资源，引入市场机制加大创作资金的投入，可考虑采用利用社会资本与媒体自身节目投入相结合的形式，通过融资以及设立创新基金等手段让内容生产创新系统不断地得到进化。

在耗散结构的理论视角下，熵增、落后和衰亡是与有序、生命和进步相伴生的。而大数据时代的来临恰为构建开放型的耗散结构提供了克服内部熵增的有力基础。对于数据服务公司来说，需要实时、海量数据监测技术以及具有构建大数据挖掘模型的能力和大数据的分析能力。对媒体而言，需要建立一套数据监控体系，记录信息痕迹，并以此对用户定向追踪、媒介内容优化、媒介内容定向推送、媒介价值评估、内容传播效果优化，实现数据的可视化分析，并最终让可视化的数据影响创新决策。

（原载《现代传播》2017 年第 4 期）

我国媒介融合研究的理论与实践

——基于中国期刊全文数据库的文本分析

内容摘要：媒介融合作为新闻传播学界和业界共同关注的焦点，在学术研究层面较为活跃。本文以中国期刊全文数据库的文献为分析对象，从图书出版、报刊媒体、广播电视媒体、网络与手机媒体、融合新闻业务、融合传媒规制、融合新闻传播教育、媒介融合的反思与发展等板块，对媒介融合研究展开了全面的梳理，试图找出和厘清我国媒介融合研究的论题领域和研究脉络，以求勾勒出一个较为清晰的媒介融合研究版图，从而启迪与促进媒介融合领域研究的深入开展。

关键词：媒介融合　大众传媒　新闻业务　传媒规制

媒介融合是近年来新闻传播学界和业界都极为关注的焦点领域。面对国内外丰富的媒介融合实践，理论研究也在不断开拓新的论题领域。本文以"媒介融合"为题名检索中国期刊全文数据库截至目前的所有文献，对其进行全面梳理分析。虽然它未能涵盖我国媒介融合方面的全部研究成果，却可以很好地起到"窥一斑而知全豹"之功效。

通过全面的梳理分析，我们试图找出和厘清我国媒介融合研究的论题领域和研究脉络，以求勾勒出一个较为清晰的媒介融合研究版图，从而启迪后来者的研究拓展，为媒介融合理论与实践的进一步发展尽一点绵薄之力。

以下将从图书出版、报刊媒体、广播电视媒体、网络与手机媒体、融合新闻业务、融合传媒规制、融合新闻传播教育、媒介融合的反思与发展等研究板块，较为全面地呈现各个板块的论题领域。

一　媒介融合下的平面媒体研究

媒介融合已成为媒介发展的大趋势，单纯的报业时代将一去不复返。传统报业必须转型升级，积极探索新的信息传播、生产和经营方式。目前，纸媒已迈出了坚实的跨媒体步伐，报纸同其他媒介间"米与炊"的关系也奠定了报纸生存的基础，报纸借助互联网等新媒体拓展生存空间，最终实现向新型媒介形态的转型与"蝶变"（林如鹏、顾宇，2009；陈晓敏，2010；周伟红、许海滨，2009；陆梅，2011；陈方英、林英泽，2010）。

报业如何应对媒介融合的机遇和挑战，这是报业融合的核心论题。

发展观念上存在两种不同意见：一方主张立足报纸本位，提供优质报道内容，占领观点市场，网络等多媒体平台可用来发展报纸，而不必全媒体融合（魏曦英，2011；王凡，2011）。另一方主张充分建构多媒体平台，通过多种传播渠道使新闻资源得到有效整合，真正实现报业的数字化转型，利用数字化平台制作全媒体的融合新闻（李立波，2010；申凡、谢亮辉，2009；李娇，2010）。

关于报业实施数字化转型和媒介融合的路径研究认为，传统报业资源需进行战略性整合，包括业务形态融合、市场融合、载体融合以及机构融合等各个层面的变革（李本乾，2011；彭兰，2006），其发展的关键是构建起一套有效的符合数字报业运作模式和规律的价值链与商业模式。同时要求报业集团建立立体化、多元化的信息采集发布机制（蒋晓丽、石磊，2010；李建国，2010），可以通过嫁接、平移、深度开发等方式，实现从以报媒为主向多媒体并行的产业结构调整，报业相应地从"报纸业"转变为"报道业"，报社的角色变成"数字内容提供者"，从而建构一个数字化、网络化的高度整合的内容产品采集、存储、编辑、制作、发布的信息架构（石磊，2009；石锋，2009；杨兼，2011）。

有些研究从拓展盈利空间的角度探讨了全面创新商业模式、延伸产业链、开展数据库营销、开创增值性传播等问题（石磊，2006；肖文娟，

2008；江作苏，2010）。

此外，还有研究指出媒介融合面临的诸多问题，甚至对媒介融合进行了质疑，这亦引起注意和思考。从传统报纸内部看，除资金投入和技术条件之外，最迫切需要解决的问题是媒介内部管理和人才素质与技能方面的突破；从报业发展的外部环境看，包括政策壁垒、管理壁垒、技术壁垒、人才壁垒等诸多现实壁垒未被打破（蔡雯，2007；李莉，2010）。有学者甚至直接质疑，认为媒介融合没有赢得市场，市场认可的不是融合而是分化，同时这种整合资源、节约成本的效果相当有限，比如记者与编辑不再是以往扁平化的协调沟通模式，沟通成本大量增加。传统媒体办网站，这种"整合"并没有达到预期的节约并再造加强的效果，索性抛开报纸模式独立运作，思路才能开阔（陈国权，2009、2010）。

关于媒介融合下的期刊业研究较少，皆主张开拓期刊业的数字出版模式和跨媒介融合。期刊媒体应重构立体的期刊数字出版商业模式，注重发挥资本纽带作用和多元化经营，与其他媒介分工合作，尤其是要通过利益的合理分配促进分工专业化，不断拓展期刊新的盈利模式（董艳华，2009；邹琳，2010；李林容，2010）。

二 媒介融合下的广播电视研究

关于媒介融合下的广播研究，主要集中在以下两个方面。

一是广播媒介融合的影响及意义研究。媒介融合为广播提供了发展空间，如获得强大的信源平台、更为丰富的节目实现手段等。它不仅扩大了广播新闻的效果，而且也提高了广播媒体和节目影响力，并有效加强了广播的舆论引导能力（杜小蓉，2010；刘胜，2011）。也有研究对媒介融合带来的影响进行了反思，认为广播媒体融合后，技术贫富差距会增大，人们思维方式发生重大变化，媒介和受众的界限趋于模糊（华惠娟，2009）。

二是集中于广播媒介融合的策略和措施。广播业务流程的再造和组织结构的重构是核心问题。媒介融合后的广播产品形态、受众形态、组织形态都要改变。因此，从运营管理理念、内容生产、资本运作等层面加强创新，其盈利模式尤为重要（胡正荣，2009；王晓晖，2009；冉丽，2010；

丁钊、裴林君，2011；冉丽，2010）。

渠道扩张和内容整合是广播媒介融合转型的重要途径，应致力于将广播打造成跨媒介、跨地区的高效媒体（夏海云，2011；叶梅，2010），利用新媒体技术并与其融合，包括与手机的深度融合、加强类型化网络电台、台网一体化、多样化矩阵广播等，形成基于网络和手机的多种传播形态（金震茅、金一驰，2009；洪威、秦楚，2009）。

关于媒介融合下的电视研究，主要集中在以下三个方面。

其一，关注媒介融合下的电视发展策略研究。一些研究全面探讨了电视的应对方略：电视应当积极向新媒体拓展，促进内容和平台的战略转变，并进行业务流程再造，构建"媒介融合"框架下内容生产和盈利模式，同时需要高效精干的运行机制作保障（胡正荣，2011；王健，2011；李春雨，2003）。另外一些研究则着重强调了电视业迎接媒介融合的产业化路径。传媒集团的新媒体战略目标正是实现多元化经营和资源利用最大化，传统电视媒体应大力整合新媒体资源，引入市场竞争机制，加快结构转型，走产业化道路，通过市场定位、组织机构、生产模式、营销模式、竞争模式等创新，迈出产业融合的坚实步伐（王伯群，2010；欧阳宏生、姚志文，2008；胡正荣、柯妍，2010；宋丽丽，2010）。有研究从整合营销的角度进行了探讨，整合营销要求电视媒体利用自身的优势整合多重播出，把营销中各关键环节串成一条完整的产业价值链，实现节目内容和品牌的不断增值（聂红江，2009）。还有研究从战略融合、文化融合、操作融合等方面专门探讨了电视台网融合之道（蔡骐、吴晓珍，2008）。

其二，是关注媒介融合下的电视新闻变革。在媒介融合趋势下，电视新闻面临创新性重构，以及多媒体团队合作新闻采集、编辑问题，同时需要一种新的能适应多场景、多媒体播放的融合性媒体语言（黄成、花凯，2010）。融合语境下电视新闻采集、表达与接收方式发生了的新变化：新闻采访由过去的以声画为主到文字、图片、声音和画面同步进行；新闻表达由过去的单一呈现到立体化、多层次、全方位呈现；新闻视频接收介质由电视机变为电脑、手机等更为便捷的接收终端（柳邦坤、李慧慧，2011）。有学者认为，媒介融合时代，电视直播应当是媒介融合的平台，电视直播报道越来越呈现为多种内容产品、多种媒体手段、多种传播理念的结合体，通过多重开发、多种手段利用、多个窗口呈现和多个终端展示，电视直播报道的内容将大大增值（陆小华，2010）。还有学者对媒介融合背景下的全新闻频道进行了探讨，认为全新闻频道打破了以往受众只能在特定的时间接触新闻的传统，专业分工基础上的人力资源和新闻信息资源共享是其组织架构和运作上的重要保障（陆晔，2009）。

其三，关注媒介融合下电视节目层面的研究。研究围绕具体节目制作而展开，如北京电视台作为网络春晚第一品牌，围绕网络春晚节目，整合多种媒体形态，捕捉各层次观众收视兴趣点，创造媒介融合的经典个案（蒋虎、宁文茹，2011）。《快乐淘宝》作为新旧媒介强强联合的产物，"视、网"结合、携手共赢的运营模式拓宽了销售渠道，促使新兴的多媒体购物模式在多方满足人们购物需求的同时，也实现了利润的最大化（廖艳君、李琴，2010）。还有探讨多元媒介融合背景下电视节目主持传播的发展策略：制定电视节目主持传播的共同规范；搭建世界性网络及软件平台，加强交流合作；整合电视传媒优势，增强数字化、知识化与可视化建设（刘秀梅，2008）。此外，还有基于媒介融合环境下节目评估的研究，提供了科学评估电视节目的模型框架参考：纵向上是全过程评估手段，动态化多时点评估；横向上是多层面评估要素变化，重建适应融合发展的电视节目评估体系（金兼斌、李先知，2010）。

三　媒介融合下的网络新媒体研究

网络媒体在媒介融合中的角色和作用是研究的核心论题领域。网络媒体是媒介融合中的集成平台，有着强大的信息整合功能，通过这一平台整合、开发传统媒体的优势资源，是跨媒介集团进行全媒体运作的核心起点和重要组成部分（付晓燕，2009；周宏刚、郭学文，2008）。有些研究专门对社交网站、微博等网络热点展开分析，认为社交网站和传统媒体合作可采取"交互推广"模式，使传播内容多维度展示，达成网络组织与现实社区生活的深层互动，同时也需注意当前社交网站发展中存在的"羊群效应"、可能沦为娱乐消费主义的操纵物等偏颇问题（郭栋，2009；吕玥，2009；鲁法芝，2010）。而微博的跨媒介传播，使其逐渐升级为大众传播并形成多级传播，实现传播效果最大化，同时微博传播信息的碎片化、草根化、交互化成为显著特征（黄朔，2010；朱小翠，2011）。

媒介融合下的网络媒体如何实现可持续发展也是一项重要论题。研究认为，应不断开拓新业务，打造原创性与公信力，做好网站的品牌建设；网媒之间、网媒与传统媒体之间合作达成传媒合力；网络媒体间互动加强网络法律法规和道德建设，尤其要促进网络法制化和强化网民自觉监督意识（詹建英，2010；常姝，2011）。

媒介融合下的手机媒体研究，是新兴媒体领域研究的重点，被称为第五媒体。手机媒体集中了以往纸质媒体、广播电视媒体、网络媒体的优势，不仅仅作为一种新型"媒体"可以进行各种形态的信息传播，同时又与报刊、网络、广播电视等媒介相互渗透，这种新型"复合式服务"的媒介融合态势对传统新闻媒体传播方式、经营模式均产生了极大挑战。因此，发展移动传媒对于开发新的传媒市场、增加盈利模式显得尤为重要，它需要选择合适的内容及适合的渠道（赵劲，2006；比畅，2010）。

面对手机电视 3G 时代，创新运营模式，以技术融合为先导，关注内容融合，实现人性化传播为终极诉求，将是未来媒介融合可持续发展的目标轨迹。可从以下方面进行突破：发挥便捷性优势，提供时效性强的新闻资讯；发挥娱乐化优势，提供短小精悍的娱乐节目；发挥互动性强优势，提供互动类节目（邓倩、赖姝玲，2009；周潇潇，2009；柴巧霞，2009）。

还有研究探讨了媒介融合下的手机图书出版，认为当今图书出版发行载体已经开始由书本、杂志延伸到手机终端，手机图书出版业今后的发展策略：实行"服务商＋政府＋客户"三方联动的运行体制；学习国外先进技术；完善经营管理模式；制定符合手机图书出版行业的相关规范；加快整合手机图书出版产业链条（刘思文，2010）。

四 媒介融合下的新闻业务研究

第一，大量研究集中于新闻生产模式与生产流程变革的探讨。新闻媒介融合背景下的新闻传播走向"融合新闻",必然要求革新传统的新闻生产模式,包括打造协调管理型编辑和内容制作型编辑共同主导的多元互动的编辑流程;创新多媒体信息的采集、加工、管理、讲述和发布的新闻生产流程;建构新的集约化、数字化、互动性的新闻生产模式等。它通过构建新媒体技术平台,深度开发新闻资源,使新闻业务呈现一种前所未有的发展态势(石长顺、肖叶飞,2011;蔡雯,2006;刘寒娥,2008;周洋,2011)。新闻报道由单一媒体独立运行转向多种媒体融合传播,打造一体化新闻生产平台和融合新闻项目管理,在新闻信息内涵发掘基础上展开信息资源多重开发,编辑中心转向集成管理创新(蔡雯、陈卓,2009;谭方芳、桑龙扬,2011;彭祝斌、梁媛,2010)。

第二,是关于新闻编辑业务的变革研究。在媒介融合发展的进程中,新闻编辑业务正在发生巨大的变革,新闻编辑部的组织重构、流程再造以及受众参与新闻内容生产是变革的主要方面。新闻编辑的核心价值将主要体现为整合、创造与沟通。编辑角色从"新闻把关人"转向"多媒体主持人",将编辑部改变为一个多媒体、融合型编辑部,最终构建全媒体全流程的编辑运营机制(蔡雯,2010;应金泉,2009;袁志坚,2009)。新闻编辑业务发生巨变,对编辑人员提出了一专多能的要求:要掌握"全媒体"综合技能;拥有更强的分析、评估和整合媒介产品的技巧和能力;学会与"公民记者"的良性互动;具备更高的媒介素养;具有信息综合处理的能力(周志平,2010;刘玉清,2009)。

第三,关于媒介融合下的新闻写作、新闻评论、新闻摄影等方面的新闻业务变革研究。在媒介融合趋势下,新闻写作能力已不再是单一的文字写作能力,而是体现为与各种新闻传播方式适应的、具有融合特性的能力(汪莉,2010)。新闻评论可利用媒介融合新平台将主流意见传播得更清晰透彻,同时媒介融合使公众拥有话语权,从而构建公共评论空间(李志君、严燕子,2009)。媒介融合下的新闻摄影报道呈现一系列的新特点:新闻摄影主体由单一向多元拓展;新闻摄影报道由单一媒体独立运行转向多种媒体融合传播;传播形式由单一向多样融合(柯仲平,2010)。

此外,在融合化的媒介空间下,广告形态也发生了深刻的变革。对这些变革规律的探讨将指导变迁中的广告活动找到正确的方向。媒介融合打破了中国广告业的生态，使中国广告在理论和实践上面临着前所未有的机遇和挑战，创意产业、广告版权、广告受众、问题广告、广告创意等是媒介融合背景下中国广告理论与实践的重要话题。传统的广告传播模式已经不能适应媒介融合时代的市场需要，必须做出调整和改变，这种调整与改变必然要以市场需求为导向，以受众为根本（王菲，2007；杨海军，2007；陈培爱、葛在波，2011）。

媒体融合也改变了广告的传播手段与方式：从针对不同受众群的传播到针对某一受众群的传播；从渐进式传播到整合传播；从信息的单向传播到双向传播；从单一的"信息条"传播到综合的"信息包"传播。生态位、互动式、集成式、植入式、分众式、病毒式、体验式、融合式、搜索式、品牌协同式传播开始出现（张品良，2011；余霖，2010），认为以"融合经营"实现资源整合是广告经营创新的必然路径，建构新商业模式则是广告经营创新的核心（刘江浩，2009）。

五　媒介融合下的传媒规制研究

在媒介融合趋势之下，必然要求对以往传媒规制进行变革。目前世界各国正在加速传媒监管模式变革以适应媒介融合趋势。西方国家普遍调整规制理念、范式、内容、手段等，以实现维护公共利益和鼓励效率与竞争的规制目标（李红祥，2010；肖叶飞，2011）。各国近年的规制改革呈现以下特征：规制框架从纵向分业规制向横向分层规制转换；规制机构从分立机构向融合机构转变；规制改革的取向是放宽市场准入、倡导竞争、吸纳投资；规制重心从结构规制向行为规制转移（肖赞军，2009）。例如新加坡新闻、通讯及艺术部协同媒体发展管理局和资讯通信发展管理局依照传媒专门法和机构法规，通过发照制度、内容分级制度、社会参与及行业自律等相结合的方式直接或间接达到监管媒体的目的（赵靳秋，2011）。

从世界各国媒介管理的现状看，媒介规制的变革乃是媒介融合的必要前提，中国要真正做大做强媒介产业，规制改革势在必行，有必要在充分借鉴其他国家成功经验基础上，立足我国媒介融合发展现状和传播规制特点，开展对媒介融合语境下的规制变革（蔡雯、黄金，2007；陈映，2009）。在未来的政策制定中需要规制与引导并进，刚柔相济，注重对发展性和鼓励性条款的添加，从而在目标导向上，既能实现产业良性发展、保证社会文化安全，又能有利于信息技术普及和发展、保障公众信息权利。基本路径是通过立法统一监管体系，确立数字内容的监管标准，强化媒介的中、后端监管，尝试综合型的监管模式（黄春平、余宗蔚，2010；冷冶夫、刘新传，2010；关萍萍，2011）。

六 媒介融合下的新闻传播教育研究

面对媒介融合趋势，高校新闻传播教育的改革成为研究的热点领域。研究认为，在媒介融合的形势下，需要从专业设置、课程改革、师资建设、教学平台等多方面着手。要设置具有自完善、自调整、可融合的学科架构，建设拥有跨学科知识、跨文化思维、跨媒体技能的师资队伍，打造宽口径、厚基础、跨媒体、精专业的课程体系，搭建多功能、跨媒体、可扩展的教学平台，是今天新闻教育改革必须做出的选择（高钢，2007；张晓静，2010；蔡雯，2009；董广安，2009）。"融合"是"道"与"术"的有机结合，除技能融合外，应同时加强知识融合的培养，在知识层面实行完全的科际整合，使学生能对新闻传播现象和问题做出多学科层面的分析与综合，才能从根本上适应新闻传播领域的知识变化与创新要求（单波、陆阳，2010；倪宁，2011；操慧，2010）。

围绕融合人才的培养，融合课程设置成为教学改革的重要方向。兼容的媒介融合课程模式，应更加注意对学生的基本功训练，注重树立团队意识的学生实训，并建构跨媒体思维观，加强与网络新闻更兼容的科目教学，还需加强新媒体如学生博客、校园报刊和广播电视等在媒介融合教学中的辅助作用（邓建国，2009；严林、邓青，2010）。而新闻实验课程教学成为培养学生融合业务技能至关重要的一环，媒介融合实验室建设便成为高校新闻传播学教育向媒介融合转型的必然选择（李红祥，2010；黄龙，2010；姜平、杜俊伟，2010）。

在媒介融合的背景下，地方高校新闻传播人才培养成为一个关注亮点。这些研究强调人才培养重心是与地方的市场需求结合，紧紧依托地方社会经济、文化发展特点及需求，提高对地方新闻事业的服务能力，培养出地方社会需要的高素质新闻人才（朱小阳、章丽、杨晨美，2011；常启云，2010；汤劲，2009；田卫东，2011）。

此外，还有个别研究是从广告、编辑、广电、网络传播等专业方向进行人才教学改革的探讨，如广播电视新闻学以培养新闻专才与媒介通才为目标，课程体系涵盖学术兼备与融合能力建构，教学特色是突出融合产品与模拟实践（刘绍芹、冯恩大，2011）。编辑出版专业须树立"大出版"观念，构建实践教学体系，培养跨媒体的整合编辑人才（李建伟，2011；罗昕，2009）。

结语：媒介融合的反思与发展研究

首先，关于中外媒介融合的总体现状研究。近些年围绕媒介融合的主题，国内外新闻传播业界和学界分别进行了多方面的实践探索和理论研究。但到目前为止，媒介融合仍是一个颇有争议、尚待厘清的概念，各种媒介融合实践仍处于不成熟的探索阶段，有关媒介融合的种种论断都未形成科学的理论（赵星耀，2011）。目前"媒介融合"包含三个必不可少的核心要素：媒介内容的融合、传播渠道的融合、媒介终端的融合（蔡雯、王学文，2009）。从互动新闻到电子阅读器，从多媒体编辑部到移动记者，开发多媒体新闻产品，研制融合媒介终端，调整组织结构，培养全媒体记者，在世界范围内普遍展开的媒介融合实践方兴未艾（刘滢，2009）。媒介融合作为产业融合的主要内容，正在成为一种发展趋势，主要表现为传媒组织、传媒业务与功能、传媒报道形态等方面的融合，或称为媒介内容系统、媒介网络系统、媒介终端系统、媒介规制以及媒介主体身份的融合（邓瑜，2011；邓青、牛静，2010）。中国语境下的媒介融合既是一场传媒产业的深度变革，也是一次引人注目的社会变迁，中国语境决定了中国媒介融合的渐进式进程，但已是大势所趋（蔡骐、肖芃，2010；孙玉双、孔庆帅，2011）。

　　将媒介融合作为一种经济现象来看待，它本质上构成了一种多层面、多角度的创新经济，媒介融合改变了媒介产业需求结构和产业布局，有助于推动媒介产业组织合理化，同时有利于完善媒介的盈利结构（蔡骐、吴晓珍，2008；陶喜红，2010）。从产业链分析角度入手，媒介融合背景下主流传媒机构的新媒体战略包括：实施战略结盟，整合内容、技术、渠道和终端资源；引进外部资本整合产业链；品牌化主导，创造多方共赢的市场新格局（梁智勇，2009；喻国明、戴元初，2008）。就媒介产品生产而言，生产模式出现新变化，从单一内容生产转变为集约化生产，从传媒组织的内容生产转变为全民写作，同时它引领了传媒产业经营管理、产业重组融合、产业规制等一系列变革（石磊，2010；肖叶飞，2010）。

　　其次，对媒介融合中存在诸多问题的研究。媒介融合进程中会出现一系列问题，诸如信息泛滥、媒介垄断经营、媒介化社会形成等。而业务流程的再造与技术的改造升级是传统媒体向媒介融合转型遇到的两个关键问题，时代华纳与美国在线"世纪联姻"的终结，内因即是媒介融合后的变革滞后（臧诚、阮璋琼，2011；黄龙，2010；朱天、彭泌溢，2011）。媒介融合易导致内容同质化，形成竞争力的消解，同时存在立法缺位、政府管理不清晰、各要素融合不均衡的问题（李燕，2011；陈国权，2009）。从"生态批评"的角度来看，媒介融合则造成现实社会从"天涯若比邻"转向了"比邻若天涯"的境况（蒋晓丽、任雅仙，2008）。融合技术推广受到盈利模式的制约，组织文化隔阂造成跨产业管理的难度，社会文化对融合的接受程度尚低，皆制约了媒介融合的发展（黄金、肖芃，2010），此外我国媒介融合还有产业政策的限制、传播技术不成熟、媒介管理难度大等一些障碍需要突破（刘毅，2008）。

　　最后，媒介融合的发展趋势研究。在媒介融合时代，数字技术消解着媒介边界，进入了后传媒时代，为知识生产、传播注入了新内涵。传媒产业呈现三大演化趋势：产业结构从纵向一体化向横向一体化演进，市场结构从高度垄断的市场向竞争性垄断市场演变，政府规制从纵向分业规制向横向分层制转变（肖赞军、吴婕，2011；陈伟军，2011；孟建，2009）。

　　传统媒体要积极做好和新媒体的互动，要坚持和完善信息的公开化、透明化，做好信息扩散，积极引导社会舆论向着正确方向发展，并制定相关法律，促进媒介内部结构融合，打造完整产业链（李燕，2011；范文德，2010）。

全域媒体期待新型传媒人才，而媒介融合的直接结果是形成一个全域媒体网络，并产生媒介行业的全新生态系统，包括技术融合、管制融合、受众本位，满足用户的个性化与多样化需求（石长顺，2010；梁岩，2009）。跨媒体内容生产、传播渠道透明、个人信息终端融合等方面将成为媒介融合的传播技术路径（鲍立泉、吴廷俊，2010）。

以上是对媒介融合研究文献进行详细分类和全面阅读之后做出的归纳性研究。媒介融合作为新闻传播领域的发展趋势，学界和业界为之付出了极大热情和研究投入，还将继续吸引无数后来者的持续关注。由于时间和精力的限制，本文未对中国期刊全文数据库以外的文献进行梳理分析，例如相关的专著书籍、报纸文章、博士硕士学位论文、网上文献等也是非常重要的文献，后续研究可以进行补充梳理分析，以求为后来者更好地铺路架桥，促进媒介融合领域研究的深入开展。

注：本文参考文献按照正文参考顺序排列，由于篇目太多，本书编排时略去。

本文收录于张昆主编《新闻与信息传播论坛（2012卷）》，
华中科技大学出版社，2013。

城市化进程中的"集体消费"
与传媒公共空间建构

内容摘要：随着我国城市化进程的加快，各类集体消费问题凸显。由于住房问题涉及社会分层及社会公平，因而该领域的问题更加突出。本研究以卡斯泰尔的"集体消费"理论为指导，对我国当前存在的住房问题，尤其是集体消费范畴的住房问题进行了研究。研究发现，除了政策、资金、管理等方面的原因外，大众传媒也应该通过合理化、平衡化的报道内容来搭建公共话语空间，通过协商民主的形式促进市民的社会参与，从而促进城市化进程中集体消费问题的解决。

关键词：城市化 集体消费 传媒公共领域 协商民主

"城市化"既是衡量社会经济发展水平的标志，也是国家现代化的标志。这个概念最早由西班牙人塞达于 1867 年提出，是指"人类生产和生活方式由乡村型向城市型转化的历史过程，表现为乡村人口向城市人口转化以及城市不断发展和完善的过程"。[①] 改革开放以后，我国城市化进程明显加快，尤其是 20 世纪 90 年代末期以来，我国进入了城市化高速发展的阶段。据统计，1978~2008 年，我国城镇人口达 6.07 亿[②]，城镇化率

---

① 樊纲、余晖编《中国新兴城区发展指数报告（2009）——长江和珠江三角洲城市化质量研究》，中国经济出版社，2000，第 15 页。

② 樊纲、余晖编《中国新兴城区发展指数报告（2009）——长江和珠江三角洲城市化质量研究》，中国经济出版社，2000，第 3 页。

由 17.9% 提高到 45.7%，年均提高 0.93 个百分点。[①]

我国用短短几十年时间走过了西方国家两三百年的城市化历程。然而，伴随着高速城市化进程的种种"集体消费"问题，如教育、医疗、交通、文化、住房等一系列问题，由于涉及贫富分化及社会公平，逐渐成为关注的焦点。面对这些集体消费问题，大众媒体在变迁的城市交往与沟通中担任怎样的角色，将是本文探讨的重点问题。

一 "集体消费"问题的理论阐释

1."集体消费"的概念

"集体消费"是曼纽尔·卡斯泰尔（Manuel Castells）城市社会学理论中的核心概念。卡斯泰尔深受法国左派社会运动的影响，他认为，城市的经济活动包括四个层面，即生产、交换、消费和管理，其中消费包括私人消费和"集体消费"两种形式。私人消费是指个人在市场上购买或者自产，被个人占有和使用的活动；而"集体消费"是指"消费过程就其性质和规模，其组织和管理只能是集体供给"[②] 的消费活动。也就是说集体消费品是由集体或国家所供给的，是不能被分割的产品和服务。

2. 资本主义社会的"集体消费"危机

卡斯泰尔把"集体消费"与城市这一特定的空间联系起来，围绕"集体消费"现象，对 20 世纪六七十年代以后西方资本主义国家出现的由城市"郊区化"而带来的社会分层和社会不平等现象进行了分析。

这一时期西方资本主义国家由于推行福特资本主义，实行大工业化，大量工业移民尤其是黑人和其他有色人种等不断涌入城市形成工业贫民。他们聚居的地方住房紧张，公共设施缺乏，社会治安很差，逐渐形成了"贫民窟"。为了避免与这些贫民生活在一起，许多白人中产阶级选择向郊区迁移，欧美城市出现了"郊区化"现象。"郊区化"使城市中心区出

---

① 国务院发展研究中心课题组：《中国城镇化：前景、战略与政策》，中国发展出版社，2000，第 2 页。

② Castells, M., *Theory and Ideology in Urban Sociology*, in Pickvance（ed.）, Urban Sociolgy, 1976, p.75.

现衰败趋势,公共设施得不到更新和维修,失业人口增多,居民生活水平下降,犯罪率上升,再加上由经济全球化趋势带来的城市间资本、产业、投资的重新配置,欧洲地区普遍爆发了城市危机,各类社区居民抗议运动和城市骚乱不断发生。

面对这一现象,芝加哥学派生态社会学的理论,如帕克"城市环境决定各类城市问题和城市现象的出现"的理论[1],路易斯·沃斯通过人口规模、人口密度和社群异质性三个因素(或变量)来解释城市化现象、发展特征及由此引发的各类问题[2]的理论等,显然无法解释。

对此卡斯泰尔展开分析,他发现资本主义社会出现了新的社会矛盾:即资本的追求与劳动力要求之间的矛盾。由于在资本主义社会"消费关注的是商品的使用价值,生产关注的是商品的交换价值,资本追求的是利润和交换价值,而劳动力要求的是需要和使用价值,因此资本的追求与劳动力的要求之间很难一致。这就导致了那些对劳动力再生产来说是极为重要的巨大消费空白空间,而这些空白的消费品生产无论对个人还是对整个资本主义经济都是必要的。"[3]

由于资本主义社会存在着使用价值与交换价值的潜在分离现象,因此资本主义社会也必然潜藏着劳动力再生产必需商品的供给短缺危机。也就是说,与早期资本主义时代资本与劳动的对立不同,发达资本主义阶段产生了新的社会矛盾,即城市问题或"集体消费"方式问题,包括住房、交通、医疗、教育、文化设施等集体产品及服务的生产、分配与管理。由于这些"集体消费"危机不可能由单个资本主义生产者来处理与解决,因此为了维护社会的稳定,保护劳动力的再生产,政府不得不提供"集体消费"以填补空白。卡斯泰尔还进一步指出,与马克思揭示的资本家将工人的工资维持在低水平上一样,资本主义社会的性质也决定了政府对"集体消费"的供应只能维持在低水平上。

由于政府所能提供的集体消费品总量非常有限,这就带来了关于

---

[1] Park R. E., "Human Ecology," *The American Journal of Sociology*, 1936, XLII. 7, p. 1.

[2] Wirth, L., "Urbanism as a Way of Life", *The American Journal of Sociology*, 1938, p. 7.

[3] Castells, M., *City, Class and Power*, Mecmillan, 1978, p. 1.

"集体消费"的供应与分配的矛盾和争议。面对这些矛盾和争议，资本主义国家往往以各群体间的力量对比作为参考，来决定干预的形式和水平，因此，容易出现偏向维护主宰阶级利益的情况，与此同时城市公共传媒也没有提供自由的公共话语空间，这就更加剧了城市的种种矛盾，于是集体消费的危机重现，新一轮的干预又开始。

3. "集体消费" 危机的解决途径

那么如何解决资本主义社会都市中的 "集体消费" 危机呢？

卡斯泰尔认为，只有通过由民众发起的都市社会行动才有可能。在《城市与民众》这本书中，卡斯泰尔把都市社会运动定义为 "由于社会的统治利益已经制度化并且拒绝变迁，所以在城市角色、城市意义、城市结构方面发生的主要变化一般来自民众的要求和民众行动，当这些行动导致都市结构变迁时，我们就把它称为都市社会行动"。①

由于人们的消费利益与他们所在的社区紧密相连，因此同一社区的居民有可能超越阶级界限组成不同的利益政治团体，为保护社区的共同利益进行斗争。当政府不能提供足够的 "集体消费" 品时，地方性的社区团体便会通过各类都市社会行动表示不满并进行反抗。都市社会行动在当代发达资本主义社会中，"对城市和社会产生了主要的影响"②，能够对都市规划、都市政策、都市政治产生影响。此外，由于卷入 "集体消费" 的问题往往并不局限于某一个社区或阶层，如交通拥堵问题、住房紧缺问题等，因此 "集体消费" 问题提供了一个使许多阶级联合起来反抗的基础，从而使得大规模的都市社会行动成为可能。

4. 大众传媒在都市社会行动中的作用

虽然卡斯泰尔并不否认大众传媒对于信息社会的重要意义，但对于大众传媒在都市社会行动中的作用，卡斯泰尔却是悲观的。他认为都市社会行动带有区域性的特征，而 "集体消费" 问题则涉及整个社会系统。要想带来整个社会系统的变迁，就必须在更宏观的层次上将经济、政治、文化三个方面联系起来，只有重新组织生产、消费、流通的关系，才能真正

① Castells, M., *The City and the Grassroots*, Adward Arnold, 1983, p. 127.
② Castells, M., *The City and the Grassroots*, Adward Arnold, 1983, p. 329.

解决公共产品及公共服务的生产与分配。但大众传媒却在都市社会行动发展成为席卷整个社会系统的变迁过程中产生了负面影响。

资本主义国家的大众传媒是政府和统治阶级的"看门狗",作为资本主义的"形象生产帝国",大众传媒已经形成了一个由强大的经济实力和政府支持的高科技的传播网络。这一严密的传播网络制约了都市社会行动的发展:首先,大众传媒反映的是统治阶级的意识形态,在集体消费品的供应方面,必然会为政府偏向私人资本的行为加以掩饰和美化;其次,由于城市公共传媒不能提供相对自由的传媒公共空间予以公平、公正、公开的讨论,缺乏对社会冲突的疏导,致使"集体消费"危机不断上演;最后,大众传媒还对以社区为基础的都市社会行动产生了极大的制约,通过负面报道和舆论压力,使其不可能发展壮大成为影响整个社会系统变迁的力量,也不可能解决"集体消费"危机。

由此可见,卡斯泰尔是从对资本主义社会的批判角度,对大众传媒在都市社会行动中的作用加以否定的。事实上,大众传媒承担着环境监督和社会协调的社会功能,对于"集体消费"危机的消弭应该是有正面意义的。大众传媒对于城市"集体消费"问题的舆论监督性报道,使原本被忽视的问题和矛盾得以显现在大众面前,不仅起到了敦促政府关注城市"集体消费"问题的作用,而且也为更多的市民参与都市社会行动提供了可能。此外,大众传媒所搭建的传媒公共领域和公共空间,也对"集体消费"问题的市民参与起到了正面作用。

二 "集体消费"问题的中国观照与媒介呈现

新马克思主义城市社会理论作为一种理论视角,对于研究中国的城市化问题具有重要的启发意义。根据卡斯泰尔的理论,"集体消费"问题并非资本主义国家特有,它是工业社会所面临的共同难题。在我国也不例外,当代社会也出现了许多教育、医疗、住房以及文化等方面的"集体消费"问题,尤其是住房问题,由于牵涉社会分层及社会公正,矛盾更为突出。而大众传媒作为一种沟通交往的方式,对这类问题的产生与解决影响深远。

住房阶级理论指出:社会分化、社会分层明显地表现在住房的产权性质、数量（套数和面积）、质量（地段和户型）等指标上，社会的阶层分化也越来越表现出空间上的特征，表现为地理位置差异的阶级现象。[①] 由于住房问题兼具商品性与集体消费性两种特点，相应地我国的住房问题也产生了：商品性住房问题，即房价的飙升与人民群众的购买力有限之间的矛盾；"集体消费"领域的住房问题，即中低收入者的住房需求与保障性住房的供应之间的矛盾。而大众传媒对这两类问题的形成都有重要的影响。

在信息时代，作为城市交往沟通重要形式的大众传媒，是人们形成对外部世界的理解与认知的基础，李普曼将之表述为"拟态环境"。而尼尔·波兹曼则指出，媒介用一种隐喻但有力的暗示来定义现实世界，它的独特之处在于，虽然它指导着我们看待和了解事物的方式，但它的这种介入却往往不为人所注意。[②] 当前我国大众传媒对于住房问题的媒介环境营造主要通过新闻报道和影视剧等方面来完成。

在新闻报道方面，大致可以分为时政类报道、经济类报道和社会类报道三类：时政类报道以国家宏观调控政策报道为主导，兼顾经济、金融、管理等方面的重要信息；经济类报道以"房价"为中心，关注的重点是房价的升降、房地产业的发展等信息；而社会类报道关注的是强拆问题、保障房质量、经济适用房摇号造假等不良现象。从报道数量来看，经济类报道所占的比重大于其他类报道，客观上营造了房价非理性飙升的媒介环境，同时也导致人们对集体消费问题关注度的减弱。

影视剧方面，虽然作品较多，但类型比较单一，反映的都是关于住房问题给爱情、婚姻和家庭生活带来的压力和负担，如前段时间热播的《蜗居》《裸婚时代》，以及较早的电视剧《贫嘴张大民的幸福生活》等。尤其是电视剧《蜗居》，产生了强烈的社会反响，不少看过该剧的人均表示对当前的住房问题失去了信心。

由此可见，作为一种沟通和交往的手段，我国媒体在住房方面的报道

---

① Rex J. & Moore R. Race, *Community and Conflict*, Oxford: Oxford University Press, 1967.

② 尼尔·波兹曼：《娱乐至死：童年的消逝》，章艳、吴燕莛译，广西师范大学出版社，2009，第11页。

显然存在一些问题。

一是报道内容不平衡。这种不平衡主要表现在:关于住房问题等"集体消费"范畴内的报道总体比重偏小,报道的对象又往往是经济学家、房地产商以及各界精英,而普通市民则很少有话语权。以广东卫视经济类栏目《财经郎眼》为例,由于该栏目偏重泛财经话题,从民生经济出发,寻求各类新闻的经济学解读和个性化讲述,加上栏目邀请著名经济学家郎咸平作为固定嘉宾,因此社会关注度较大。栏目自 2009 年 6 月 21 日正式播出,截至 2011 年 10 月 24 日,一共播出 168 期(其间时有停播),其中只有 11 期关注住房问题,占 6.5%左右。在这 11 期节目中,有 8 期关注房价问题,而仅有 2 期关注保障房,涉及"集体消费"领域的住房问题,另有 1 期关注房屋质量。并且在有关住房问题的几期节目中,几乎都由郎咸平、主持人及另一位专家发表意见和见解,而作为"集体消费"真正主角的普通市民却几乎没有在节目中出现过。这种现象在媒介传播中并非个案,报道内容不平衡现象普遍存在。

事实上,房价问题固然值得关注,但保障房问题更应该引起重视。我国目前仍然是"金字塔形"社会,中低收入者是社会中的绝大多数,他们需要保障房制度的支持。但据住建部通报,近几年来,全国仍有 145 个城市尚未建立廉租住房制度,即使在北京市,享受政府廉租住房政策的居民仅有 2.5 万户,占全市城镇家庭的比重不足 1%。而英国、美国、新加坡、中国香港等经济发达国家和地区,一般都会向低收入家庭提供占总住房套数的 5%~20%之间的公共住房,相比之下,我国内地在保障性住房的提供方面还相当不充足。大众传媒应当在相关"集体消费"领域的信息披露、社会导向、官民沟通等方面发挥积极作用,促进城市化进程中公共性问题的合理解决。

二是缺乏对公民社会参与的鼓动。各类城市社会行动以及传媒公共空间的建构,对城市和社会的影响较大,有助于"集体消费"问题的解决。作为一种"集体消费"形式,城市化进程中的保障性住房是国家对中低收入者的福利支持,但由于监管机制不健全、监管手段缺失等原因,使真正的核心福利对象被排斥在外。面对这些问题,大众传媒应当直面现实,积极建构公共话语空间,并引导市民参与到有关福利性公共政策的制定、实施以及监督运作的讨论中，通过协商民主的形式促进"集体消费"问题的解决。

由于市民的社会参与程度主要依赖于其政治功效感的强弱，政治功效感强的市民更倾向于参与传媒公共空间中相关社会问题的讨论。这里的政治功效感是指普通公民自我感知到的影响政治过程的能力，包括内部功效感和外部功效感两个维度。其中前者强调个体对自身理解政治和参与政治能力的基本信念，是个体对自我能力的判断；而后者则是个体对政治体制（主要是政府）能否对公众进行有效回应的感知，侧重考虑政府的作为，并从中形成有关个人影响结果的信念。① 在现代社会中，大众传媒除了肩负公共话语空间建构的重任，也承担着市民政治功效感培养的责任。

目前，我国传统媒体缺乏对市民生活的嵌入，缺乏对公共政策的介入，加上市民缺乏相应的政治效能感，更倾向于通过人际关系等形式解决自身所面临的集体消费问题，这也加剧了社会不公正现象的产生。相比传统媒体，网络媒体在激发市民参与互动，从而达到介入公共政策的作用方面更有成效，具有公共领域建构的潜力。有学者曾对上海两湾社区论坛在群租房事件中发挥的作用进行研究，发现社区论坛作为一种虚拟空间嵌入居民的日常生活，进而产生了一种催化效应，为社区认同提供了载体，为形成新的社区关系奠定了基础。②

但由于自身的诸多局限性，网络空间并非真正意义上的公共领域，网络媒体也无法独自承担起协商民主的重任。以目前较为少见的经由公众参与而改变了政府决策的案例——"厦门 PX 事件"为例，通过对市民在这一事件的网络参与过程中所获得的政治功效感的考察，有学者发现，由于民众对中国的政治体制整体上形成了一套解释框架，从而对政府对民意的反应缺乏信心，PX 事件的参与成功也未能给参与者带来外部功效感的提升，只是确认了内部功效感，需要对网络等新媒体的"赋权"功能加以

---

① 周葆华：《新媒体事件中的网络参与和政治功效感——以"厦门 PX 事件"为例》，载邱林川、陈韬文编《新媒体事件研究》，中国人民大学出版社，2011，第 215 页。
② 谢静：《嵌入的空间：网络论坛与城市社区建构——以上海中远两湾社区论坛"群租房事件"为例》，载邱林川、陈韬文编《新媒体事件研究》，中国人民大学出版社，2011，第 245~269 页。

重新审视。① 因此，传统传媒在促进公共领域建构方面的责任越来越突出。

三 "集体消费"问题的媒介策略与公共空间建构

"公共领域"（public sphere）的概念经过哈贝马斯的论述，成为欧洲主流政治话语的一部分。哈贝马斯认为，公共领域是指介于市民社会中日常生活的私人领域与国家权力领域之间的空间和时间，其中个体公民聚集在一起，共同讨论他们所关注的公共事务，形成某种接近于公众舆论的一致意见，从而维护总体利益和公共福祉。它凸显了公民在政治过程中的互动。② 在哈贝马斯看来，公共领域是大众传媒的运作空间之一，而大众传媒自身也是公共领域的一部分。

在现代社会中，大众传媒为公民的社会参与提供了一个公共话语平台，通过对公共事件的关注和讨论，形成一种公共舆论，从而达到维护公共利益的目的。这一过程主要通过协商民主来完成。协商民主（Deliberative Democracy）由约瑟夫·毕塞特（Joseph M. Bessette）在《协商民主：共和政府的多数原则》一文中首次使用③，它强调在多元化的社会背景下，通过普通公民的参与，就决策和立法达成共识，从而促进民主的实现。协商民主并不仅仅意味着行政民主，选举、权力制衡、理性表达、参与和对话等要素都是协商民主的内在要素。④

面对当前"集体消费"领域的种种问题，大众传媒应当为市民搭建起一个公共话语平台。在这个公共空间，话语权不仅属于精英阶层，更属于普通市民，讨论的问题也不局限于房价，还包括对国家保障性住房相关

---

① 周葆华：《新媒体事件中的网络参与和政治功效感——以"厦门 PX 事件"为例》，邱林川、陈韬文编《新媒体事件研究》，中国人民大学出版社，2011，第 244 页。

② 哈贝马斯：《公共领域的结构转型》，曹卫东等译，学林出版社，1999，第 1~20 页。

③ Bessette J., *Deliberative Democracy: The Majority Principle in Republican Government*, R. Goldwin & W. Shambra（ed.）, How Democratic is the Constitution? American Enterprise Institute, 1981, p.102-116.

④ 陈家刚：《协商民主研究在东西方的兴起与发展》，《毛泽东邓小平理论研究》2008 年第 7 期。

政策的批评建议，以及对其实施过程中的监督。由于我国的媒体在市民心目中具有较高的权威性，通过大众传媒发起的有关住房问题的讨论，不仅有助于社会各界对这一问题的关注，更有利于协商民主的实现，从而促进"集体消费"问题的解决。各类媒体不仅应当传递丰富的、全面的、公正的信息，更应当积极为市民构建起共同讨论的公共话语平台。

由于"集体消费"领域的住房问题涉及的主要是公共利益问题，而遭遇这些问题的人群又主要是城市当中作为弱势群体的中低收入者，这类问题往往不是商业类媒体关注的重点。我国当前的媒体结构中缺乏公共电视这类公共媒体，大众传媒在公共性与商业性的权衡过程中，天平往往不自觉会偏向经济效益一方，因此，要较好地促进"集体消费"问题的解决，建立公共传播媒介，构建公共服务体系就显得十分必要。

各类媒体均应关注住房等"集体消费"问题，并结合自身特色开展多样化、多元性的报道。传统媒体可以与新媒体开展全方位合作，把新媒体互动性强、参与度高的特点与传统媒体权威性强的优势相结合。注重提供全面的信息，尤其是有关经济适用房、廉租房房源等相关信息的提供，减少中低收入市民因信息不对称而造成的住房认知偏颇等问题。

各类媒体在报道中不仅要考虑住房作为商品的有关新闻，更要兼顾住房作为一种"集体消费"现象所存在的问题，并加大对这部分内容的报道力度。在报道过程中，应当适当加大对保障房建设当中的不良现象的监督，构建公共话语空间，吸引普通市民积极参与到相关问题的讨论中，鼓励市民建言献策，参与公共政策的制定、修改与推行，促进公民的政治效能感，推动协商民主的实现。

总之，"集体消费"问题不仅是国家和政府的责任，更是大众传媒的责任。大众传媒在"集体消费"问题的产生与解决过程中发挥着极为重要的作用，只有尽量提供公正、全面、平衡的报道，为市民的社会参与开辟出公共领域，才能帮助解决各类"集体消费"问题。

（传播与中国·复旦论坛——交往与沟通："变迁中的城市"

会议论文，2011，上海）

中编　电视传媒进化研究

审美话语·叙事话语·娱乐话语：中国文化电视发展六十年[*]

内容摘要：现代广播电视新型主流媒体如何自觉承担起"兴文化"的使命任务，是一个需要认真反思与研究的重要问题。本文主要从中国电视六十年发展历程，探索文化电视从苏醒到复兴的多样化表达及其话语转变。第一次转变，文化电视的解放，从权力话语转向审美话语，电视传媒的思想大解放，成就了一大批蕴含哲理的文化电视作品。第二次转变，文化电视的崛起，从表现话语转向叙事话语，文化电视从综艺节目热的氛围中转向，探索以讲故事的方式改变文化电视的语态。第三次转变，文化电视的复兴，从言语话语转向娱乐话语，电视传媒改变了原本严肃、曲高和寡的问题，让"文化+"提升了文化电视的影响力和竞争力。

关键词：话语转变　新兴主流媒体　文化电视　"文化+"

中国电视六十年，从文化电视的苏醒，到新闻电视的立台、娱乐电视的霸屏，再到文化电视的复兴，成就了电视"第一媒体"。当我们进入到一个被文化学者所界定的"话语时代"的时候，媒介话语的多样化表达正在成为当代电视人的一种追求，电视文化的发展，也在传媒话语实践的

＊　本文为国家社科基金西部项目"新型主流媒体话语体系建构研究"（项目编号：17XXW002）阶段性成果。

不断转向与创新中前行。

不久前召开的全国宣传思想工作会上，习近平同志强调，完成新形势下宣传思想工作的使命任务，必须自觉承担起"兴文化"的使命任务。而兴文化，就是要推动中华优秀传统文化与社会主义先进文化的继承和发展。为此，本文主要从文化电视的视角分析中国电视话语在文化传承与社会变迁中的演进。

一 文化电视的提出：从媒介话语转向文化话语

电视作为一种最有影响力的大众媒介，常常成为社会学、文化学、传播学和政治学等重点关注研究的领域。如在传播学界以电视传播过程及其文化现象分析为主流，往往以电视文化的概念范畴为业界和研究者所熟知。而本文主要从对中国电视六十年的发展历程梳理中，关注文化电视话语在各个阶段的独特呈现及与其他电视话语的转换所形成的社会文化语境。

1. 文化电视的内涵

电视是什么？电视是意义与快乐的承载体和激励体。而文化则是这些意义和快乐在社会中的生成与传播。电视作为一种文化，使社会结构在一个不断生产和再生产的过程中得以维系，而意义、大众娱乐和传播就是这一社会结构最基本的组成部分[1]。文化电视不同于电视文化，二者虽有交集，但电视文化主要突出电视的媒介本体探讨，着重探讨电视传播过程中意义是如何生产的，关注电视媒介话语在组织文本时，从"事实"到"节目"的编码过程及其渗入的意识形态符码。从这个意义上说，电视媒介话语是一种意识形态的话语生产，它受制于一定的媒体机构，且能对社会实践起到建构作用。但由于电视文化过度关注媒介自身的生产与传播过程及其社会效果，以致有可能将电视媒介导向无价值深度的"娱乐至死"。而文化电视话语则把电视看成是一种新型的公共传播，从工具性话语转向意义话语，凸显了国家和社会意识形态的传播，进而带动电视文化身份的转向，重构电视文化话语的价值取向与文化定位。从这个意义上

---

① 〔美〕约翰·费斯克：《电视文化》，祁阿红、张鲲译，商务印书馆，2005，第6页。

说，文化电视是依据知识、价值、艺术、习惯等而形成的视听传播意识形态综合体，是对电视文化类型属性的一种整体认知与判断。文化电视突出的是媒介文化，即将电视媒介及其话语作为一种文化因素，并置于社会文化的大语境中进行观察分析，注重意义与快乐在电视媒介中的呈现，即关注电视话语生成类型与传播的社会文化属性，包括新闻电视的价值传播及"意义的产生"。这意味着文化电视作为一种存在于社会层面并具有影响媒介行动的话语结构系统，可从新闻电视话语、政治电视话语、文化电视话语和娱乐电视话语等类型中生成。在类型化的媒介话语建构中，文化电视被逐渐塑造，其一致性表征也在渐进中被确立，并成为一种独特的话语标志。

2. 文化电视的疏离

回顾中国电视六十年，在电视（媒介）文化的发展中，往往重视电视传播主体、电视节目形态、电视文本内容、电视受众群体和电视传播效果等研究，而忽略了电视作为文化所具有的社会价值，淡化了电视"在本质上对生活或作品中那些被认为构成一种永恒秩序的、或与人类普遍状况永久相关的价值观的发现和描写"，及"以不同方式详细记录了人类思想和经验的作品"①。部分电视媒介论，甚至把电视视作一种"病态的"改装文化，将文化导向落后的道路。在最糟糕的情况下，媒介论（话语）可能滑进电视消费主义文化之中。在这样以媒介为中心的话语语境中，电视消费文化的娱乐功能得到更大的强化，商业和资本逻辑成为电视媒体背后越来越重要的"看不见的手"，以致媒体沉湎于一些无深度却令人兴奋而又眩晕的视听时空，弥漫着消除了时间感、历史意识和与现实生存的真实性联系的文本游戏，虽给观众带来了感官上的轻松愉悦，却对崇高感、悲剧感、使命感和责任感产生了背弃与疏离②。出于这种对社会主流价值观和社会文化建构淡化的担忧，促使我们当下要强化关注文化电视研究。

3. 文化电视的复兴

回顾中国电视六十年发展历程，文化电视经历了三次大的起伏，从文

---

① 〔英〕奥利弗·博伊德-巴雷特、克里斯·纽博尔德编《媒介研究的进路》，汪凯、刘晓红译，新华出版社，2004，第408页。

② 石长顺：《电视专题与专栏》，复旦大学出版社，2015，第365、374页。

化电视的解放到文化电视的崛起、文化电视的复兴，其间遭遇了政治电视的限制、综艺电视的挤压、娱乐电视的冲击，却仍然顽强地屹立于电视之林。特别是近几年来电视文化类节目的再度热播，说明了"文化+"的节目形式正成为文化类节目的制作新趋向，它改变了原本严肃、曲高和寡甚至略显枯燥的社教类节目的问题，提升了当代文化电视的影响力和竞争力。

2017 年 8 月，国家新闻出版广电总局发布《关于把电视上星综合频道办成讲导向、有文化的传播平台的通知》，进一步助推了文化电视节目的繁荣。作为文化类节目主营阵地的中央和省级主流媒体开始集中发力，通过一系列文化节目的先期探索，迅速找到了赢得市场与俘获观众的完美结合点，"文化+综艺"式的文化类节目接连"火"遍电视屏幕、网络平台和社交网络。这些文化现象也引发我们深思，为什么在成批引进海外真人秀节目的狂欢下，习惯娱乐消遣的中国视听节目观众，尤其是年轻观众仍能热情接受并拥抱文化电视？这大概就是文化电视生成的力量。文化电视自央视《百家讲坛》类节目"火爆"之后再度复兴，这本身就是一个极具研究价值和必须回答的课题。

关于文化研究的范式，斯图亚特·霍尔曾提出过多种框架，其中的一种即是"重新以'话语'和主体术语为中心"的研究范式[1]。话语作为一种行为的意义，"在其确定的用法中，同时指涉思想和传播的交互过程与最终结果，是制造与再造意义的社会化过程"[2]。这个过程验证了文化电视发展中的三次热潮便是一种被特定话语主导的传播过程，它通过与电视实践的联系来维持发展。同时，在这些过程中，文化的"意义"被注入电视话语。当然，电视作品一旦完成，观众还可能会采用与编码者不同的解读方式，从而产生与编码者预设立场不同的"意义"。

① 〔英〕奥利弗·博伊德-巴雷特、克里斯·纽博尔德编《媒介研究的进路》，汪凯、刘晓红译，新华出版社，2004，第 424 页。
② 〔美〕约翰·费斯克等编著《关键概念：传播与文化研究辞典》，李彬译注，新华出版社，2004，第 85 页。

二 文化电视的解放：从权力话语转向审美话语
（20 世纪 60 年代至 80 年代末期）

1. 文化电视的话语理念

媒介话语的理论阐释，可追溯到话语概念辨析。在话语理论认识上，福柯的话语理论、哈贝马斯的话语民主理论、葛兰西的文化领导权理论和布尔迪厄的符号资本理论等都有较明确的界定研究。但其基本的共识是将话语视为"说话者与对话者共同的领地"①。福柯还首次将"话语权"作为独立概念提出来，他从权力的视角审视话语背后的意义，认为任何文本的进入都必须考虑其历史、政治、文化和意识形态等因素。他强调话语的建构性——话语建构社会；强调话语的政治性——权力斗争发生在话语之内和话语之外②。并认为，话语理论即是一种权力话语理论。话语是权力的话语，权力是话语的权力。③ 话语主体无法跳出体系之外而生存，它强调陈述主体间相互牵制、彼此联系的权力。深刻研究话语权力在中国电视传媒话语中的"文化制衡"运用，为我们理解权力话语提供了多元化的阐释途径。

21 世纪以来，新闻传播学等领域的学者将话语研究与自身学科进行交叉研究，取得了丰硕的成果。在此基础上，本研究将关注的话语视角，指向构建知识领域和社会实践领域的言语方式。在中国电视六十年的分析考察中，电视媒介话语的生产、传播、接受与转换均受到生活语境和社会历史背景变化的影响，每一个新的文化电视语境的演进及文化变迁也都会随之产生相应系列的电视话语，且在多维话语系统中竞争、共生与转换。

2. 文化电视的话语转向

从我国电视媒介的诞生，到"文化大革命"结束的近二十年时间里，我国电视媒体处于缓慢发展阶段。尤其是"文化大革命"十年，使本来为数不多的省级及以上电视媒体几乎处于停滞状态。这个时期的节目主要

---

① 〔苏〕巴赫金：《巴赫金全集》，钱中文译，河北教育出版社，1998，第 436 页。
② 〔英〕诺曼·费尔克拉夫：《话语与社会变迁》，殷晓蓉译，华夏出版社，2003，第 52 页。
③ 李智：《从权力话语到话语权力——兼对福柯话语理论的一种哲学批评》，《新视野》2017 年第 2 期。

受到社会政治的影响，比较注重教化作用，电视报道与传播充满抽象的政治话语，被利用为当时的极左路线和"帮派"宣传服务。在当时，电视媒介还被作为阶级斗争的宣传工具，以至于突出政治宣传价值成为那个时代媒体价值取向的显著特征。如在"以阶级斗争为纲"的思想指导下完成的电视专题片《收租院》，成为"文化大革命"中最为引人注目的电视文化现象。该片还被罕见地拷贝成 1600 多部电影影片，发行到全国各地城乡普及放映，连放 8 年之久，堪称奇迹。甚至该片的解说词还被选进中学语文教材："租债比山高，压断穷人腰，地主手里算盘响，佃户头上杀人刀……"。这种朗朗上口的语言、直抒胸臆的批判，迅速通过学生们的朗诵传遍大江南北，打上了那个时代鲜明的烙印。一切为宣传服务，电视题材褊狭，报道内容概念化、报道形式公式化，"一学二批三干"的新闻结构，空话套话加口号的文风司空见惯。更有甚者，由于"文化大革命"期间"突出政治"，导致具有审美倾向的山川风光、名胜古迹、历史文化等类题材被禁锢得无人问津，其他如娱乐性的题材更是被贬斥，不得涉猎。在这样的环境中，文化电视近乎被窒息。

1977 年 5 月，中央电视台在纪念毛泽东同志《在延安文艺座谈会上的讲话》发表 35 周年之际，恢复播出《文化生活》栏目，标志着文化电视节目的复苏。特别是党的十一届三中全会之后，首次在全国电视文化专题工作会上明确了文化节目的基本属性应是思想性、知识性和欣赏性的有机结合。自此，电视传媒界进一步解放了思想，开阔了眼界，促使文化节目类题材极大地拓展，文化电视内容也逐渐丰富起来。特别是以中央电视台著名栏目《地方台 50 分钟》（后改为《地方台 30 分钟》）为全国电视专题（纪录）片展播平台，相继播放了一大批优秀的电视文化作品，同时也带动了一批最早成为"电视现象"的文化专题节目问世，这些表明电视文化节目的创作主流从政治话语（权力）转向审美话语，并进入初步繁荣期。

3. 文化电视的审美表达

文化电视的审美话语，是电视创作主体与"主动性"的受众"在观察和审视一种美的事物或艺术作品时，所产生的一种主观感受"的表达。[①] 它

---

① 高鑫：《电视艺术美学》，文化艺术出版社，2005，第 257 页。

让电视从"上帝之声"的膜拜中解脱出来，将一种高度个性化的审美经验带入文化电视的审美价值判断，从而创作出一件件具有"传情媒介"的电视文化艺术作品。这一切既有史学价值，又有美学价值和诗的意境，构成了一部部完全充满文学意味的史诗性作品。

从题材内容到表现形式，我国文化类电视节目，迅速冲破极左的禁锢，涌现出反映艺术人生的《雕塑家刘焕章》（1982），陶醉于山水的《长白山四季》（1983），及以优美的长江和运河流域风光抒写祖国山河与民族历史华章的《话说长江》（1983）、《话说运河》（1987），以磅礴的气势和动人的诗情再现我军 60 年光辉历程的《让历史告诉未来》（1987），甚至还出现了纯粹表现诗情画意的《西藏的诱惑》（1988）和首开纪实之风的《望长城》（1991）等两极风格的节目，文化电视的审美作品真正如雨后春笋般相继诞生。这些节目的出现，不仅意味着对文化电视题材"艺术把握和艺术驾驭能力的提高，也是对自然、地理风俗、历史文化等电视审美感悟的跃升，对电视潜在的审美表现力的开掘"。①

审美话语让抽象的美学语言真正接地气，让话语插上美学意义的理想之翼，开始常见于文学艺术或思想文化话题的媒介探讨之中，强调其与审美感官和审美感知的联系，及其功利性的淡化。受这种美学现象对社会日常生活的介入和对电视主体创作题材的影响，我国电视工作者的创作激情得以充分地释放出来，一大批寄情于山水、蕴含哲理的文化专题节目纷纷被推出，在当代中国电视发展史上留下了视野全新的电视审美文化。电视审美文化以其视听兼备、形声一体的独特元素带给人们审美的愉悦。特别是由一批电视节目编导将审美激情植入真挚的审美体验之中，并用视听审美话语描述优美的祖国山川和真挚的人文情怀，成为文化电视复苏的标志之一。

三　文化电视的崛起：从表现话语转向叙事话语
（20 世纪 90 年代至 21 世纪前十年）

每一种媒介话语的进路及产生方式都与社会文化背景和观众的接受心

---

① 田本相：《电视文化学》，文化艺术出版社，1990，第 35 页。

理有关。正如权力话语的衰落，在于那种脱离现实画面的主观解说与灌输式的宣传"说教"，如同电视纪录片模式演进中出现的格里尔逊式"英国纪录片运动"，并向美、法真实电影模式转变的社会文化语境一样。一旦改革开放的思潮释放了电视人的天性，许多寄情于山水的"审美"作品便勃然而兴。然而，这种动态地描述自然、具有鲜明形式语义特色的表现（性）话语，由于过度直白地表现生活的主观体验、重新组织生活景象的话语表现，或极端抽象化的情感抒发遭人非议，进而促使表现性话语开始转向叙事性话语。

1. 表现性话语的自反

"表现"话语作为电视与现实关系的一种反映，是一种从审美感知"编码"到审美判断"建构"，再到审美经验"解码"的过程，强调在电视美学的基础上，建构起"真实"和"想象"之间的关系。由于表现话语在内容上重视社会功用，形式上依靠解说阐释画面，主要将电视用于社会教育的目的，并以此参与整个文化意义与价值系统的生产、交换与流通，从而使视觉影像成为关乎政治和文化重要性的因素。

但在文化电视的发展进程中，这些已经"意识形态化"的形式逐渐催生出文化电视的自反性焦虑，从自证和自我否定中探寻建立"拟社会"的文化错位和替代关系，进而展示出诸多社会经验的建构形态。特别是在日常化的叙事电视文化表征形态中，将人类现实生活中获得与创造的各种价值体验和观念，通过叙事符号的编码与解码进行电视文本的生产、再创造和表达。在这个新的电视传播实践过程中，它本身包含了叙事者、叙事话语、叙事结构、叙事对象等艺术因素，从而预示着电视话语开始向叙事话语转变。

2. 叙事性话语的建构

叙事是什么？叙事是一种话语的再现方式，"叙事和语言是各种社会所共有的两个主要的文化过程：它们像生活本身一样，是一种存在"。[①]电视叙事话语就像叙述话语一样是叙述"本身"所产生的视音频话语，也是表达我们对真实生活和现实社会体验的基本方法。叙事同样也是一种

---

① 〔美〕约翰·费斯克：《电视文化》，祁阿红、张鲲译，商务印书馆，2005，第185页。

文化过程，在这个过程中，电视传媒的叙事表达就是讲故事。绝大多数中国人都喜欢听故事，甚至可以说世界大多数人都是在听故事中长大的。美国最著名的报纸《华尔街日报》就是以讲新闻故事著称，威廉·E.布隆代尔曾为此专门写过一本书《"华尔街日报"是如何讲故事的》。该书认为，"我们忽视了一个所有读者最普遍的要求，一个所有要求中最基本的要求：给我讲一个故事"①。因为传媒既是事实的提供者，也是故事的讲述者。世界最著名的电视新闻杂志"鼻祖"（美国 CBS）《60 分钟》，五十年来长盛不衰，其成功的因素是什么？那就是"给我讲一个故事"。如今，随着电子媒介技术的迅速发展，电视媒介成为当今社会，特别是客厅文化中的主要"说书人"，即便是在互联网时代，所有媒介的视听转向，也都指向无所不在、无时不在的屏读"讲述人"。

如果说，文化电视的解放掀起了表现性话语的高潮，那么，21 世纪以来，文化电视为应对 20 世纪 90 年代中期兴起的综艺节目热和过于主观性的表现话语，开始转向叙事话语追求，探索以讲故事的方式改变文化电视的语态。这类节目以中央电视台的《百家讲坛》（讲优秀传统文化故事）为代表，将文化电视的叙事节目推向高潮，并带动一大批叙事栏目的诞生，如《艺术人生》（讲艺术家的故事）、《讲述》（讲普通人的故事）、《往事》（讲小人物的故事）、《人间》（讲亲情的故事）、《新闻调查》（讲新闻背后的故事）等，标志着文化电视的再度崛起。

3. 叙事性话语的呈现

文化电视作为一种媒介类型是一个涵盖较为广泛的领域。从广义上说，不论何种形态，从本质上看，几乎所有的电视节目都可以纳入电视文化的范畴。而从狭义上讲，仅仅指那些专门报道、传播文化方面的现象和问题，并对之进行深入探讨的节目，包括以文学、音乐、舞蹈、美术等方面的人物和事件为主要题材的文化专题类电视节目。虽然在 20 世纪 90 年代，以《正大综艺》《综艺大观》《快乐大本营》为代表的电视综艺节目的出现，迅速合流形成了一股"综艺热潮"，但文化电视并没有被裹挟湮

---

① 〔美〕威廉·E.布隆代尔：《"华尔街日报"是如何讲故事的》，徐杨译，华夏出版社，2006，第 5 页。

没，相反，为满足不同层次观众对文化知识和信息化传播的多样性需求，开始探索从审美表现性抒情话语向注重故事讲述的叙事性话语转向。如《百家讲坛》通过知名专家学者用通俗的话语方式，讲述引人入胜的历史事件，挖掘曲折经历的人物故事，注重以悬念的方式吸引观众，竟然也在"综艺热"的竞争中掀起了一次次文化高潮，使文化类栏目的"约会"意识增强，促进了传统文化的精华在民众中的普及。

百家讲坛类节目的成功说明，叙事作品总是超越国家、历史、文化存在着，如同生活一样，"在美国最好的新闻就是讲述完满的故事"①。我们在电视上看到的世界就是由叙述话语规则构成的世界，文化电视中带有叙事及其表现形式。如《焦点访谈》"用事实说话"，《今日说法》类一波三折的法制故事，真人秀中的人物命运多舛的故事等。即便是"那些供消遣娱乐的、有着诸如描述、教育或论证之类目的其他电视节目都往往运用叙述作为达到目的的一种手段"②。叙事，涵盖了按实际时间及其因果关系等条件所排列的所有事件，而这些事件又意味着从一种情境到另一种情境的转变。这种变化是用某种价值和一系列二元对立的关系来表达，包括衰/荣、分离/结合、真理/谎言、忠诚/背叛、独立/统一、生/死、爱/恨等，电视叙事话语借此以强烈的冲突结构来完成有价值的故事叙述。

叙述话语作为一种对现实生活进行艺术观照的方式，其目的是创作者借助可视形象寄托自己的情感，并以结构化的事件和情节去震撼观众的心灵，实现与观众的情感交流。近年来热播的文化电视类节目《见字如面》和《朗读者》等，表面上看是"读信"，其实质还是通过叙事，讲述信件相关人的情感故事和嘉宾特别经历的故事，以此吸引公众的眼球。节目嘉宾也因其本身所具有的神秘感和丰富的人生经历而引人关注。他们的性格特点和命运发展，形象地再现了嘉宾叱咤风云的瞬间，并在特定的社会背景下，揭示出一些鲜为人知的"历史背后的历史"，展现出其通过个人魅力对历史潮流的引领。

---

① 〔美〕谢丽尔·吉布斯等：《新闻采写教程——如何挖掘完整的故事》，姚清江、刘肇熙译，新华出版社，2004，第4页。

② 〔美〕罗伯特·C.艾伦编《重组话语频道》，麦永雄、柏敬泽等译，中国社会科学出版社，2000，第47页。

四　文化电视的复兴：从言语话语转向娱乐话语（2011年以来）

纵观中国电视六十年的几次话语转向，除了社会文化变迁的使然，亦有大众社会心理的影响，文化电视的兴衰就在权力话语、审美话语、表现话语和叙事话语间不断转换调适应用。然而不管怎样转换，它们作为言语的一种行为活动所形成的产物，即言语话语，在电视发展进程中，透过间歇产生的新鲜话语的推动也掀起过几次短暂的文化电视热潮，但终究没有持续太长时间就在娱乐大潮的冲击中沉寂下去。为什么？

这涉及媒介话语等多学科研究领域的不同解读。在语言文化里，话语更多地关注语言的运用，可能将文化电视定位于高雅的艺术，并按照高于生活的期望和标准打造电视文本。虽然我们将电视媒介纳入大众传媒，但实际上却常常用精英文化的尺度和标准去要求它、评判它，因而对大众喜闻乐见的娱乐节目形态拒之门外，致使文化电视的表现形式单一，无法吸引受众尤其是年轻观众的注意力。

1. 文化电视的语态变革

如果认为电视文化只能是精英主流文化独占的"主阵地"，习惯于板起面孔表达言语话语内容，实际上只能是精英人士一厢情愿的看法，阻碍了电视不同传播类型的演化与融合。在电视审美话语中常出现这种悖论，这实际上是电视节目传播给谁看，更重要的是用什么形式表现的问题没有解决好。

文化电视的几次话语流行与转向，虽以视听言语话语的方式承载各类文化电视节目，让主流话语实践倡导了主流意识形态的社会行为，产生了一套文化电视常规所构建的固定制播格式。但不可否认的是，当前电视荧屏似乎还是被大量引进的真人秀类节目霸屏而成为娱乐的天下，"随着2010年前后掀起的综艺版本引进热潮，以及2013年多元综艺类型井喷，中国电视综艺陡然进入一个综艺'大时代'。综艺类型不断增多，制作水准不断提升，娱乐理念不断升级"①。一时间综艺娱乐节目成为媒体拉动

---

① 刘俊：《融合时代文化类综艺节目的发展纵览与养成之道》，《电视研究》2018年第2期。

收视率、扩大传媒市场份额、增强传媒影响力的支柱，似乎爆屏节目就是娱乐游戏的专利产品，而将言说话语为主体的节目自我包裹起来形成"茧房"效应，望"娱"兴叹。

其实，电视媒介的传播功能原本就包含着文化娱乐和社会教育，且电视的每一个话语建设阶段也都是对于以往某种功能开发不足或开发不到位的一种补偿。在我国，以往的文化电视过于重视说教，比较少地顾及它的娱乐功能。21世纪以来，由于《超级女声》《梦想中国》《加油，好男儿》《我是歌手》《中国达人秀》《舞林大会》等一大批娱乐节目的问世，掀起了一浪高过一浪的真人秀模式引进潮，对刚刚复苏的文化电视产生强大冲击，分流了大量观众，转移了许多观众的视线。尤其是集中爆发的电视"真人秀"，似乎将大众推入全民狂欢的时代。那种无价值深度的娱乐电视、轻松麻醉式的游戏竞争刺激，让消费文化的另类观念迅速在全球范围内蔓延。在这种文化风潮影响下，电视媒体的生态环境发生了巨大的变化。尼尔·波兹曼曾预言："一切公众话语都日渐以娱乐的方式出现，并成为一种文化精神。我们的政治、宗教、新闻、体育、教育和商业都心甘情愿地成为娱乐的附庸。……其结果是我们成了一个娱乐至死的物种。"①

在这种情形下，我国文化电视也难以"洁身自好"，开始转变制播模式与方法，引入大众喜闻乐见的娱乐节目形式打造新型文化电视，从《话说长江》式的审美话语向《百家讲坛》式的叙事话语转向，进而探索"文化+综艺"式的娱乐话语形态，极大地促进了一大批文化类自主原创节目的诞生。《中国诗词大会》《我就是演员》《朗读者》《中餐厅》《国家宝藏》《经典咏流传》等多档文化节目开播引爆荧屏，有的专家甚至由此得出"文化类节目的春天已然到来"的论断。

2. "文化+"的电视形态创新

"文化+"（综艺、纪录片等）的节目形式如今正成为文化类节目的创作新趋势，它改变了原本严肃、曲高和寡甚至略显枯燥的社教类节目的制播方式，提升了当代社教文化类节目的影响力和竞争力。即使是大型原创文化类电视节目《中国汉字听写大会》，也采用益智类竞技模式形成多场紧

---

① 〔美〕尼尔·波兹曼：《娱乐至死》，章艳译，广西师范大学出版社，2004，第4页。

张而又精彩的赛事晋级结构，使文化电视也展示出其高雅、健康的娱乐功能。

文化在人类生活中处处存在，但又似乎捉摸不定。按照通用的界定，文化的内核与观念，是包括知识、信仰、艺术、道德、法律、习惯及其他人类作为社会成员而获得的种种能力在内的一种复合整体。文化电视在优秀传统文化和先进文化的传播中扮演重要的传承角色，同时，电视媒介本身也作为大众文化的一部分，"能给不同的人提供不同的快乐"，成为人们吸取知识、接受教育、文化娱乐的重要载体。而"快乐（就）来自对意义的控制感和对文化进程的积极参与"[①]。

以《国家宝藏》（2017）为标志，该节目穿越古今，通过明星和普通人倾情演绎国宝的前世今生故事，解读中华文化的历史密码，进而助推文化类节目制播的繁荣和再次复兴。无独有偶，《经典咏流传》采用"文化+音乐"组合的新模式传承经典诗词，将流行音乐融入传统文化，让快乐与中国传统文化相互协调，巧妙地解决了纯文化节目缺乏大众传播性和音乐节目缺乏文化底蕴的问题，为中华优秀文化的传承找到了一条融合的路径，让一批饱含中国精神的诗词经典以新的娱乐方式再度引领流行，创造了电视文化节目的全新表达。

在大众的一般认知中，文化节目总是和"枯燥""说教"等词关联，但一旦采用娱乐节目形态承载传统文化的内核，同样会取得成功。如果说这种运作效果可能在预料之中的话，那么，"读信"节目"仅凭一封信、一个演员、一张讲台的清简形式"，竟然在"狂欢"的综艺娱乐环境下，产生了巨大的社会与市场传播效应，着实让人惊奇了。特别是后来居上的同类型节目《朗读者》的数据显示，收听受众居然在整个"80后"和"90后"用户中占了一半以上，正如《朗读者》节目制作人所说，新媒体的传播效果和年轻受众的高关注度成为节目最大的"意外"。

为什么该类文化节目受到如此欢迎？《见字如面》导演关正文认为，我们刚刚经历了娱乐狂欢，但这仅仅是对此前未被满足的娱乐需求的补偿，人类文化是有极强的自我修复能力的。具有思考价值的文化内容依然是主流，文化带给人们精神层面的快乐远远超过肌肤之亲的感官快乐，我

---

① 〔美〕约翰·费斯克：《电视文化》，祁阿红、张鲲译，商务印书馆，2005，第30页。

们应当有这个起码的自信。①

话语作为一套从社会中发展起来，并在电视媒介中生成的表达系统，传播了当代社会的主题意义并将意识形态自然化为普通常识，真正让我们感受到了一种文化电视话语的力量。

电视媒介作为现代社会的文化传播平台，以其丰富多样的电视文化形态充实着我们的日常生活，并通过政治话语及审美话语、表现话语、叙事话语和娱乐话语的不断转向与承接，建构了我们的文化价值观念和社会意识形态框架。文化电视也在与社会的深度互动和传媒间的竞争中，不断进行调适发展，形成了一个多元话语的文化场域，一直保持着强势电视的文化主流地位。

（原载《现代传播》2019 年第 1 期）

---

① 中国人民大学 RUC 新闻坊：《〈见字如面〉总导演关正文谈文化传播的市场化》，http：//www.sohu.com/a/129847933_649502，2017 年 3 月 22 日。

为听而做：视听时代的电视媒介重塑

——2012 中国歌唱类选秀节目述评

内容摘要：2012 年歌唱类选秀节目纷纷回归对声音本质的追求，从歌声之真、故事之真、评声之真三个维度诠释了电视听觉本真的内涵，获得了高收视率和满意度的双赢，这正是视听时代电视娱乐节目为听而做的典范。该类节目树立受众至上和服务公众的理念，运用不同节目元素的组合，创新节目运作机制，不仅体现了电视综艺娱乐节目未来的发展走向，也将是节目创新的三大关键因素。

关键词：电视视听元素　歌唱类选秀节目　中国好声音　关键因素

电视是一种以影像和声音为基本话语方式的大众文化形式，但事实上无论是在电视节目制作时，还是在电视节目接受欣赏中，听觉元素似乎未得到应有的重视，而"视觉语言主导"则成为电视媒体的基本价值取向。随着电视谈话节目的出现、新闻评论节目的增多、口述历史节目的诞生等，标志着电视正在突破"视觉本位"的桎梏，回归视听的双重本质。在过去的 2012 年里，歌唱类选秀节目纷纷打出了尊重声音的口号，《中国好声音》《声动亚洲》等节目抛弃了以往选秀节目以"毒舌""搞怪"哗众取宠的做法，转而回归对声音本质的追求，获得了高收视率和满意度的双赢，这正是视听时代电视娱乐节目为听而做的成功尝试。

一 电视的听觉盛宴

2012 年歌唱类选秀节目打了一个"翻身仗",在经历了七年的沉寂之后,这类节目强势回归并迅速成为该年度电视荧屏上最受欢迎的节目形态,而《中国好声音》无疑是这类节目的"领跑者"。这档改编自荷兰 *The Voice* 的节目,再度点燃了人们对选秀节目的热情,它把 2012 年的暑期变成了自己的天下,成为人们日常谈话的舆论中心。在"好声音"的辐射作用下,其他歌唱类选秀节目也重回人们的视线,央视的《星光大道》《非常 6+1》《直播春晚》,省级卫视的《声动亚洲》《天籁之声》《激情唱响》《花儿朵朵》《大地飞歌》等,不断推陈出新,也受到了观众们的欢迎。

2012 年我国共推出 15 档全国性的歌唱类选秀节目(见表 1)。

表 1 2012 年中国歌唱类选秀节目统计（按首播时间排序）

序号	节目	播出频道	2012 年首播时间	主持人	版权引入	首播年
1	《完美声音》	云南卫视	每周五 22：30	柯豆等		2012 年
2	《天籁之声》	山东卫视	4 月 28 日周六 22：00	曹颖		2012 年
3	《The Sing-Off 清唱团》	深圳卫视	7 月 7 日周六 22：30	赵屹鸥	美国 *The Sing-off*	2012 年
4	《声动亚洲》	东方卫视	7 月 11 日周三	林海	多家亚洲媒体联合创作	2012 年
5	《中国好声音》	浙江卫视	7 月 13 日周五	华少	荷兰 *The Voice*	2012 年
6	《一声所爱：大地飞歌》	广西卫视	8 月 7 日周二	郭德纲	英国 *True Talent*	2012 年
7	《我要上春晚——直通春晚》	中央电视台	11 月 4 日周日	董卿		2012 年
8	《梦想合唱团》	中央电视台	11 月 30 日周五 20：00	撒贝宁		2011 年

序号	节目	播出频道	2012 年首播时间	主持人	版权引入	首播年
9	《激情唱响》	辽宁卫视	7 月 12 日周四	邵文杰 大左	英国 X-Factor	2011 年
10	《歌声传奇》	山东卫视	每周五	黄健翔 大冰		2011 年
11	《天籁之音——中国藏歌会》	四川卫视	每周六、周日	杨林		2011 年
12	《花儿朵朵》	青海卫视	7 月 6 日周五	李晨		2010 年
13	《中国红歌会》	江西卫视	7 月 14 日	廖杰等		2006 年
14	《星光大道》	中央电视台	每周六	毕福剑		2004 年
15	《非常 6+1》	中央电视台	每周日 21：00	李咏		2003 年

　　表 1 所呈现的 15 档歌唱类选秀节目，无论是收视率还是社会反响，都取得了不错的成绩，尤其是《中国好声音》，成为近年来最成功的歌唱类选秀节目。中国广视索福瑞媒介研究（CSM）数据显示，该节目第一期播出时收视率就达到 1.477%，第二期播出后攀升至 2.717%，总决赛时收视率达 4.865%，收官之作收视率更高达 5.234%。从网络影响力看，《中国好声音》也受到了追捧，节目首播当晚，新浪微博的转发量就突破了 600 万次，并在 PPS 网站上取得了 1200 万的点击率，成为当日 PPS 流量之最。节目播出 6 期后，影响力大增，成为新浪微博风云榜实时热点排行第一、百度影视热搜榜持续排行第一、实时热点排行第一，被网友们盛赞为"2005 年以来最值得期待的音乐盛事"。截至 9 月 30 日总决赛当晚，节目官方认证微博粉丝数量已经超过 137 万，官方微博量和微博热度都位居歌唱类选秀节目第一位。

　　《中国好声音》类选秀节目的成功引发了各界的关注和讨论，逐渐成为媒体舆论的中心。《人民日报》《光明日报》《新华每日电讯》《工人日报》《南方周末》《文汇报》《21 世纪经济报道》《中国经营报》《金融时报》《新华日报》《南方日报》《北京日报》《重庆日报》《新疆日报》《中国文化报》《中国艺术报》《音乐周报》等多家媒体竞相刊发相关评论，分析该类节目的成功之道与不足。如《南方周末》发表评论《尊重人的天性 有"中国好声音"》，认为观众被选手们的才华所打动，被选手们返璞归真的真情所打动，这在20年前的中国似乎难以想象。①《新华每日电讯》刊出评论稿《"真音乐"击中电视综艺节目"软肋"》认为，伴随节目的走红，大腕评委和草根歌手彼此真诚平等互动的场景以及选手们的美妙歌声、温情故事在网络上不胫而走，向社会传递了巨大的"正能量"。②《人民日报》文艺评论《"纯粹"觅得"好声音"》，认为该节目"着力于音乐的专业性，力图回到尽可能纯粹的音乐的本质，力图让'好声音'成为唯才是举最重要的砝码"。③《人民日报》（海外版）发表《"中国好声音"之忧》，认为在中国从来不缺乏好声音，缺少的是自己的原创歌曲。作为选秀节目的大众文化，本身的缺憾，在于自身文本的贫困。"中国好声音"虽然力求出新，但自身文本所存在的这种"短暂性和重复性"，使得它只是作为一种大众文化的商品被人们消费，一时承担不起流行歌曲原创力的重担。④

总体来说，《中国好声音》类选秀节目是成功的，它的成功元素可以归结为：好声音+好故事+好推广。由于采用了"盲选"，《中国好声音》避免了以往歌唱类选秀节目"重秀轻选"的套路，节目回归对声音本质的追寻，重视发掘反映人性和真情的故事，突出励志，传递"正能量"。在"好声音"优势传播的晕轮效应之下，其他歌唱类真人秀节目也逐渐突出重围。如：东方卫视与十余家亚洲主流电视联动制作推出的《声动亚洲》，因为精美华丽的舞美设计，高品质的制作路线，为观众呈现了一场豪华的视听盛宴。央视的《梦想合唱团》《直通春晚》，深圳卫视的《The Sing-Off清唱团》等栏目也因为有大胆的创意而受到了一定程度的关注。

---

① 李铁：《尊重人的天性 有"中国好声音"》，《南方周末》2012年7月26日，第F29版。
② 孙丽萍：《"真音乐"击中电视综艺节目"软肋"》，《新华每日电讯》2012年7月30日，第5版。
③ 张颐武：《"纯粹"觅得"好声音"》，《人民日报》2012年8月7日，第24版。
④ 肖复兴：《"中国好声音"之忧》，《人民日报》（海外版）2012年10月26日，第7版。

二　电视本真的回归

歌唱类选秀节目，从本质上应归入真人秀类别。而真人秀的英语对译词为 Reality TV，其核心在于 Reality，即真实，这种真实是预设之真，即是在规定的空间中按照特定规则所发生的真实故事。作为一档记录"真实"的娱乐节目，《中国好声音》通过歌声、故事和"评声"三大元素极尽听觉传播之能，传递"真声""真情"，力求回归电视的本真，在电视屏幕上为观众营造了一个"真实"的娱乐现场。这类节目通俗而不低俗，煽情而不媚俗，虽然也不乏商业运作，但表现出了一定的"诚意"，这正是当前大多数娱乐节目所欠缺的。

1. 歌声之真

歌声是歌唱类真人秀节目最大的卖点，然而过去的 7 年，这类节目却将视野放在了选手的"作秀"、评委的"毒舌"以及粉丝的炒作上，这无疑是对声音本质的偏离。2012 年歌唱类选秀节目纷纷打出声音牌，以寻找"最美丽的声音"为宗旨，标榜追求音乐本质的回归。如《中国好声音》被定位为"中国首档大型励志音乐评论节目"，《天籁之声》号称打造"大型巨星音乐教育类选秀节目"，《完美声音》以"动听中国、绿色选秀"为口号，并设立"以唱为核，以听为本"的选秀新标准，源自美国的《The Sing-Off 清唱团》实现了无伴奏合唱的创意，参赛选手使用自己的声音来伴奏、演唱，并制造旋律、节奏与层次，被誉为"突破了对原有声音的想象"。

中国的音乐选秀节目已经走过了近 30 个年头，从 1984 年央视的《全国青年歌手电视大奖赛》，到 2004 年湖南卫视的《超级女声》，一路走来，歌唱类选秀节目的单摆一直在音乐的专业性与选秀的娱乐性之间徘徊。相比传统选秀节目，2012 年的歌唱类选秀节目，在专业性与娱乐性之间找到了有效勾连的耦合点。

"盲选"是这类节目普遍新增的重要环节，节目将声音的本质放在首位，更加注重嗓音的原生态。它让观众和评委忽略选手的外表和包装，以歌声作为唯一的评判标准，只闻其声、难见其人的选拔形式，绝对是以歌唱实力见胜负，通过高品质的歌声、最专业的评判，可以保证节目是至纯至真的音乐选拔，从而成功避免观众对作秀和炒作的审美疲劳。盲选与转椅的结合塑造了悬念式推进的效果，椅子的转动和选手选导师等环节，使得整个音乐节目从根本上摆脱了只有演唱和点评的常规模式，得以集中到由诸多看似偶然的剧情元素环环相扣的结构中，从一次次的转动椅子中，双向选择的悬念和导师的举动，让观众在期待中，不断获得惊喜。[①] 无"海选"并代之以严格的筛选机制，这保证了好声音的高水准表现，摈弃了零门槛的低端选秀模式。

2. 故事之真

讲故事是《中国好声音》等节目诉诸听觉传播的重要方式，这就突破了以往歌唱类节目仅仅依靠单纯的舞台展示进行传播的局限。歌声与故事的结合，充满了人情味，有利于打破表演者与观众之间的场域隔阂，实现"准社会交往"。一个个真情流露的故事，不仅让观众触摸到了人性的温度，更彰显了视听时代电视媒体所秉持的人文精神与价值取向，完美地诠释了大写的"人"字。当前通过讲故事来实现娱乐价值的制作理念，已经渗透到英国等电视节目生产大国的节目生产体系，因而对好故事的追寻也成为成熟的节目设计的重要环节。有学者评价说，这类节目输出的核心绝不只是"好声音"，而是"什么是好声音"以及蕴藏背后的价值观，并在选择与辨识好声音的过程中将蕴含的情感与故事自然地展示出来，从而向社会公众传递梦想、励志的正能量。[②]

《中国好声音》的讲故事手法独具匠心，故事和情感元素完全融入学员和导师互选环节。学员们登台，刻意去除华丽的造型，而相关背景的短片展示也能恰到好处地讲述自己的故事，舞台旁边亲友们情绪起伏的真实再现，学员与导师的交流直接生发，这些精巧的设计有效传递了故事和情感。台湾盲人歌手张玉霞，自小因视神经萎缩而失明，但她对音乐的爱好和坚持感人至深，当她深情演绎《月上西楼》时，仿佛邓丽君再世，传

---

① 许继峰：《〈中国好声音〉爆发性传播效应的模式要素》，《中国广播电视学刊》2012 年第 10 期。

② 覃晴、谭天：《〈中国好声音〉的传播特征与价值创新》，《新闻与写作》2012 年第 10 期。

递出积极乐观的生活态度。来自辽宁的乡村女孩黄鹤光着脚登上华丽的舞台，仿佛站在家乡的泥土里深情放歌，引得那英脱鞋上台与她同唱《征服》。平凡女孩王韵壹，因为爱好音乐而毅然剪去了头发，希望腾出更多的时间来弹琴、练歌，她对音乐的执着深情打动了每一名观众。

《中国好声音》不仅仅是一档音乐选秀节目，更是一部音乐梦想者真情展示的综艺大片，它试图传达这样的观点：无论多普通的人，只要他坚持梦想，就能实现梦想，就能站在闪亮的舞台上。它所呈现的不仅仅是梦幻般的视听盛宴，更是彰显主流价值观的励志大片，虽然它来自海外引进的节目模式，但讲述的却是中国故事。精练展示的故事，自然流露的情感，去除刻意的煽情和悲苦的渲染，这正是《中国好声音》讲故事的原则。

3. "评声" 之真

评委们的表现也是《中国好声音》的一道亮丽风景。从评委的身份转换来看，由"评委"向"导师"的身份转换，为节目增添了一份人情味，使得选秀过程不再是对"他者"表演的冰冷评价，而是师生之间的真诚互动。刘欢、那英、庾澄庆和杨坤四位顶级音乐人的加入增强了评选的专业性，相比于以往靠"毒舌"来吸引观众的选秀节目，专业级导师与选手们之间的诚挚交流提升了节目的整体格调。

从评委的角色转换来看，《中国好声音》对以往的选秀节目做了一个环节调整，即将历来评委考选手的形式转换为选手选导师，这种反弹琵琶的做法给观众带来了全然不同的观感。赛制的改变，让选手们不再是一对一的pk，而是选择加入导师的团队，团队意识的出现使得导师们由威严的评委变为可亲的辅导老师，激烈的语言批判转变为真诚的情感交流。四位导师背对着舞台期盼着一个个让他们惊艳的好声音出现，悬念的设置和不可预知性的出现增加了节目的可看性，而当椅子上的"I want you"的灯亮起来的同时，导师们转过身来，亲切地与学员交流，真诚地为学员们的表现而欢呼喝彩，并邀请他们参加自己的团队，评委的角色就此发生"逆转"。

从评委的地位转变来看，《中国好声音》使得导师与学员之间的地位瞬间换位，评委由往日的"强势群体"变为必须采用各种招数才能吸引选手的"弱势群体"，因而表现出了平日里不常见的真性情流露。如杨坤以32场演唱会作为诱饵，那英、刘欢、庾澄庆几位导师之间互相"招架"，上演"勾心斗角"的抢人大战，刘欢一改往日的威严作风，不经意间的睿智言谈让观众惊喜等。学员们改变了以往在选秀节目中等待被选的弱势地位，有权选择自己喜欢的导师这一赋权行为的完成，使学员的地位转变为强势。节目打破了阶层间的区隔，使得以往高高在上的导师被还原为普通人，他们惜才如命、求贤若渴，为争夺有天赋的学员而毫不谦让，尤其是导师与选手之间的拥抱，直接打破了阶层间的区隔，让原来那些远离公众的明星们瞬间变成了朋友，这种颠覆性越强，节目就越有感染力。

三　电视娱乐的创新

电视栏目创新是电视媒体的核心竞争力，而要保持恒久的竞争力，就必须打造一批自主生产、具有原创或首创意义的特色栏目，才能拥有别人无可比拟的核心竞争力。[①] 真人秀节目作为一种无脚本的娱乐节目形式，它每一季的生命周期都比较短，只有不断添加新鲜元素、常变常新，才能吸引观众，而内容、模式和营销的不断推陈出新则是这类节目发展的必然趋势。

1. 理念创新

理念创新是电视娱乐创新的根本，也是数字化传播的时代要求。美国南加州大学安纳堡新闻与传播学院教授吉内瓦·奥弗霍尔泽（Geneva Overholser）认为，在数字时代更有意义和更有希望的是，它带来了一种新的方式，即与公众协作以促使新闻业更具包容性、更民主、更注重培养公民参与的精神。[②] 而该校创新媒体实验室执行委员梅拉尼·希尔（Melanie Sill）认为，开放性新闻学首先最应该关注的是新闻服务，以受众为最终服务目标，而这需要对媒体的基本生产过程进行重新排序和调整。[③]

---

① 石长顺：《电视专题与专栏（第二版）》，复旦大学出版社，2009，第28~30页。

② Geneva Overholser, Keeping journalism, and journalism school, connected to the public, http://www.niemanlab.org/2012/09/geneva-overholser-keeping-journalism-and-journalism-school-connected-to-the-public/, 2013-1-14.

③ Melanie Sill, How to begin practicing open journalism, http://www.poynter.org/how-tos/newsgathering-storytelling/158440/how-to-begin-practicing-open-journalism/, 2013-1-14.

事实上，不仅新闻业需要积极适应新的时代变化和要求，重塑新闻学也为电视娱乐节目创新提供了一个新的视角，即树立受众至上和服务公众的理念。在传播方式日益多元化的全媒体时代，受众的注意力越发稀缺，只有科学地掌握观众的收视心理和收视习惯，以服务理念为核心，注重受众的娱乐化参与，并据此确定合理的节目形式、节目内容和节目编排，才能赢得观众。

2. 样态创新

样态创新是电视娱乐创新的核心，它包括节目形态创新、节目模式创新和节目内容创新等。从第一档真人秀节目《老大哥》的诞生到如今电视屏幕上五花八门的各类真人秀，这种无脚本的娱乐节目的内核始终没有发生变化，都是记录在规定的空间里按照特定的规则所发生的真实故事，所改变的只是节目的形态，包括空间的形式，如室内和室外、舞台上和舞台下；规则的形式，如生存秀、歌唱秀、职场秀、美容秀、服装秀、厨艺秀或婚恋秀等，都是通过将不同的节目元素以不同方式组合而构成模式的创新。

节目日益日常生活化或真实化是电视娱乐节目的一个总体趋势，电视节目越来越贴近选手的日常生活，通过展现选手的生活细节以及选手自身或家人、朋友、同事们的喜怒哀乐，来试图进一步模糊虚拟与现实之间的界限，让观众对参与节目的选手产生一种"普通人"的角色印象，并对自己有朝一日能参与到节目的生产过程中而产生欲望。此外，互动的加强也是真人秀节目的一个发展走向，从观众投票、短信平台到网络留言、微博互动，电视节目不仅仅是在讲故事和让观众听故事，它更试图让观众成为节目的内容构成，如英国 SKY 电视台《把你的答案卖给我》就鼓励观众深度参与[1]。

3. 机制创新

机制的改革和创新是节目创新的基础，也是《中国好声音》带来的最大启示，正是由于对引进节目的本土化改造，并通过全媒体的方式进行

---

① 华颖：《受众为上，模式为先，内容为王——英国电视节目创新与开发有感》，《中国广播电视学刊》2012 年第 6 期。

线上线下的立体营销，才使节目获得空前的成功。

《中国好声音》是由节目制作公司和电视台共同投入、共担风险的一档栏目，它的制作单位灿星传媒曾经制作过《舞林大会》《中国达人秀》等栏目，有着丰富的节目引进和本土化改造经验。此次，栏目组不仅从荷兰引进了 *The Voice* 的版权，更带回了一本翔实的节目制作手册即"宝典"，"宝典"对节目的前期准备、导师选择、学员挑选、内容安排、舞美设计、现场音响安装调试、灯光色彩明暗调校、营销手段，及导师拍下红色按钮转向选手的时机、动作和表情等，都有一套严谨的制作流程。而在对节目的本土化改造方面，《中国好声音》针对中国观众爱听故事的独特接受心理，在节目中增加了对选手背景的介绍，讲述励志感人的故事等内容。而在环节设计上，在决赛中设置媒体观察团，让媒体代表来投票决定冠军人选，这也契合了中国的实际。

"好声音"的成功也离不开立体化的营销机制。早在节目开播之前，浙江卫视就积极利用自身的推广优势，在全国各地举行了数十场推介会，每次推介会都会邀请不同的明星来为节目造势。除实体推介会外，浙江卫视还联手爱奇艺联合打造《中国好声音学员推介会》，在网络上开展节目推介。在节目播出期间，浙江卫视利用各类话题来推介"好声音"。此外，全媒体的联动营销也是节目播放期间的重要营销手段，《中国好声音》等栏目通过优酷、爱奇艺、乐视、PPS 等 8 大视频网站实现台网同步直播，对节目进行深度开掘，并播出《酷我真声音》《学员推介会》等衍生节目。但过度开掘的营销方式有可能让"好声音"失去发展的"后劲"，让观众产生审美疲劳，如 2012 年 12 月 24 日"好声音"全国巡演成都站宣布取消，这是继广州站、长沙站连续遭遇低上座率之后的又一个打击，它让备受关注的"好声音"巡演陷入了"烂尾"危机。[①] 这进一步说明，创新将成为影响节目成败的关键。

（原载《今传媒》2013 年第 7 期）

---

① 《"好声音"巡演遭遇烂尾？上座率不足五成，VIP 票 100 元 2 张》，腾讯娱乐，http://ent.qq.com/zt2012/guiquan/07.htm? pgv_ref=aio，2012-12-28。

数字复制时代的节目模式
重现与创新突破

内容摘要：本文从当代电视节目模式的大量引进与复制现象，联想到与本雅明的《机器复制时代的艺术作品》"惊人的相似"，即都面临着文化的大规模复制问题，进而反思我国当前节目模式引进与复制的电视文化现象。认为数字复制时代的节目"灵韵"重现，也带来了"同质化"现象问题，对此，必须加强与建构数字复制时代的电视节目原创能力。

关键词：复制时代艺术　节目模式创新　原创生态建构

自从《中国达人秀》《中国好声音》等节目一炮走红之后，各大电视台纷纷斥巨资购买海外节目版权，2010~2013年上半年，全国各大电视台引进节目超过50档，节目模式的引进与复制成为一种新兴的电视文化现象，这让人不禁联想起本雅明的《机器复制时代的艺术作品》。尽管已相隔近80年，然而历史总是会出现某些"惊人的相似"，本雅明所处的机器复制时代与当前的数字复制时代，都面临着文化的大规模复制问题，而他的思想和理念，尤其是他对于艺术现代性的美学探讨，也让我们不断反思当前这种节目模式引进与复制的电视文化现象。

一　复制时代的艺术"灵韵"之光

整个人类的艺术创作史，是一部不断复制并推陈出新的历史。最初的人类通过对自然的模拟，创作出了绘画、舞蹈、诗歌等艺术作品形式，而电子技术的出现，则将各种艺术作品搬上了电影和电视屏幕，实现了艺术作品的机械复制。作为一种典型的大众文化形式，电视节目一直在模仿和复制中不断创新，而随着数字技术的进步，电视节目制作也进入了数字复制时代。这里所谓的数字复制，是指通过电子技术和数字技术，实现对各类事物和影像的再现，这与本雅明提出的机械复制具有许多共同之处。

机械复制时代"灵韵"的消逝

1935 年瓦尔特·本雅明发表了一篇名为《机械复制时代的艺术作品》的美学论文，在这篇论文中，本雅明将艺术复制的历史划分为手工复制和机械复制两个阶段，他以艺术复制方式的变革为切入点，探讨了技术复制被大规模应用之后对艺术的影响。与法兰克福学派的其他学者不同，本雅明对这种变革持乐观态度。他认为，机械复制技术的发展给艺术领域带来了一系列变革，"它不仅能复制一切传世的艺术品，……而且它还在艺术处理方式中为自己获得了一席之地"。[①] 本雅明认为，机械复制技术把艺术从一向被人们所崇敬的神圣"祭坛"上拉下来，让普通人有机会接触并创作艺术作品，实现了思想的解放，虽然它也摧毁了艺术的传统，但它却使现代艺术具有了新的特点、新的价值和新的接受方式。与此同时，本雅明也指出了机械复制这种艺术现代化过程中所暗藏的种种危机，包括会造成艺术"灵韵"的消逝，以及使得艺术作品的膜拜价值向展示价值转换，等等。

"灵韵"（Aura）是本雅明所独创的一个美学概念，被用来指代传统艺术最为根本的审美特性，即艺术作品的原真性、膜拜价值和距离感。艺术作品的原真性，是艺术品在问世后所具有的独一无二性，本雅明认为这正是艺术品区别于复制品的本质。本雅明认为，随着机械复制技术的发展，艺术品的可展示性被大大加强，膜拜价值逐渐被削弱。而人们与艺

---

① 〔德〕本雅明：《机械复制时代的艺术作品》，王才勇译，中国城市出版社，2002，第 83~84 页。

品之间的距离感也不再是不可逾越的，因此，本雅明认为正是机械复制技术造成了艺术作品"灵韵"的消逝。

实际上，大规模复制的艺术品虽然缺少了原作的独一无二的时空特性，但它们却以巨大的数量将原作移入了更为广阔的时空，极大地拓展了原作的影响力，使它具有了大众化的特点。数字复制时代更是将这种复制能力和传播能力进一步拓展。

数字复制时代的节目"灵韵"重现

随着传播科技的发展，当前已经实现了通过数字信号来采集和还原信息，被称为"数字复制时代"。数字复制时代相比于机械复制时代，出现了许多进化与突破。在机械复制阶段，复制技术追求的是与负载感官属性信息的实物符号的一致性；而在数字复制阶段，数字化艺术以数字作为艺术记录的物化语言，实现了"万宗归一"。① 因此，数字复制时代的作品比机械复制时代的作品，具有更高的仿真性，附加着更多的信息，并实现了对艺术创作的介入，艺术的"灵韵"之光更多地表现为人与机器互动方式的诸多创新。

当前的电视节目是最典型的由数字复制技术所支持的大众文化产品，而节目模式的创新不仅是这类节目的生存之本，也正是这类作品的"灵韵"所在。节目模式具有标准化和可复制的特点，这就意味着节目模式可以被模仿和学习。事实上电视节目模式的出现不仅是工业化和市场化的需求，也是数字复制技术自身的产物，正是数字复制技术本身，使得电视节目的模式成为可以复制，甚至是可以用来交易的工业产品。

从20世纪80年代末的《综艺大观》，到90年代的《快乐大本营》，再到21世纪的《超级女声》等节目，各大电视台无疑走的都是这样一条路子。直到《非诚勿扰》《中国达人秀》《中国好声音》等几档自海外引进版权的节目的意外走红，节目模式这一概念才开始进入人们的视线。

经过了三年多的时间，节目模式引进和重现已经成为各大电视台的生

---

① 徐鹏：《机械复制还是数字复制——对新媒体艺术文化身份的辨析》，《江苏行政学院学报》2007年第5期，第31~37页。

存常态，并逐渐成为一种电视文化现象。而当前节目模式交易的核心，并不是产品内容本身，而是生产该产品内容的相关概念及流程，也就是通常所说的创意或"宝典"，而这正是这类电视节目的核心竞争力所在，换句话说，也就是这类大众文化产品的"灵韵"所在。

二 节目模式引进复制的多元化归因

版权引进和节目模式复制重现是近年来电视领域的两大关键词，综观全国各大电视台的荧屏，各类引进自海外的歌舞类、游戏竞技类、益智类、明星竞技类、婚恋交友类、厨艺类真人秀节目，你方唱罢我登场，持续刺激着观众的视听神经。自从《中国好声音》创造了收视和经济的双赢奇迹之后，《我是歌手》《中国最强音》《中国梦之声》《中国星力量》《我的中国星》等一系列从国外引进版权的歌舞类真人秀节目也登上了电视屏幕，期望从观众火热的收视热情之中分一杯羹，然而这类不断重现的节目模式却让部分观众开始出现"视听疲劳"。

2010～2013 年，我国引进版权节目出现三级跳，2010 年还只有少数几个一线电视台制作并播放引进版权节目，2011 年全国就有超过 10 档引进版权节目，到了 2012 年引进版权节目已经在全国遍地开花，而 2013 年更成为"节目版权引进年"，仅上半年，全国各大电视台就新推出了 30 多档引进版权节目（见表 1）。很显然当前各大电视台已经陷入了一场关于"拿来主义"的恶性竞争中。究竟版权引进是不是当前中国电视的"一剂良药"，这也引发了各界的思考。

表 1　2010～2013 年国内部分电视台引进版权节目一览（按首播时间排序）

序号	节目	播出频道	首播日期	所购原版节目名称	版权所属国家/制作公司	最高收视率（%）
1	《非诚勿扰》	江苏卫视	2010-1-15	*Take Me Out*	英国/ITV	4.53
2	《中国达人秀》	东方卫视	2010-9-24	*Britain's Got Talent*	英国/ITV	3.29
3	《老公看你的》	江苏卫视	2010-9-24	*My Man Can*	德国/Red seven Entertainment	1.44

续表

序号	节目	播出频道	首播日期	所购原版节目名称	版权所属国家/制作公司	最高收视率（%）
4	《明天就出发》	东南卫视	2011-3-28	*This Time Tomorrow*	欧美	0.18
5	《欢乐合唱团》	东南卫视	2011-4-30	*Last Choir Standing*	英国/BBC	0.1
6	《中国梦想秀》	浙江卫视	2011-4-2	*Tonight's The Night*	英国/BBC	2.40
7	《惊喜！惊喜（已停播）》	山东卫视	2011-4-3	*Surprise，Surprise*	英国/ITV	
8	《最高档（已停播）》	湖南卫视	2011-4-23	*Top Gear*	英国/BBC	
9	《我心唱响》	东方卫视	2011-5-7	*Sing It*	荷兰/Talpa	0.45
10	《年代秀》	深圳卫视	2011-5-27	*Generation Show*	比利时	1.33
11	《激情唱响》	辽宁卫视	2011-7-12	*The X Factor*	英国/Fremantle Media 公司	0.221
12	《完美暗恋》	广东卫视	2011-8-27	*Dating in the dark*	荷兰	
13	《谢天谢地，你来啦》	CCTV-1	2011-10-1	*Thank God You're Here*	澳大利亚 Working Dog Productions 公司	
14	《黄金年代》	安徽卫视	2011-12-23	*The Best Years of Our Lives*	意大利	0.912
15	《我爱我的祖国》	湖北卫视	2012-1-6	*I Love My Motherland*	荷兰/Talpa	0.98
16	《梦立方》	东方卫视	2012-5-13	*The Cube*	英国/ITV	0.82
17	《越跳越美丽（第二季）》	浙江卫视	2012-5-14	*Dance Your Ass Off*	美国/纽约 Oxygen 电视台	1.219
18	《势不可挡》	安徽卫视	2012-6-14	*Don't Stop Me Now*	英国/Fremantle Media	0.982
19	《The Sing-off 清唱团》	深圳卫视	2012-7-7	*The Sing-off*	美国/NBC	
20	《百变大咖秀》	湖南卫视	2012-7-12	*Your Face Sounds Familiar*	西班牙/Antena 3	1.28
21	《中国好声音》	浙江卫视	2012-7	*The Voice*	荷兰/RTL4	5.23
22	《顶级厨师》	东方卫视	2012-7-29	*Master Chef*	英国/BBC	0.45

序号	节目	播出频道	首播日期	所购原版节目名称	版权所属国家/制作公司	最高收视率（%）
23	《一声所爱·大地飞歌》	广西卫视	2012-8-7	*True Talent*	英国/Zodiak	0.193
24	《女人如歌》	湖南卫视	2012-11-2	*The Winner Is*	荷兰/Talpa	0.697
25	《猜的就是你》	广西卫视	2013-1-2	*Identity*	美国/NBC	0.148
26	《王牌谍中谍》	浙江卫视	2013-1-7	*POKER FACE*	英国/ITV	1.025
27	《妈妈咪呀》	东方卫视	2013-1-8	*Super Diva*	韩国/TVMN 电视台	1.37
28	《转身遇见 TA The Choice》	浙江卫视	2013-1-12	*The Choice*	美国/FOX	1.51
29	《我是歌手》	湖南卫视	2013-1-18	*I AM A SINGER*	韩国/MBC	4.13
30	《为你而战》	央视 CCTV-1	2013-1-20	*You Deserve It*	美国/ABC	
31	《芝麻开门》	江苏卫视	2013-1-21	*Raid the Cage*	以色列/索尼影视	0.58
32	《舞林争霸》	东方卫视	2013-2-15	*So You Think You Can Dance*	美国/FOX	1.59
33	《一站到底》	江苏卫视	2013-3-2	*Who's still standing*	美国/NBC	1.50
34	《男左女右》	深圳卫视	2013-3-2	*Battle of the Sexs*	荷兰/Talpa	0.766
35	《中国星跳跃》	浙江卫视	2013-4-6	*Celebrity Splash*	荷兰/Eyeworks 公司	1.103
36	《星跳水立方》	江苏卫视	2013-4-7	*Stars in danger：High diving*	德国/Banijay International 模式公司	1.251
37	《舞出我人生》	央视 CCTV-1	2013-4-14	*Dancing with the Stars*	美国/ABC（从英国BBC引进）	2.14
38	《中国最强音》	湖南卫视	2013-4-19	*The X Factor*	英国/ITV	1.621
29	《我为歌狂》	安徽卫视	2013-5-2	*Mad of Music*	荷兰/Talpa	1.204
40	《中国梦之声》	东方卫视	2013-5-19	*American Idol*	美国/FOX	1.43
41	《天下无双》	天津卫视	2013-5-31	*Copycat Singers*	英国/Zodiak Rights 公司	1
42	《中国星力量》	山东卫视	2013-7-4	*Kpopstar*	韩国/SBS	1.18
43	《最美和声》	北京卫视	2013-7-6	*Duets*	美国/ABC	
44	《我的中国星》	湖北卫视	2013-7-7	*Super Star K*	韩国/Mnet	1.39

注：相关收视率数据是根据各大电视台网上公布的 CSM 调查数据整理。

从表 1 中，我们可以看到东方卫视、江苏卫视、湖南卫视和浙江卫视是全国引进版权最多的电视台。然而引进版权也并不一定意味着成功，上述 44 档引进版权节目中，只有将近半数的节目收视率超过 1%，其中只有 6 档节目收视率超过 2%，而另外有 2 档节目还因为收视率过低而被停播。对于这种现象，上海唯众公司总裁杨晖认为，"拿来"不可怕，可怕的是"同质化"①。事实上，随着节目模式的引进，娱乐节目的同质化现象也愈演愈烈，如《中国好声音》与《中国最强音》，《中国星跳跃》与《星跳水立方》，《妈妈咪呀》与《妈妈来了》，《中国星力量》与《我的中国星》等，这些高度同质化节目的出现，正是节目模式盲目引进的弊端之一。

随着版权引进热潮的出现，社会各界对这一现象的关注也在持续升温，基于不同出发点的学者们给出了不同的答案，归纳起来主要有以下几种。

（1）国际接轨说。对于电视台为什么会积极推出引进版权节目，不少节目制作人认为这是为了与国际更好地接轨，从而能够促进我国电视节目的规范化。浙江卫视节目部主任杜昉认为，"之所以引进节目模式，一是出于节目推陈出新的日常规律，二是希望通过节目模式引进，跟国际先进电视节目制作方式接轨"。②

（2）版权意识说。对于当前的节目模式引进现象，不少人认为这是人们版权意识增强的一个表现。过去中国电视人的版权意识模糊，跟风抄袭，这样做的结果导致没有人愿意去想好东西了。而引入海外模式，正好是一个契机，它不仅唤起了人们对于节目版权的尊重，而且重塑了大家对创意价值的认可。③ 复旦大学的黄芝晓教授也认为，与其说这两年海外版权突然风靡，不如说，大家终于开始有了版权意识，不再"山寨"了。④

---

① 苗春：《电视节目流行"拿来主义"》，《人民日报》（海外版）2013 年 4 月 20 日。
② 何佳穗：《30 多档节目扎堆引进：中国电视人 你为啥不原创》，《成都晚报》2013 年 6 月 13 日。
③ 王砚文：《电视台高价争买"洋模式"》，《北京日报》2011 年 5 月 9 日。
④ 佚名：《我是歌手领跑海外版权引进 中国综艺节目 90% 有原型》，腾讯娱乐，2013 年 4 月 19 日，http://ent.iqilu.com/tv/2013/0419/1508954_8.shtml。

（3）创新规律说。不少研究者指出，现阶段的引进版权是符合创新规律的现象。他们认为，创新本身也是一个过程，只有事先打好根基，才能打造出成功的原创节目。引进版权就像改革开放一样，首先需要引进生产线、引进技术，不断学习，然后才能变成我们自己的技术，变成我们自己的研发能力。而当前中国的电视节目仍然处于最粗放的初级阶段，唯一的办法就积攒经验。①

（4）规避风险说。原创节目需要耗费大量的研发成本，且风险较大，但购买已经成功了的节目模式则能有效规避风险，因此各大电视台都很愿意从海外引进成功的娱乐节目。湖南卫视《我是歌手》的制片人洪涛也认为，之所以引进节目模式，主要是因为成熟的节目模式都是已经被市场验证过的，直接引进这些模式比电视台自己研发一个新节目的风险低得多。②

浙江卫视的王征宇认为，目前国内电视行业缺乏试错机制，如果一个新节目上马失败，就意味着一个团队的失败，这会直接影响这个团队在电视台中的运营。显然相对自主研发而言，引进国外比较成熟的节目模式的风险系数要小很多。③

（5）人才培训说。天津卫视频道副总监王屹表示，从短期来看，引进版权对原创节目是一个打压，但从长远来看，这实际上是培训了一代人，在海外版权的先进理念下成长起来的电视人，恰恰是将来原创节目创作的生力军，他们打造的作品也将成为中国节目的主流。灿星公司的宣传总监陆伟也认为，购买海外节目的"宝典"是有价值的，但如果我们的制作水平不能和国际一流水平接轨的话，再好的创意做出来也是不伦不类的。④

虽然对于引进版权节目的归因不同，但大部分人认为，本土化过程是影响节目成功的关键，即使一档引进版权的节目在海外有多成功，引入中国以后也可能会出现水土不服的现象。而《我心唱响》《梦立方》等节目

① 佚名：《我是歌手领跑海外版权引进　中国综艺节目90%有原型》，腾讯娱乐，2013年4月19日，http://ent.iqilu.com/tv/2013/0419/1508954_8.shtml。
② 刘阳：《解码卫视综艺节目大战》，《人民日报》2013年3月21日。
③ 吴洋：《2013年，综艺节目纷纷抢帖"中国"标签：洋点子轰炸荧屏风险小，还是原创力不足？》，《成都商报》2013年3月25日。
④ 佚名：《我是歌手领跑海外版权引进　中国综艺节目90%有原型》，腾讯娱乐，2013年4月19日，http://ent.iqilu.com/tv/2013/0419/1508954_8.shtml。

收视率不理想，都与节目模式的本土化问题有关。在数字复制时代，对节目模式的本土化加工和改造，也直接关系到节目的成败。正如《新民晚报》的孙佳音所说，"拿来主义"固然省力安全，但即便背着海外模式的躯壳，如何打造自己节目的灵魂，也应是每个电视人应思考的问题。①

三　数字复制时代的电视节目原创能力及其建构

数字复制时代并非仅仅意味着作品的机械复制。虽然模仿和引进是数字复制时代的重要特点，但是中国电视要走出国门，要在国际市场上拥有一定的话语权，还是要从加强原创入手。创新是数字复制时代的重要任务，而对艺术作品创作过程的介入或参与，也是培养原创能力的一种方式。电视作为一种文化产品，必须开掘出属于自己的"灵韵"，这也是我们实现从电视节目的"制造大国→创意大国→创新强国"的转型升级中，必须要完成的事情。具体而言，我们可以尝试从如下方面来建构适合原创的传媒生态。

（1）创新机制的确立。形成鼓励创新的机制是传媒生态建设的重要步骤，不论是电视台还是独立制作公司，都把创意视为最终成败的关键，从创意的形成到创意的制作再到创意的检验，整个创意生产链都要有相应的激励机制和保障机制。目前在国内还没有一个真正的电视节目模式公司，而且在中国电视产业的传统理念中，节目模式也不被人看重，因而很难形成产业。事实上，自 2000 年以来，我国省级电视台就相继成立了一些研发中心，然而成效却不大，最终也因为资金投入问题而遭到撤并。然而在国外，节目模式的生产和引进已经形成了一个比较完整的产业链，并且形成了像 Endemol、Fremantle Media 和 Talpa 这样的跨国型电视节目制作公司。英国、美国、荷兰、德国等欧美国家将创意视为一种稀缺资源，通过各类制度和机制对创意予以保障。在制度设计上，英国实行制播分离体制，从而刺激了独立制片公司的发展，目前已经拥有超过 800 家独立制

---

① 孙佳音：《今年荧屏引进海外版权的综艺真人秀逾 20 档："拿来"节目省力胜出要凭个性》，《新民晚报》2013 年 3 月 14 日。

片公司，而电视台也非常乐意将这些新节目安排在黄金时间播出。另外，完善的激励机制也是保障英国电视节目创新的一个因素，英国的电视台和独立制作公司，纷纷从薪酬奖励和创意文化氛围的营造两方面，来完善激励机制、鼓励节目创新。

（2）创意团队的建设。一个良好的创意团队是创意形成的核心要素，目前国内已经有不少节目制作团队，可以在此基础上形成创意团队。这个团队由两部分构成，第一部分是创意人员，这部分人员的构成可以多元化，来自社会各界的创意人士按照"头脑风暴"的原则被组织起来，大家只需要为节目模式提供好的点子即可。而创意团队的另一部分则由创意执行人员组成，这部分人员主要由拥有丰富电视节目制作经验的专业人员构成，他们主要负责将好的创意制成样片，而执行能力则是这个团队的关键。

（3）创意实验的实施。有了好的创意还需要建立相应的实验实践配套措施。在国外，除了有好的创意团队和创意机制之外，还有一套比较良好的试错机制，用以检验创意的可应用推广性。在创意的实验环节，要将创意样片事先提供给不同的机构和不同的群体去进行反复实验，通过实验的样片还要再进一步地加工和修改，只有通过实验的创意才能被制作成节目。配套的创意实验实践机制，能够保障每一个投入市场运营的创意产品都是精品。

欧美国家的电视节目原创能力强劲，很大原因还在于他们拥有运作良好的试错机制。在国外，并非所有的创意都有机会付诸实践，往往有90%的创意惨遭淘汰，而剩下的10%的创意虽然有机会去制作样片，但是这样的样片还要被事先投放到不同的机构和群众中去反复测试，最后仅有3%的节目模式能够被真正投放市场，以这种"百里挑一"的精神来制作电视节目模式，获得成功也是自然的。

（4）创意产业的开发。创意产业的开发及市场化运营，是对节目创意的深度开发，也是节目模式规模化和形成影响力的重要举措。这项工作需要有一个专门的市场推广团队来完成，而该团队的主要任务是，结合节目特点，推出合适的市场化产品，并打造成相关产业链。在进行产业开发和市场化运营的时候，形成合适的盈利模式也是十分重要的环节，在这方面浙江卫视与灿星娱乐达成"对赌式协议"，在《中国好声音》第一季的产业开发和市场运作中，积累了许多成功的经验。

由于我国电视台实行市场化运作的时间尚不长，节目交易市场也还不成熟，仍然处于最粗放的节目生产阶段，因而十分容易出现市场无序竞争的问题，电视节目的"跟进"现象仍然十分明显，一档节目红火之后大家都办这类节目，这也造成了节目模式的高度同质化。而广告主在电视节目市场的无序竞争中也起了推波助澜的作用。在各电视台招标会上，广告商对海外版权节目十分青睐，而对于纯粹原创却持怀疑态度，这也在一定程度上打击了电视台办原创节目的信心。

（5）法律法规的保障。较为完善的知识产权法体系，以及人们较为清晰的知识产权意识，为节目模式的原创提供了良好的保障体系。[1] 早在20世纪七八十年代，欧美国家为了鼓励节目创新及避免垄断，建立了专门的法律法规以保障节目独立制作公司的发展。如美国司法部20世纪70年代规定，电视网必须将娱乐节目交给电视台以外的制作公司，并承诺在播放其他公司节目时限制自己的利润比例。欧盟电视法令也规定，电视台要拿出10%以上的播出时间，交给独立制作公司制作某些类别的节目，特别是虚构类节目。而法国的规定更加详细，不但规定了对欧洲语言或法语文化作品投资的10%要流向电视节目独立制作机构，还规定电视台只能拥有4年的电视节目权，如与第二家电视台合作的则为5年。1980年后，法国政府进一步规定公营电视台法国电视台60%的预算、私营电视台TFI台78%的预算，要用于市场招标以进行联合制作或独立制作。而英国独立广播委员会也于1987年宣布，属下电视台委托独立制作公司的节目数额要达到全部播出量的25%（不算重播节目和新闻节目）。1990年英国广播法案还要求3个主要电视台使用制作公司的节目数量不少于播出总量的25%。1996年更是针对数字地面电视播出做出了新的规定，要求使用独立公司的数字节目不少于播出总量的10%。荷兰也有类似的规定，即公共服务性质的电视台必须把节目的25%拿出来交给独立制作公司（不含新闻、体育、广告、信息类节目），等等。这样严苛的法律规定也促使荷兰、英国、德国等国家的电视节目走向世界，并成为世界首屈一指

---

[1] 张伟珉：《英国电视创新生态与移植》，《视听界》2012年第3期。

的节目模式输出大国。

总之，节目模式的版权引进为我国电视带来先进的制作理念与制作方式，使我国电视屏幕有了新的面孔和新的声音，但是版权引进绝不能成为"养懒汉"的便捷措施，原创能力在此基础上得到提升才是版权引进的真正目的。虽然节目原创需要花费大量的人力、物力、财力，但是电视台和独立制作公司也必须进行必要的投入，否则数字复制时代的节目原创能力培养和"灵韵"的开掘只能是天方夜谭。

（原载《中国广播电视学刊》2013 年第 10 期）

人性化、智能化、融合化：电视媒介的进化方向

内容摘要：视听新媒体的出现，不断拓展着传统电视的内涵和外延，并预示着以电视媒介为代表的传媒进化越来越趋向于人性化。本文从电视媒介形态的人性化、电视媒介功能的人性化和电视观看方式的人性化等方面，对电视媒介的人性化补救展开论述。研究认为，媒介的每一次进化都是对旧有媒体的补救，也是人类不断突破自身交流困境的成功尝试。

关键词：媒介进化　人性化　电视媒态融合化　文化重塑

网络视频、IPTV、数字电视、手机电视、楼宇电视、智能电视、云电视、社交电视、iPad 等视听新媒体的出现，不断拓展着电视的内涵和外延。它们不仅为电视的发展带来了新的触点，更预示了电视媒介的进化方向——越来越人性化，这将是视听新媒体的共同特征。伴随着电视媒介进化的，还有电视的形态、理念、运营及组织文化的重塑。如何抓住这一机遇，是摆在所有电视人面前的一道难题。

一　电视媒介的人性化补救

如果将媒介视作生命有机体的话，会发现媒介一直在传播科技和社会需求的双重动力下不断进化，其进化的方向是越来越人性化。事实上，媒

介的每一次进化都是对旧有媒体的补救，也是人类不断突破自身交流困境的成功尝试。正如保罗·莱文森所指出的，媒介进化是系统内的一种自我调节和自我组织，其机制是补救媒介，它体现了满足人类的渴望和幻想，以及弥补失去的东西的双重目的。[①] 莱文森将媒介的演变过程视为对旧媒介的补救过程，他认为广播是对报纸的补救，电视是对广播的补救，互联网则被视为是对所有媒介的补救。随着视听新媒体技术的进步，电视已不再仅仅是对广播的补救，更是对传统电视媒介自身的补救。

电视媒介形态的人性化。电视技术与互联网技术、移动互联网技术以及物联网技术等的不断融合，使电视媒介的形态渐趋多元化，电视逐渐走出客厅，走进人们的私人空间，并逐步发展出适合人体工程学的视听新媒介形态。屏幕的轻型化、薄型化、小型化让电视的移动传播成为现实；数字化、高清化、点播化让电视的互动传播更加突出；云电视、SIRI电视、社交电视等视听新媒体的出现，使电视的传播更加人性化，初步完成了对其他媒介的人性化补救。

互联网等传播新科技为电视的转型提供了技术支撑，网络视频、IPTV、手机电视、云电视、SIRI电视、社交电视、iPad电视等视听新媒体弥补了传统电视线性传播的劣势，使传播方式突破了时空的限制，为电视的发展注入了新的活力，越来越受到用户的欢迎。近三年来，网络视频和手机网络视频用户规模和使用率均出现了持续增长（见表1），这说明视听新媒体受到用户的喜爱。

表1　2010~2012年网络视频和手机网络视频用户规模及使用率

	网络视频		手机网络视频	
	用户规模（万）	使用率（%）	用户规模（万）	使用率（%）
2010年	28398	62.1	7718	21.9
2011年	32531	63.4	8001	22.5
2012年	37183	65.9	13425	32.0

数据来源：CNNIC。

---

① 〔美〕保罗·莱文森：《数字麦克卢汉》，何道宽译，社会科学文献出版社，2001，第7页。

电视媒介功能的人性化。从传统"看电视"到新媒体时代"用电视"的变化，是电视媒介功能人性化的最突出表现。通过播放节目而提供信息不再是电视的唯一功能，提供各种增值服务，如视频点播、游戏、购物、炒股将逐渐成为电视的重要功能。根据 Google 等公司的设想，未来，由于实现了所有家电的联网，有可能通过电视来控制其他家用电器，并完成部分家务劳动。

智能化、人性化将是电视媒介进化的总体方向。而支持新型的人机互动以及人与人之间的互动，不仅反映了电视媒介的人性化进化，也将成为电视媒体新的增长点。有学者指出，在可见的未来，电视至少沿着三个方向自我进化：一是由语音控制技术引发的"人与电视新型互动"的 SIRI 电视；二是受到社交媒体影响的社交电视；三是基于强大云计算基础之上的云电视。①

SIRI 电视通过语音识别与控制技术，能够实现人与电视终端的"交流"。用户只要发出语音指令，内置 SIRI 的电视终端就能从网络数据库里搜索出相关的视频或信息，从而彻底改变人与电视的互动方式。据《纽约时报》报道，苹果公司正在计划推出内置 SIRI 的苹果电视。

社交电视让电视这个缺乏社交属性的终端发生了转型，用户可以在分享电视节目的同时，发表评论、表达情绪，实现"边看电视边聊天"的社交功能。2011 年，美国 MTV 电视台推出评选"TJ"（Twitter Jokey）即微博主持人的活动，率先在增强电视的社交性上进行了探索。Netflix 以社交方式进入 Facebook，双方用户共享电影和电视节目，YouTube 也意图进一步融合 Google 社交服务。美国部分电视网还与苹果开展合作，通过苹果应用商店 App Store 中的 Yap. TV 这一电视 Twitter 客户端，推出新的社交应用。

云电视的巨大优势则在于其多层次、开放性的云系统，云电视能发挥云计算的强大功能和资源，实现海量资源共享，从而为用户提供与云端交互的体验。目前，不少国内厂商正在开发云电视，TCL、创维等都推出了

---

① 栾轶玫：《媒体从"新"出发——2011 年新媒体年度盘点》，载崔保国主编《2012 年：中国传媒产业发展报告》，社会科学文献出版社，2012。

云电视产品。

电视观看方式的人性化。保罗·莱文森的"人性化趋势"理论指出，人作为社会性的动物，其主观意愿和能动性在媒介进化中发挥了关键作用，媒介的进化是由于人的需求所产生的，并且在不断满足人的需求中发展演进。"积极驾驭媒介的主人，不是在媒介中被发送出去，而是在发号施令，创造媒介的内容。对于别人已经创造出来的内容，人拥有自主选择能力。"[①] 电视媒介形态的转型与进化促使人们观看电视的方式发生了变化，过去线性、被动地收看电视的方式，被多元、主动的观看方式所取代，这正是人性化趋势的体现。

当前，除了用户评论、下载、上传、分享等互动形式外，SIRI 电视对人机互动的支持，社交电视对用户之间互动的支持等互动特色，也是电视媒介人性化补救的表现。江苏卫视 2012 年 3 月推出的益智类真人秀节目《一站到底》，在增强节目的参与性和互动性上进行了很好的探索。节目制作方与苹果商店 App Store 合作，开发了 iPad、iPhone 以及安卓版的应用，用户可以通过 iPad 或手机上传自己的题目到题库，还能与选手们进行 PK 游戏。2013 年 2 月 21 日，《一站到底》在广泛参考网友的反馈之后制作了特别节目《诸神之战》，一经播出，受到观众的热烈欢迎，还在网上形成了新的讨论高潮。

二　电视媒体的平台化转型

2011 年 10 月香港亚视申请破产，这为电视行业敲响了警钟。面对迅猛发展的新媒体，电视媒体只有转型才能获得发展。电视媒体平台化转型的关键在于搭建两个平台，即为用户提供基础产品和服务的基础平台，依托基础平台开发应用服务的应用平台。一些国际化的媒体已经开始转型为"内容集成商"或"技术公司与孵化平台"，这为我国电视媒体的平台化转型提供了借鉴。

内容集成播控平台。提供内容是电视媒体的基本业务，也是基础平台

---

① 〔美〕保罗·莱文森：《数字麦克卢汉》，何道宽译，社会科学文献出版社，2001，第 7 页。

建设的重要环节。全媒体时代的电视媒体不再是单纯的节目播放平台，而是"一云多屏"的内容集成播控平台。这里的"云"是内容云，即建立并完善包含文字、图片、视频、音频等内容的数据库，而"多屏"是指构建起多终端、全覆盖的内容分发体系。

成立三年多的中国网络电视台，已经建立了一套较为完善的内容集成播控体系，该平台能够同时面向电视终端、电脑终端和移动终端（三屏），并通过综合多媒体门户平台、微博平台、移动互联网客户端平台、IP电视平台、手机电视平台、互联网电视平台，以及车载、户外等公共视听平台（七平台）进行传播。除了为用户提供视频直播、点播、回看、时移、上传、搜索、分享等"一站式"视频服务外，该平台还能提供诸如网络社区、博客、微博、邮箱、论坛及其他类型的社交服务等增值服务。

内容和服务的细分化、多样化、针对性，是内容集成播控平台建设的重要特征。一方面，拓展了内容生产领域，并对内容和服务进行细分，开通用户自助式服务应用。另一方面，平台还能记录用户的使用喜好和习惯，并根据不同层面的用户需求，有针对性地提供内容和服务。YouTube网站在新一轮的改版中，加强了内容的针对性，突出显示了专门为不同内容定制的频道。土豆网则根据用户的视频搜索和播放记录，在首页突出显示用户可能喜欢的相关视频。

视听公共服务平台。在电视媒体的平台化转型过程中，公共服务平台建设不可或缺，它是媒体社会责任的体现。尤其是由传统媒体创办的视听新媒体，更应发挥资源和品牌优势，通过开放与合作，聚合社会各方力量，形成集天下之大成、合作共赢的运行机制，建设公共文化服务平台。CNTV在建设国家级新媒体集成播控平台的基础上，推出了"网络视频云平台"，为全国各级电视台和影视机构提供"一站式"服务。目前，该平台已经集成了24套央视开路频道、36套卫视频道、84套城市频道、5套数字电视频道以及699个网络视听联盟成员的9400余个视频栏目，成为中国最大的网络电视直播点播平台。在手机电视平台建设方面，央视网现已形成CCTV手机电视、央视手机报、手机央视网（WAP）、视频手机报、移动互联网客户端等多种业务形态群，覆盖苹果、安卓、微软、米狗四大移动操作系统平台，直播电视频道 100 路，用户超过 2200 万，并成功落地非洲等地，成为规模最大的手机电视直播平台。

应用技术孵化平台。除了提供内容和服务外，电视媒体还应当转型为应用技术的孵化平台，合作开发媒体领域相关应用程序及技术，使之成为电视媒体业务新的增长点。纸媒在这方面的探索已走在了电视媒体的前面。《华盛顿邮报》已将自己视为一家技术公司，尝试开发更多的数字产品。我国浙报集团也在打造新媒体内容与技术应用的孵化基地——"传媒梦工场"。该基地通过遴选优秀创意的新媒体产品及创业团队，为后者提供发展所需的资金、资质、资源及成熟的管理，助其成长，创业项目孵化成功后，集团控股的上市公司有优先收购权。① 这些平台的人性化建构为电视媒体用户提供了更为便捷的应用路径和场景。

三　电视媒资的多元化运营

实行人性化平台转型的电视媒体需要配套市场化的运营方针，按照市场化原则对媒体资源进行合理分配。建立完备的视听媒体产业链，实行统一的运作管理，采取多样化的运作方式，是其中的关键。

建立完备的视听产业链。构建以多媒体产品为基础的强大产业集群，形成完整的产业链，是合理配置电视媒体资源的基础，也是世界传媒领域内不可逆转的趋势。当前，世界各国媒体都在实施"多屏"战略，以形成完备的新闻和服务提供网络。

BBC 自 1996 年起就开始筹建世界最大的多媒体网络，目前正在新建覆盖电视、电脑、手机和平板电脑等所有媒体终端的平台——Freeview 数字基础平台，并建立了集编辑、营销、受众研究为一体的全球性新闻机构，不断推出基于新媒体技术的功能和产品，以适应新媒体时代受众不断变化的接受习惯。② 美国时代华纳公司实施"处处电视"计划，即让电视

---

① 栾轶玫：《媒体从"新"出发——2011 年新媒体年度盘点》，载崔保国主编《2012 年：中国传媒产业发展报告》，社会科学文献出版社，2012。
② 黄廓：《西方媒体国际传播战略转型》，《对外传播》2012 年第 7 期。

用户选择一次性付费项目，实现在电脑、手机和其他移动设备上收看电视节目。为了适应受众消费习惯的变化，公司与几家出版公司合作，联手开发阅读器，并与在线视频 Netflix 和 Redbox 等公司签署协议，将视频点播同步发行。[①] 我国新华社积极向全媒体平台转型，初步构建了融通讯社业务、报刊业务、电视业务、网络业务、金融信息业务、新媒体业务和多媒体数据库业务为一体的全媒体业务形态，形成了以多媒体产品为基础的强大产业集群。

实行统一的运作管理。电视媒体的转型，对媒体重塑提出了新的要求。美国南加州公共广播电台执行编辑梅拉尼·希尔（Melanie Sill）认为，重塑新闻学涵盖开放性新闻学，首先最应该关注的是新闻服务，应以受众为最终服务目标；其次才是新闻平台和新闻产品，而这需要对新闻的基本生产过程进行重新排序和调整，[②] 进而对媒体产业链实行统一的运作管理。这是电视媒体市场化运营成功的必要条件。

传统电视媒体主要分为管理部门、节目制作中心和技术部门三大板块。随着业务规模的扩大，特别是电视媒体向内容集成商的转型，要求电视媒体打破电视与新媒体之间的壁垒和限制，把内容生产整合到统一的信息采编平台，这就需要电视媒体调整设置专门机构，负责统一规划和管理，以适应媒体转型的发展需要。

加强多元化的经营。以主业为中心进行的产业链的延长与开发，能够分散企业的风险，实现规模经济，不少国际媒体集团都采取这种方式做大做强。我国不少电视台开始涉足电视剧、电影、动画、游戏等领域的节目生产、衍生品开发及销售等业务，显示出产业多元化拓展的魄力。

电视媒体的平台化转型有助于经营方式的多元化。内容集成播控平台的建立，能够带动节目资料数据库的建立，有助于资源的再次开发利用。多媒体产业链的形成，更方便电视与其他媒体开展合作，形成新的业务种类和盈利模式。而技术开发和应用平台的建立，更助力电视媒体涉足互联

---

① 栾轶玫：《媒体从"新"出发——2011 年新媒体年度盘点》，载崔保国主编《2012 年：中国传媒产业发展报告》，社会科学文献出版社，2012。

② Melanie Sill. "Case for open journalism now. Annenberg Innovation Lab", http://www.annenberglab.com/，2011-12-12.

网、移动互联网等 IT 行业以及电信行业，实现跨行业发展。电视媒资的多元化经营需要具备独到的战略眼光和灵活的投资技巧，在实行跨界发展时，必须考虑自身的资源和优势，紧紧围绕主业和原有产业拓展视听新媒体产业。

四　电视媒态的融合化改变

电视媒介形态的进化并非只存在于技术领域，实际上也是不同媒介组织之间不断转型、融合的过程。组织文化的融合需要传统电视改变过去的工作方式和行为模式，与新媒体组织之间求同存异、共谋合作。

共享型文化。新媒体倡导的是以用户为主体的平等、开放、共享的文化，这种文化受到青少年群体的欢迎。在生产方式方面，新媒体实现了内容的共享，除了购买版权、自主研发和生产内容产品外，UGC（用户生产内容）成为视听新媒体传播状态下的一种特殊形式，它模糊了传受者的界限，构成了多元化的生产主体。传统电视如果不充分利用 UGC 生产模式，将很难实现与用户的深层互动。

当前，数字电视虽然在提供更多专业化频道或内容、发展共享型文化方面有了较大突破，但生产能力难以与用户群体的强大生产能力和创新能力抗衡。只有将新兴媒体形态融合进来，电视媒体才能成为内容集成商。

社交型文化。新媒体注重以沟通为核心，关注用户个体之间的交流互动，并逐渐形成了以个人为中心、以社会关系为传播渠道的新型传播模式。在社会关系越来越弱化的现代社会，人们的社交需求在微博、微信等社交媒体中得到延续，而视频领域的社交服务需求也越来越突出。网络视频行业与社交媒体的互相渗入成为新媒体发展的一大亮点。2012 年 2 月，土豆网宣布为新浪微博用户推出增强后的视频共享平台，优酷宣布与腾讯微博合作，打通视频评论功能。① 电视媒体在进化与转型的过程中，必须改变过去以点对面的传播模式和思维方式，发展社交型文化。

---

① 殷乐、孙翠翠：《2011 年新媒体视频发展报告》，载尹韵公主编《中国新媒体发展报告（2012）》，社会科学文献出版社，2012，第 245 页。

个性化文化。个性化、私人化不仅是新媒体的一种文化特质，也是传播发展的一个趋势。在广电系统有一种观点，即通过三网融合造就更强大的客厅的终端，用一个遥控器搞定一切。但是，用一个终端去统一本应千变万化的个性化市场的想法，与数字技术发展的方向是相违背的。[①] 电视媒体的平台化转型，虽然能让电视的内容、服务和技术应用的提供更加丰富多元，然而不同的终端有不同的客户群体和不同的使用情景需求，只有体现个性，才能发挥平台化转型的价值。当电视技术升级到 NGB 后，互动交流、游戏、购物、支付等新的用户使用习惯，也将造就更加分化的受众群体。

开放型文化。开放型组织文化实质上是对传统体制的全面挑战，电视媒体的多元平台转型需要打破传统体制。重塑新闻学论认为，随着媒介工业的持续演化，只有建立一个全新、透明、丰富、开放的双向互动式新闻网络，才能迎接信息时代的挑战。互联网、手机网的发展也在"开放"这一文化特质方面给了我们足够多的启示。事实上，集内容集成播控平台、视听公共服务平台和技术应用孵化平台等多元化平台为一体的电视媒体，所需要开发的产品、服务和技术应用，并非广电系统一家能够提供的，多个部门和企业组织之间的合作创新是平台共建的关键。组织文化越开放，越能融合不同类型的文化，越能吸引更多的终端制造商、内容提供商、电子商务经营者、技术开发商，只有不断创新与优化电视媒体这个多元化的平台，才能不断发展壮大。

（原载《视听界》2013 年第 3 期）

[①] 彭兰：《三网融合进程中的市场变局及其思考》，载崔保国主编《2012 年：中国传媒产业发展报告》，社会科学文献出版社，2012，第 226~228 页。

"电视+"重回中心

——媒介融合的逆向思维

内容摘要：在媒介融合发展的语境下，传统媒体和新媒体如何融合发展，显然仍存在很多的未知数。本文以"电视+"为主体，从互联网与电视的基因比较分析切入，试图破解媒介融合的现实之困；透过媒介融合的逆向思维，探索"电视+"主动拥抱"互联网+"的路径；研究以电视作为融合中心黏聚，探寻以"电视+"为中心的策略。

关键词：媒介融合　"电视+"　电视文化　逆向思维

2014年8月，中共中央全面深化改革领导小组第四次会议审议并通过了《关于推动传统媒体和新兴媒体融合发展的指导意见》，意见要求"推动传统媒体和新兴媒体在内容、渠道、平台、经营、管理等方面的深度融合，着力打造一批形态多样、手段先进、具有竞争力的新型主流媒体，建成几家拥有强大实力和传播力、公信力、影响力的新型媒体集团，形成立体多样、融合发展的现代传播体系"。同时，2015年5月，国务院办公厅又印发了关于《三网融合推广方案的通知》，这意味着"互联网+"的媒介融合时代正式到来。

"互联网+"作为国家推出的行动计划，无疑有助于媒介融合的不断深化。正如媒介生态学者尼尔·波兹曼所认为的那样：无论是哪一种大众传播工具，它的迅速发展都会对当时的社会产生巨大的影响，逐渐形成一种新的政治、教育和文化形态。在媒介融合时代,传统电视行业究竟该如何转型与融合?能否借鉴"互联网+"的思维方式,创建以电视为中心的"电视+"模式,将成为一种融合思维的新尝试。

一 媒介融合的现实之困:电视与 "互联网+"

目前电视在推进"互联网+"的媒体融合实际上是一种媒介繁殖式的嫁接,绝大部分所进行的尝试无外乎以传统媒体为主,把部分互联网因素用单一线性的方式与电视进行简单的拼接,基本路径是推进新闻客户端、影音播放器,开通微博、微信公众号,研发"摇一摇"等。这些拼接后的新媒体产品与媒介形态都是以辅助的地位存在着,用这种路径和框架来发展"互联网+电视",只会让传统媒体的融合与升级转型之路窄化、僵化。法国著名媒介学家雷吉斯·德布雷曾经就媒介对社会的影响指出,从人类使用媒介的历史来看,人类媒介使用习惯的历史要比对某一媒介工具使用的历史更加悠久,也就是说如果习惯不改变,那么任何一种新媒介其实还是根本意义上的旧媒介。[①] 因此,当一种新媒介出现时,它必须要寻找到与旧有媒介的共性和差异,在原有旧媒介习惯中比照改进媒介基因,在这种媒介进化中嵌入既有的社会结构场域,并持续与之互动。从这个意义上看,要做到媒介融合的理性再造,必须要深刻剖析互联网与电视的基因文化比较谱系(见表1)。

表1 互联网与电视的基因解剖比较

悖论	互联网	电视
1. 用户 vs 受众	互联网的使用者是用户:新媒体网站或者客户端,包括微信公众号,一切行为均紧密围绕"用户"需求而展开,对用户需求进行准确分析、不断满足用户个性化需求才能赢得"用户"	电视的使用者是受众:媒体处于传播中心位置,具有很强的控制能力,可以以传者为中心来决定传播的内容和形式,"受众"是被动的媒体传播的受者

① Debray, R., *Media Manifestos*, London: Verso, 1996.

悖论	互联网	电视
2. 平台为王 vs 内容为王	互联网是平台为王：随着视频社交化发展，商业网站和客户端都在努力构建社交平台，即以关系建设为出发点，来构建内容、社区和服务的生态系统	电视是内容为王："内容为王"强调的是内容的高质量，但互联网让内容变得容易获取和被不断复制，优质内容的价值在急剧下降，大量同质化内容出现，让优质内容丧失其核心竞争优势
3. 服务为主 vs 传播为主	互联网是以服务为主：商业视频网站为用户提供清晰度的切换、离线观看、播放记录云同步、内容定制与推送等功能，不断地优化其视频客户端的用户体验	电视是以传播为主：广播电视的"传播""内容""受众"三者构成一条完整传播链，"受众"在信息传递中的被动接收，赋予了媒体主动"传播"的权力，因此媒体强调"内容为王"、强调主动进行"传播"
4. 产品经理思维 vs 艺术创作思维	互联网是产品经理思维：互联网从把握用户需求、产品优化迭代、业务运营拓展、产品推广每个环节都需要基于严密的逻辑思考——技术创新、数据挖掘、流程设计、效果分析等	电视是艺术创作思维：广播电视强调形象性，比较感性并注重直觉，是典型的艺术作品创作模式

表1显示，由于互联网与电视基因异质性的存在，媒介融合的效果不会太理想。虽然电视机构对媒介融合进行了诸多不懈探索，但仍没有取得理想效果，一直处于媒介融合发展中的弱势，对于互联网的运用只停留在媒体繁殖阶段，并未实现媒体增值。对于传统电视行业来讲，这种以互联网为中心的媒介融合方式是无法持久的。

二　媒介融合的逆向思维：用"电视+"主动拥抱"互联网+"

媒介发展的过程给予我们的一个重要启示就是新媒介和旧媒介的融合、形塑不能忽视逆向思维的价值。在信息技术的架构下，媒介的社会存在和生产机制已然变成了一种全面、复杂的网格化融合。融合的逻辑和进路是以信息技术范式的弹性为基础，以特定技术的高度聚合为系统。而今天，我们以传统媒体为思维起点，关注和剖析传统媒体的基因特性仍然具有相当的价值。英国媒介研究学者索尼娅·利文斯通（Sonia Livingstone）曾指出"新媒体的发展在很大程度上只不过是一种持续发生的旧有的技术和新的理念之间的杂交化过程"①。这也印证了美国受众研究学者詹姆斯·韦伯斯特（James Webster）和英国学者肖恩·摩尔斯分别对媒介与受众收视习惯的研究。研究表明，虽然媒介给受众提供了多样化的平台选择，但电视观众的收视习惯被现代性的工作生活惯例所形塑的状况并没有发生剧烈的改变。人们的媒介消费习惯仍然主要受到日常生活节奏的影响。②

如果将互联网看成一种新媒介，那么互联网应该是一种三维媒介，而电视是作为传统媒体即是一种低维度媒介、二维媒介③。高维度的媒介物种本应拥有高维度的基因，正是这种不同的基因特质带来了互联网与电视融合过程中的排异性。因此，媒介融合的思维方式不能简单地用"互联网+"去涵纳植入其他媒介，而应尊重不同的媒体特性和基因属性，从逆向思维出发，依据不同的融合主体进行差异化的融合。传统电视行业在媒介融合的逻辑下，应以电视的文化特性为融合载体和逻辑中心进行融合黏聚。

从性质和内涵上讲，电视文化是一种典型的、影响力最大的视觉文化。它具有以下特征：

——高技术文化。它是以高新技术为基础的、可不断机械复制的影响文化。

——最具影响力的大众文化。它是一种声像一体、生动直观、明白易懂的影像文化；是一种在电视传播实现了"信息的共识分享"

① Livingstone, S., *New Media*, *New Audiences*, *New Me-dia and Society*, 1999.

② Webster, J. & Ksiasek, T., "The Dynamics of Audience Fragmentation：Public Attention in an Age of Digital Media", *Journal of Communication*, 2012.

③ 喻国明：《互联网是一种高维媒介》，经济观察网，http：//www.eeo.com.cn/2015/0205/272205.shtml。

基础上实现的"全天候"文化;是一种以家庭为中心的休闲文化;是一种超越年龄、角色和身份界定的"大公共"文化。

——消费文化。它是视觉文化中一种满足精神需求的快感体验文化,包括体验、窥视、宣泄和冲动的快感体验。

因此,传统电视行业必须以电视文化为融合基点,整合传统电视媒体的优势资源,引进互联网思维,用"电视+"主动拥抱"互联网+",通过传统媒体基因与互联网基因的碰撞裂变、深度融合,有效整合各种媒介生产要素,在资金、人才、空间上突破,破除体制机制壁垒,激发融合发展活力,最大限度释放新闻生产力。从而实现体制机制、生产流程、产品形态、传播方式等的系统创新和整体转型。

三 媒介融合的中心黏聚:以"电视+" 为中心的策略

在媒介融合中,要让电视成为融合黏聚中心,打造"在播—在网—在场—在商"的多元电视传媒服务产业链。

1. 电视+电商

电视作为一种消费文化,在媒介融合中应充分得到重视和放大。2006年5月,托夫勒在与海蒂合作著述的《财富的革命》① 一书中曾经多次使用 prosumer(消费生产者)这个名词,虽然它是在表达在未来的经济发展中的一种生产与消费的合一现象,但这种消费环节和生产过程相连接的主流消费经济模式在我们今天的电视内容生产与制作中同样适用。

消费者也是生产者,电视受众也是用户,要让受众在观看电视节目时满足其消费需要,并在消费过程中使用户参与到新一轮生产过程之中,使电视用户实现生产—交换—分配—消费的循环。这一逻辑可以适用于电视与电商的融合,譬如上海东方卫视播出的电视节目《女神的新衣》、深圳卫视播出的《宅人食堂》等,就是电视和电商的双平台对接尝试,创造

---

① 〔美〕阿尔文·托夫勒、海蒂·托夫勒:《财富的革命》,吴文忠译,中信出版社,2006。

了"内容即商品""内容即价值"的"电视+电商"内容、平台、技术、资本融合模式。

2. 电视+社交

电视是最具影响力的大众文化，具有聚众的作用，因此，电视本身就具有社交的功能，而"电视+社交"所形成的就是一种社会化媒体。美国传播学者霍华德·莱茵高德（Howard Rheingold）确定了社会化媒体的三大核心特点。"首先，社会化媒体有可能使每个人在网络中同时作为内容的生产商，经销商，以及消费者。其次，社会化媒体的力量来自它的用户之间的连接。最后，社会化媒体可以让用户自行协调相互之间的活动的规模和速度。"[①] 因此，电视+社交就是一种媒介融合的形式，为受者与受者之间不同的社会化媒体形式的融合提供了平台。这种融合依托信息技术的强大互动性、开放性、平等性等传播特征，拓展电视的 UGC。如新闻现场的亲历者直接将图片和视频通过手机等移动工具上传到博客、微博、微信等社会化媒体上，并展现在电视上，形成参与式新闻。

3. 电视+产业

"媒介即讯息"的提出者加拿大学者麦克卢汉认为，媒介本身就是有意义的讯息，并且在他笔下媒介有着更为深刻而广泛的意义。同样，梅罗维茨关于"媒介情境"的理论，也从技术和情境入手，关注人类如何受到不同媒介本身特质的构建，以及媒介与人类及环境的互动关系。作为信息载体和中介物的媒介一直是媒介理论关注的重点，这种媒介概念是一种泛媒介。因此，从这个层面来说，以电视为中心的媒介融合，可以是多形态的电视产业融合，形成"节目+会员+渠道+产品"的"电视+产业链"的协同化发展，形成"电视+产业链"的三级进阶。第一层是建立呼叫中心，使传统的电视台通过热线与观众形成连接，将热线这一沟通渠道变成商务网站和呼叫中心。第二层是观众变用户，将收看电视节目的观众内化为消费者。第三层是在拥有信息中转站和海量潜在消费群体后，与采购、分销、供应等多重渠道商进行合作。形成"频道+渠道""线上+线下"的

---

① Terry Flew，"Media Convergence"，http：//www.britannica.com/EBchecked/topic/1425043/media-convergence.

发展模式，把节目变成服务、把频道变成渠道。例如：电视+汽车、电视+美食、电视+教育、电视+婚恋、电视+房产、电视+医疗，等等。

4. 电视+大数据

大数据具有海量（Volume）、多样化（Variety）、快速（Velocity）和灵活（Vitality）等特点，其战略意义在于通过对这些富有意义的数据进行专业化处理，进一步提升受众反馈的价值，拓展用户分析广度与深度。大数据（big data）技术为传者了解受众行为提供了有力的支撑，从而使传播具有了针对性。

电视+大数据是要打造"智慧融媒体"，构建生态级媒体云平台，即以电视为中心重建用户连接。融合的媒介就已不再仅仅是传播信息内容的载体和渠道，而是一个生态场域，媒介融合后的电视将成为大数据信息资源平台、智能传播平台和用户沉淀平台。通过自身或者借助互联网抓取用户的信息，并利用大数据技术对用户进行画像，以数据收集为基点，将会走向服务云、商务云、产业云，最后是区域云，成为服务区域方方面面的云平台，"电视+大数据"的融合就是要建立区域型、生态型媒体平台（见图1）。

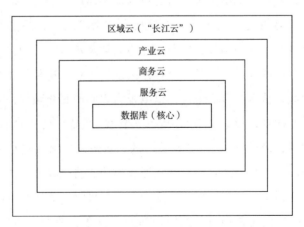

图1 "电视+"大数据生态级媒体云平台构建

媒介融合是一个具有丰富内涵和超级体量的开放性、动态的复合概念，既包括传统媒介的新媒介化、数字化、网络化、视频化、终端化、互动化，也蕴含新媒介与传统媒介的叠化、意识形态化与文化价值的多元化，还包括各类不同属性传媒机构之间的重构化。以"电视+"为主导，挖掘"融"的能量，打破过去以媒介类型划分的组织结构；以电视文化为逻辑起点，建构以产品和服务为项目的信息形态，打通体制以内和体制以外的资源要素，兼容并蓄新旧媒介的技术属性，从而更为全面地满足受众对于媒介的多元需求，实现最广泛的用户聚合！

（原载《今传媒》2016年第2期）

"移动优先"下电视时政新闻的
微传播路径研究

内容摘要："移动优先"（Mobile First）为媒体的深度融合指明了方向，它既是传统媒体在移动互联网时代寻求转型的重大战略部署，也是时政新闻本身走向互联时空的必由之路。本文选取央视新闻客户端和人民日报客户端两家新媒体对中共十九大的报道进行探讨，研究"移动优先"下电视时政新闻的微传播路径。

关键词："移动优先" 时政新闻 微传播 深度融合

信息通信技术加速了经济社会的转型，继前两次工业革命改变了18世纪的商业社会之后，信息革命改变了19世纪和20世纪的工业社会。电子媒介在整个社会动员中扮演着日益重要的角色，"第五媒介"已经登上历史舞台。在新一轮的媒体进化中，"客户端"肩负起信息挖掘和聚合的使命，电视时政新闻传播的新格局已然铺开。

一 电视时政新闻传播的新格局

手机的出现改变了终端市场的格局。2014年，手机上网超过传统PC整体使用率，首次成为第一大上网终端。2018年1月31日，中国互联网络信息中心（CNNIC）发布第41次《中国互联网络发展状况统计报告》称，我国手机网民规模达7.53亿，网民中使用手机上网人群的占比提升至 97.5%，不断挤占其他个人上网设备的使用。

1. 移动化：传统媒体蜕变突围之路

新闻客户端是为用户提供新闻资讯应用服务的一种程序，根据艾瑞移动网民行为监测系统 mUser Tracker 数据显示，2017 年 6 月，移动端新闻资讯服务月独立设备数达到 6.2 亿，在移动网民中的渗透率同比上升至 55.5%。自建新闻客户端已成为传统媒体转型的重要环节。

与此相应，国家出台了一系列政策对这场媒体变革给予引导。2014 年 8 月，中央全面深化改革领导小组第四次会议审议通过了《关于推动传统媒体和新兴媒体融合发展的指导意见》，提出要"形成立体多样、融合发展的现代传播体系"。2017 年 1 月，刘奇葆同志发文指出，主流媒体的移动新闻生产"重点在准、新、微、快上下功夫"[①]，这对传统媒体尤其是主流媒体提出了更高要求。

目前我国的移动新闻客户端主体由"媒体系"和"门户系"两大类组成。媒体系新闻客户端如央视新闻、人民日报，根植于中央电视台和人民日报社等传统媒体的沃土中，拥有丰富的运作经验和原创资源，在制播时政新闻方面具有先天优势。因此，本文将主要研究对象聚焦于媒体系新闻客户端，并以央视新闻和人民日报客户端为案例具体分析。

2. 多屏化：电视时政新闻联动分享

多屏化，是一种新闻在不同媒介终端进行传播的现象。随着新闻再生产的完成和跨终端、跨平台的多屏（multiscreen）传播问题的解决，新媒体的传播方式正在逐渐与传统媒体的传播内容实现融合，视听节目被赋予第二次生命。

传播场景从固定的客厅延伸至移动的空间。移动屏在物理结构上缩减了屏幕大小，在实际操作中克服了无线网络连接、操作系统切换、智能终端接收等技术问题，电视节目实现跨屏播放和操作等功能。保罗·莱文森曾指出，媒介革命"在第三个阶段，人们能够在任何地方、任何时间获

---

① 刘奇葆：《推进媒体深度融合　打造新型主流媒体》，《人民日报》2017 年 1 月 5 日。

取一切信息,包括图像、声音和词语等"。① 多屏化传播昭示着"媒介革命第三阶段"的到来。

传播内容从共时的整体解构为历时的碎片。多屏化不仅拓展了电视节目的生存空间和生存样态,也重新定义了观众的收视行为。通过移动设备,观众能在电视节目播出时以及播送完成后的任意时间点播或者收藏,还能预约接下来的节目,或者自行选择观看某一节目的某一片段。碎片化传播延长了电视节目的生命线,"电视节目"正朝着"网络视频"方向转变。

传播形态从线性的播送转变至立体的互联。进入 Web2.0 时代,"参与互动"成为观众在观看电视节目时的常态化需求。移动端开放评论、点赞等功能,观众看电视直播还能通过"微信摇一摇"功能在手机屏同步参与互动。"观众"这一群体的身份正逐渐向"用户"转变。由此,节目的传播形态从线性变为立体,反馈环节前置也为节目制作提供了更多参考。

3. 场景化:"媒介—场景—行为"重塑

场景,建构现实的基本方式之一,是当下移动媒体争夺的新入口。"移动传播的本质是基于场景的服务,即对场景(情境)的感知及信息(服务)适配。"② 场景被称为"移动互联网时代的核心",其价值在于它是媒介融合的黏合剂,时空重塑的加速器,也是用户感官的栖息地。

媒介场景理论最早由梅罗维茨提出,他构建出"新媒介—新场景—新行为"的关系模型,将场景指向人们在使用媒介时所沉浸的行为、心理状态和环境氛围。同时用"信息系统"的概念说明电子媒介引发社会变化的原理——"地点和媒介同为人们构筑了交往模式和社会信息传播模式"③。

而斯考伯在《即将到来的场景时代》中提出,以移动设备、社交媒

① 〔美〕保罗·莱文森:《软边缘:信息革命的历史与未来》,熊澄宇等译,清华大学出版社,2002,前言。
② 彭兰:《场景:移动时代媒体的新要素》,《新闻记者》2015年第3期。
③ 〔美〕约书亚·梅罗维茨:《消失的地域:电子媒介对社会行为的影像》,肖亚军译,清华大学出版社,2002,第34页。

体、大数据、传感器和定位系统为代表的五种原力构成场景传播的核心技术。[①] 场景传播核心技术的成熟，拓展了场景的内涵和外延，使具体的物理空间与抽象的环境氛围融合状态下的新场景逐渐形成。这种新场景更具多样性与灵活性，为受众的移动体验提供了更多可能。移动直播是目前最具传播影响力的场景入口，移动媒介通过网络直播完成了对用户生活"最后一公里"的渗透。过去与现在交错，现实与虚拟交融，置身于移动直播的多元时空与场景之中，用户的时空观与行为模式被重塑。

二　移动优先下的视频时政新闻"微型态"

媒体系客户端在新格局中展开了积极的新闻传播实践，时政新闻的报道视角、生产样态和分发范围正朝着综合、立体、延伸的方向发展。下面选取央视新闻客户端和人民日报客户端有关中共十九大的报道，对移动优先下的视频时政新闻传播特征进行分析。

1. 微视频：时政新闻报道的发力点

在快速切换的场景中传播，须满足碎片化、移动化、个性化的传播特点。微视频贴合了受众移动收看和快速获取信息的需求，成为继微博、微信之后又一"微"字号的新媒体形态。微视频，是指"个体通过 PC、手机、摄像头、DV、DC 等多种视频终端摄录、上传互联网进而播放共享的短则 30 秒，长的一般在 20 分钟左右，内容广泛，视频形态多样，涵盖小电影、纪录短片、DV 短片、视频剪辑、广告片段等的视频短片的统称"。[②]

央视新闻客户端推出的"V 观"系列微视频（简称"V 观"）正是当前新媒体环境中的产物。"V 观"自 2014 年 11 月 APEC 期间被推出后不断发展，其内容来源于权威的央视视频独家资源，但在形式上符合新媒体传播特征。首先，"V 观"的长度大多被控制在 5 分钟之内，符合碎片

---

① 〔美〕罗伯特·斯考伯、谢尔·伊斯雷尔：《即将到来的场景时代》，赵乾坤、周宝曜译，北京联合出版社，2014，第 11 页。

② 刘琼：《网络大众的影像书写：中国网络微视频生产研究》，华中师范大学出版社，2014。

化传播特征；其次，"V观"在央视新闻客户端发布，体现移动化传播特征；再者，"V观"开放了用户评论入口，具有互动性。2016年全国两会时，"V观"首次实现了两会新媒体时政报道快于《新闻联播》发稿。[①]移动媒体首发，无疑是时政新闻发布流程再造的重大突破。

2017年10月18日上午9时，中共十九大开幕时，"央视新闻"客户端以"V观"+"图文流直播"的立体传播形式对十九大开幕式进行报道——共计发布《不忘初心，方得始终》《习近平这段话，句句掷地有声！》等短新闻27条，其中微视频24条，62.5%的微视频时长控制在60秒至120秒之间。"V观"于当天13时55分完成发稿，实现了视频在移动端首发。截至2017年10月22日18点，十九大开幕式的"V观"视频在央视新闻客户端、央视新闻移动网累计播放量达到577万次。

微视频作为时政新闻报道的最强发力点，其最大的特征在"微"。在央视新闻客户端对十九大开幕式长达三个半小时的报道摘编成的24个短视频中，最短的时长为1′05″，最长的也仅为4′40″，实现了时政新闻在移动平台的高效分发，提升了时政新闻在网络舆论环境的影响力；另一方面方便了观众快速获取适配信息，提高了主流媒体的政治传播效能。

2. 轻直播：时政新闻报道的新常态

传统意义上的直播，往往离不开大型的转播设备，耗费相当大的人力物力。而传媒技术的快速升级改变了直播形式，简化了直播流程，重新定义了直播。如今，一名记者使用一台联网的手机就能完成一场直播，直播的内容也不局限于实时视频画面，还能以图文流、360°全景拍摄、VR、AR等技术手段呈现。"轻直播"已经成为当下时政新闻报道的新常态。

"轻直播"是进行移动直播的一种新形式，具有直播设备便携、发布流程简化、编辑方式多样、直播时长较短等特点，作为重大时政新闻的补充报道，"轻直播"在媒体系客户端得到了广泛应用。一方面，中央电视台为多家媒体提供新闻现场移动直播信号，打通了分发渠道，新闻客户端通过央视资源搭建起"轻直播"的基础模块；另一方面，"媒体系"移动

---

① 人民日报社编《融合坐标——中国媒体融合发展年度报告（2015）》，人民日报出版社，2016，第6页。

直播使移动端的报道时空不断延伸，并通过多元化的原创直播节目组成了"轻直播"的个性模块。

以人民日报客户端为例，在十九大专题中，人民日报客户端策划了两档特别节目。《十九大时光》在五期节目中分别走访了上海一大会址，江西井冈山八角楼，陕西延安中共七大会址、河北西柏坡纪念馆、河南兰考焦裕禄纪念馆、深圳莲花山公园。栏目选取的地点极具代表性，有中共党代会会址、革命根据地、纪念馆，还有改革开放的窗口，历史文化底蕴深厚，足迹遍布祖国大江南北。《代表面对面》栏目分别以"闪耀警徽""大国工匠""梦想交汇""十九大上的艺术家""金融标兵"为主题，邀请十九大代表做客会客厅进行访谈，议题囊括了民生、文艺、经济等人民关心的领域。截至 2017 年 10 月 25 日 15 点，两档节目的参与量累计达到622.6 万人次。

十九大召开期间，两档节目每天不定时在人民日报客户端进行直播，时长基本控制在 30 分钟以内，是"轻直播"的代表作品。人民日报客户端在充分发挥其党媒内容优势的同时，适应了移动传播的环境：在议题选择上，以专业视角直击要点；在节目制作上，以优质内容保证质量；在渠道分发上，以移动优先获得关注。"轻直播"已经成为助推传统媒体移动转型的重要新闻形态，它多角度传递时政信息，为丰富的时政报道提供了便捷的移动出口；开发聊天评论区，为观众提供了实时互动的移动入口；符合移动优先策略，是助力传统媒体跨越移动转型的重要关口。

3. 互动端：时政新闻报道的突破口

新闻客户端为用户提供了互动的天然场景，完成了从"送达到人"到"吸引人"再到"留住人"的传播过程。在报道十九大的专题时，人民日报客户端和央视新闻客户端都在直播界面下方设置了聊天互动区。新闻视频的碎片化影响着用户意见的碎片化生产——即时、轻量成为用户评论的景观特色。而即时评论只是互动外化的表现形式之一，完整的互动体系正在搭建。

移动端提供了利于互动的文本环境。移动端对时政新闻的传播表现出新媒体的文风特征。以十九大报道为例，人民日报客户端在 10 月 19 日直播"党代表通道"采访时，以"'党代表通道'又来人了，带你看现场"

为标题，运用副词"又"和两个动词"带""看"，简洁活泼，一改往日留给受众的严肃工整的印象，具有亲和力。在策划新闻报道视角方面，移动端也在向受众靠近，注重开发选题的互动价值。例如，人民日报客户端十九大特别节目《代表面对面》，把节目主题瞄准人民群众关心的领域，具有代入感。

移动端提供了便于互动的操作环境。新闻客户端为用户开设并列于直播入口的讨论区，易发现且易到达。在开放了 UGC 功能的客户端口，用户还能成为内容生产者，上传文字、图片和视频。除了能参与深度互动，用户还可获得自主选择权。如十九大期间央视新闻客户端在直播"新一届中共中央政治局常委同中外记者见面"时，提供"央视新闻新媒体五小时不间断直播"和"独家 | 人民大会堂东大厅实时画面"两个信号，用户可以自主选择观看视角。用户在使用流量的情况下，还会收到弹窗提醒"是否继续观看"，以及"图文流"和"听新闻"的选择，感受其社交友好。

从单向传播到实现交互，新闻客户端把握住了移动优先带来的机遇，适应了新媒体用户的交互行为倾向，完成了"输出—接收—反馈"的信息传播流程，重构了时政新闻的传播生态。一方面，交互功能留住了用户，增强了平台的用户黏性；另一方面，作为传统媒体转型的首发阵地，媒体系客户端承载着将电视新闻时代的主流意识形态与移动互联时代的主要传播形态相结合的使命。在不断壮大主流思想舆论的同时，让广大人民群众参与其中，有助于增强当代中国主流意识形态自信。

三　视频时政新闻的微传播进路

对微传播路径的探寻过程，也是寻求传统媒体和新媒体之间关系的动态平衡点的过程。移动优先是策略，终端融合是结果，用户体验是追求。牢牢把握住这三点，才能推动媒体转型发展。

1. 移动优先：时政新闻报道的流程再造

"移动优先"（Mobile First）既是传统媒体在新时代寻求转型的重要举措，也是时政新闻本身走进互联时空的必由之路。2017 年 1 月 5 日，刘奇葆在推进媒体深度融合工作座谈会上指出,"必须顺应移动化大趋势,强化移动优先意识,实施移动优先战略"①,为媒体的深度融合指明了方向。进一步地将"移动优先"战略纳入体制机制改革,以体现当代媒体的社会责任和价值取向,是推动社会主义文化繁荣兴盛的重要环节。

进一步落实好"移动优先"战略,要从技术、人才、资金三方面加强。在技术方面,充分运用虚拟现实、数据抓取、云计算等技术,提高新闻的可看性。在人才方面,建立健全内部流动机制完善培训体系,为新媒体输送人才并且鼓励创新,让整个队伍紧跟技术前沿。在资金方面,用多元化的收益方式取代单一的盈利模式,如尝试内容的选择性付费,保障对移动运营的激励机制等方式。

2. 终端融合:无处不在的时政新闻传播

"移动优先"把移动端推向了传播最前线。近三年来,传统媒体相继在移动端发力,打造微博、微信、微视频客户端"三微一端"的新媒体格局。但是,组织架构重组和生产流程再造,让传统媒体面临"优势弱化"和"创新乏力"的危机。此外,新闻碎片化和多屏化也催生了如信息冗余、信息超载等问题。这都对媒体终端融合发出了警示信号。因此,即使在既定的全媒体图景之下打造出完整的媒体生态圈,媒体平台在聚集用户这一关键节点上仍然面临流量式微的风险。

为此,在纵向上,时政新闻的传播要坚持"内容为王"原则,保证时政新闻应有的高质量和权威性,并增强文本亲和力;另一方面要根据终端特点进行差异化制作,重构栏目和版面,如视频新闻的"全碎结合""影音图文结合"等,以满足用户在不同的场景中获得良好的接收体验。在横向上,媒体要找准差异化定位,树立品牌意识。新闻品牌是连接多屏化传播的可见标识,有助于增强时政新闻的个性,帮助用户形成对该新闻产品的记忆点。

3. 用户体验:时政新闻报道的精品打造

新闻客户端的交互功能将用户行为纳入新闻生产体系中,要打造时政新闻精品,就要充分关注用户体验,这是时政新闻重塑自身所要克服的重

---

① 刘奇葆:《推进媒体深度融合 打造新型主流媒体》,《人民日报》2017 年 1 月 11 日。

点和难点。与生活、娱乐等领域相比，用户在时政新闻领域的参与度仍有不足，主要表现为以下几个方面：参与留言与点赞的人数在点击量中占比不足；评论内容具有趋同性，产生"精彩评论"的概率较低；问答模块的功能不显著，反馈留言环节缺失。只有解决这些问题，才能达成用户体验的最优解。

"移动优先"是移动端聚集用户的一张王牌，要提升用户体验，首先要最大化发挥移动端的首发优势。这就要求新闻客户端在新闻制作时提高生产效率，第一时间推送重大新闻。同时添加更多的互动元素，比如新闻标题的适当口语化，新闻内容的可视化，新闻评论区的常态化，以及反馈留言的及时化。此外，还要注意传播技术的升级与应用，延伸客户端的功能，使时政新闻的传播更加人性化。比如，开发个人定制模块以缩短用户对时政新闻的"距离感"，开发互评互粉等社交功能，在用户之间打通关联并为打造社群创造条件，由此提升用户参与时政新闻互动的获得感。总之，新时代的移动媒体不仅仅要争夺用户的注意力，更要在受众的行为、感官、心理和所处环境等各方面寻求契合点，从而实现更高程度和更广范围的场景精准适配。

结　语

媒介的移动化与多屏化影响了受众获取信息资源的途径，反过来受众的媒介使用行为也塑造了新媒介。移动媒体生态系统被传统媒体生产者和新媒体消费者不断使用和改造，适应了"微传播"时代的新要求。在十九大报道中，央视新闻客户端和人民日报客户端对"移动优先"的举措进行了有益尝试。未来，重构时政新闻的生产范式，是一场深刻的媒体管理实践，"移动优先"将继续影响视听时政新闻的生产并可能引发新的媒介革命。因此，如何探索出更多服务用户的"微传播"路径，是媒体系客户端需要优先思考的重要课题。

（原载《视听界》2018 年第 11 期）

媒体与暴力：历史的
论争与当代认知[*]

——由动画片的"暴力失度"谈起

内容摘要：20 世纪 70 年代关于媒体与暴力的问题在美国引发了一场论争。当下，我国由两部动画片的"暴力失度"所导致的儿童模仿行为个案再次引发了一场电视与暴力的讨论。本文从 40 年前的一场学术论争切入，分析了 21 世纪对电视涵化效果的重新认知，继而在研究假设的前提下探讨媒体的责任与规制。

关键词：媒体暴力　涵化理论　电视责任　当代认知

媒体暴力不仅是个学术问题，更是一个社会问题和哲学问题。40 多年前发生在美国的那场学术论争，由于未得到无可辩白的证明与结论，以致当今由我国《喜羊羊与灰太狼》《熊出没》两部动画片的"暴力失度"引发的讨论，再度唤起了人们对电视媒介效果论的反思。

一　电视与暴力：70 年代的一场学术论争

20 世纪 60 年代，美国国内暴力事件频发，时任美国总统约翰逊下令

---

* 本文系国家社科基金重点项目"构建和发展现代广播电视传播体系研究"（项目编号：13AXW008）的研究成果。

调查电视暴力与社会影响问题。继而一批学者参与相关项目研究，产生了众多传播效果的研究成果，至今关于媒介暴力调查研究仍是最为活跃的话题。

"模仿现象"之争。西方媒介暴力的研究以美国学者乔治·格伯纳最为著名，其研究发现，美国黄金时间电视上60%的节目充斥着暴力。事实上由于早期报纸上突出报道模仿犯罪事件，由此引发的关于电视暴力影响的研究，从20世纪50年代就开始了。斯坦福大学心理学家阿伯特·班杜拉的"社会学习论"研究是这方面的典型理论，即人们通过看电视观察或模仿别人的行为，改变自己行为的方式。同时强调"奖赏"和"惩罚"的重要性，即如果暴力行为在节目中遭受了惩罚，观众对暴力行为模仿的可能性会很小；如果暴力行径在节目中受到嘉奖，观众很有可能对此行为模仿。① 其学习的过程为：收看暴力电视节目—储存这些信念—触发性暗示—提供解决问题的方式—儿童模仿行为。

但在电视和社会学习的论争中，也有研究认为，电视暴力只是攻击倾向的原因之一。电视暴力的影响受多种因素制约，相对而言，电视暴力对攻击倾向的影响并不很大。因为儿童使用电视的模式是，随孩子年龄、收看时间、社会阶层及喜爱的节目等而发生改变。儿童从电视中获得偶然学习，其影响因素还包括"熟悉效果"，即对熟悉的事物有相同的期待模式，对不熟悉的东西注意提取、存储；"角色认同"与否影响学习和记忆；"成熟原理"影响从追求幻想到追求现实。

"涵化效果"之争。在传播效果研究的14项里程碑中，涉及电视与儿童、电视与暴力、电视与社会行为的研究共4项，其中乔治·格伯纳的"涵化理论"影响最大。其理论预设是看电视越多，受电视影响越大。理论来源于认为电视具有塑造受众观念，及间接影响其行为的巨大能力。该研究比较了两个"暴力世界"，即电视描绘的世界和实际的经验世界，认为涵化是一个重复、累积、互动的过程，收看电视促使观众按一定的方式构建各种社会现实。

---

① 〔美〕格兰·斯帕克斯：《媒介效果研究概论》（第2版），何朝阳、王希华译，北京大学出版社，2008，第77页。

但也有研究认为，涵化理论忽视了受众能动的解读方式和预存立场。在涵化过程中的内容获取阶段，观众的观看动机、观看时的活动、情感状态等主观因素恰恰影响了观众的选择性注意和理解；存储阶段，观众自身的习惯性认知结构决定哪些内容被记忆；重新提取阶段，观众面对新的认知对象将从长期记忆中提取相关信息进行分析和判断。[①] 这恰恰反映了对强效果论的弱化。霍金斯认知心理学研究（1981）认为：涵化是一个包含学习与建构两个过程的心理历程。涵化效果并非直接由电视促成，而是要经过信息获得这个中介变量。[②]

暴力实验之争。观看暴力内容与暴力倾向行为之间究竟是否存在因果关系？这是媒体与暴力研究的核心问题。许多学者展开了长期跟踪调查和实验研究，结果也出现了针锋相对的结论。如持肯定观的"触发论"代表伦纳德·伯科威茨，在威斯康星-麦迪逊大学所做的实验表明，愤怒的人观看媒介暴力更易产生攻击行为。他们对此解释的关键词是"引动"（priming），即媒介暴力首先可能会引动与敌意相关的思想；其次，还会导致人们相信某些情况下的攻击行为是正当有益的；最后，促使人的行动更加暴力。

持否定观的"宣泄说""净化理论""脱敏理论"认为，人们通过观看媒体上的攻击行为可以释放自己压抑的情感；或减弱他们在现实生活中实施暴力行为的可能；或随着重复性的接触和观看媒介暴力，观众的心理饱和感或情绪的调节作用就会发生，以致观众在现实生活中对暴力行为的情感反应能力和应急能力降低。

二　动画与暴力：新世纪涵化
理论的重新认知

随着数字媒介技术的发展，媒介暴力的争论已延伸拓展到包含电子游戏、动画等新媒体领域。这使20世纪70年代研究者们围绕电视暴力相关

---

① 〔美〕格兰·斯帕克斯：《媒介效果研究概论》（第2版），何朝阳、王希华译，北京大学出版社，2008，第85页。

② 〔美〕格兰·斯帕克斯：《媒介效果研究概论》（第2版），何朝阳、王希华译，北京大学出版社，2008，第87页。

问题的争论至今再次成为人们关注的话题。在现代信息社会中，电视越来越成为儿童接触的重要媒介和平台，各种带有暴力内容的电影、游戏、动画片等通过电视媒介传播到更为广泛的受众中，尤其对儿童的认知和行为产生了较大影响。

央视曝光的《喜羊羊与灰太狼》《熊出没》两部动画片明显存在"暴力失度"问题，并导致出现现实版的儿童行为暴力。2013 年 4 月 6 日，江苏省某地一男孩因模仿《喜羊羊与灰太狼》剧情中小哥俩做"绑架烤羊"的游戏，造成两名儿童被火严重烧伤，由此引发社会广泛议论。据网友统计，在动画片《喜羊羊与灰太狼》全集中，灰太狼被平底锅砸过 9544 次，被抓过 1380 次，喜羊羊被煮过 839 次，被电过 1755 次。而另一部动画片《熊出没》播出时也曾引起部分家长的质疑，有观众曾质疑该动画片 10 分钟里就有 21 句脏话，片中"光头强"整天叫嚣"臭狗熊，我要砍死你"，并拿电锯到处挥舞。有孩子家长说："自从孩子看了《熊出没》之后，就不使用礼貌用语，张口就是'竟敢嘲笑我'、'看我怎么收拾你'。不仅语言有了变化，连行为上孩子也受了影响，每天拿着'光头强'的电锯和枪在家里演，砸坏家里东西。"以上虽说是典型个案，却说明电视对儿童的涵化作用除了长期、累积的效果影响外，还会产生短期、即时的效果影响。少数儿童通过收看电视暴力节目，对攻击行为的认同态度呈正相关，这也引起我们对涵化理论的重新认知。

媒体暴力内涵审视。格伯纳讨论媒体暴力时，将媒体暴力与导致身体受到伤害的行为联系起来，定义为"有意伤害或杀害的公然武力的表现"。此定义明显指向行为暴力，但事实上暴力还包括对生理、心理和情感等造成的伤害。一般来说，电视观众会根据以下六种因素来评估暴力的严重性程度：人身暴力的类型和本质；所使用的工具类型；暴力对象受伤害的程度；暴力发生的现实语境及本质；暴力场景的真实程度；社会规范等。[①] 由于媒体并不是在孤立隔绝的状态下存在的，所以暴力并不是单个媒体中单个文本的单个行为，而是一种跨越各种媒介体验的综合体。作为

---

① 〔英〕格雷姆·伯顿：《媒体与社会——批判的视角》，史安斌主译，清华大学出版社，2007，第 117 页。

一种再现，媒体暴力仅仅只是一种被建构的对现实的虚拟式的再现，而不是真实的暴力，应当把媒体体验和日常生活区分开来，在探讨媒体暴力的影响时要确定好"社会生活"和"媒体生活"之间交叉和分离的程度。

媒体暴力的即时涵化。媒体的效果影响分即时和长期的，涵化理论主要强调的是一个渐进和积累的过程，是潜移默化的、长期的效果，并且认为媒介的作用在于控制，不在于改变，并不必然导致受众暴力行为的发生。但《喜羊羊与灰太狼》引发的对儿童的影响显然是电视涵化的即时效果。就是说在某种特定的社会环境下媒体暴力确实会引发暴力行为，暴力是通过媒体的再现而被认知和评判的。"媒体既是暴力再现的提供者，又是借助于再现的中介。作为提供者，媒体可以在再现当中嵌入自身的意识形态和利益；而作为中介，媒体可以让我们获得某种暴力体验"。①

受众虽具有能动性，可以对媒介信息在认知基础上进行选择性吸收，但电视动画片通过对暴力的虚拟式再现对儿童产生的影响却可能是即时的。由于儿童正处于成长阶段，他们对周围的一切事物都拥有很强的好奇心，往往对媒体所接触的暴力描写并没有正确的判断和识别，当看到暴力和残忍的画面时可能会不自觉地模仿。儿童无论是在道德上、社会上还是在个人的身份认同上，都没有一个获得广泛共识的、稳固的模式，儿童认识世界最主要的方式就是模仿式学习。当《喜羊羊与灰太狼》《熊出没》等动画片中出现语言或行为方面的暴力镜头时，就涵化影响的即时效果而言，会引起判断力较弱的部分儿童模仿；就涵化影响的长期效果而言，在儿童时期如果经常观看暴力节目，可能会导致受众成年后的攻击性行为。在冈特（Gunter）所归纳的媒体暴力所产生的七种主要影响中，除了"宣泄"和"脱敏"为受众提供净化渠道外，其余五种包括"唤起""反抑制""模仿""培植""恐惧"等都是对受众负面效果的影响。

涵化过程的影响变量。1981年霍金斯（Hawkins）与平格里（Pingree）提出学习与建构的二阶段涵化模式：涵化是一个包含学习与建构两个过程的心理历程。涵化效果并非直接由电视促成，而是要经过信息获得这个中

---

① 〔英〕格雷姆·伯顿：《媒体与社会——批判的视角》，史安斌主译，清华大学出版社，2007，第119页。

介变量。其中，学习过程的能力作用、注意力和投入程度的高低等会直接对信息获取产生影响，学习状况不好或是产生偏差都将影响到最终受众所建构的主观真实。根据格伯纳后来补充的"共鸣"的观点，当电视中所展现的内容和观点与个人经验一致或当电视中的角色和自己的社会角色相当时，涵化效果就会显著扩大，这一过程的形成无关收视时长的多少。"电视体验（尤其是在美国之外）很可能远比该理论所容许的更加因人而异，更加非累积性，而且还可能随着生产和供应的增加而更加如此"。①

从认知心理学的角度来审视个人如何使用电视媒体建构主观真实，虽然暴力是培养受众的重要工具之一，尤其对于年轻受众而言，但不能据此简单化地将媒体暴力理解为社会暴力行为的唯一因素。迄今为止，没有任何有力的证据可以证明：媒体是引发暴力行为或滋生暴力倾向的唯一根源。受众对电视内容的反应，往往通过其他因素的介入而表现出来，这些因素可能是来自行为层面的，与接触媒体内容的频次有关；也可能是来自认知层面的，其中包含一些判断性的反应。要理解媒体对于社会态度和社会性行为的影响，就不能离开个人成长所处的更为广阔的社会语境。当分析《喜羊羊与灰太狼》致孩童烧伤事件的原因时，我们不能一味地把原因归咎于电视媒体，虽然孩子的模仿能力很强，但不是所有的孩子在看完《熊出没》之后都会挥舞玩具电锯砍人，某些机构、社会因素和家长也应认识并承担起相应责任。

三 健康与暴力：未来的媒体 责任与规制

现代社会媒体对人们的影响确实无处不在，因此人们很容易不加鉴别地做出论断，媒体应该对现实生活中的暴力行为负主要责任，即把暴力行为归咎于媒体。虽然"媒体直接引发暴力"这一命题并未得到证实，但部分从事媒体分析的学者们仍然认为，接触媒体上的暴力内容会对受众产

---

① 〔英〕丹尼斯·麦奎尔、〔瑞典〕斯文·温德尔：《大众传播模式论》（第2版），祝建华译，上海译文出版社，2008，第90页。

生消极影响。这种消极影响可能是即时的，也可能是经长时间持续接触后产生的。为减少媒体的消极影响，特别是在引领儿童受众方面，应对媒体实施必要的规制。目前在国外媒体产业的相关操作规则、广播电视业的相关法定义务和其他法令中，都规制了为未成年人提供暴力内容及其处理方式。列文斯顿（Livingstone）认为："关于儿童和电视的争论反映了一种文化上的压力——即如何把童年构建为一段纯真的时期，为他们构建一个被保护的、免受污染的私人空间。"① 那么我国媒体针对儿童受众应采取何种规制措施，并真正为孩子们营造一个健康的、免受污染的私人空间呢？

（1）建立媒体内容标准。媒体应加强自身社会责任意识，建立内容制作标准，注重正面情节示范。在央视曝光国产动画片的相关问题后，央视动画有限责任公司等十大动画制作机构、中央电视台少儿频道等十大动画播出机构联合发出"绿色动画"的倡议，得到业界支持。《熊出没》的制作方深圳华强数字动漫有限公司制定了《华强动漫编审规则》，对语言、画面、场景、台词等方面都做出细致严格的规定。国家新闻出版广电总局也将于年内出台《国产电视动画片内容标准》。只有从内容上进行规范，才能做出既满足儿童教育需要，又促进企业发展的动画作品，提高电视文化的品位，引导未成年人形成正确的道德认知和行为规范。

（2）制定动漫分级制度。目前国产动画片存在的最大问题是对受众没有明确的定位，以致对电视暴力内容无法进行控制。只有制定有效的动画片分级制度，并根据不同年龄段受众特点，分时段播放动画产品，才能保证为儿童提供健康安全的信息。目前世界上控制电视暴力的一个通行做法是实施电视内容分级，美国政府为应对媒体暴力在 1996 年建立了电视节目分级制度，旨在保护儿童免受电视机构播出的暴力和其他讨厌内容造成的不良效果影响。厂商也生产了装有暴力节目过滤芯片的电视机，让家长能屏蔽掉包含暴力内容的节目。世界上许多国家都将动漫节目分为若干等级并形成制度，如美国分为 5 级，日本和韩国分为 4 级，基本上是以

---

① 转引自〔英〕格雷姆·伯顿《媒体与社会——批判的视角》，史安斌主译，清华大学出版社，2007，第 124 页。

12 岁、15 岁、18 岁和全年龄段为分界线，对动漫作品的内容和播出做出限制。像美国根据分级制度，动画片《猫和老鼠》就被判定为不适合 6 岁以下儿童观看，但在我国播出时却没有任何限制性规定。该片故事中的大猫汤姆遭到小老鼠杰瑞的各种暴力虐待，这些暴力情节可能会引起儿童受众的行为模仿，因此，在我国制定动漫分级制度也是很有必要的。

（3）实行播出时段限制。人们看电视的时间越多，他们对社会现实的观念就越能反映他们所看的电视内容。为避免电视暴力对儿童受众产生负面影响，西方国家如美国、英国、法国都对不适合青少年观看的节目播出时间进行严格限制。在日本面向成年观众的动画只允许安排在儿童入睡后的深夜播出，并且一旦节目被怀疑诱发不良事件，播出机构必须"自肃"，立刻停播分析原因。① 在我国也应规范动画片的播出时段，不利于未成年人身心健康的动画片不应该在电视黄金时段播出，以规范更好的行业标准。

（4）提示相关画面内容。电视应有相关"安全注意提示"，当儿童动画片出现可能在现实中被模仿的危险动作时，画面中应予以标注"请勿模仿"的字样。尤其在播出暴力画面时应提供滚动提示性字幕，建议该片多少岁以上观看或要有家长陪同等。韩国电视节目在播出时还会显示分级和青少年保护的标志。虽然媒体传播暴力不可避免，但我们需要在媒体暴力的呈现方式上做出改进，在传播过程中遵循伦理准则，把保护儿童不受暴力镜头影响作为基本准则。

（5）加强家长监护引导。在为儿童受众提供健康内容时，不仅动画制作方和播出方要负责，家长也应对儿童加以正确的引导，帮助孩子对内容进行筛选，承担起监护职责。在通常情况下，儿童看电视的行为是在家庭中发生的，所以家长应担负起对孩子进行媒介素养教育的主要责任，帮助孩子正确看待并评价电视中的暴力信息，在教育过程中培养孩子"免疫"不良暴力镜头的能力。很多动画片对此进行了相关提示，存在暴力内容的动画片，提倡家长陪同观看，过于暴力的镜头则禁止未成年人观看。如香港的 ⅡA 级就是指明影片有儿童不宜内容，要求家长指引观看。

---

① 张维：《倡议"绿色动画"专家呼吁分级》，《中国电视报》2013 年 10 月 24 日。

涵化研究的课题，在可预见的将来，很可能继续成为一个重要的研究领域。因为它给我们提出了一系列的待解之谜：涵化究竟是如何发生的？哪些人可能受到涵化影响？个人经验在涵化中扮演什么角色？从 20 世纪 50 年代以来，研究者们一直试图弄明白观看媒介暴力与暴力倾向行为之间的因果关系。以上虽是个案和部分调查，但至少部分说明通过收看电视暴力节目，对攻击行为的认同态度呈正相关。尤其是未成年人在面对电视暴力时，电视暴力与儿童攻击性行为之间存在着某种相关性或因果关系。大众传播学家施拉姆认为，电视的发明是人类智慧了不起的成就，但如何运用电视，却是对人类智慧的更大考验。当面临电视动画片"暴力失度"问题时，我们应研究如何为儿童提供良好的收视空间，不断探索怎样采取积极有效的措施，扬长避短，创造有利于儿童成长的电视环境，以减少和消除电视暴力对儿童的不良影响，这是全社会的共同责任。

（原载《现代传播》2014 年第 1 期）

中国电视业新世纪
十年发展评述

内容摘要：新世纪十年，是中国电视事业获得重大发展的十年。在这十年里，我国电视传播的社会影响力进一步扩大，电视新闻理念发生了重要转变，电视民生新闻形成新的收视高潮。综艺节目热的持续、真人秀节目的兴起及电视剧的热播，掀起了娱乐至上的狂欢。科教、法制和生活服务节目的改进与发展，持续发挥着电视媒体的社教功能。网络电视、IPTV 和手机电视的异军突起，改变了电视的传播方式，并催生出新的媒介文化。

关键词：新世纪电视　新闻改革　电视娱乐　新兴媒体

十年光阴虽然只是历史长河中的短暂一瞬，但新世纪的头十年之于中国的电视媒体而言，确是获得极大发展的关键时期。在这十年里，我国电视传播的社会影响力进一步扩大，专业化的程度日益增强，视听新媒体也有了快速的发展。纵观 21 世纪十年中国电视的发展，我们能够发现，新闻本质的回归、娱乐至上的狂欢、社教功能的坚守、新兴媒体的崛起等交叉推进，成为十年来最值得关注的电视现象。

一　电视新闻本质的回归

20 世纪 80 年代以来异军突起的国际电视传媒，无疑都是首先抓住了新闻信息传播这个先机，才获得成功：海湾战争让 CNN 迅速崛起，"9.11"事件的直播叫响了凤凰卫视的品牌，伊拉克战争的现场报道成就了半岛电视台。虽然 90 年代以后的娱乐热潮对新闻节目造成了一定冲击，但 21 世纪初由民生新闻引发的收视热潮，让人们重新认识到了新闻节目对于电视媒体的引领作用。近年来，电视"新闻立台"的呼声，似乎是对电视媒体社会功能的重申与回归。

1. 民生新闻的兴起与发展

21 世纪初，以《南京零距离》的开播为标志，在中国掀起了一股电视民生新闻热潮。2002 年，江苏广播电视总台城市频道《南京零距离》率先高扬"民生"旗帜，提出"我们就在你身边，我们与南京没有距离"的口号，以本地化、贴近性、生动性的节目形式取得了空前的成功。此后，各地媒体争相模仿，迅速涌现出一批同类型节目，如湖南经视的《都市 1 时间》、安徽经视的《第一时间》、湖北经视的《经视直播》、海南电视台的《直播海南》、河南电视台的《民生大参考》、深圳电视台的《第一现场》、北京电视台的《特别关注》、天津电视台的《都市报道 60 分》、辽宁电视台的《新北方》、陕西电视台的《都市快报》和西安电视台的《西安零距离》等，都将民生新闻的魅力发挥得淋漓尽致。2006 年以后，为了推进民生新闻的发展，28 个省区市电视台联合成立全国省级电视台民生新闻协作体，这也标志着民生新闻走上了规模化的道路。目前，全国民生新闻栏目超过 300 家。

党的"以人为本"的工作方针和亲民政府的形象展示，为民生新闻的传播营造了良好的社会环境，而民生新闻的兴盛也让处在信息全球化时代、面临"集体失忆"的媒体重新找回了方位感。

在内容层面上，民生新闻把镜头聚焦于街头巷尾的百姓生活，报道生活动向、反映民众心声，体现了媒体浓郁的社会责任感和人文关怀。由于报道的内容都发生在观众身边，更容易引起观众的关注、认同和共鸣。在报道方式上，民生新闻完全褪去说教色彩，以观众利益、喜好为出发点，满足受众需求"投之以桃"，自然会得到观众的青睐。民生新闻不仅带来了高收视率，也扩大了地方电视台的影响力，是中国真正意义上的"本土化"新闻节目。

经过近十年的发展，民生新闻以民众的人生诉求为基本出发点，以民众的生存状态为关注点，以民众的视觉为报道点，迅速抓住了观众的眼球，创造了一个个奇迹。为提升内涵值，近两年来，民生新闻栏目纷纷向"大民生"转变，即：从市民生活报道转向公众生活报道，从单纯消息报道转向大民生事件解读，从单纯向受众传播转向搭建公共话语平台，从媒体事件展示转向媒体公共服务。

2. 新闻改革的突破与深化

21世纪这十年，电视新闻理念发生了重要转变，或者说是新闻本质得以回归：一是更加注重新闻的时效性，满足受众的知情权。这十年，国内外发生了许多重大事件，如"非典"危机、"9·11"事件、伊拉克战争、"3·14"拉萨骚乱、"5·12"汶川大地震报道等，其中既有媒体的迟疑、失误，也有第一时间的发布、引导，这些都给我国媒体人以深刻的教益。特别是"5·12"汶川大地震的及时直播和伊拉克战争的现场报道等，使我国电视媒体在危机事件和突发事件的报道中赢得了先机，提高了电视媒体的影响力和社会的赞誉度。二是更加注重新闻的接近性，强调新闻报道的人文关怀。过去的新闻侧重政治宣传，倾向精英意识，电视传播的主体与大众有一定的距离，而21世纪这十年更强调"三贴近"的民本意识，在这种理念的指导下，民生新闻脱颖而出。三是更加注重新闻的规律性，强调按新闻规律办事。在这种理念指导下，中国电视新闻领域也渐次展开了新闻改革，并在实务运作方面有所突破。

（1）电视媒介话语机制的转变①。近十年，我国电视媒体在突发事件报道方面，一改过去"一等二看三通过"的发布信息方式，基本实现了及时、全面、公开、透明的报道机制。虽然在2003年"非典"爆发的关键时期，我国媒体普遍失语，导致人们对媒体颇有微词，但在2008年的雪灾和地震报道中，电视媒介话语机制出现重大转变，媒体及时、公开地传递各类信息，让中国媒体赢得了社会赞誉。在大地震直播报道中，央视的反应速度之快、报道时间之长、动用手段之多、参与人数之众、协作能力之强均创下了历史纪录，成为汇集政府和社会力量抗震救灾的重要平

---

① 石长顺：《电视话语的重构》，华中科技大学出版社，2010，第110~116页。

台。与此同时，四川卫视、重庆卫视、广东卫视、湖南卫视、东方卫视等几乎停播所有的娱乐节目，并将版面调整为黑白色调，全方位、高密度地报道灾情和救灾信息。

（2）电视新闻播出平台的开放。民生新闻的兴起和新闻频道的创立是十年来电视新闻在内容创新与平台建设方面的重大突破。新闻专业频道的创办不仅彰显了电视媒体"新闻立台"的理念，更标志着我国电视新闻走向专业化。

新闻专业频道的开播扩大了电视媒体新闻报道的容量，也为重大新闻事件的直播报道提供了灵活的播出平台。我国最早的新闻频道是 1999 年福建电视台开办的新闻频道，2003 年 5 月 1 日央视新闻频道开播则真正拉开了我国电视媒体开办新闻专业频道的序幕。自此，我国经国家广电总局批复的专业新闻频道已有 6 家（见表 1，另有一些未经批复、但仍按新闻专业频道运作的频道未计在内），在重大及突发新闻事件的报道，如汶川地震、奥运直播、玉树地震、日全食、神舟系列飞船升空等现场直播中，它们发挥了电视媒体告知、服务的重要功能作用。在近八年的运作中，央视新闻频道历经 3 次改版，并逐渐形成了以各时段整点新闻和新闻专题为主的 24 小时新闻资讯频道，涉及新闻信息、新闻背景、新闻评论、新闻调查、舆论监督、民意调查、法制节目等。据 CSM 调查统计，央视新闻频道 2011 年（截至上半年）名列全国电视频道榜第 6。可见，新闻频道已得到受众的认可。

表 1　我国新闻频道创办情况一览

名称	创办时间
福建电视台新闻频道	1999 年 5 月
中央电视台 CCTV-新闻	2003 年 5 月
重庆电视台新闻频道	2004 年 4 月
广东电视台新闻频道	2005 年 12 月
海南广播电视台新闻频道	2008 年 12 月
北京电视台公共·新闻频道	2011 年 1 月

十年来，电视新闻的题材来源不断扩大，更加关注跨媒体合作，如与报纸合作开办读报节目，不仅为电视新闻增加了新闻选择，更加深了新闻信息含量。在《朝闻天下》《孟非读报》等节目中，主持人个性化的语言和言简意赅的评论感染了观众。另外，与新媒体的合作也日益进入了电视媒体的视野。如东南卫视的《播客风暴》，由土豆网提供播客内容，东南卫视负责包装、加工。东方卫视的《东方直播室》则将电视、网络、短信有机结合，让网络热议的话题走进直播室，观众通过短信参与互动，构建时事辩论节目。目前，这种合作类的节目越来越多。

（3）电视新闻言论的加强与推广。新兴媒体的兴起，使受众获取新闻信息的渠道和范围不断拓展。可以说，在我们这个时代不缺少信息，而是缺少观点。这也影响了我国电视新闻的走向，即从简单播报类新闻转向带有观点和分析性的新闻类节目，通过言论强化"新闻立台"的理念。《华盛顿邮报》原总编、现任教于杜克大学的 Philip Bennett 曾说，仅仅"告诉读者这些都是事实是不够的，如果你的报道只是事实其实没有太多的价值，要有以个人见解为主的评论……"[①] 如今，独家新闻不再是竞争的主要内容，附加在事实上的评判价值，才是新闻竞争的关键。

央视自 2009 年改版以来，不断增加评论员的数量，拓展新闻评论的种类，加强言论类信息，并在整点新闻、《朝闻天下》《新闻周刊》《世界周刊》等栏目中穿插特约评论员点评、本台评论和主持人述评，体现出其对新闻言论的重视。此外，新闻频道还开办了《新闻 1+1》和《环球视线》之类的直播新闻评论专栏。地方电视台在加强新闻言论方面也有所建树，如东方卫视在《东方夜新闻》中，注重对新闻事件的解读和剖析，在电视评论形式上创新探索，通过网络、手机互动形式吸引观众参与评论，提升了节目的收视率。近年来，全国各地民生新闻也开始尝试加大新闻言论，除了增加主持人现场评论外，民生新闻中的公共议题逐渐增多，公众参与性节目逐年加大。

---

① 杨叶青：《美国新闻业的内容重构与模式变化》，《视听界》2011 年第 2 期。

二 电视娱乐至上的狂欢

在波兹曼看来，"娱乐是电视上所有话语的超意识形态。不管是什么内容，也不管采取什么视角，电视上的一切都是为了给我们提供娱乐"。[①]这种观点虽有其过激之处，却指出了娱乐是电视的一个重要功能。事实上，娱乐节目是对人的游戏娱乐本能的一种满足，本身并无可厚非。

20世纪90年代以来，我国电视的娱乐功能逐渐加强，体现出电视功能的多元化趋势。21世纪十年来，由《综艺大观》《正大综艺》引发的综艺热潮和由《快乐大本营》引发的游戏热潮持续升温，而以真人秀为代表的新一轮娱乐热潮则更为抢眼。此外，依靠电视剧提升媒体的收视率和市场份额，仍是各电视台争夺的主阵地。

1. 综艺娱乐热的持续

20世纪90年代的综艺节目在我国屏幕上掀起过阵阵风暴，即使21世纪前十年仍旧热度不减，各类综艺节目不断翻新，有着较为持续的发展动力。

《快乐大本营》（1997年）在综艺节目中兴起了娱乐游戏之风，由于明星的参与、有趣的游戏、搞笑的表演使该节目持续火热了14年。而其他类型的综艺节目，也在内容和形式方面进行了大量的改革：传统的综艺舞台节目加大了对明星，尤其是港台明星的邀请，使之更能吸引年轻的观众，如《春节联欢晚会》《综艺大观》《同一首歌》等；益智游戏类节目则增加了竞争和淘汰环节，并设置一定的奖项，使节目更具悬念色彩和人性化因素，如《正大综艺》《开心辞典》《幸运52》《非常6+1》等。受美国脱口秀节目和港台娱乐节目的影响，我国综艺娱乐节目中也引进并诞生了一批谈话类节目，如《超级访问》《非常静距离》等，这类节目将脱口秀引入娱乐节目，在满足受众深度了解真相愿望的同时，也使娱乐新闻有了较深层的内涵。

---

① 〔美〕尼尔·波兹曼：《娱乐至死：童年的消逝》，章艳、吴燕莛译，广西师范大学出版社，2009，第77页。

约翰·费斯克在《电视文化》中提出，就观众心理而言，益智类节目这种"没有剧本"和"真实"的特质，"与戏剧节目被编剧所强行制造的'悬念'相比，给予观众更独特以及更深刻的'悬念'"。① 综艺节目正是抓住了这一点，将音乐、舞蹈、戏曲、相声、小品、杂技、武术、魔术等艺术表演形式融会到游戏中，引入竞争和奖励的刺激，使得节目悬念更多、戏剧冲突更强。

综艺娱乐节目的形式与内容也在不断变革创新，以《快乐大本营》为例，如今除了还保留原名外，该节目与 14 年前几乎没有完全相同的元素了。正是这种不断变化的节目风格和样式，才使受众能时刻收获新奇和喜悦。《正大综艺》中的"墙来了"娱乐环节，采用选手穿越单人墙、双人墙、三人墙"墙洞图片"的游戏竞技方式决定胜负，与原栏目形式和风格也大相径庭。2010 年 9 月，央视启动傍晚创新节目带 18：00 档的改版，10 月份以来，以《我们有一套》为主的"家庭收视创新节目带"相较于第二季度收视提升幅度超过 100%，并迅速改写电视市场综艺娱乐节目的竞争格局。2010 年 10 月和 11 月，央视一套 18：00 档的《正大综艺》《我们有一套》《国际艺苑》在全国综艺娱乐节目排名中名列前三名。

2. 真人秀节目的突起

"真人秀"节目，即由制作者制定规则，由普通人参与录制播出的电视竞赛（游戏）类节目，有人称之为"真实电视"或"纪录片式的肥皂剧"等。2003 年，美国电视界的最高奖"艾美奖"奖项首次增加了真人秀评奖类别，从而使"真人秀"节目成为业内主流。真人秀节目可以说是 21 世纪十年来最受关注、影响最大的娱乐节目。

2000 年 8 月，美国《生存者》真人秀节目首次登陆央视 2 套。随后，真人秀节目迅速在中国被复制，满足了人们通过电视获得日常经验和非日常、奇观化的需要。我国在引进、模仿和移植西方真人秀节目中进行了"本土化"的改造，如《走入香格里拉》，由北京维汉文化传播公司与四川等 20 多家电视台联合制作，2001 年 8 月起在全国 100 多家电视台黄金

---

① 转引自王亚非、别明源《益智类节目中戏剧冲突元素的设计和运用》，《中国广播电视学刊》2002 年第 8 期。

时段同步播出。

西方的"真人秀"节目将人性丑陋的一面在节目中最大限度地曝光（如欺骗、诽谤），将金钱和性作为节目最重要的结构性元素，满足人们窥视的快感。它破坏了人们文明和道德的底线，对社会产生错误的导向。

我国真人秀节目从符合本国观众习惯和需要出发，将西方"真人秀"的"展现"发展到"体验"，使观众由"窥私"角色成为参赛者如何通过努力取得成功的见证人，如《欢乐英雄·汽车训练营》（2004）。这是从我国的意识、形态、文化传统和观众的欣赏习惯出发的本土化真人秀电视节目。

十年来，真人秀节目为我国电视献上了一道道丰盛的娱乐大餐，已经形成了"生存秀—歌舞秀—明星秀—歌词秀—婚恋秀—求职秀—达人秀"等多元化发展的格局。

广东卫视是本土最早涉足真人秀的电视台，2000年就推出了《生存大挑战》。此后三年间又出现了一些野外生存挑战类的真人秀节目，如《走通黄浦江》《欢乐英雄》《夺宝奇兵》《星期四大挑战》等。

2003年以后，真人秀节目走上了以"海选""全民娱乐""民间造星"为主要特征的歌舞竞技的道路。其中2004年2月，湖南卫视推出的《超级女声》是其中最为成功的节目，从长沙到广州、成都、杭州、郑州、武汉等地，无数怀揣着梦想的女生纷至沓来，在全国范围内演变成一场声势浩大的全民娱乐游戏，形成一种独特的电视现象和文化现象。此后，东方卫视和央视也分别推出了《我型我秀》和《梦想中国》。上海东方卫视还在真人秀节目上与湖南卫视打起了擂台，并于2006年和2007年分别推出《加油，好男儿》和《舞林大会》，后者是明星参与的舞蹈竞技类真人秀，这些都将真人秀推向了一个新高潮，大有进入全民狂欢时代的迹象。

2010年1月15日，江苏卫视推出了一档婚恋交友类真人秀节目——《非诚勿扰》，掀起了又一股新的浪潮。这类节目的创意并不新鲜，在《玫瑰之约》走红的那几年里，全国也曾经冒出过很多婚恋交友类节目，但《非诚勿扰》却把男女人数定为1∶24，这样就带来了强烈的戏剧冲突。同时该节目还把现代人的婚恋观毫无遮掩地展现于人前，嘉宾坦率的大胆言行，这些都极大地刺激了观众的视神经。一时间，婚恋交友节目，如浙江卫视《爱情连连看》，湖南卫视《我们约会吧!》，东方卫视《百里挑一》等借助真人秀的新衣重现荧屏。随后《老公看你的》《欢喜冤家》《婚姻保卫战》等婚恋夫妻秀新节目也相继问世，为婚恋类真人秀增添了新的内容。

2010年7月25日，东方卫视推出了《中国达人秀》，该节目改编自《英国达人》，为各类身怀绝技的普通人提供了一个展示才艺、实现梦想的机会，大大拓宽了选秀节目的题材范围，同时也增加了观赏性。

职场真人秀是2010年下半年后闪出的一个新亮点。9月19日，天津卫视推出《非你莫属》，将应聘和求职搬上真人秀舞台，自开播以来，收视率节节攀高，在全国35个中心城市的收视率高达1.21，网络点击率突破5000万。天津卫视也挤进同时段省级卫视排名的前四位。12月10日，江苏卫视与中国教育电视台联合推出的《职来职往》，同样也获得成功。目前，职场真人秀节目成为各大电视台竞争的又一个领域。

21世纪十年，各种文化的相互冲突使传统的价值观念出现偏移，人们争先恐后地展现自己的个性，真人秀节目正好为人们提供了一个表演的空间。而真人秀节目所带来的"一炮成名"的假象，也诱导着人们通过观看甚至参与节目获得某些利益，这在无形中促成了此类节目的火爆。消费文化的兴起，为真人秀节目的风行提供了空间，电视文化生产会吸纳一切有消费潜能和娱乐价值的资源，包括人们的生存、人际关系、感情等，[①] 真人秀节目正是依靠这种文化空间风行起来。

3. 电视剧热播的酣战

在我国，电视剧仍然是各电视台拉动收视率的重要因素，因此，也是各级电视台争夺甚为激烈的市场。十年来，我国电视剧产量有所增加，其中2010年出产剧集最多，共14685集（见表2）。

为了以稀缺的优质电视剧节目源赢得观众眼球，各电视台都不惜以重金购买独播、首播电视剧，或者以独特的编排方式组合，推出"2+1""1+3"等播出形式，充分发掘电视剧的市场竞争潜力。

---

① 石长顺：《电视栏目解析》（第2版），武汉大学出版社，2008，第210页。

表2 2000～2010年国产电视剧产量

年份	电视剧部数（部）	电视剧集数（集）
2000	455	7535
2001	482	8877
2002	489	9005
2003	489	10381
2004	505	12265
2005	514	12447
2006	500	13847
2007	529	14670
2008	502	14498
2009	402	12910
2010	405	14685

数据来源：国家广电总局。

在独播剧方面，湖南卫视、东方卫视、浙江卫视、安徽卫视、江苏卫视走在前列，如安徽卫视的《独播剧场》，湖南卫视的《金鹰独播剧场》等栏目，就专门播放各类引进剧目。2009年，安徽卫视更买断了四大名著电视剧的播出权（省级卫视中的唯一一家）。除了购买剧集之外，自制剧也是这些电视台的常用方式。2008年7月，东方卫视推出自制剧《网球王子》，9月《丑女无敌》在湖南卫视高调登场，并创造了份额达9.7%的最高收视。随后湖南卫视又播出了《微笑在我心》《时尚王国》《一起来看流星雨》等剧。由于自制剧不用担心版权问题，还可以植入"软性广告"，因此其他电视台也加入这轮争夺战中。浙江卫视的《爱上女主播》《西游记》，天津卫视的《杨光的快乐生活》《追着幸福跑》，安徽卫视的《幸福一定强》《新安家族》《幸福最晴天》……2008年之后自制剧成为电视剧市场最抢眼的存在。

首播和重播是十年来电视剧最为常见的播出形式。各大电视台几乎都想争夺优秀电视剧的首播权，2009年出现首轮四家联合播出模式，即部分热播剧采取首轮四家省级卫视同期播出的方式，既节约了成本，又拉动了本台的市场份额。2010 年这种模式继续升温，据 CSM 调查统计，当年晚间黄金时段有 40 部电视剧采用这种模式，此外两家或三家省级卫视首轮同期播出的模式也比较常见。

"2+1"模式是近年来出现的一种特殊的播出模式。它是在电视剧播出期间，围绕剧集主题内容，配合制作相关的纪录片，播出"2 集电视剧+1 集纪录片"，形成虚构与真实相结合的编播模式。[①] 2009 年 3 月，云南卫视在《我的团长我的团》热播期间，在《经典人文地理》栏目中结合剧情推出了二战题材纪录片《换个视角看团剧》，是这种模式的首次尝试。4 月，在电视剧《潜伏》首播期间，重庆卫视在每晚两集连播之后，播出《揭秘潜伏》系列节目，是这种模式的精彩演绎。

"1+3"模式是湖南卫视的编播模式。其中"1"是指周一至周四的周间带状节目播出，"3"是指周末三天的点状节目播出。事实证明，这种编播模式是成功的，2009 年 6 月，湖南卫视第五次入选"中国 500 最具价值品牌排行榜"，排名第 126 位，较 2008 年上升三位，在电视行业仅次于央视和凤凰卫视，名列第三，且全天收视份额较上年同期增长 37%，晚间上升 53%。

三　电视社教功能的坚守

社教节目，是以社会教育为宗旨的各种电视节目的总称，在国外被称为社会教养节目。20 世纪 80 年代曾得到较好的发展，但在 90 年代中后期娱乐化浪潮的冲击下处于低潮。2005 年后，一批具有广泛社会影响的社教栏目的兴起，使社教节目再次受到社会各界的关注。

1. 科教节目的发展

进入 21 世纪，人们的温饱问题基本得到解决，更深层次的需求凸显，而科教节目在满足了人们好奇心的同时，又传播了科学文化知识，因此在 21 世纪得到了较好的发展。

---

① 梁振红：《记录精神的植入——"2+1"电视剧编播模式为纪录片提供的空间探析》，《中国电视·记录》，2010 年 12 月。

2001 年 7 月 9 日正式开播的央视科教频道，以"教育品格、科学品质、文化品位"的定位，为科教节目提供了一个专业的播放平台，此后各省市电视台也相继开办了科技（科教、科技生活）频道和栏目。

2005 年央视科教频道改版，《探索·发现》《走近科学》《百家讲坛》等一批自主创新的节目热播，引起了极大反响。以《百家讲坛》为例，该栏目 2001 年 7 月 9 日开播，2003 年因收视率不佳一度濒临被淘汰的境地。2004 年开始探索改版，2005 年尝试用"系列"节目的方式，挖掘悬念故事，从而探索出了一条新兴的评书方式，即故事化讲述，注重对悬念的营造和使用；影像化呈现，通过图片、字幕、影像资料来配合主讲者的讲述；明星化讲述，从学术水平、表述能力和人格魅力三方面严格挑选主讲人，并对之进行包装。改版后播出的《易中天品三国》《刘心武讲红楼梦》等节目获得了观众的认可，成为 2006 年度央视十大优秀栏目之一，并带动了相关书籍出版市场的热销。《百家讲坛》的成功也在全国刮起了一股"讲坛热"，《新安大讲堂》《万家灯火》《文化中国》等地方栏目纷纷开播。

而在科教栏目的制播方面，武汉电视台《科技之光》的坚守与品质应当成为全国科教节目的标杆。此外，2011 年初，央视中文国际、科教、体育、纪录和戏剧频道先后全新改版，打造全新编排，这对 CCTV-1 编排竞争策略的改进有一定启示。先是中文国际频道推出文化、新闻两类集群式编排；继而是科教频道推出健康生活、文化新知、自然科学、科学生活和特色经典五大主题板块式编排。

2. 法制节目的热播

法制类节目的热播是另一大亮点。进入 21 世纪，由于社会转型和社会分层的加剧，各种法律问题和纠纷不断，为法制节目提供了源源不断的新闻线索和题材，而人们维权意识的增强，也为法制节目培育出了一批忠实的观众。法制节目在编排制作过程中，注重细节、悬念和故事性，使节目具备了很强的观赏性。这三方面的因素共同造就了法制节目在 21 世纪的勃兴。

世纪之交，法制节目走上了专业化道路。1999 年长沙电视台推出全国第一个政法频道后，黑龙江、河南等地也开办了法制频道。2004 年 12 月 8

日，央视改版成立"社会与法"频道，致力于制作高品质的法制节目。

在专业的播放平台上，一个个法制精品栏目获得了更大的发展空间。开播于 1999 年的《今日说法》栏目标志着谈话说法栏目的异军突起。栏目采用"举案说法"的形式，把记者采访、百姓故事和专家点评结合起来，为老百姓提供实实在在的法律帮助，开播仅 2 个月，收视率就跃升至央视排行榜的第 7 位。2010 年 10 月 8 日，午间节目带《今日说法》由 20 分钟扩版至 30 分钟播出，收视率一路走高，最高突破 1.91%，创下 3 年来的历史最高纪录。

2003 年央视推出的《法治在线》，把新闻及时性、现场性的特点引入了法制节目创作，也取得了很好的效果。地方电视台的法制节目也普遍受到热捧，如北京电视台的《法制进行时》、重庆卫视的《拍案说法》等，以纪实性叙述风格展示案发现场，或让知情人、现场目击者参与拍摄重演案情，而主持人则以说书人的身份引领观众进入法制世界，最后由法制专家在演播室评说。这种讲故事的叙事手法为广大观众所喜爱。

3. 生活服务节目的改进

经过了 50 年的发展，我国生活服务类节目无论是内容上还是形式上都有长足的发展，形成了多层次、多形式、多渠道的发展格局。从央视到各地方电视台，从吃穿住用行到旅游、时尚、化妆，从教学节目到谈话节目，生活服务类节目已形成了多元化的发展格局。

2000 年 7 月 3 日，老牌生活服务栏目《为您服务》复播，栏目吸收了大量的时尚元素，设置《生活情报站》《律师出招》《生活智多星》《旅游风向标》四个板块播出。

《生活早参考》是央视综合频道 2010 年新推出的一档早间民生生活服务类栏目。栏目对观众生活中的困惑进行深层次解读和科学性求证，做老百姓身边的生活参谋，如喝牛奶的学问、拯救你的被子、给力的药酒、健康来吃油、是药三分毒、吃鸡蛋也有大学问、合理使用电暖器等，由于节目的贴近性，迅速拉升了央视早间节目的收视率。

如果说该节目引发了央视早间节目的"牵头效应"，那么，北京电视台 2009 年 1 月 1 日起推出的大型日播养生栏目——《养生堂》，则成为许多老百姓家庭日常生活的一道晚宴。该栏目以"传播养生之道、传授养生之术"为宗旨,采用演播室访谈加专题片形式。栏目秉承传统医学理论,根据中国传统养生学"天人合一"的指导思想,按照二十四节气来安排节目内容,每天既系统介绍中国传统养生文化又有针对性地介绍实用养生方法。如《养生堂》中留住青春的秘密、虫药总动员——清热平喘、虫药总动员——缓解疼痛、巧辨风湿等节目,伴之现场的示范,既贴近又实用,大受欢迎。

2002年开办的海南旅游卫视,把生活服务与时尚、娱乐结合,走上了娱乐化的道路。该频道与其他卫星频道展开差异化竞争,是目前国内唯一一家以旅游休闲为主要内容的专业频道。近年来,还推出"绿色频道"的概念,围绕"旅游、时尚、高尔夫"三大领域打造专业平台,致力于引领观众亲近自然,享受绿色健康的生活品质。其中《美丽俏佳人》《玩转地球》《旅游看今天》等栏目受到青年观众尤其是女性观众的喜爱。

2009年11月湖南卫视推出的《百科全说》,定位为"第一档职业生活智慧脱口秀",节目采用综艺娱乐化的方式进行栏目包装,将各种生活实用信息用脱口秀的形式表现出来,成为生活服务节目的另一类型,受到观众的喜爱,2010年平均收视率达到1.12,市场份额达2.7%。

生活、情感类话题的节目在21世纪也有了一席之地。这类节目以故事为载体,把普通人的情感冲突、生活问题搬上电视荧屏,通过讲述来反映普通百姓的生存状态。这类节目使私人空间与公共空间之间的界限更加模糊化,一方面满足了观众的窥私欲望,另一方面则为观众的日常生活提供一种建议和借鉴,在21世纪受到了观众的欢迎。2000年湖北电视台的《往事》栏目开此类节目的先河。而2001年7月9日央视开播的《讲述》,则扩大了这类节目的社会影响。此后,地方卫视也纷纷开办这类栏目。江苏卫视在2007年3月5日的晚间黄金时间推出了事件类情感栏目《人间》,开创了收视新高,并迅速成为同时段排名第一。

四　电视新兴媒体的崛起

电视新兴媒体的崛起是21世纪十年电视发展历程中的一项全新的事业。借助数字技术、互联网技术、通信技术等传播科技的发展,传统的电

视媒体得以向网络和移动通信系统延伸，从而催生了网络电视台、IPTV
和手机电视等新兴视听媒体。

1. 网络电视（台）的兴起

网络电视台的前身是各级电视台的网站，而新兴的商业视频分享网站
对受众市场份额的争夺则是促成网络电视台形成的重要原因。面对观众收
视行为的变迁及网络视频播放网站的挑战，传统电视台开始加入网络视频
播放业务的竞争中，网络电视台应运而生。其中，2009 年 12 月 28 日开
播的中国网络电视台（China Network Television，CNTV），标志着中国网
络电视台的正式诞生。它依托中央电视台强大的资源优势，并通过部署全
球镜像站点，覆盖了北美、欧洲、东南亚、中东、非洲等近百个国家及地
区的互联网用户。

除了 CNTV 外，2010 年又有两家国家级网络电视台诞生。当年 1 月 1
日，由新华通讯社主办的中国新华新闻电视网（China Xinhua News
Network Corp，CNC）正式上星向亚太地区和欧洲部分地区播出。CNC 依
托新华社丰富的新闻资源，按照国际通行的电视网模式组织运营，向海外
受众提供中国视角的国际新闻和国际视角的中国新闻。第三家国家级网络
电视台是 2010 年 8 月由中国国际广播电台开办的中国国际广播电视网络
台（China International Broadcasting Network，CIBN）。它是一个拥有 61 个
传播语种、全业务媒体形态和浓厚国际化特色的新媒体国际传播平台，以
"向世界介绍中国、向中国介绍世界、向世界报道世界"为宗旨，向全球
受众提供时事、政治、经济、文化、体育、旅游、社会和汉语教学等综合
信息服务。

与此同时，各省区市电视台也正积极向网络电视进军。目前我国广播
电视媒体基本都建有自己的网站，据统计，全国上线运营的广电网站有
349 家，虽然增长较快，但是大多数只有中文网站和普通话视频。上海文
广新闻传媒集团于 2009 年 7 月 16 日抢在央视网之前测试回看式网络电视
"上海网络电视台"，并在 CNTV 之后获得执照。2009 年底逐渐形成了
"北央视、南凤凰、东上广、西湖南"的格局。

2010 年网络电视的发展加速，各省级卫视把广播也纳入网络电视的
领域。2010 年 7 月中旬，安徽网络广播电视台正式启动，成为国内首个

省级网络广播电视台。随后黑龙江、湖北、山西等省也获批成立网络广播电视台。这预示着国有电视台已经开始全面进军视听新媒体领域。

为了迎接激烈的竞争，部分城市电视台联合起来，共同进军网络。2011 年 1 月 8 日，城市联合网络电视台成立（China United Television，CUTV），首批股东成员有 14 家城市电视台和 5 家平面媒体，目前，联合体成员已达 42 家，CUTV 旗下网络北起黑龙江、南至广东、西到新疆、东达上海，已覆盖全国 22 个省区市，近 8 亿用户。CUTV 将"关注民生"作为自己的立台之本，通过台网互动，以社区、微博、UGC 等社交媒体形态，将传统广电的媒体功能、品牌影响力及产业模式有效延伸到各种网络和新媒体终端。

2. IPTV 的发展

IPTV 是英文 Internet Protocol Television 的缩写，直译为"互联网协议电视"。它是一种利用双向宽带网，集互联网、多媒体、通信等多种技术于一体，以电视机作为显示终端，向家庭电视用户提供包括数字电视在内的多种交互式服务的技术形式。[①] IPTV 充分结合了电视媒体和网络媒体的优势，实现了数据、音频和视频的三种融合。

上海文广新闻传媒集团是最早进军互联网的电视媒体。早在 2002 年，上海文广就开始实施新媒体战略。2005 年又获得国家广电总局颁发的第一张 IPTV、手机电视全业务牌照。并逐步建立了包括经营网上视听业务的东方宽频，经营数字电视与高清电视的文广互动，经营 IPTV 的百视通，以及经营手机电视的"东方龙"的四大板块，并与中国电信、中国网通展开合作。目前，上海文广在 IPTV 业务上用户数已经超过 200 万。

2006 年前后，央视和广州的南方传媒也开始拓展新媒体业务。2006 年 4 月央视宣布成立央视国际网络有限公司，进军包括 IPTV 在内的新媒体领域。2006 年 6 月，南方传媒也获得了国家广电总局颁发的 IPTV 牌照。

与此同时，区域性的 IPTV 网络建设也开始起步，不少省份着手部署省级规模 IPTV 商用网络。国家级有线电视网络公司也开始组建下一代广播电视网（NGB），以建设 IPTV、手机电视集成播控平台。

---

① 方雪琴：《IPTV 受众消费行为研究》，华中科技大学出版社，2008，第 19 页。

2007 年国家广电总局明确了四张全国性的 IPTV 牌照的归属——上海文广、央视国际、南方广电传媒以及中国国际广播电台。随着 IPTV 市场竞争的加剧，已经拥有互联网电视集成业务牌照的运营商都在积极争取与家电生产商或第三方合作。其中华数与欢网（TCL、长虹合资公司）成立了互联网电视运营合资公司——华数视联；南方传媒和优朋普乐成立了"南广互动"；百视通和联想集团成立合资公司——视云科技。而 CNTV 和中央人民广播电台也在酝酿和网络视频企业的深度合作。之后，中央人民广播电台和北京电视台也获得了 IPTV 的牌照。

截至 2010 年底，我国 IPTV 用户数量已经发展到 800 万户，而互联网电视机的销量也达到 500 万台。目前，哈尔滨、杭州、郑州和上海四地的 IPTV 业务发展最好。2010 年 6 月，随着国务院 35 号文《三网融合试点方案》及试点城市名单的正式推出，IPTV 业务获得正式认可，三网融合试点进程必将正式推动 IPTV 进入业务实施阶段。

3. 手机电视的扩张

手机电视，是指以广播形式，向具有操作系统和视频功能的移动通信终端传输文字、数字音频、视频等内容，并向用户提供互动应用服务的新技术形式。它是数字广播业务和移动蜂窝业务结合的新型业务，也是三网融合的先锋。

我国于 2003 年开始手机电视的尝试。目前，手机电视的业务有两种实现方式：一是通信方式，即利用移动通信技术，通过无线通信网（如3G）向手机提供点对点多媒体服务，由电信系统主导，如中国移动和中国联通的手机电视业务。2004 年 3 月底，广州移动率先推出手机电视商用服务，5 月广州移动推出了"银色干线"的手机视频服务。而同月，中国联通也开发了"视讯新干线"的手机视频服务，还与 12 个频道达成协议，包括央视新闻频道、国际频道、英语频道以及凤凰卫视资讯台等国内知名媒体。7 月，中国移动通信集团公司与上海文广新闻传媒集团（SMG）达成战略合作，成立上海东方龙移动信息有限公司，成为我国较早实现媒介融合进军手机电视业务的媒体公司，并于次年 5 月正式推出手机电视流媒体业务。二是广播方式，即利用数字广播电视技术向手机等各种小屏幕终端提供广播电视节目，由广电系统主导，中国移动多媒体广播

（China Mobile Multimedia Broadcasting，CMMB）就是典型的广播主导的手机电视业务。为了更好地运营 CMMB，国家广电总局于 2005 年 6 月成立了中广移动卫星广播有限公司（2009 年 6 月更名为"中广传播有限公司"），负责全国建网以及终端采集和推广。

2007 年，我国手机电视产业正式步入商用起步阶段。而之后的北京奥运会和南非世界杯等大型体育赛事也推动了手机电视业务的快速发展。目前，中广传播已完成了全国 331 个地级市和 36 个百强县的 CMMB 信号覆盖，城区覆盖率已达 90% 以上。

2010 年 3 月 22 日，中广传播与中国移动共同宣布，双方联合打造的 TD+CMMB 手机电视业务 G3 即日起在全国正式商用，从而开启了"三网融合"的新业态。目前 G3 手机用户可以同步收看到 CCTV-1、CCTV-新闻、CCTV-3、CCTV-5 的电视节目以及睛彩电影和两套地方节目。这标志着一张由全国广电系统和中国移动共同参与打造的中国移动多媒体广播电视网基本成型。手机电视的诞生，改变了电视的传播方式，小屏幕的收看决定了手机电视的传播方式必然是个人化、私密化的，必将对客厅休闲文化产生冲击，并将催生新的媒介文化。

此外，随着电视公共服务的推进、电视教育的发展和电视理论研究的深化，都将成为 21 世纪电视十年发展中的亮丽风景。在"十二五"期间，我们相信，以党的十七届六中全会审议通过的《中共中央关于深化文化体制改革、推动社会主义文化大发展大繁荣若干重大问题的决定》为契机，中国的电视事业一定会获得更大的发展。

（原载《编辑之友》2012 年第 1 期）

现代广播电视话语权的
重构与提升

内容摘要："构建和发展现代传播体系，提高传播能力"既是新闻媒体的重大使命，也是提高中国影视文化软实力的有效途径。本文从提升广播电视话语权切入，依据德国学者卡尔·曼海姆的话语权基本理论，立足中国媒介业态体系改变，并结合现代广播电视传播体系新语境，探讨现代广播电视传播体系建构与话语权的关系。在此基础上，尝试从话语主体、话语表达等方面进行话语权建构，研究内容涵盖多元化的传播主体角色再造、互动化的现代主体角色重塑、平台化的新兴主体角色参与重构路径。

关键词：现代广播电视　话语权　文化软实力　重构路径

自法国哲学家米歇尔·福柯 20 世纪 70 年代首次提出"权力话语"概念以来，众多理论家从各种不同角度探讨了话语权的界定，这对提升媒体的传播影响力，无疑具有理论的指导价值。但面对新兴媒体的迅速崛起和全球化进程的加速推进，在现代广播电视体系建构的语境下，如何重构现代广播电视话语权，进而提升中国影视文化软实力，也是当代具有学术研究意义的重要话题。

一 现代广播电视话语权基本要素

全球化的发展打破了传统广播电视格局，特别是随着互联网的出现，更是将全球受众紧密地联系在一起，全球媒介系统在整合新兴和传统媒介的过程中不断创造出新的媒介文化。一些超级跨国传媒集团在跨国传播它们的媒介产品时，也在有意识地抢占世界媒介话语权。目前，几个超级跨国传媒集团几乎垄断了世界传媒市场，主导着世界舆论。在当代的国际传播秩序不平衡信息的流动上，中国传媒如何借助新兴传媒的发展，打破世界传媒旧格局，加快现代广播电视传播体系话语权建构，增强国际话语权影响力，成为一项紧迫的研究课题。

德国学者卡尔·曼海姆提出，要赢得话语权需要具备四大要素，这四大要素分别是信任感、吸引力、依赖感和服务性①（见图1）。

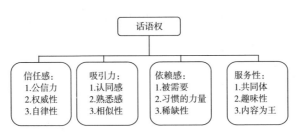

图1 话语权四大要素

从图1可知，只有赢得更高的信任感，才能形成强烈的吸引力和依赖感，最后显现公共服务性，获得更多的社会认同，赢得国际国内话语权，产生强大的媒体影响力，这在现代广播电视体系建构中，显得更为重要。

所谓现代广播电视体系，指一个国家为提高传媒影响力和话语权，以现代传媒技术为基础，调整组建具有新质影响力的传播体系，或者说是根据新媒体环境下的传媒结构规律重构现代广播电视体系的过程。在这一体系建构过程中，明显呈现传播主体、传播话语的多元化特征，更需要遵循

---

① 〔德〕卡尔·曼海姆：《意识形态与乌托邦》，中国社会科学出版社，2009。

传播话语权的四大要素逻辑，不过，在现代广播电视体系语境下需要调整四大要素逻辑顺序。

首先是媒体依赖感，即强化受众对媒体的需要，这是媒体话语权的基础。这种依赖感其实体现在两方面，一是信源，二是观点。广播电视新闻应该每天为受众报道出一些真实音像，这种真实音像是建立在受众感兴趣的外部世界上的。由于个体所获知信息的有限性，导致个体和媒体之间必然存在某种程度上的依赖性，以至于成为一种习惯。研究表明，人们每天的行为中，90%是出自习惯的力量。新媒体的出现，尤其是社交化媒体的出现，更进一步强化了用户和媒介的关系，涌现出了大批手机控、微博控、微信控，充分享受即时通信工具（媒介）带来的海量交互信息，这就是受众对媒体依赖最外在的表现。依赖感还来自稀缺性，反映在现代广播电视体系中，仍然需要重视独家新闻报道，发出权威的个性化评论声音，透过对稀缺信息的掌控牢牢吸引住用户。

其次是媒体服务性。在现代媒体受众转换为用户的情况下，传媒的公共服务功能有所强化。媒体的依赖感及其公信力的取得不仅依靠主流价值的宣导，也包括对亚群体生活服务的挖掘。舒德森认为，作为新闻的传递者与包装者以及道义的放大者与组织者，大众媒体是现代生活的一个中心机构①。这种服务性可以建构媒体和受众利益共同体，从而激发媒体社会责任感。另一方面，媒体对严肃新闻的坚守也体现了其服务性。二战时期，《纽约时报》和《纽约先驱论坛报》面临发展抉择，是以新闻为主还是广告为主时，《纽约时报》选择了以新闻为主，而《纽约先驱论坛报》选择了广告，最后，《纽约先驱论坛报》于1966年倒闭了，而《纽约时报》能发展至今的原因在很大程度上就是忠于新闻、忠于读者、忠于用户。《纽约时报》作为美国严肃报刊的代表，长期以来拥有良好的公信力和权威性，使得该报在受众和社会中产生了牢固的影响与内化效应。

信任感，是赢得影响力的根源所在。所有传媒影响力效果产生的基础都是受众对媒体的信任。公信力，在媒体行业中就是对媒介本身权威和真

---

① 〔美〕迈克尔·舒德森：《新闻的力量》，华夏出版社，2011，第21页。

实、公正、公平的坚守和承诺。信任感的塑造是需要很长时间的，这个过程是一个历史性的过程，媒体只有建立在强大的认同感上才有强大的吸引力。而认同感就是主流媒体形成有效话语权的关键，这在新媒体时代鱼龙混杂、泥沙俱下的情况下，显得尤为珍贵。

二　现代广播电视话语权主体重构

随着中国政治、经济、文化地位和国际影响力的日益提高，世界越来越关注中国的声音。而在传统媒体舆论场、新兴媒体舆论场和自媒体舆论场错综交织的情况下，社会舆论又呈现去中心化的趋势，在这种情况下，作为传统主体的广播电视媒体，比以往任何时候都需要加强对主流声音的引导，在多元主体重构的语境下，与西方发达国家主流媒体争夺话语权。

多元化：传统主体角色再造。现代广电传播话语体系可以更好地实现内容资源、渠道资源的优化配置，因此传播主体的构成比之传统广电系统更多元化。伴随三网融合的深入推进，下一代互联网和下一代广播电视网相继建立，"所有人对所有人传播"的全民传播时代出现了。网络广播电视、IPTV、手机电视、互联网电视等新兴主体纷纷进入传媒话语领域，甚至通信运营商、网络渠道商、技术运营商都开始涉足媒体信息市场，广电新闻业已不再是独立高地，其他行业和广电媒体业之间的界限越来越模糊。新媒体开始走进我们获取信息的方方面面，在新闻传播中处于日益重要的地位。

中国网络电视台、央广广播电视网络台、中国国际广播电台等传统广电媒体开始向新媒体发展，实现从单一媒体向综合媒体转变、从传统媒体向现代媒体转变、从本土媒体向跨国媒体转变的全业务媒体形态和新媒体国际传播平台。与此同时，移动视频也成为视听新媒体发展新领域，负责全国建网以及终端采集的"中广传播有限公司"及其子公司也相继成立。"广播电视媒体如何紧跟数字化、网络化时代潮流实现战略转型，既满足5亿台电视机等终端用户的需求，又提供交互式的个性化服务、满足10亿部手机、计算机、iPad 等终端用户的需求，已成为关系广电生存发展的重大课题。"（张海涛，2013）

互动化：现代主体角色重塑。现代语境下，社会化媒体的迅速崛起，对传统单向传播的主流广播电视媒体话语权造成了极大的冲击，类人际传播的即时通信工具交互，使人人都成为现代传播主体，传播话语体系中的受众已不再是被动的接收者，而是积极主动地参与互动并提供视音频信息。

现代广电媒介改写了传与受的关系，它提供了传受者平等交流与互动的平台。传者与受众身份不断转换替代，大众的媒介角色得到了重塑。受众增强了对传播过程的控制，打破了传统广电一对多的传播方式，填平了信息鸿沟，建构起一种传者和受众相互制约、相互支配的媒介生态系统。现代广电不再是看的媒介，而是可以互动的媒介。在现代广电体系中，各种类型的终端成为集多种媒介于一身的智能产品，受众享受多种增值服务与个性化定制，还可以与另一端的个体进行实时的互动体验，赋予了个体更多的自主性与权力，使得受众由过去的被动个体转变为积极个体。话语体系重塑了现代主体角色，该角色变得复杂、多元，而现代主体角色的重塑也进一步对传播生态产生了深远而有意义的影响。

平台化：新兴主体角色参与。平台模式是以对传统产业造成颠覆性破坏和整体重构来获得发展的。谁占领平台，谁就将掌握未来的整个市场。如维基百科对传统百科全书产业的颠覆。平台分为基础平台和应用平台，前者主要是架构基础网络，提供基础产品和服务，但不直接向最终用户提供产品和服务。后者则依托基础平台，通过内生与产业生态中的伙伴合作，搭建各种功能或专业性的平台，开发应用服务产品，与终端用户连接。目前，国家已颁发了 7 张平台牌照，包括中央电视台 CNTV、中央人民广播电台、中国国际广播电台、SMG（上海）、华数传媒、南方传媒和湖南广电，负责建设、管理和运营互联网电视集成平台。另有央广新媒体子公司——央广视讯传媒股份有限公司于 2014 年 6 月 25 日创立，将成为国内重要的 IPTV 和手机电视集成播控运营商。传统媒体通过媒介集成，并利用下一代广播电视网，打造了一个多元、多维、快速、方便的分发平台，从而整合不同媒介的传播优势及其内容资源，将资讯产品分类、快捷地分发至用户手中。

另一方面，新兴平台运营主体积极利用新媒体，特别是互联网舆论场，除了使用自身原有的渠道和平台发布权威消息外，还融合自媒体主体不断地发送信息，与他者互动。这些自媒体内容在公共平台上不断交流、发酵、升华，最终促成公共空间的形成。微博、博客、播客、微信等新形态逐渐走进当代人的生活，公民已经开始成为公共空间的主角，他们借助交互式自媒体表达自己的诉求，第一时间参与公共事件、公共议题的讨论与交流，力争最广泛的权益得到保障。

现代广电体系构建了一个公平、平等交流的公共话语平台，广电网络运营商、移动通信运营商、资讯内容提供商纷纷想进入信息传播业，使多元主体通过多种渠道参加信息交流，积极主动地表达诉求，实现了现代广播电视话语权的主体重构。

三 现代广播电视话语权多元表达

在全球化传播语境中，现代广播电视肩负着传播中国文化，发出中国声音，塑造国家形象的重要使命，但话语表达的主题、风格和基调如何才能激发观众的收视兴趣，如何在全球寻找中国的话语空间，实现有效传播成为目前探讨的重要话题。

媒介话语权其实就是大众在一些议题上应该有的表达权和知情权，这些议题包括重大突发事件，各类公共话题等，它是公众话语权的衍生。媒体通过发表报道和评论来行使这项权利，从而引导舆论，达到良好的社会传播效果。在信息传播的过程中，媒介话语权表现主要有两种形式：一是跨国媒体集团垄断话语权，二是新兴媒介主体分流话语权。判断话语权的标志是看其传播影响力，美国心理学家西奥迪尼在《影响力》一书中，将其归为六个特征和原则，即：互惠、承诺和一致、社会认同、喜好、权威、短缺。本文认为，社会认同是影响力的基础。

表达的公信力树立。提升广电媒体公信力、传播力和影响力是现代广播电视传播话语体系的目标，也是衡量媒体主流与否的重要指标。主流广电媒体的引导性决定了其作为社会规范的价值尺度。研究资料显示，很多美国人在突发事件后都不再上街购物，而是待在家中看电视，以致消费量减少，这被称为"CNN效应"。这个效应不仅反映了CNN在美国新闻传播业中起到的重要作用，而且还集中体现了美国品牌媒体在世界传媒中的地位和声威。美国民众选择相信 CNN 第一时间发布的消息，这其实就是广电媒体公信力的最鲜明诠释。汶川地震后，《纽约时报》说"中国媒体第一次达到了国际水准"。大地震后，中央电视台第一时间开设了特别报道，全天候直播地震相关的现场报道，综合频道的最高收视份额达到 7.58%，创下频道开播以来的最高值①。这其实是中国主流广电媒体首次在重大突发事件后如此大规模公开透明化地全面报道新闻信息，央视新闻频道也借此提升了其传播的公信力与市场占有率。

表达的认同性共鸣。现代广播电视的传播力首先表现在对主题的选择上，想要达到良好的传播效果，必须在认真研究受众收视心理的基础上，将国家意志与公众意识相结合，达到同构共生的双赢传播效果。过去，在一些新闻发生之后，地方媒体没有主动回应争议，引导社会舆论，而是一味"捂盖子""捂嘴巴子"，试图掩饰事实，结果造成"禁果效应"，导致谣言四起。在"禁果效应"下，人们不得不另辟其他途径寻求各方面提供的信息，这使得中国主流广电媒体的公信力和危机公关力大大降低，也在国际传播中失去了话语权。

在国际传播中，由于文化的差异性和跨国文化传播的复杂性，主流媒体报道时往往以自我为中心，忽略其他关键性的新闻材料，对其他国家的新闻不做背景了解，进行掐头去尾的解读，这种倾向反映出中国广电媒体跨文化传播中的全球视角和本土话题结合的一些问题，如何根据不同国家和地区观众的文化差异和收视心理寻找与本土话题的契合点，既透过本土视角看世界，又站在全球视野看中国；既关注现实问题，又不忽视人文关怀，最终呈现给观众的是一幅多元、立体的图景，方能产生认同式共鸣。

表达的故事性叙述。在国际化传播的现实语境中，由于跨文化传播涉及不同国家、地区观众的收视习惯和收视心理，广电媒体必须在表达风格上适应海外受众的习惯和心理，即对输出节目采取本土化制作的表达方式和报道视角，用世界话语讲中国故事。其最明显的特征就是纪实性记录、故事性叙事和情感性的表达，这是被全球主要媒体所广泛采用的"语

---

① 徐迅雷：《信息公开：软实力的一个体现》，《中国新闻出版报》2008 年 6 月 10 日。

言"。CNN在一个充满激情的领军人里斯·舍恩菲尔德的带领下，提出了"新闻就是LIVE"的目标和口号，这个口号有两点诉求，一个是对现场直播（live）的纪实性追求；一个就是对生活、生存状况（live）的人文性关怀。我国广电媒体在进行跨文化传播的时候，应该通过故事化的表达风格，构建符合海外观众收视心理的新闻文本，达到贴近海外受众、贴近收视习惯、贴近海外生活的"三贴近"目标，以激发海外受众的移情作用。即便是报道时政新闻，也应多使用群众熟悉的、鲜活的语言，多用受众喜闻乐见的表达风格，多用受众易于接受的形象化语言，少用充满中国式口号和政治术语的"八股"式言语，以减少文化传播中的折扣现象，与受众形成无缝衔接。

广电媒体的对外传播，应最大限度地淡化直白的主流意识形态，尽量将具体物象同抽象的文化中国概念相结合，以一种润物细无声的方式来渗透进国外观众的心田，实现中国国家形象的文化传播。中国国家形象是一个宏观着眼、微观着力的当下问题，它是一个具备强大文化传播力的宏大命题，对于生活在许多海外多元文化之中的华人和外国人而言，唤起眷恋已久的中华文化情感，揭开古老而神秘的真实中国面纱，构筑起集体想象的共同体，是广电跨文化传播的一个梦想空间，也是中国的文化软实力所在。我们可以拒绝西方媒体设计的"中国议题"，也自信能探索国际认同的"中国表达"，以最新、最快、最贴近，以小见大，细节说事，同时以更加客观公正的"中国表达"吸引全球观众。

媒介影响力和传播力是现代广电传播话语体系的核心竞争力，只有加强广电媒介传播力量的整合，实现传统广电和新媒体的融合、多种机构与多种声音的参与、全球信息与文化传播的过程整合，才能在世界领域发出强有力的中国声音，增强中国的软实力。

（"第八届中国影视高层论坛"论文，2014，南京）

"双限令"下的电视节目
转型与调整

内容摘要：国家广电总局"双限令"下达后，全国卫视如何通过调整、规避、变身，改变电视频道节目结构？本文分析了全国各卫视节目播出状况：均注重电视栏目结构调整转型，推动电视由外延扩张向内涵提高方向转型，具体表现为从娱乐狂欢向"新闻立台"回归；从社教节目冷落向"生活服务"转变；从节目品质向"频道品牌"提升。

关键词：双限令　节目转型　结构调整

从 2012 年元旦起，国家广电总局下发的《关于进一步加强电视上星综合频道节目管理的意见》（以下简称《意见》）、《关于进一步加强广播电视广告播出管理的通知》（以下简称《通知》）如期生效，以此带来全国电视节目的调整和转型。《意见》的核心内容包括：2012 年 1 月 1 日起，各卫视频道在晚上 7：30~10：00 的黄金时间，每周娱乐节目不能超过两档，全国每年选秀类节目不超过 10 档，且类型不得重复（俗称"限娱令"）。婚恋、涉案等暴露和放大社会阴暗面的七类节目受到限制，此外各台必须设一档道德建设类节目，并鼓励制作和谐、健康、主旋律的节目，如文化艺术鉴赏类、历史地理天文类、公益类节目等。而《通知》要求：自 2012 年 1 月 1 日起，全国各电视台播出电视剧时，每集电视剧中间不得再以任何形式插播广告（俗称"限插令"）。

"双限令"发布之后全国卫视的面孔纷纷改变，通过调整、规避、变身,改变电视台频道节目结构。

调整:湖南卫视在晚间保留《快乐大本营》《天天向上》两档娱乐节目,其他节目位移,主推创新型法制和新闻类节目,并开辟新的节目带,在非黄金时段打造"零点主流带"人文类节目,包括《非常靠谱》《岳麓实践谈》《博物馆奇妙夜》《零点锋云》《我是大美人》《背后的故事》等。

规避:浙江卫视把大量综艺节目挪至晚十点后,如《爱情连连看》《爽食行天下》《快乐蓝天下》等,从而避开总局管理的"黄金段"。力保两档大型综艺节目,其《中国梦想秀》注重草根明星的打造,《我爱记歌词》则引入年代对抗概念,将通过唱不同年代的歌来同台竞技。

变身:北京卫视对大量节目"变身",改变节目可能跟娱乐沾边的属性,以避开"限娱令"的规范。北京卫视全力打造中国电视第一文化品牌,推出了《这里是北京》《好人故事》《愿望》等文化、人文类节目,综艺访谈节目《大戏看北京》和品牌节目《天下收藏》则分占周六、周日黄金档。

综观各地卫视的 2012 年变局,"双限令"成为媒体规划的重要影响因素,这为城市电视台的调整与转型也带来新的启示:注重电视栏目结构调整转型,推动电视由外延扩张向内涵提高方向转型。

一　从娱乐狂欢向"新闻立台"回归

自 20 世纪 80 年代以来,无论是 CNN,还是半岛电视台的异军突起、凤凰卫视的迅速发展,或是央视新闻频道的成功播出,从过程或结果看,都是首先抓住了新闻信息传播这个先机。

如今重提"新闻立台",应是对历史的积极回应。根据 2011 年度全国电视市场全天收视排名情况观察,中央电视台新闻频道排名不断前移(见表1)。

表 1　2011 年全国电视市场全天收视排名表

排名	频道	2011 年第二季度		2011 年第三季度	排名变化
		收视率(%)	份额(%)	份额(%)	
1	中央综合	0.53	3.6	中央综合 3.9	0
2	中央三套	0.41	2.78	湖南卫视 3.14	+1

排名	2011 年第二季度			2011 年第三季度	排名变化
	频道	收视率（%）	份额（%）	份额（%）	
3	湖南卫视	0.39	2.69	中央六套 2.65	+1
4	中央六套	0.38	2.61	中央三套 2.57	-2
5	中央五套	0.36	2.45	中央新闻 2.3	+1
6	中央新闻	0.36	2.43	江苏卫视 2.29	+1
7	江苏卫视	0.34	2.35	中央五套 2.21	-2
8	北京卫视	0.33	2.26	浙江卫视 2.18	+1
9	浙江卫视	0.3	2.05	北京卫视 2.08	-1
10	中央四套	0.28	1.92	安徽卫视 2.05	+1

在中央电视台各频道中，新闻频道的各档新闻节目全天收视排名也持续攀升（见表2），其中，央视新闻频道有6档节目进入前十。

表2 中央电视台新闻栏目收视率排名

排名	栏目	频道	收视率（%）	份额（%）
1	新闻联播	中央一套	1.2	7.44
2	新闻30分	中央一套	0.79	5.45
3	午夜新闻	中央新闻	0.22	3.61
4	新闻30分	中央新闻	0.45	3.09
5	新闻周刊	中央新闻	0.55	2.77
6	中国新闻	中央四套	0.4	2.71
7	新闻直播间	中央新闻	0.27	2.66
8	体育新闻	中央五套	0.5	2.5
9	新闻回顾	中央新闻	0.08	2.17
10	新闻地图	中央新闻	0.29	1.83

我们再来看各卫视晚间21：00～24：00新闻节目收视情况（见表3）。在省级卫视晚间新闻排名中，位居前三位的分别是江苏卫视、浙江卫视和江西卫视。排在第四位的东方卫视市场份额占有1.2%。

表 3　卫视晚间 21：30~24：00 新闻节目收视情况（2011 年 1~10 月）

排名	栏目	频道	开始时间	时长（分钟）	收视率（%）	市场份额（%）
1	《时间新闻》	江苏卫视	22：45	15	0.346	1.7
2	《新闻深一度》	浙江卫视	22：50	20	0.249	1.5
3	《新闻夜航》	江西卫视	22：35	15	0.193	0.9
4	《东方夜新闻》	上海东方卫视	23：00	18	0.182	1.2
5	《北京观察》	北京卫视	21：30	50	0.157	0.6
6	《晚间报道》	四川卫视	22：00	8	0.144	0.5
7	《新安夜空》	安徽卫视	23：00	10	0.099	0.9
8	《天津新闻》	天津卫视	22：29	25	0.086	0.4
9	《荆楚夜新闻》	湖北卫视	23：30	10	0.039	0.3
10	《北京新闻》	北京卫视	23：33	25	0.034	0.3

在东方卫视，《东方夜新闻》（23：00~23：45 播出）在内容上，以杂志化的编排，设置"大事件""全球眼""锐观察"等三道"主菜"，充分满足夜间观众的新闻欲望。同时，资讯中国、资讯天下、资讯万象及明日报刊早知道等四道"点心"，涵盖来自国内、国际、社会文体、报刊网络等方面的精彩资讯。在形式上，则采用立资式互动的创新形式：

新闻景区全新启用（分区域对播）

大屏展示立资解说（课件式制作）

播报方式颠覆变化（走动中播报）

特约评论图说并用（讲解式评述）

直播连线大屏对话（情景式复原）

每晚 6：30 分东方卫视播出的《东方新闻》还采用事件图片背景墙结合主持人讲述的报道模式，展现出事件的完整立体现场感。在这里，背景墙在整个叙述中起到"停顿"的作用。停顿是事件的定格，使故事的时间为零，但事件的效应在讲述时间当中得到了延展和播散。主持人充当叙述者的角色，增强了事件性报道的整体感和现场感。

观察上述比较受观众喜爱的新闻节目，我们发现，它们都表现出如下趋向可供借鉴。

1. 新闻贴近性

CSM 媒介研究表明，观众喜爱新闻的因素主要包括栏目所谈话题是我关注的、栏目所传信息让我长见识、栏目所谈事情贴近我生活。如本地民生类节目的报道，由于体现出媒体对观众市场需求的回应而成为各电视台的当家节目。

2. 新闻差异性

在新闻内容多元化、观众需求细分化的过程中，各级新闻频道或新闻节目应寻求差异化竞争策略。如《东方新闻》介于全局和本地二者之间，强化零距离现场和全球视野，重点打造焦点板块，为观众创造强烈的现场感。

北京电视台公共频道注重模块化设计，实施板块化差异编排，取得较好效果。

早间时段：新闻+服务板块（路况直播+北京您早）

午间时段：民生新闻板块

傍晚时段：新闻+服务板块

晚黄金时段：新闻+评论板块

夜间时段：旅游服务+故事类板块

观察这 5 个时段的打造，无一不突出了频道的新闻性及服务性。

3. 新闻深度化

深度成就高度是不少媒体的信条，挖掘深度成为自媒体时代主流媒体自我拯救的重要手段。当受众深陷海量信息困扰时，传统电视新闻的影响力就在于对海量信息的整理和深度挖掘能力，并围绕热点和重点问题展开讨论和评论，帮助观众认识新闻背后的社会动因。

4. 追求观点

曾担任《华盛顿邮报》总编辑、现为杜克大学新闻和公共政策实践课程授衔教授的 Philip Bennett 指出，告诉读者这些都是事实是不够的，如果你的报道只是事实其实没有太多价值，要有以个人见解为主的"评论"……在这里，以个人见解为主的"评论""有观点的新闻"实际上是帮助观众消化，而不是一味地贪多。附加在事实上的评判价值，才真正是新闻竞争的部分。央视新闻频道自 2009 年改版以来，加强了言论信息，如保留《新闻 1+1》，新增《环球视线》，在《整点新闻》《朝闻天下》和《新闻周刊》等栏目穿插特约评论员点评和主持人述评，受到观众的肯定。此外，《东方夜新闻》注重对新闻事件的解读和剖析，提升了节目收视率。《东方直播室》将电视、网络、短信有机结合，构建时事辩论节目。

5. 转向公共

当电视新闻的服务性、公共性特征渐渐显露，公共视域下的民生新闻转向趋势：从市民生活报道转向公众生活报道、从单纯消息报道转向公共事件解读、从单向受众传播转向搭建公共话语平台、从媒体事件展示转向媒体公共服务（包括政治、法律、资讯层面）。

6. 注重"筛选"

2009 年 8 月 10 日首次播出的深夜节目《24 小时》是央视新闻频道改版后，推出的一档梳理全天新闻的节目。作为新闻频道最年轻的一档新闻节目，《24 小时》事实上也肩负着中央电视台传统电视新闻如何与网络内容结合的探索任务。截至 2009 年 12 月 30 日，该栏目平均收视率比开播前同时段的 0.095 提升了 47%，达到 0.14。相比其他新闻栏目，该栏目的特点之一就是充分考虑网络时代人们收看电视新闻的心理和行为特性，在内容和形式上有所创新。

凤凰卫视的《天下被网罗》节目利用专业人员的知识及敏锐眼光，进行资讯的挑选和梳理。让观众通过一个节目，知晓当天天下大事，掌握最热的网络话题。让网络时代，面对资讯海洋不知如何适从的人们找到方向。

二 从社教冷落向"生活服务"转变

从 2011 年全国晚间新节目看，生活服务类节目出现明显增长，占晚间常态节目的 22.68%，仅次于综艺、专题（综艺 28.91%、专题 27.68%、新闻 3.27%、财经 3.17%、青少 3.06%）。生活服务类节目主要设置定位有如下 7 类。

1. 帮忙类

以安徽经视《帮女郎帮你忙》（2008 年 10 月 18 日开播）为发端，全国地面频道掀起一股"帮忙风潮"，成为民生节目升级发展的突破口。该节目团队由多位女记者组成，走街串巷，来到市民身边，用媒体人的人文关怀与责任，帮助求助的市民化解难题，扩大了媒体的影响力，成为电视媒体新收视亮点。

北京卫视公共频道《新闻热线》以"市民身边事，热线来帮忙"作为宣传语，提出要做有热度、有温度、有态度的新闻。《新闻热线》依托热线平台这个本土新闻源来发现问题、报道问题、追踪问题、帮助市民解决问题。

2. 求职类（见表 4）

在新浪微博中，流行着一段话："如今流行电视节目形态概括为'五找'，找对象，找工作，找乐子，找别扭，找挨骂。"虽有嬉笑成分，但却对应了当前主流的几大节目类型：婚恋类、求职类、综艺娱乐类、情感调节类。

找对象，婚恋类，以《非诚勿扰》《我们约会吧》为代表。

找工作，求职类，江苏卫视《职来职往》，天津卫视《非你莫属》等。

找乐子，综艺娱乐类，湖南卫视《快乐大本营》等。

找别扭、找挨骂，情感调节类，以江苏卫视《人间》为代表。

表 4　各卫视求职节目表

栏目	卫视	内容
《非你莫属》	天津卫视	2010 年 10 月开播。分"自我介绍""天生我有才""别对我说谎""谈钱不伤感情"等环节。娱乐性兼顾职场人生、职场话题等一系列"冲突"元素
《职来职往》	江苏卫视	2010 年 12 月首播。节目囊括各行各业、人生百态、通过行业达人和求职者之间的对话，反映当下最热点的行业话题并产生观点的碰撞

栏目	卫视	内容
《上班这点事》	第一财经频道	2009年5月开播。节目定位为新型公益求职节目，为用人方和求职者充当职场红娘
《天生我才》	湖北经视	2011年3月开播。主打本地贴近性，为观众提供帮助和服务，现场有"观众团"，请他们现场监督，发表观点。在强调真人秀个性的同时，注意把握节目的成功率和社会的指导
《中国职场好榜样》	宁夏卫视	2011年6月开播。季播职场真人秀节目，采取"12+1"的全新理念，通过十二段求职比拼和最后一场收官盛宴，寻找最具吸引力的新奇职位和求职者，力求呈现青年人的求职心态

这些职场节目把职场做媒介，秀的仍是个性。如天津《非你莫属》围绕社会就业难，职场生存技巧、职业生涯规划、职场热点探讨而策划。多期节目收视居同时段省级卫视第三位，被称为"职场版"《非诚勿扰》。

3. 调解类

江苏卫视《人间》，湖北广播电视台《调解面对面》栏目，以情感纠纷、家庭矛盾、神秘事件等为主要题材，为当事人解决问题，满足观众对隐私、黑幕、真相等的窥视需求。

4. 养生类

以北京卫视的《养生堂》（2009年开播）为代表，这类节目以"传播养生之道、传授养生之术"为宗旨。该节目每天17：30为观众提供最优质的养生服务资讯，在2011年已播出的161期节目中有69期节目排名全国同时段第一。该档节目以传统养生学"天人合一"为理念，按二十四节气顺序安排节目内容，既介绍中国传统养生文化，又介绍实用养生方法，深受观众欢迎。

5. 生活类

从2010年7月到9月，CCTV-1频道相继推出早、中、晚三个时段新栏目：《生活早参考》《看见》《我们有一套》。改版以来，收视份额由2季度的平均值5.96%提升至7.93%，提升幅度高达33%，尤其是在当年

10月，收视份额提升至 8.79%，相比改版前提升幅度高达 47%，创造了全国上星频道的最高纪录（见图1）。

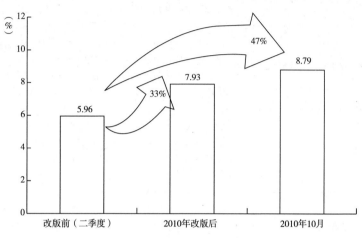

图1　CCTV-1 收视份额

6.法制类

自 2010 年 10 月 8 日起，央视新闻频道将午间原有节目《今日说法》由 20 分钟扩版至 30 分钟后，收视率一路走高，达到 1.29%，最高突破 1.65%，创下 3 年来的历史最高纪录（见图2）。现在该节目又扩充到 50 分钟。

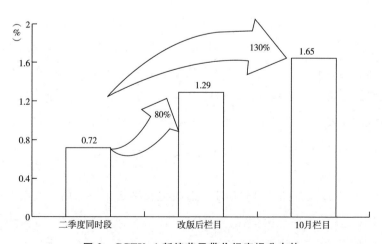

图2　CCTV-1 新编节目带收视率提升走势

2011年江西卫视新推出的《金牌调解》，在众多同质节目下虽有炒冷饭之嫌，但收视成绩仍然良好，让人不得不感叹此类节目的收视市场会如此之大。

7. 人文类

国家广电总局在对选秀等类节目下达"限娱令"的同时，还要求各台必须设一档道德建设类节目，并鼓励制作和谐、健康、主旋律的节目，如文化艺术鉴赏类、历史地理天文类、公益类节目等。可以预见的是，在2012年人文类节目将迅速兴起并持续红火。

在新年荧屏上，浙江卫视的人文节目走进黄金档，在每周日的21：21分推出高品质文化节目《人文深呼吸》。时任浙江卫视总监夏陈安介绍说："该栏目播放有最精美的画面和最精美解说词的纪录片，让大家在各家卫视都是电视剧布满荧屏的时候，能够呼吸到清新的空气，而且是深呼吸。"目前计划播出的纪录片有展现北纬30°瑰丽风光的《北纬30度》，用3D科技还原南宋旧貌的《南宋》。

三　从节目品质向"频道品牌"提升

2012年1月1日，荧屏"双限令"同时生效。2012年1月3日，国家广电总局新闻发言人说，全国34个电视上星综合频道元旦起推出了改版后的新编排，同去年相比，新闻类节目增加三分之一，新创办栏目达50多个，七类被调控娱乐性较强节目减少三分之二，过度娱乐化倾向得到明显遏制。此前，据国家广电总局统计，中国电视台晚上黄金时段播出的娱乐节目一度多达每周126档。部分节目被指传播错误价值观，如炫富拜金、嘲弄弱势群体等。

各地卫视节目经调整后，观众发现，娱乐节目气象一新，黄金档电视剧质量提高。湖南卫视自制剧占优、推出周播剧场；压缩《快乐大本营》《天天向上》时间；将《我们约会吧》《称心如意》移动到午间时段；同时停播《娱乐无极限》《快女》。在黄金档时段排列的分别是自办节目《新闻当事人》《变形记》《平民英雄》《平安2012》《就是要健康》等社会新闻和生活服务类节目。

北京台在进行大规模改版后，推出了新打造的节目《BTV 秀场》，收视连创新高，一头挺进地方卫视第一阵营。大型访谈节目带《BTV 秀场》打通每周的日播节目带，从周一到周末子栏目结构包括《顶尖秀》《非凡秀》《收藏秀》《焦点秀》《幸福秀》《巨星秀》《喜剧世界》七个板块，统一安排在每日 21：35 分播出（见表 5）。

表 5　北京卫视每晚 21：35 "水带式"节目编排

BTV 秀场	播出内容
周一	全球各行业顶尖人物的高端访谈的《顶尖秀》
周二	《非凡秀》，即草根故事会，讲述者和主角都是具有非凡成就力的普通人
周三	由《天下收藏》改版的《收藏秀》
周四	播出新闻时事类脱口秀《焦点秀》，邀请热点事件当事人或相关人物到场
周五	展示普通人家庭生活细节和矛盾冲突的《幸福秀》
周六	《巨星秀》为明星和影视剧首映的演职员群体提供一个群体亮相、揭秘幕后的舞台
周日	《喜剧世界》是喜剧明星会聚的天才喜剧秀

浙江卫视关注社交人文，继续播出《我爱记歌词》和《中国梦想秀》，并让人文类和新闻类节目登上黄金档。江苏卫视增加养生、古玩鉴赏类节目，力保《非诚勿扰》《非常了得》，停录《不见不散》，将《老公看你的》转型为道德建设类节目。

东方卫视引进新节目模式，力争《百里挑一》《中国达人秀》《舞林大会》留在黄金档，同时引进 5 个境外成熟节目模式，并开辟国外流行的周播剧。

天津卫视网罗大剧，《请你原谅我》《新西游记》《甄嬛传》《楚汉传奇》等热门剧集陆续登上荧屏，同时推出《卧底老板》《王牌主夫》《幸福来敲门》互动真人秀节目。

安徽卫视实行点线面的内容策略定位，形成午间、晚间与周末三大节目带。午间段《全民运动会》《男生女生向前冲》；推出室内体验类游戏节目《大玩家》《黄金年代》；调整改版《非常静距离》《爱传万家——说出你的故事》等品牌节目。

以节目调整为契机，优化频道编排，提升品位已成为诸家卫视的当仁之选。新开办的娱乐节目十分注重内容创意，体现文化品位和审美格调。如江西卫视综艺节目《红星闪闪》，贯穿公益主线，传播红色精神，体现人文关怀；山东卫视音乐节目《歌声传奇》展示影响几代人的经典好歌，弘扬优秀音乐文化；湖北卫视综艺节目《我爱我的祖国》，通过明星和其家乡团一起现场答题，唤起人们内心深处对家乡的思念和对祖国的热爱；四川卫视音乐节目《中国爱大歌会》，以"爱心传动中国"为理念，讲述音乐背后的感人故事并倡导奉献爱心。

面对这样的荧屏新气象，城市电视台可以频道定位转型、栏目设置转型、节目叙事转型、媒体管理转型来呼应诸多转型，同时注重电视专业人才队伍建设尤其是记者素质的提高，从而在电视转型中充分发挥智力、技术、管理等生产要素的重要作用。

（原载《新闻前哨》2012 年第 7 期）

"三力"式跨越：卫视挺进全国十强的启示

内容摘要：本文以湖北卫视迅速挺进全国十强的突破为案例，探索电视传媒"三力"式跨越之谜，即：硬实力突破，实现观众市场的历史性跨越；软实力突破，实现传播理念的卓越性追求；巧实力突破，实现媒体主导的"软""硬"兼施。

关键词：卫视十强　节目创新　栏目理念　巧实力突破

一年前还是一个处在中国卫视第三梯队的湖北台，一举跻身全国前十的第一方阵，被国家广电总局评为中国年度成长卫视。一年前还是默默无闻的省级台，如何迅速摆脱地域性局限，成为全国性媒体，并入围"2012中国品牌媒体百强、省级卫视品牌十强"？这是中国电视界的一个待解之谜。

有权威数据表明，2012年是湖北卫视变化最大的一年，也是进步最快的一年。湖北卫视按照"国际视野、国内一流、中部窗口、大台风范"的要求，突破了以往做电视节目的局限，以不断进取、克难奋进的豪气，面向全国市场办节目，全面推进湖北卫视向全国平台的提升，实现了硬实力、软实力、巧实力"三力"式的历史性跨越发展。

一 硬实力：观众市场的历史突破

硬实力，通常指一国的经济力量、军事力量和科技力量，是一种支配性的实力，也是有形的载体。从某种意义上说，电视媒体的硬实力是在一个市场的"无形之手"作用之下得以强劲发展的，而这种硬实力的大小主要遵从对观众收视市场的判断，这是一个媒体传播力强弱的基本标志。

2012年，湖北卫视改版从元旦开播以来，自办栏目收视屡创新高，有9档节目进入全国同时段前6位，有4档自办节目多次成功冲击全国同时段第一名（见表1）。在经过一季度启动、二季度优化后，湖北卫视收视率增幅达到破天荒的53.98%，一举跻身全国省级卫视前十名（见表2），其中，晚间自办栏目带跃居全国同时段第8~9位，成为成长性最快的省级卫视，并获得国家广电总局颁发的中国年度成长卫视奖。省外观众收视贡献率也不断上升，高达70%以上，这标志着湖北卫视已摆脱地域性局限，成为全国性媒体，并入围"2012中国品牌媒体百强、省级卫视品牌十强"。

表1　2012年湖北卫视主要节目收视表现

节目	2012年平均收视率（%）	2012年同时段排位	单期最高收视率（%）	单期最高同时段排位
《我爱我的祖国》	0.748	6	1.011	3
《金装生活帮》	0.725	3	1.122	1
《今晚我当家》	0.59	6	0.813	6
《冲出危机》	0.588	6	0.871	4
《挑战女人帮》	0.584	6	0.894	4
《调解面对面》	0.524	6	0.784	2
《生活帮》	0.466	3	0.71	1

续表

节目	2012 年 平均收视率（%）	2012 年 同时段排位	单期最高 收视率（%）	单期最高 同时段排位
《饮食养生汇》	0.432	2	0.547	1
《大揭秘》	0.372	12	0.592	8
《长江新闻号》	0.278	10	0.492	1
《湖北新闻》	0.14	6	0.241	3

表 2　2012 年与 2011 年湖北卫视在全国省级卫视排名比较表

排名	卫视	2011 年 12 月 收视份额（%）	排名	卫视	2012 年 10 月 收视份额（%）
1	湖南卫视	2.64	1	江苏卫视	2.69
2	江苏卫视	2.15	2	湖南卫视	2.59
3	浙江卫视	2.13	3	浙江卫视	2.33
4	上海东方卫视	1.83	4	安徽卫视	1.73
5	北京卫视	1.66	5	江西卫视	1.72
6	四川卫视	1.58	6	北京卫视	1.72
7	山东卫视	1.52	7	天津卫视	1.72
8	天津卫视	1.38	8	深圳卫视	1.48
9	安徽卫视	1.36	9	山东卫视	1.47
10	江西卫视	1.24	10	湖北卫视	1.42
11	深圳卫视	1.10	11	东方卫视	1.40
12	辽宁卫视	0.96	12	黑龙江卫视	1.13
13	黑龙江卫视	0.95	13	四川卫视	0.80
14	云南卫视	0.81	14	重庆卫视	0.62
15	河南卫视	0.70	15	辽宁卫视	0.58
16	湖北卫视	0.65	16	云南卫视	0.58

从表1看，《长江新闻号》和《湖北新闻》两档新闻栏目曾一度冲刺到全国同时段的第一、三位。坚持"新闻立台"，是电视媒体的本质属性，也是体现湖北卫视硬实力的重要标志。该频道扩大新闻播出量，创新新闻节目形态《长江新闻号》，改版提升《湖北新闻》传统栏目，使这样一档地方新闻的收视率年均达到全国同时段第6位，有效地提高了湖北电视新闻传播的影响力和引导力。时任湖北广播电视台台长王茂亮在谈到他的新闻观时说，新闻节目重在提高舆论引导的速度，拓展社会服务的广度，挖掘主题宣传的深度，体现民生新闻的温度，提升评论报道的高度。改版后的《湖北新闻》正是根据这种认识，按照"视野更高、影响更大"的要求，不断创新宣传方式，改进报道语态，优化形象包装，使新闻的时效性、权威性、贴近性不断提高。

正确的新闻传播导向是媒体的生存之本，而更自觉、更主动、更富创造性地服务大局，则是湖北卫视改版的支点，开办新的新闻评论栏目《长江新闻号》正是湖北卫视突破地域界限，走向全国大台的一种媒体冲动。《长江新闻号》坐拥长江、纵论天下，力图成为一个全新的中国中部信息和观点的窗口。该栏目通过记者型主持人和专家级评论员访谈评论，对国际新闻事件进行权威、理性、全面的分析，使栏目"中国心、世界观"的宗旨得以充分体现，也产生了广泛的话语影响力。从表1和相关数据资料得知，《长江新闻号》打败了众多老牌新闻节目，单期最高同时段排位达到全国同类新闻节目收视的第一位。

在当前中国电视媒体的竞争中，新闻立台是传统媒体生存与发展的基础，而电视剧的播出与编排技巧，在综合性电视频道中也是拉动收视率见效最快的法宝。虽然它不具有稳定性，但优质电视剧的轰动效应似乎在短期内无法被替代。虽然湖北卫视在电视剧播放方面，由于改版初期的种种原因错过了竞购电视剧的最佳时机，但湖北卫视仍通过合作制片、巧妙编排等策略，弥补了在电视剧播放上的先天不足，使《长江剧场》同时段收视跃居全国第10位，其中，《独立纵队》《血战长空》等高品质剧目的播出，还创造了湖北卫视电视剧的收视高峰。从总体上看，湖北卫视的黄金剧场呈上升之势（见图1），应和了湖北卫视提档进位的趋向。

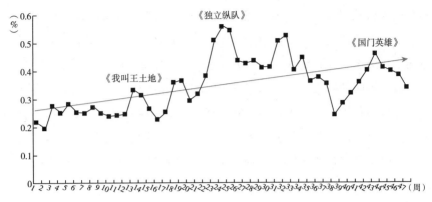

图 1　2012 年湖北卫视黄金剧场收视率走势

二　软实力：传播理念的成功追求

软实力的概念由美国哈佛大学约瑟夫·奈教授于 1990 年首先提出，原指国家依靠文化和价值观方面的因素来获得影响力的能力。以后有学者把软实力引申应用于企业，形成企业软实力的现代管理科学，包括价值理念、创新能力、品牌战略、社会公信度等。它同样适用于对媒体的判断，是对媒体的导向力、吸引力和可持续发展能力的认定。

过去评价一个电视媒体的硬实力主要看传播力（收视率），而现在，还要看媒体的软实力，包括电视理念、品牌栏目、媒体形象等，以及由此产生的观众凝聚力和忠诚度，它对媒体的长期运营业绩具有重大的影响，是品牌媒体的关键性因素。

所谓理念，按照黑格尔的观念是自在自为的真理，表现为理论的理念与实践的理念双重形态，且可以理解为差别性的形式。理念，作为认识的理念，也是概念和客观性的统一，这种概念作为普遍性，是将其个体性特殊化的客观性。[1]

理念建设。理念即是真理，它在媒体的发展中处于支配的地位，是媒

---

① 〔德〕黑格尔：《小逻辑》，贺麟译，商务印书馆，2002，第 145 页。

体软实力的重要表现，发挥着指向性的作用。湖北卫视以长江为符号设计新台标，展现长江奔腾之势、两江汇流之意、湖北跨越之姿，并重新提炼湖北卫视宣传语——"中国心、世界观"，"我在中国心，世界在我心"。正是在这样的国际视野下，湖北卫视 2012 年更新理念、全新改版，围绕"中国心，世界观"的频道理念构架，并形成了五大节目带，即："重导向"的新闻节目带、"讲贴近"的生活节目带、"提品质"的人文节目带、"显特色"的综合节目带和"求文化"的大型周末娱乐节目带。①　五大节目带，脉络分明，版面清晰，各具特色，以此锻造出温暖、智慧的频道气质。

品牌建设。当媒体理念成为湖北卫视员工共享的精神成果，并与大众的需求相契合的时候，媒体理念就能释放出巨大的建设性力量，奇迹般地树立起一个品牌节目群。湖北卫视从 2011 年 12 月开始酝酿改版，到 2012 年 1 月 1 日正式推出 11 档新栏目，并一次性"关停并转"原有 14 档综艺娱乐节目。这种短期内的颠覆性全面改版，并取得显著的成功，在中国电视媒体发展史上极为罕见，它显示出媒体管理者的勇气、智慧与气魄。

国家广电总局 2012 年通报备案的 50 个新版节目中，湖北卫视占了全国卫视创新节目的五分之一。这些新栏目没有了无厘头的逗乐，突出了思想内涵和文化价值，增强了贴近性和服务性，深受观众欢迎。央视索福瑞媒介研究有限公司（CSM）2012 年媒介市场调查显示，在全国省级卫视 22：00 档节目中，湖北卫视成为唯一拥有一周 7 个高收视周播栏目群的卫视，包括《我爱我的祖国》《金装生活帮》《挑战女人帮》《调解面对面》《冲出危机》等。调查还显示，在节目类型分布上，湖北卫视也是品牌最全的卫视（见表 3）。

表 3　2012 年湖北卫视品牌栏目类型表

节目类型	节目	收视率（%）	单期最高收视率（%）	单期最高收视率排位
新闻/时事	《长江新闻号》	0.43	0.60	3
生活服务	《金装生活帮》	0.75	0.86	4

---

①　王茂亮：《牢记媒体责任　实现节目转型》，《媒体时代》2012 年第 5 期。

节目类型	节目	收视率（%）	单期最高收视率（%）	单期最高收视率排位
专题	《大揭秘》	0.66	0.83	3
综艺	《我爱我的祖国》	0.84	1.06	4
财经	《天生我财》	0.07	0.09	6

　　传媒的软实力体现了媒体义不容辞的主流价值责任。湖北卫视在传播实践中，严把节目制播环节，确保频道成为正面、积极、主流价值的传播阵地，即使在娱乐节目《我爱我的祖国》中，也始终贯穿着这条主线。该栏目以"家在中国、吃在中国、行在中国"这一清晰的节目内容脉络，打造更加主题化、条理化、更有文化内涵的地理文化综艺秀。节目通过各地方言的乡音、绝活展示、历史经典瞬间画面、经典音乐的回忆，以新闻的切入、人文情怀的展现、故事的讲述、综艺的表现，将"自豪的、感动的、震撼的、惊奇的、创造的"五个观众感知层次逐层挖掘出来加以新颖的表达。

　　近年来，在美国学术界掀起了一个"重塑新闻学"的热潮，其中心论题即为如何以受众为最终服务目标，重新满足公众的需求。这种媒体价值观，可以理解为媒体的软实力表现。湖北卫视将媒介的服务内容作为受众满足的核心要素，以需求结构为出发点，将一些具有心理关联或概念上近似的需求，通过同类型节目的组合设计，开办了《生活·帮》《冲出危机》《调解面对面》和《饮食养生汇》四档服务类节目。

　　《生活·帮》集生活资讯、调查、实验于一体，演播室访谈与外景调查相结合，并运用生活调查、生活实验、智慧妙招和情感帮扶等方式，全面关注当今生活中的各种话题，为观众还原生活中的真相。《冲出危机》作为全国首档公共安全类科教节目，以普及安全知识、呼唤生命意识为宗旨，意在提高广大公众的公共安全意识防范。节目通过体验式的密室闯关答题、演播室高端访谈、国内外第一灾难现场的实地拍摄方式，帮助和引导观众了解保护个体生命安全和维护社会公共安全的知识与法规，深受观众喜爱，观众亲切地称之为"电视版防灾应急手册"。

如果说，上述两个栏目还只是从理念上体现了服务的宗旨，而《调解面对面》则真正做到了"面对面"的服务。栏目聚焦家庭邻里纠纷，但绝不放大纠纷中的负面情绪，而是通过温情故事的讲述，挖掘真情，唤醒良知，从而使《调解面对面》的调解成功率高达70%。现场调解结束后，栏目组还定期回访、跟踪关注，帮助当事人开启新生活，创新媒体参与社会矛盾化解的路径。《饮食养生汇》栏目，首推"饮食+养生"的概念，以"饮食养生汇，您的家庭营养师"为服务口号，通过和国内顶尖医院的营养科专家重点合作，加大"饮食养生"的选题比重，增加节目的辨识度，提升了节目品质。

媒体品牌本身虽不具有独立的物质实体，但品牌节目作为湖北卫视的一种无形资产，构成了一种软实力，能够增强媒体的外部吸引力和内部凝聚力，最终实现品牌资产的最大化。有专家说，周播品牌的数量多是世界一流台的特征，而湖北卫视在2012年就有九档节目进入全国同时段前十，这标志着湖北卫视已完成全国性卫视的转型。

三 巧实力：媒体主导的"软""硬"兼施

"巧实力"概念最早是由一些美国学者提出并加以充实的，主要目的是运用"巧实力"进行对外战略转型，帮助美国摆脱当前困境，重振全球领导地位。简言之，"巧"就是要变过分依赖硬实力为软硬兼施。有人评价说，这个新概念没有对使用软硬两种实力的比例做出明确规定，因此，巧实力的"巧"字具有强烈的主观评价色彩，但这恰为理论与实践的进一步探索提供了想象的空间。在湖北卫视的实践中，巧实力可以表现为准确定位的"巧"改版，一流团队的"巧"合作，媒介事件的"巧"运作等。

定位准确的改版是湖北卫视迅速挺进十强的基础。湖北卫视在改版初期，就以国际化的视野来审视、确立起点。而该频道过去曾因为一周播出14档娱乐节目受到中宣部的批评。面对湖北卫视2012年十分紧迫而艰巨的改版任务，台领导打破小修小补的常规，运用大手笔、高起点的创意策划实施此次改版，颠覆性地整体重构版面结构，使之成为一次根本性的品质优化提升。"中国心、世界观"的定位，一语道出了湖北广电台打造全国一流现代传媒的梦想，《湖北新闻》和《长江新闻号》等新闻节目的倾力制作，也暗合了世界著名媒体迅速崛起的路径选择。国际热播节目《我爱我的祖国》版权的引进与本土化改造沿袭了当前西方传媒集团惯用的方式，人文、生活等自办节目带的打造，也为湖北卫视提供了可持续发展的驱动因素，能满足广大观众多样化、多层次、健康的精神文化需求。

一流团队的合作是湖北卫视迅速挺进十强的关键。湖北卫视整体改版只有短短的一个月时间，即使是对一个栏目的创新改版也是一项极为艰难的任务，何况是同时一次性提升改造 4 档栏目，全新推出 11 档栏目，这几乎是不可能完成的任务。然而，湖北卫视做到了，而且绝大部分栏目进入了全国同时段前十，这绝对是中国电视史上的奇迹。那么，这个奇迹诞生的原因何在呢？

这些成绩的取得首先得益于湖北卫视拥有一流的复合型的制作团队群，使每档节目都能均衡的发展，而没有走大多数电视台仅靠一两个节目突进的方法。一个频道可能会因一部电视剧或一个栏目收视的突起而使得频道单天排名冲到全国前三位，但也会因为一个收视火爆的电视剧或者季播栏目的停播而导致一段时间的排名大幅后退。而湖北卫视制作团队注重新创的 11 档自办栏目的摄制，已有 9 档进入全国前十位，剩余两档节目也接近前十，像《长江新闻号》还有进入全国同时段第一位的记录。

《我爱我的祖国》作为周末大型综艺娱乐节目，其中就包括与国际顶尖团队的合作。该栏目每期围绕地域展开，从东南西北中五个区域各选一个省份来结构内容，节目分为乡音乡情、独门绝技等多个环节，对于这档大制作节目，如果没有制作团队的通力合作，很难实现唤醒民族情感的故事承载。

国家广电总局先后印发 7 期《监听监看日报》，充分肯定了湖北卫视团队推出的多档新节目。国家广电总局领导批示："湖北卫视实践证明，必须创新传播主流价值观，才能赢得核心竞争力，对核心竞争力认识到位。"

大型媒介活动的举办是湖北卫视迅速挺进十强的策略。常规节目的全流程管理，周播栏目的品牌化维护，集群节目的精确编排，差异错位的创新改进，是电视媒体保持强劲竞争势头的基本保证。而间断性的媒体大型活动，也被证明是增强媒体社会影响力的有效途径。

2012年湖北卫视成功举办了十多场全国性活动，其中包括"第22届中国电视文艺'星光奖'颁奖晚会""随州炎帝寻根节""人民至上""党旗为人民幸福高扬"等十多场大型活动，立意高远，生动感人，社会影响广泛。尤其是《穿越长江·黄鹤楼神奇魔幻夜》的收视率达到1.27%，在全国同时段排名第2位，仅次于江苏卫视的《非诚勿扰》，该活动引领湖北卫视11月25日全天的全国收视排名达到第三，创造了湖北卫视开播以来的历史新高。与文化部共同主办的"中国原声民歌大赛"也吸引了全国56个民族歌手参与，节目收视排名全国前五。

社会环境难以提供满足某些真实生活需要的机会，人们转而求诸媒介得到弥补，社会形势产生的紧张和冲突所导致的压力也使人们期望通过大众媒介来缓解。在这种社会语境下，湖北卫视制作的特定媒介内容与观众的期望保持了一致，满足了观众的需求，获得了社会的认同。因此，湖北卫视在2012年荣获了"湖北文化强省建设重大创新成果奖"，并入围2011~2012中国品牌媒体百强、卫视品牌十强，成为业内关注的一匹"黑马"。

（原载《媒体时代》2013年第1期）

品质化生产与竞争：电视
媒体的新常态[*]

内容摘要：电视媒体与新媒体融合改变了旧的媒介生态，人们对电视内容品质的要求急剧提升，倒逼市场选择的重置，以高品质的"现象级"节目加速了新的电视娱乐生态圈的形成。本文从市场新常态、结构新常态和发展新常态三个方面论述电视的品质化生产与竞争战略，探索在品质化生产背景下，电视媒体铸造核心竞争力、加速机制变革并优化市场运营的电视媒体产业发展新常态。

关键词：品质化竞争　品质化生产　品质化战略　产业发展新常态

当今中国正处于重要战略机遇期，"新常态"不但在经济领域里呈现，而且几乎全方位地迫近中国社会的方方面面。"新"意味着不同于以往，"常"代表相对稳定，"新常态"暗含社会发展规律的趋势性和不可逆转性。在风云变幻的媒体领域，"新常态"是基于新媒体催发的新的驱动力。"新常态"下的媒介竞争与过去相比有了质变，却更加符合社会需求变迁及媒介发展规律。某种程度上，"新常态"等同于新的媒介生态。然而"新常态"更强调身处其中的媒介主体及媒体人，如何审视其"新"，

---

*　本文系湖北省委宣传部重大调研课题"湖北广电媒体与国内先进广电媒体核心竞争力对比研究"的部分成果。

进而适应这种"常态"，走出新路子，探索新战略？对于电视媒体而言，最显著的"新常态"是社会需求发展倒逼市场选择的重置，新媒体与电视娱乐的产业链更加清晰，共同构成电视媒体新的产业结构和效益增长点。可以预见，品质化战略将成为未来电视媒体生存发展的不二法则。

一　市场新常态：电视的品质化竞争

品质，原意为物品的质量，这里引申为电视产品的质量。品质化生存，表明电视媒体已经彻底告别资源稀缺时代区域化垄断传播的"温饱"生态，在全媒体融合覆盖下，受众与用户开始疏离平庸的电视节目，热衷追求一些"现象级"电视节目，这已成为近几年乃至今后若干年的常态化趋势。所谓"现象级"是指事物在某一时期具有极高关注度，并极有可能成为此类事物标杆的一种高品质等级。"现象级"节目本身就是电视品质化生存新常态的一个标本集。"现象级"节目的本质是放弃对既有市场的盲目跟进和模仿，尊重而不迎合受众。通过积极研发高品质的创新性节目打开市场，并使电视媒体进入从"现象级"到常态化的良性发展。仅以2013~2014年我国省级卫视年度收视份额排名表（见表1）和排名前20的电视栏目表（见表2）为例，可以得出充分说明。

表1　2013~2014年省级卫视各年收视份额排名（TOP 20）

2013 年			2014 年			
排名	卫视	收视份额（%）	排名	卫视	收视份额（%）	变化幅度（%）
1	湖南卫视	3.179	1	湖南卫视	3.084	−3
2	江苏卫视	2.439	2	江苏卫视	2.368	−3
3	浙江卫视	2.286	3	浙江卫视	2.314	1
4	北京卫视	1.753	4	北京卫视	1.993	14
5	天津卫视	1.732	5	天津卫视	1.806	4
6	安徽卫视	1.723	6	山东卫视	1.787	28
7	上海东方卫视	1.564	7	上海东方卫视	1.703	9

2013 年			2014 年			
排名	卫视	收视份额（%）	排名	卫视	收视份额（%）	变化幅度（%）
8	江西卫视	1.489	8	安徽卫视	1.451	-16
9	湖北卫视	1.423	9	江西卫视	1.380	-7
10	山东卫视	1.400	10	湖北卫视	1.244	-13
11	深圳卫视	1.358	11	深圳卫视	1.200	-12
12	四川卫视	0.895	12	四川卫视	1.006	12
13	黑龙江卫视	0.874	13	黑龙江卫视	0.911	4
14	贵州卫视	0.854	14	贵州卫视	0.826	-3
15	辽宁卫视	0.771	15	云南卫视	0.794	20
16	河南卫视	0.725	16	辽宁卫视	0.781	1
17	云南卫视	0.664	17	重庆卫视	0.738	22
18	重庆卫视	0.603	18	广东卫视	0.659	17
19	广东卫视	0.565	19	东南卫视	0.595	15
20	东南卫视	0.517	20	河南卫视	0.578	-20

数据来源：CSM 35 城市组。

如表 1 所示，2013 年与 2014 年全国省级卫视年度收视份额排名前三位均是湖南卫视、江苏卫视和浙江卫视，即使再往前推至 2012 年，这个格局仍然没有改变。前三强的市场收视份额大抵相当于排名前 11~20 位省级卫视收视份额的总和。而排名第一位的湖南卫视所占市场份额就相当于表 1 后 5 位省级卫视收视份额的总和。

那么，上述品牌媒体靠什么节目来支撑其核心竞争力呢？仍以 2013~2014 年度的全国省级卫视收视率排名前 20 位的栏目对比表（见表 2）分析，发现排名前五位的栏目全部被前三强省级卫视垄断。

从表 2 总体分析看，2014 年省级卫视前 20 位的节目个数排名依次是浙江（6 档）、湖南（5 档）、上海（5 档）、江苏（2 档）、北京（2 档）。可见品质化节目对于处于重要战略机遇期的省级卫视贡献了巨大的潜能。

表 2　2014 年省级卫视栏目收视率排名与 2013 年对比（Top 20）

| | 2013 年 | | | | 2014 年 | | | | |
排名	栏目	卫视	平均收视率（%）	排名	栏目	卫视	平均收视率（%）	较上年同节目收视变化
1	《中国好声音》	浙江卫视	4.56	1	《中国好声音第三季》	浙江卫视	4.20	下滑
2	《爸爸去哪儿》	湖南卫视	4.03	2	《爸爸去哪儿第二季》	湖南卫视	3.33	下滑
3	《非诚勿扰》	江苏卫视	2.50	3	《奔跑吧兄弟》	浙江卫视	2.41	新节目
4	《我是歌手》	湖南卫视	2.46	4	《我是歌手第二季》	湖南卫视	2.41	下滑
5	《快乐大本营》	湖南卫视	2.19	5	《非诚勿扰》	江苏卫视	2.29	下滑
6	《中国梦之声》	上海东方卫视	1.55	6	《快乐大本营》	湖南卫视	2.04	下滑
7	《中国达人秀第五季》	上海东方卫视	1.52	7	《最强大脑》	江苏卫视	1.84	新节目
8	《中国梦想秀第六季》	浙江卫视	1.52	8	《花儿与少年》	湖南卫视	1.78	新节目
9	《天天向上》	湖南卫视	1.51	9	《中国喜剧星》	浙江卫视	1.63	新节目
10	《中国星跳跃》	浙江卫视	1.38	10	《天天向上》	湖南卫视	1.63	下滑
11	《星跳水立方》	江苏卫视	1.28	11	《笑傲江湖》	上海东方卫视	1.48	新节目

传媒进化论

续表

	2013 年				2014 年			
排名	栏目	卫视	平均收视率（%）	排名	栏目	卫视	平均收视率（%）	较上年同节目收视变化
12	《中国最强音》	湖南卫视	1.28	12	《女神的新衣》	上海东方卫视	1.45	新节目
13	《全能星战》	江苏卫视	1.24	13	《中国达人秀》	上海东方卫视	1.41	下滑
14	《我的中国星》	湖北卫视	1.23	14	《中国梦想秀第七季》	浙江卫视	1.41	下滑
15	《2013快乐男声》	湖南卫视	1.08	15	《妈妈咪呀·做女人就这样》	上海东方卫视	1.32	提升
16	《妈妈咪呀·做女人就这样》	上海东方卫视	1.08	16	《中国梦之声第二季》	上海东方卫视	1.28	下滑
17	《转身遇到TA》	浙江卫视	1.02	17	《中国好舞蹈》	浙江卫视	1.26	新节目
18	《中国星力量》	山东卫视	0.98	18	《12道锋味》	浙江卫视	1.24	新节目
19	《我为歌狂》	安徽卫视	0.96	19	《我是演说家》	北京卫视	1.18	新节目
20	《最美和声》	北京卫视	0.95	20	《勇敢的心》	北京卫视	1.16	新节目

数据来源：CSM 35 城市组。

从表 2 分析，还发现了一个有趣的现象，即排名前 20 位的栏目中，收获 6 个席位的浙江卫视与仅占 2 个栏目席位的江苏卫视，在全国 2014 年省级卫视收视份额排名中出现了强烈反差：占据栏目席位最多的浙江卫视反而屈居第三位，而仅占有 2 个栏目席位的江苏卫视却排名省级卫视收视份额年度第二位，其中原因何在呢？

从 2014 年栏目排名看，排名第一、三位的分别是浙江卫视的《中国好声音》（第三季）和接档的《奔跑吧兄弟》，而排名第五位的是江苏卫视的《非诚勿扰》。这三档栏目虽然没有在同天直接交锋，但都分布在周末黄金时段 21：10 播出，对频道整体的收视排名影响巨大。它们最大的区别是，浙江卫视排名靠前的两个栏目均为季播性栏目，而江苏卫视的《非诚勿扰》则为一周双播的常态（规）化栏目，这再次说明，"常态化"的品质节目最具有核心竞争力。而居于 2014 年前五位的栏目中，湖南卫视的《爸爸去哪儿》（第二季）、《我是歌手》（第二季）和浙江卫视的《中国好声音》（第三季）表明，季播节目的连续推出，构成了电视品质化生存的第二种"常态"。这一切表明，从"现象级"到常态化是电视媒体市场"优胜劣汰"的必然选择，也是在品质化生存上的彻底觉醒。

纵观电视业的竞争演变，从 20 世纪 80 年代的"栏目化生存"，到 90 年代的"频道化竞争"，再到如今融媒体时代的"品质化生存"，电视进入了"后频道时代"。在媒介技术进步与市场版图竞争的双重驱动下，传统电视媒体与各类新型媒介形态融合运营，涌现出更多"现象级"电视节目，引爆收视与收入的双丰收，带动了电视内容市场的爆发式增长。如图 1 所示，2014 年到 2015 年各大卫视的招标金额均为增长态势，尤其品牌综艺的吸金能力大幅增长，"亿元俱乐部"成员无论是数量还是金额都比上年有着显著的提高。被网媒戏称为"土豪综艺年"，大有得综艺者得天下之势。很多电视台凭借一个和几个"超品质"节目，创造了该台卫视频道几近 80% 的收益。

图 1 显示，湖南卫视四个常态化栏目在 2015 年招标中，仅独家冠名金额即达到 14 亿元，较 2014 年这四个栏目的独家冠名金额 8.96 亿元的 156%。从节目形态上看，与过去追求相对稳定的"细水长流"式的运作方式相比，大季播节目的爆发式市场冲击力似乎更具商业开发价值。因此，

2014 年元素多样化的真人秀节目，成为电视媒体产业新的增长点。灿星制作宣传总监陆伟认为："电视台做什么节目，往往和广告商的兴趣所向是息息相关的，真人秀节目的理念和操作水准，远超一般的演播室节目，更具收视品质和市场吸引力，所以真人秀节目在招商时，更容易引起广告商的注意。"① 真人秀模式井喷为品质化竞争提供了源源不断的内部创新力。

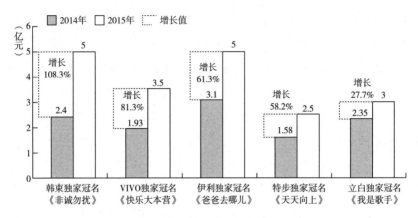

图 1　2014~2015 年省级卫视品牌综艺节目广告独家冠名金额

资料来源：《2015 卫视广告招标：土豪综艺年》，网易娱乐，2014 年 11 月 24 日。

　　从电视文化的本体上看，费斯克将电视看成是意义与快乐的承载体和激励体，而电视文化则是这些意义与快乐在社会中的生成与传播。② 无论技术如何演进，电视的本体价值体现在"意义的承载"与"快乐的激励"两方面的能力上，品质化节目很好地诠释了电视的本体性。品质化节目能成为"现象级"，就在于其兼顾社会性与娱乐性。它们关注社会的普遍需求和问题，并通过节目提供一种人性化的解决方案。例如《爸爸去哪儿》关注亲子问题，《非诚勿扰》关注剩男剩女问题，它们的生命力在于能够用电视的语言，以"寓教于乐"的方式引导大众完成一次社会化的过程，并让受众产生情感上的共鸣。而新闻类节目想要在短时间内引起受众广泛关注，特别倚重突发性事件和全球性重大事件的发生。例如 2008 年的汶

----

① 摘编自：《广告商兴趣助长真人秀节目井喷》，《视听界》2014 年第 4 期。

② 〔美〕约翰·费斯克：《电视文化》，祁阿红、张鲲译，商务印书馆，2005，第 5 页。

川地震牵动亿万国人，北京奥运会的举办振奋人心，使这段时期占据信息资源优势的四川卫视和中央电视台新闻频道异军突起。这给我们的启示是，电视媒体想要在竞争中保持整体优势，必须回归电视文化本体，长期致力于节目品质提升。

可以说，每一次电视本体建设阶段的跨越，都是对以往电视生产经营理念开发不足或开发不到位的一种补偿。但是过去，所有的补偿都是阶段性的补偿，一波浪潮的兴起会随着这种状态常态化而逐渐平落。正如经历了综艺节目"娱乐至上"的短时间繁荣和"娱乐至死"的无所适从，低成本跟风模仿的"旧常态"只会于无形中透支着大众的审美和体验。在电视节目模式全球化流通的今天，要想遥控观众手中的遥控器，必须回归电视媒介的本质。电视本身是个"多棱镜"，应根据观众合理的欲望和需求，尽可能创造条件满足和实现观众的合理需求和欲望，实现社会效益和经济效益的双赢。致力于品质化的开发和满足是永无止境的，也是未来电视媒体面临的最普遍的"新常态"。

二 结构新常态：电视的品质化生产

传统电视媒体的三大节目支柱分别为新闻、社教和文艺节目。而在现代电视传播语境下，这种结构发生了颠覆性的变化，从当代媒体收视市场份额看，排序分别为综艺节目、电视剧和常态栏目（包括新闻和专题栏目），表3表明，伴随着电视产业化进程，"旧常态"下的电视结构出现了较大调整。

表3 2014年排名前5的省级卫视比较

项目	湖南卫视	江苏卫视	浙江卫视	北京卫视	天津卫视
全天收视份额（%）	3.08	2.37	2.31	1.99	1.81
黄金剧场均值收视率（%）	1.09	1.02	0.89	0.93	0.89
次黄节目带收视率（%）均值	0.94	1.04	0.87	0.48	0.52
次黄节目带时长宽度（分钟）	120	80	80	50	60

项目		湖南卫视	江苏卫视	浙江卫视	北京卫视	天津卫视
季播栏目总数（个）		9	8	21	7	9
季播节目收视率分布（%）	>3	1		1		
	2~3	1		1		
	1.5~2	1	1	1		
	1~1.5	2	1	5	2	
	0.7~1	2	2	6	2	3
	<0.7	2	4	7	3	6
常态栏目收视率（%）	>3	2	1			
	0.7~1					
	0.5~0.7		1	1	1	2
新节目总数（个）		5	7	11	6	9

资料来源：CSM 35 城市组。

过去人们对电视媒体的本性究竟是新闻媒体还是娱乐媒体争论不休，在新闻功能主导下的媒介环境中，对电视娱乐功能的定位与角色一直是"犹抱琵琶半遮面"，但从1997年湖南电视台《快乐大本营》的开办，到2005年以《超级女声》为标志的草根选秀节目走红，人们对电视娱乐节目的热情与日俱增，电视娱乐的价值被边缘化的状况正在得到根本改观。

品质化生产的核心构建。媒体的核心竞争力是一个媒介经营主体能够长期获得竞争优势的资源与能力。其具有价值性、稀缺性、持久性、延展性、难以模仿等特性。在全国收视市场上，央视与省级卫视可以说是零和博弈。新闻资源的"稀缺性"使得央视的信息权威"难以模仿"，而品质化生产可以人为垫高"模仿"的门槛，从而在缺少先天资源优势的情况下，突破优质内容的路径依赖，从而铸就电视媒体的核心竞争力。

2014年，中国电视频道的体量与格局并未出现大的波动（电视频道总量2013年316个，2014年303个），依旧是中央、省级卫视、省级地面频道"三分天下"的态势。但收视市场份额"第一梯队"的省级卫视竞争却异常激烈：从频道层面看，在 42 家省级电视上星频道中，2013 年全媒体排名前 5 位的卫视收视占比为 50.03%，排名前 10 位的卫视收视占比为 69%；从节目层面来看，2014 年收视破 1 的综艺节目 36 个，比 2013 年增加了 5 个，占总节目量的 11.9%[①]。正如表 3 所示，稳居省级卫视前三强的湖南、江苏、浙江卫视近乎囊括了收视率破 1 的电视节目，从而以此成为核心竞争力构成了其省级卫视的霸主地位。如湖南卫视有《我是歌手》（季播）、《爸爸去哪儿》（季播）、《快乐大本营》（常态）3 个现象级节目；江苏卫视有《最强大脑》（季播）、《非诚勿扰》（常态）两个现象级节目；浙江卫视有《中国好声音》《奔跑吧兄弟》两个现象级节目。表 3 所示，品牌常态栏目、优质电视大片、强势季播节目共同构成了一流卫视的"三驾马车"，成为整个电视产业的核心。

品质化生产的机制变革。制播分离的运作机制，造就了完全市场型的民营制作公司、半市场型制作公司、传统电视台制作机构、专业化的媒介市场调查公司等共同组成的多元化生产制作主体。在欧美等电视产业较为发达的国家，独立节目制作公司数量要远远超过电视媒体数量。以英国为例，拥有运营执照的电视媒体公司只有 8 家，而独立制作公司仅在伦敦就有 800 多家，每家电视公司每天都会面对上百个节目创意方案进行选择。为促进发展节目创意，美国要求电视网必须将娱乐节目交给电视台以外的制作公司，并承诺在播出其他公司节目时限制自己的利润比例。许多电视公司还将制播分离机制引入公司内部，如 BBC 就开放公司内部制片人与外部独立制片公司竞争，并给予薪酬奖励机制。这些激励措施不仅制约电视公司播出平台垄断，也促进创意产业良性竞争发展。[②]

在国内，近年来开始实行项目团队独立制作节目。连续 12 年位居省级卫视冠军宝座的湖南卫视凭借强大的卫视节目制作中心，联合芒果传媒旗下众多子公司——北京快乐京林文化传播有限公司（制作《一年级》等）、上海天娱传媒有限公司（制作《快乐男声》《快乐女声》《一呼百

---

① CSM35 城市收视率调查数据。

② 路俊卫、吕海文：《从引进改造到创造：电视节目模式的创新发展路径》，《中国广播电视学刊》2014 年 5 月。

应》等），以组合拳的方式，逐季推出无缝连接的高品质、高收视、高影响力节目，展现出强大的自制生产能力。另一方面，制作主体的多元化在一定程度上打破了电视媒体的地区垄断性，客观上为品质化生产注入了活力。并从外围优化节目的淘汰机制，减少了栏目结构的随意性和惰性，让大片的投入不再盲目，跳出低劣的同质化竞争红海，进入创意无限的品质蓝海。近年来，海外节目模式引进方式，也由过去纯粹引进的"拿来主义"，变为了"联合制作""共同开发"，力求贴近中国观众。制作主体已经拓展到国际领域，这是对品质化生产的一次跨国界的检验与"练兵"。

品质化生产的市场运营。常言道，"好酒不怕巷子深"，但在市场化的今天，像这样的营销观念已不灵验了，如今"好酒也要赚吆喝"。品质化的节目生存与发展，还要有与之相配的品质化运营和推广。开启于2013年的《我是歌手》《爸爸去哪儿》，以人物为中心，把讲故事的叙事元素挖到极限。如《我是歌手》团队专门成立编剧组，为每个歌手配备一个编剧，挖掘歌手在音乐和个人故事上的冲突与卖点，让编剧和歌手助理、经纪人以及场记及时沟通，并通过全媒体传播增强节目的互动性和影响力，所以《我是歌手》表面是在贩售专业歌手的演唱，但在专业歌手比唱功、拼人气的背后，实质上隐藏着一个"唱功不看资历，人人可能逆袭"的反转励志故事。

从商业形态上看，"一线台"更早地触摸到传统电视收视市场的天花板，开始积极跳脱传统电视业的运营模式，积极融合并吸收互联网技术，成为不断市场化和资本化的互联网世界中的一极。2014年东方卫视一档明星服装走秀节目《女神的新衣》联手天猫电商网站，试水O2O成为业内热议话题。余热未了，东方卫视又与阿里旗下理财产品"娱乐宝"联姻，阿里巴巴专门为其量身定制一期"娱乐宝"，所融资金也将全部投给东方卫视旗下的《中国达人秀》《中国梦之声》等几档娱乐节目，走在资本市场前端的东方卫视开始迈入电视领域的众筹化生产。资本的大旗一经扛起，市场的车轮滚滚向前，多元化的投融资渠道与产业链开发为品质化生产提供了新的外部驱动力。

三　发展新常态：电视的品质化战略

社会需求变迁和新媒体崛起，共同倒逼电视媒体市场资源重置，形成品质化发展的必然趋向，品质化发展与电视媒体产业化转型同轨演进。随着市场日臻完善，围绕品质绘制全局观的产业化路线图是应对"新常态"应有的战略。品质作为电视媒体的无形资产，也是最核心的资产，保值是基础，增值是目标。品质保值要注重顶层设计，包括制定差异化的竞争策略，并使每个创作成员都理解和认同品牌价值的战略意义。品质增值强调执行策略，包括满足多元需求的模式化创新与符合市场机制的项目制运作。

品质保值：差异化战略塑造品牌价值。差异化战略塑造的不是第一，而是唯一，"唯一"体现在定性整个节目类型标准的能力，即成为此类节目的标杆，使竞争对手无法复制和超越。湖南卫视在整个中国电视生态中扮演的角色和所处的位置，决定了它总是以"再定义"的姿态变成他人模仿的对象。其节目的差异化色彩极为明显，已经形成了以品牌综艺节目、自制剧和户外真人秀为主要特色的"娱乐生态圈"。其"快乐中国"的品牌格调始终致力于将自身打造为中国最为年轻化的电视观众首选的电视频道。[①] 再如江苏卫视的《非诚勿扰》并不是第一个将 *Take Me Out* 节目模式引入中国的节目，但是却在口碑、收视、影响力等方面超越湖南卫视《我们约会吧》，正是因为《非诚勿扰》重新定义了相亲节目在中国的标准，用相亲映射中国社会婚恋观的现实，不仅受到中国本土受众的欢迎，而且影响远播海外。

差异化也体现在预判危机、找准空缺的前瞻性战略眼光。江苏卫视以独特的市场判断力，瞄准市场空缺，制作出集科技、奇异、令人叹为观止为一体的科学达人秀节目。《最强大脑》团队跳出了国内目前扎堆跟风的歌唱秀类同质化窠臼，转而将挖掘人类自身潜能、极限作为节目看点，为

---

① 常江、何天平：《平台化　差异化　互动性——解读湖南卫视的内容生产创新》，《新闻与写作》2014 年第 8 期。

观众呈现一场"脑力秀"。并依托节目类型、模式及传播策略等方面的创新创优，开辟了科学真人秀的路径，使得节目占尽先机。这一前瞻性举措为江苏卫视在真人秀领域寻找下一个增长点打下了坚实的基础，继而推出《超级战队》等系列科学达人秀节目，扩大了这一节目类型的品牌规模效应。

差异化战略以其不可复制性构成了品质化保值的基础，使省级卫视"前三强"稳固了自己的地位。例如，江苏卫视坚持以交友和智力竞技类常规节目为主，不轻易跟风热门节目形态。浙江卫视一直以来秉承"以精英的实力创造大众文化"[①] 这一电视理念，节目创制、品牌建设等都是紧紧围绕着这一理念展开。湖南卫视则一直瞄准年轻化的观众，"越成长，越青春"。它们的核心内涵，是一个内容生产者和提供者紧密围绕品牌价值和产品的质量，将广电媒体置于一种社会性和市场性相统一的发展环境中的战略方针，差异化战略使得电视媒体品牌价值得以保持稳定，并获得更为长效的可持续发展动力。

品质增值：构建创新激励与项目运作机制。电视媒体本身是一个文化创意产业，它的创新激励制度设计要符合品质化生存与发展策略，创造有利于创意队伍的思维方式和行为方式的环境，要"给创新者最大的自由"。在我国，2010 年央视就成立总编室节目研发部，并采取奖励机制来促进研发，《中国好歌曲》等原创模式热播就是其新节目研发机制下取得的成果。该节目一改过去由选手翻唱流行金曲的形式，让原创作品成为舞台的主角，使歌手与节目本身都呈现更为强劲的发展态势。湖南卫视每年拿出千万元创新基金，对创新研发小组给予激励，热播节目《我是歌手》《爸爸去哪儿》等主创人员即是这一机制的受益者。

好的节目创意还必须有专业团队来执行，项目制运作是节目创意品质的质量保证。湖南广电最具核心竞争力的部门是卫视节目制作中心，是一个将近 600 人的团体，组成了 20 多个项目运作团队。20 多个团队均以"制片人+团队"命名。各团队的节目风格、制作理念和擅长类型均不同，

---

① 王嘉海：《倡导主旋律　弘扬真善美——浙江卫视打造大型公益节目〈中国梦想秀〉》，《中国广播电视学刊》2012 年第 7 期。

从而制作出大量不同风格的精品电视节目。在争取节目内容创新方面，这些团队拥有平等的竞争机会。改变了过去小作坊团队做节目，人员雷打不动，一辈子就在这个团队里的思维定式。通过几年的探索，项目制运作方式已经深入湖南广电人心，在一般大的项目，尤其是大型季播节目、大型晚会等制作中，基本上是跨团队协作运营的。比如《变形记》有四个团队协作，《我是歌手》有三个团队，《花儿与少年》是两个团队。团队之间合作、各部门之间协同、人力物力灵活调度。在这种制度下，能保证每一个重大项目都可以获得湖南卫视所能提供的全台最优质的资源支撑。

团队的核心是有专业性技能的人才。歌唱节目需要专业的音乐人，科学节目更是离不开"最强大脑"的幕后团队支撑。对于当下热门的真人秀节目来说，故事情节是真人秀的灵魂，以善于创作情节的编导（剧）自然成为节目的核心。在电视策划人的时代，一个优秀的电视策划人需要智慧的综合头脑，既要熟悉社会需求，发掘下一个创新点、引爆点；又要熟悉电视业务，整合创作团队，引领制播方向；还要有经济头脑、艺术头脑、人文情怀；等等。以创意人才为核心，以专业人才为中坚，以市场营销人才为先锋，才能保持电视品质持续增长。

品质传播：全媒体运营拓展电视时空域。有数据显示，我国观众的平均到达率逐年递减，但是人均收视市场却呈增长态势，这说明电视作为一个终端的使用率在降低，但是电视节目的全媒体传播途径却在增加，因此，以品质化的节目来吸引受众、留住受众、影响受众显得更为重要。

上海文广集团的改革"操盘手"黎瑞刚认为，当渠道越来越多时，强势的内容本身也是一种入口，成为强大吸引流量的入口。[①] 事实上，无论新媒体视频还是传统电视，满足的都是用户的视听需求。品质化生存，即包含了内容和体验上极大地满足用户预期，再次证明得用户者得天下。电视媒体面对新媒体冲击，只要牢牢把握节目的品质，依然可以保持"内容自信"。美兰德全媒体数据调查显示，2014年上线的电视平台播出的内容（含电视常态化节目、电视剧、纪录片等），虽然只占17家知名视频网站所有网络视频内容的5%，但视频点击量贡献占比却高达44%。

---

① 黎瑞刚在百视通与东方明珠合并投资会上的讲话。

这表明，全媒体运营有利于电视媒体拓展传播时空域，进而提升电视媒体的生态位。

全媒体运营成为广电媒体品质传播的共同选择，它不再仅仅是将电视屏幕的内容照搬到网上，而是针对不同终端打造适合不同人群收看的节目样式，并运用社交媒体进行社群化经营，扩大品质节目的社会影响力。

（原载《视听界》2015 年第 3 期）

电视策划与节目创新三部曲

内容摘要：电视策划与节目创新，是电视媒体在激烈竞争中成功与否的关键因素。各级媒体特别是省级卫视的发展实践证明：模式，是电视策划的基本建构；故事，是节目创新的核心要素；创意，成为媒介竞争的制胜法宝，这三点构成了电视节目策划与创新的三部曲。

关键词：节目创意　节目模式　节目故事　制胜法宝

近年来，几档电视婚恋相亲栏目的热播引发了来自国内社会大众和学界的广泛关注。先是湖南卫视《我们约会吧》的开播吸引了观众的眼球，继而是江苏卫视的《非诚勿扰》抢占了全国卫视同时段的制高点，然后是浙江卫视的《为爱向前冲》跻身于近乎白热化的"红娘"竞争行列，而其收视率仍然位居全国同时段前列。三档婚恋节目虽然相似，却均取得成功和轰动，它给电视策划与节目创新带来哪些启示呢？

一　模式：电视策划的基本建构

模式的本义是指传统印刷的铅版，可大量复制。引申到节目模式，即是对节目规则设置的描述和设计，它是节目外部特征的凸显，可反复出现在媒介中。如《开心辞典》对英国《谁想成为百万富翁》节目模式的引进。英国一直是全球最大的节目原创国，年平均创新节目量达到10万个，若以小时计算，全球年均45%的节目创意来自英国。这些节目模式经过美国市场运作成功、推广放大，然后，流经日本及港台地区传到中国大陆（内地），填补了中国大陆电视节目模式的空白点。谁抢得了这个先机并适时转化嫁接，谁就有可能成为我国电视节目创新影响力最大的赢家。

"先机"的获得实际上大部分来自对西方电视节目的"模仿"。最先的模仿可能成为一种创新，或称为创新的方法、途径之一。从字面上看，模仿与创新似乎是一对矛盾体，但在特定的地区、特定的时间、特定的社会背景下，这种对新品种、新形式、新风格的模仿，在一定意义上也可称为创新。因为"艺术从本质上说是模仿性或再现性的，界定所有各种艺术作品并且使它们具有其价值的、为它们所共同具有的特征，就存在于模仿之中"。① 柏拉图声称，文学也在完全相同的方式上是模仿性的。

当然，这种模仿品的原物（模本、节目模式）应当是有价值的，是经市场检验、无市场风险的节目模式。原物越有价值，模仿物也就越有价值，原物的所有性质都应该在模仿品中反映出来。

《超级女声》对《美国偶像》的模仿，应当说是一个非常成功的案例，尽管湖南电视台在节目程序上有所改进，但本质上与《美国偶像》模式并无差异。

一般说来，节目模式建构有三种方式或途径。

一是引进中的模仿。在"版权"意识越来越强的中国社会背景下，完全的抄袭模仿已不被允许，因此，采取节目模式引进的方式已成为当今国际惯例。但引进模式往往需要巨额资金，因此，国内许多节目创意来自模仿。模仿的关键在于理解被模仿的原创节目的制作环节和基本方式，在抽象的节目规则基础上，根据我国的国情进行本土化的改造和创新。

《东方时空》创办十年来的栏目创新历程即可证明。1993年5月1日《东方时空》栏目的创办，就源于对美国电视新闻杂志节目形态的借鉴，它开了中国电视新闻改革的先河，改变了中国内地观众早间不看电视节目的习惯。最初的子栏目《东方之子》，完善了以访谈方式介绍人物的探索；《生活空间》用纪录片的形式为未来留下一部由小人物构成的历史；

---

① 〔英〕安妮·谢泼德：《美学——艺术哲学引论》，艾彦译，辽宁教育出版社、牛津大学出版社，1998年8月。

《焦点时刻》为捕捉热点新闻提供了一个平台。

1994年4月1日《焦点访谈》栏目的创办，模仿美国《60分钟》独立板块的访谈形式，开创了一条具有中国特色的舆论监督之路，坚持"用事实说话"的理念，使该栏目成为我国影响最大、收视率最高的电视新闻栏目之一。

1996年3月16日《实话实说》栏目的创办，推动和引领了我国谈话类电视节目的兴盛和繁荣，完善了西方电视"脱口秀"（Talk Show）的节目模式，并使之走向成熟。

1997年7月11日《快乐大本营》直接借鉴西方电视游戏节目的形式，立即在中国荧屏掀起了一股"快乐"旋风，开创了中国电视游戏节目新时代。

1998年4月1日《凤凰早班车》栏目的开办，首开了中国"说新闻"的先河，它带来了电视新闻语言叙事的新变化，将一般的信息传播转变为个性化的风格传播。

1999年1月2日《今日说法》栏目的创办，开创了一种举案说法的节目新形态，通过一个个简单的案例故事，深刻地阐释蕴含在民事中的法理。

2000年12月《同一首歌》栏目的创办，创造了中央电视台音乐栏目的收视奇迹，它打通了传统与现代的音乐时空，交融了怀旧与时尚的美好感情，成就了栏目的知名度和美誉度，在全国同类节目中名列前茅。

2001年9月7日《百家讲坛》栏目开播以来的生存与发展，给中国电视人以更多的启示。该栏目从历史题材中找故事、以悬念方式吸引人，使该栏目确立起自己的品牌。

2002年1月1日《南京零距离》栏目的播出，开启了中国电视民生新闻时代，在全国掀起了一股电视新闻"零距离热"，产生了巨大的社会效益和经济效益。

这些栏目大多借鉴了国外成功的节目模式，或作为最具中国特色的节目形态被模仿，均取得成功，其关键在于掌握了被模仿原创节目的制作环节和基本方式，并根据我国的国情进行了本土化的改造和创新。如《焦点访谈》之于《60分钟》，《开心辞典》之于《谁想成为百万富翁》。

　　二是相似中的差异。在世界电视节目逐渐走向市场化的今天，节目形态也逐渐呈现类型化的趋向，不论是节目内容，还是节目形式都可根据一定的标准归为一定的类别。但类型化并不意味着同质化，而是于类型中略显出差异。如同是谈话节目，《实话实说》为讨论型，而《艺术人生》为叙事型。即便同是叙事型谈话，也可因嘉宾对象的定位不同，而使每个叙事型谈话节目独具个性。如《艺术人生》讲述的是艺术明星的故事，而《讲述》则讲述的是普通人的不平凡的故事。

　　婚恋交友节目早在1998年，就随着《玫瑰之约》在我国掀起了一个电视交友小热潮，但随着"选秀"之风的到来，这股热潮迅速消退。到2009至2010年之交，电视交友节目又重新回到人们的视线，以湖南卫视《我们约会吧》、江苏卫视《非诚勿扰》为代表的新电视交友节目再次抢占了收视高位。十二年，一个生命的轮回，电视交友节目以全新的面貌"现身"荧屏。

　　虽然《我们约会吧》与《非诚勿扰》在节目形态上相似，但《非诚勿扰》在嘉宾的选择上更凸显了交友节目的角色差异，包括点评者的冷眼旁观，求偶者的态度反差，参与者的个性张扬。如马诺的拜金、"富二代"的高傲、"穷二代"的幻想、男女生的表白、少数人的极端等，都制造了许多吸引观众的话题。当节目中一位月收入不足1000元的农民工，向年轻貌美、收入高、要求高的女模特求爱时，尽管有人评价不太现实，但事件本身却向物欲横流的社会传达了一种新的观念，即追求爱情是每个人的权利，只要有勇气表达自己的想法，都值得尊敬。

　　电视策划的基本要求是创新，是为实现特定的目标，提出新颖的思路对策（即创意），并制定出具体实施计划方案的思维及创意实施活动。《非诚勿扰》成功的关键即在于对当代婚恋观的引导和准确的定位："正在发生的事件"、交友过程的展示、节目悬念的设置和当代"剩男剩女"故事的讲述。

　　三是策划中的规制。电视策划的设计，最重要的是电视节目的规则制定和环节设计。与早期的婚恋交友节目相比，《非诚勿扰》之类节目的环节设计做了如下改变。

　　破规，即从一对一的选择到24∶1的超越，这样就使节目增强了可视性：时尚之恋；增强悬念性："灭灯"之选；增强故事性：过程之展。

定规：运用"正在发生的事件"的逻辑，实施规则要求，保证谈话的即时性、选择的戏剧性、节目的悬念性，以增强节目的吸引力。

建规：设计三个环节，通过爱之初体验、爱之再判断、爱之终决选三关（视频短片形式）来了解同一位男生。在此期间，女生亮灯表示愿意继续，灭灯表示不愿意。如果场上只有一个女生愿意，那么主持人将询问男生意见，同意则速配成功。如果场上女生都灭灯，此男生必须离场。三关之后，仍有多位女生亮灯，则权利逆转，男生将有机会主动挑选自己心仪的女生。

过去的交友节目是男女数量相等，一轮一轮配对。但是新交友节目是在男女人数极端不平衡的状态下进行的，那么这里就会产生一个戏剧冲突的效果，比较符合中国人的欣赏习惯。

即便同是新交友节目，《我们约会吧》（以下简称《约会》）的前四个环节都是为了避免女嘉宾以貌取人做出选择，而《非诚勿扰》（以下简称《非诚》）则不同，男嘉宾上场后直接在女嘉宾面前亮相，允许男女嘉宾根据外貌做出判断。两档节目在环节设置中摆明了各自的立场，由此拉开差异争取不同的受众。《约会》向嘉宾和观众传达了一种比较传统的理念——以貌取人不是理性的判断；《非诚》则"开门见山"直奔主题，重视男女嘉宾的第一印象，这是一种前卫、现代择偶观的表现。

二 故事：节目创新的核心要素

电视节目创新是电视媒体的核心竞争力。在未来媒体的竞争中，媒介市场份额的争夺将成为竞争的重点，而要保持一个媒体的恒久竞争力，就必须打造一批自主生产、具有原创意义的特色栏目。江西卫视的《传奇故事》、江苏卫视的《人间》等栏目，近几年来一直居于全国同时段收视率的高位，并以一个栏目的影响力带动提升了整个频道乃至媒体的美誉度，这与该栏目的独特创意及运作不无关系。

英国电视在节目形式和风格创新方面一直走在世界的前列，其背后其实有着一些基本的理念在坚守，那就是尊重电视媒体的叙事性属性，在电视上呈现有共鸣的故事，以达成娱乐观众身心的目的。为此，创造丰富多彩的节目形式，就是为能讲述一个好的故事，满足不同需求受众的娱乐诉求。

美国CBS（哥伦比亚广播公司）于1968年9月创办了一档杂志型电视新闻节目《60分钟》，是世界上最为成功的新闻节目之一。在谈到《60分钟》的成功因素时，该栏目的创始人和前总制片人唐·休伊特曾说：《60分钟》成功的公式是简单的，它可以简化为几个字，那就是：给我讲一个故事，就这么容易。① 正因如此，寻找一个好故事，就成为节目创新的核心要素。

在节目内容设计上，要贯穿故事性制作原则。《60分钟》每期节目通常由三则报道构成，每则报道时长13分钟，关注的内容非常广泛，"从社会热点到历史事件，从名人逸事到凡人琐事，几乎无所不包"。吸毒、健康、时政、黑社会、新闻人物、社会体制、教育弊端、传统与现代的冲突、个人与制度的矛盾、文明之间的对立等，都可以成为《60分钟》关注的内容。更为重要的是，《60分钟》对这些问题的关注不仅仅是停留在报道的层面上，而是想方设法使事件或社会问题向纵深拓展。

在频道栏目定位上，要搭建故事性讲述平台。重庆卫视和四川卫视先后定位"故事中国"频道，为突出"故事性"的特色定位，重庆卫视专门策划设置了六档特色栏目，形成了"故事"性栏目带，成为该卫视的核心栏目支撑，包括《雾都夜话》，讲述感动的故事；《龙门阵》，摆人文话题故事；《巴渝人家》，记录幸福的故事；《生活麻辣烫》，串起高兴的故事；《拍案说法》，演绎情与理的故事；《人文天下》，讲述亲人团聚的故事。

在叙事形态表现上，要加强故事性媒体互动。英国电视策划人士认为，媒体要积极贴近社会文化生活，加强对文化热点的引领和控制。他们努力把讲故事的时空范围扩大到全社会，通过积极介入到观众的日常生活方式中，巧妙地嫁接社会文化热点事件，进而讲述媒体的故事，以最大限

---

① 〔美〕唐·休伊特：《60分钟——黄金档电视栏目的50年历程》，马诗远、林州英译，清华大学出版社，2004，序言。

度地引发观众共鸣。节目的传播亦不局限在单一媒介上，而是对各种传播媒介积极整合，通过媒介之间的联动传播，以形成最大传播效应，去制造并推动社会文化事件，向社会文化热点的提升。

江西卫视《传奇故事》的收视率一直居于全国同时段的前列，其核心要素就在于"故事性"的传播视角，基本表现手法就是主持人为我们讲述一个新闻故事，每期节目紧扣"传奇"二字，抓住受众求新求异的好奇心理，形成了最大的"眼球"效应。

江苏卫视《非诚勿扰》虽是一档婚恋交友节目，但交友过程的悬念本身就构成了一个令人关注的故事情节。节目通过嘉宾之间的互动和激烈的语言交锋，制造一些话题，引发大家对事件的好奇，以提高节目的收视率。从最开始的拜金女子××，到传统知性女子×××、中性女子××、富二代×××等，引发了人们对嘉宾命运的关注。嘉宾社会身份不同，形成了一个多义的文本，各种类型的观众都可以从中挖掘意义。无论哪一种情况，都足以形成足够的话题效应和广泛的次级文本，大大促进了节目的二次传播。这样，嘉宾个性的展示就成为故事建构的关键。因此，节目中嘉宾的选择必须是经过千挑万选、独具特色的人物。比如类似"凤姐"的某营养学大学讲师×××，对女嘉宾的选择极为苛刻，"吃甜食的不要，吃话梅的不要，爱喝汤的不要"，这些"不要"让女嘉宾毫不犹豫地灭掉了爱神之灯。所有人的意见都可以在这里体现，观众所以爱看它，不仅仅是因为帅哥和美女，还是因为这里充满神秘、刺激，你永远也猜不到会产生什么样的新鲜话题。

电视节目创新是一个相对的概念，总是在一个具体的时代环境中，体现最前沿、最引人注目的一种电视现象。电视栏目创新要重原创，原创性节目应当是电视栏目创新的最高境界，它为电视媒体带来了可观的经济效益和社会效益。像《生存者》《谁想成为百万富翁》《美国偶像》等，从节目模式创意到节目制作营销，乃至衍生产品链，都充满巨大的诱惑，这一切都根源于节目的创新。创新，凝聚着策划人员的聪明才智，然而，其创意并非凭空而来，更多的是来自丰富的想象力和节目形态融合的联想。

从近年来国内外大量涌现的新节目看，既有内容上的原创，如民生新闻，也有形态上的原创。在形态上创新常常融合了纪实性、游戏性、综艺性、明星元素、谈话元素和积极向上的价值导向等，使组合创新节目类型成为一种趋向。

三　创意：媒介竞争的制胜法宝

创意，是指为了确定和表现栏目的主题而进行的一种创造性思维活动，它以富有创造性的主意、意念或点子贯穿在策划的全过程中，并以新颖的策划方案和可视（听）形态表现出来。

创意是策划的前提，是策划的脚本，是策划的灵魂。如果创意不精好，即使有再好的策划，也不能取得最理想的效果。我们现在看到的很多电视娱乐节目互相"克隆"，就是没有新的创意。创意并不排斥借鉴，如果在借鉴的基础上有所超越，仍然是较好的创意。《非诚勿扰》的创意在于：戏剧冲突的展示、人物个性的发掘、婚恋价值的呼应、嘉宾表述的反差、栏目名称的借用、"诚意"态度的确定。

在英国，电视节目创新的中坚力量是 800 多家独立制作公司，他们通用的创意方法就是"头脑风暴"。每当电视播出机构竞标时，独立制片公司就会组织全公司上上下下尽其所能地想点子，把自己的想法写成一张张小纸片，哪怕是天马行空也是非常鼓励的。在一些大的制作公司，甚至规定每个员工三天就要想一个新点子，然后在同事之间相互模拟兜售，如果三周没人欣赏你的点子，就有可能被淘汰。

头脑风暴法又称智力激励法，是现代创造学奠基人美国奥斯本提出的一种创造能力的集体训练法。它把一个组的全体成员都组织在一起，使每个成员都毫无顾忌地发表自己的观点，既不怕别人的讥讽，也不怕别人的批评和指责。头脑风暴让与会者敞开思维，使各种设想在相互碰撞中掀起脑海中的创造性风暴。头脑风暴法试图通过一定的讨论程序与规则来保证创造性讨论的有效性，由此，讨论程序构成了头脑风暴法能否有效实施的关键因素。

英国同行的电视创意策划，对电视新元素的开发和运用欲望非常强烈。因为他们知道，在节目样式极其丰富的今天，再要创制一档全新的节目样式已经非常困难。于是，他们最常用的方法是，在一种节目类型受到社会热捧之后，再加进新的元素，使之成为又一档新的节目形态，如生存者类真人秀节目之后的职场秀、美容秀、舞场秀等，依然能够受到全世界关注和追捧。其实很简单，即加入和整合新元素，让节目升级。《我们约会吧》的英国节目模板 *TAKE ME OUT*，就是 20 年前一个约会节目的升级版，只不过增加了新的元素就让它重新火了起来。

在英国，节目创新的"点子"几乎是创意团队的全部谋生手段。如果没有好的点子，卖不出节目创意，就要被淘汰。反之，卖出了好的点子，就有很多的盈利，甚至可以靠不断收取模式版权费用而持续盈利。

东方卫视 2010 年 1 月开播的《幸福魔方》并非原创性栏目，它的节目创意和片头来自美剧 *Lie to Me*，但其在理念、形式和内容三大方面则有全新的创意突破。

理念突破：从"故事思维"到"魔方思维"。《幸福魔方》摒弃了"故事+悬念"的模式，着重点在于当事人为解决问题而做出"完全沟通"的那种努力、那种尝试和那种突围的气势。

形式突破：从"平面视角"到"全景空间"。《幸福魔方》开创了舞台中央的"玻璃屋"设计，让主持人和当事人居其中，矗立起全景空间360°的原点。各方当事关联人和心理疏导师围坐在玻璃屋的四周，通过灯光的变换，强烈向外界告知，任何问题都是有"多维元素"的。

内容突破：从"场景再现"到"幸福关怀"。《幸福魔方》颠覆了故事的结构，不再纠缠于一个场景的细节再现，更关注当事人和关联人对于未来幸福所做出的一种努力。在当代社会，人们越来越多关注内在的心理，关注幸福，关注追求幸福的过程和手段。因此，《幸福魔方》正好契合了受众这样的心理需求。

《幸福魔方》的当事人主要以一线城市的 80 后为主，并且都是年轻、时尚和都市的正面形象。他们的生活形态具有代表性和感召力，同时又是当前生活矛盾的聚焦点，更是社会关注的重点，因此吸引了大量的年轻观众收看。这样的定位正是《幸福魔方》的错位竞争策略所在。它完全不同于过往的情感类谈话节目。从形态看，《幸福魔方》的谈话是立体的、全景的，而其他的谈话节目则是扁平化、平面化的。

电视栏目创新的最高境界是重原创。原创，凝聚着电视策划人员的聪明才智，来源于丰富的想象力和节目形态融合的联想。原创既有内容上的创新，如民生新闻；也有形态上的创新，如《今日说法》的举案说法式；还有节目类型的原创，如《一日厨师》将真人秀形态融入服务性节目之中，《坐出租车赚钱》将真人秀与纪实手法相结合。

电视策划与创新既是对社会历史发展的洞察与判断，也是具有可操作性的规则设计。研究电视策划与节目创新，必须从社会历史的高度去看待中国传媒产业发展的现阶段、今后的发展趋势和发展规律，才能应和时代的脉搏，反映社会结构的深刻变化。

（原载《新闻与写作》2010 年第 7 期）

融合语境下的民生新闻
转型与提升

内容摘要：本文以辽宁广播电视台都市频道新闻栏目《新北方》为研究对象，分析其成功的三个关键，即互联网思维，成为其民生新闻变革的逻辑新起点；社会化再造，凸显其民生新闻内容的生产着力点；全媒体发展，展现民生新闻传播的融合创新点。

关键词：民生新闻　互联网思维　全媒体　融合创新点

21 世纪初，在我国电视界掀起了一股民生新闻热潮，带动了整个电视新闻领域的价值重塑与传媒变革。电视民生新闻作为一种节目类型，不仅以全新的视角贴近百姓，更以一种服务的观念报道新闻，因此受到了观众的热捧与欢迎。但随着时间的推移和节目模式的固化，电视民生新闻内容琐碎化、庸俗化、同质化等问题逐渐显露出来，对受众的持续吸引能力消减，发展陷入困境。特别是近些年来，随着新媒体的迅速崛起和各种移动智能终端设备的发展，新闻信息生产组织、生产流程、生产方式发生了根本性的变化。社交媒体、移动互联网成为新的技术语境，重构甚至颠覆了电视新闻生产的方式，开启了用户新时代的到来。面对新媒介环境，辽宁广播电视台都市频道优秀民生新闻栏目《新北方》顺势而为，积极应对新媒体出现带来的挑战，初步实现了融合语境下的民生新闻转型与提升。

一　互联网思维：民生新闻变革的
逻辑新起点

人类社会自有历史以来传播就伴随而行，每一次科技的进步，都带来了传播力的提升和传媒生态的深刻变革，从报纸到广播电视、互联网莫不如此。尤其是移动互联网的诞生，使"人人都是记者"，人人都能办"电视"成为现实。在大数据、社交媒体、移动互联网等新的语境下，电视民生新闻也开始了向数字化、网络化、全媒体化转型的历程。然而更为重要的转型还在于思维模式的转变，用互联网思维对民生新闻进行提升与重构。

从传统媒体思维向互联网思维转变。"互联网思维"作为一种思维模式，是在大数据、移动互联网等背景下思考传媒的发展、节目创新与运营推广，它是传媒人思维意识和行为习惯的改变，也是民生新闻变革的逻辑新起点。互联网思维打破了固有的传统边界，强调"开放、协作、分享"，新闻、信息、服务的边界也越来越模糊。在互联网思维影响下的民生新闻呈现互动化、社交化、移动化发展趋势，更加注重线上线下融合互动。辽宁电视台都市频道在民生新闻转型中明确提出，积极运用互联网思维，与新媒体深度融合，构建民生新闻与公共话语平台，开启了新一轮民生新闻改革之路。未来的电视民生新闻不再是一个电视节目，也不再是一个只依靠广告谋生的节目，更不是一个仅仅只在体制内生存的节目，它将形成一个全新的节目生态体系，构建全媒体电视民生新闻新群落生态圈。

从服务观众向服务用户转变。互联网思维是一种用户至上的思维，它建立在开放、多元、共享的基础之上，并满足用户的多样化、个性化的需求，实现渠道多元化、产品体验化、关系去中心化的社会服务。在传统媒体思维模式下，实行的是大规模生产和大规模传播，但在互联网时代，这个基础被解构了。信息资源不再是稀缺产品，因此，与消费者的沟通、习惯、利益，以及传媒内部、合作伙伴之间的关系处理都需要进行优化调整。辽宁广播电视台都市频道及《新北方》栏目依托频道现有资源优势，整合职能部门、社区、商家、志愿者等社会资源，以移动互联技术为主渠道，以便民、利民、帮民、惠民、富民的"大民生"为宗旨，以移动客户端"嘟嘟"为终端，"民心网"为平台，搭建包括民生资讯平台、生活服务平台、民生诉求平台和民生呼叫平台的城市民生云服务中心，为市民提供智慧都市云服务。频道还借助民心网覆盖省、市、县三级政府部门的1500多个点，通过建立群众诉求的直办制度，使群众反映的诉求问题能够直接转到各基层具体办理单位，成为办理群众投诉和政策咨询的"快车道"。

从传统频道向传媒平台转变。互联网思维的一个重要特征是"平台思维"，平台思维强调"开放、共享、共赢"的互联网精神，它引导传统媒体向互联网转变，以对传统产业造成颠覆性破坏后再进行整体重构来获得发展。谁占领平台，谁就将掌握未来的整个市场。平台包含基础平台和应用平台，前者架构基础网络，提供基础产品和服务，但不直接向最终用户提供产品和服务。后者依托基础平台，通过内生与产业生态中的伙伴合作，搭建各种功能性或专业性的平台，开发应用服务产品，与终端用户连接。辽宁广播电视台（以下简称辽台）都市频道正在全力打造"两个平台、两个渠道"的新媒体平台，包括辽台新媒体内容平台、新媒体节目制作平台、运营商传播渠道和移动互联网传播渠道，借此成为支撑都市传媒业务板块的核心原动力，促进都市频道产业集群的发展。作为东北区域乃至全国都有影响力的地面频道，辽台都市频道的新媒体融合是一种思维方式上的提升和更新，势必会影响区域传统媒体的转型，引领周边省份本地化媒体的产业发展潮流，成为东北地区媒体产业发展的龙头。

二 社会化再造：民生新闻内容的生产着力点

不断发展中的互联网，作为一种社会形态的存在与作用越来越突出，人们对它的需求也在变得日益广泛而深入。随着互联网的发展，无论是新闻从业者还是用户，对新闻的诉求正在从信息诉求向社会诉求、服务诉求发展与深化。

社会化内容再造。无论传媒科技如何发展，媒体坚守"内容为王"

的价值理念，以内容吸引人眼球不会变，这是一种人与内容的关系。随着网络媒体演变成网络社会，传媒从关系考虑入手，来进行电视民生新闻生产与消费模式的变革，是市场竞争的一个重要思路。传统民生新闻《新北方》，聚焦老百姓的生存状态、生存空间、生存环境，关注与百姓生活息息相关并对群众有影响的事件讯息，以满足观众对本地新闻、身边事、身边人的信息需求。即便是主流新闻报道，也通过对新闻解读、分析、延伸、深加工的处理，实现政经新闻平民化。而融合语境下的民生新闻试图把人与内容的关系深化为人与人的关系，新闻的生产与消费更多地成为用户编织自己的社会关系网络的手段。[1]

鉴于此，辽台都市频道，大胆创新，将旗舰栏目《新北方》报道视角拓展至全国，通过几个核心板块的设计构架提升了全天候的节目品质。《新北方·头条新闻》选取每天重大的国内新闻，重要政策，本地现场报道，抢占6点时段的收视制高点；《新北方·故事》将镜头对准普通市民，讲述百姓身边的好故事；《新北方·深一度》对重大新闻事件进行深度调查，用事实说话；《新北方·新观察》是全新推出的一档深度评论子栏目；《新北方·消费者有力量》普及新消法，引导消费者理性维权。

在此基础上，辽台都市频道《新北方》栏目还整合健康专家、新闻评论员、群众评论员等资源，打造辽台新媒体内容平台，创造自有专栏。同时，通过新媒体手段，开辟多种途径，将广大群众吸引进来，由用户提供新闻线索和个性化内容，建构一个包含电视媒体、专栏作家、互联网和UGC（用户创造内容）多途径的综合内容平台，做到民生新闻"专业化、民生化和市场化"。

社会化传播再造。用户积极参与媒介内容生产，目的往往不在于内容本身，而在于以内容为纽带、为媒介，延伸自己在网络社会中的关系。新媒体中的即时通信、社区论坛、SNS、博客、微博、微信、新闻客户端、App等，共同为媒体与媒体、媒体与用户、用户与用户之间的关系培育提供良好的渠道、轻松的氛围，形成一种更平等、更亲密的关系，促使今天

---

[1] 彭兰：《网站经营：从"内容为王"到"关系为王"》，《信息网络》2010年第5期。

用户的社交平台变成为媒体的内容传播平台。在这样的背景下，辽台民生新闻节目充分利用新媒体拓展服务，开始向社交化、社会化转型，使"关系"成为新的着力点，真正做到观众在哪里、用户在哪里，其产品和服务就延伸到哪里。

目前，《新北方》官方微博已超过 50 万人，影响力月排名在全国电视媒体官方微博中稳居前 30 名；《新北方》官方微信订阅会员 22 万人；《新北方》姊妹栏目《新闻正前方》官方微博会员也达到 6.4 万人，微信粉丝 25 万人，都市频道新媒体已经形成了矩阵化、品牌化、规模化运营，成为辽沈地区最具价值的新媒体运营平台。从注重内容的专业化生产到注重关系的社会化生产，这是辽台都市频道电视民生新闻内容生产机制的变革。

社会化体验再造。融媒体时代的互联网产品具有迭代迅速的特性，这对传统媒体变革形成一种倒逼机制，必须具备迭代思维才能跟得上用户选择的速度。就像互联网新产品的调研要在粉丝中进行一样，电视民生新闻的测试同样可以在忠诚用户（粉丝）中进行，它可帮助民生新闻产品、营销实现快速迭代。在大数据时代，可以运用大数据思维挖掘、整理、分析受众（用户）一系列的行为信息，掌握民生新闻产品的目标用户需求，让数据更个性化、更有针对性，产品更加有的放矢，营销触及更加精准。同时，还可以通过新媒体技术的支撑，在都市频道每天自采的新闻节目中，采用一部分来自网友在新媒体中提供的选题线索，通过官方微博和微信征集群众的声音和观点，在每晚的《新北方》新闻和互动话题中呈现，保持栏目与百姓的紧密联系。

三 全媒体发展：民生新闻传播的融合创新点

随着网络电视、手机电视、IPTV、互联网电视、社交电视等视听新媒体形态进一步渗透到人们的日常生活中，传统电视节目与这些新媒体融合发展已经成为一种必然，而双方融合发展的进程就是传统电视对其自身传播手段不断丰富、传播形态不断推新、传播内容不断优化、用户需求不断满足的过程。在这个过程中，通过对其融合发展路径的不断优化与拓展，以实现传统电视新闻数字化、网络化、全媒体发展的转型。

民生资源整合。广电、电信、互联网三网融合的逐步推进，正在影响着电视、电脑和手机屏的三屏合一，并呈现四屏（含平板电脑屏）等多种新渠道参与竞争的新格局，越来越多的群体由电视观众变成新媒体用户。在这样的大背景下，辽宁电视台都市频道加大投入、开发、应用新媒体，加快打造'一云多屏、多屏开花'的新传播生态。《新北方》栏目搭建以都市频道 App "嘟嘟" 为核心、官方微信和官方微博为两翼的移动新媒体矩阵群，初步形成全媒体发展的格局，将传统电视民生新闻节目资源的价值延伸拓展。

融合媒体联动。全媒体发展的高级阶段是媒体融合，绝不是多媒体的拼盘大杂烩，而是相互交叉配合，新闻资源整合，形成系统的相互支撑的运作流程。辽台从传统领域向互联网延伸，将内容平台产生的内容通过短信/彩信的形式传播给都市传媒受众，一方面提供更为及时准确的资讯服务，另外一方面可以通过精品个性内容的定制创造经济效益。目前，《新北方》提出跨媒体传播，全媒体到达的新理念，进一步加快与新媒体融合的速度。同时，辽台都市频道开始打造自己的移动应用，以内容发布和观众互动为核心，发布互联网电视节目，支持更多设备，吸引更多客户；整合下游资源，从移动平台上做自有产品和服务的销售引流，打造一个面向移动互联网的营销渠道。在运作层面，已实现全流程联动。用新媒体的技术、思维、语境，去实现传统媒体的逆势上扬，去讲述主流平台的创新故事，拓宽主流媒体的传播渠道，增加主流媒体的话语权，增强主流媒体的公信力。同时还利用新媒体技术，加强节目采编播联动，从演播厅改造、节目制作到互联网推广形成全流程覆盖和联动，以及打造全程通过互联网与观众互动的节目现场。都市频道推进融合发展，不仅为频道节目开辟了新的传播渠道，更重要的是打造出一批内容丰富、形态各异的融合业态，逐渐形成多元融合模式，产生了良好的传播效应。

在全媒体转型的历史潮流中，辽台都市频道积极应变，合理利用新媒体平台、整合内容资源，获得了超常规、跨越式发展，使电视民生新闻在低谷中看到新的希望。根据央视索福瑞统计，2014 年 1～2 月《新北方》

收视率一路上扬，1 月收视 7.97%，2 月收视率 8.15%，3 月份扩版升级为 90 分钟以后，收视走向持续向好，2014 年 3~5 月，沈阳市网 18：00~19：30《新北方》平均收视率 6.49%，占有率 22.33%，在沈阳地面所有能收到的电视节目中，《新北方》同时段排名第一！《新闻正前方》扩版至 60 分钟，收视稳定在 3 个点以上，占有率近 20%，在同时段排名第一。

"理解未来电视的关键，是不再把电视当电视看。从比特的角度来思考电视才能给它带来最大收益。"① 十多年前尼葛洛庞帝的这一预言在辽宁广播电视台再次得到验证。

（原载《中国广播电视学刊》2014 年第 9 期）

① 〔美〕尼葛洛庞帝：《数字化生存》，胡泳、范海燕译，海南出版社，1997，第 41 页。

"中部支点"的意象化表达和
艺术灵光

——大型电视政论片《支点》评析

内容摘要：湖北电视台大型电视政论片《支点》，从政治、经济、文化三个维度，通过多元化的视听语言，把"中部支点"这个抽象的政治和历史命题加以意象化。其故事化的叙述方式，情景再现的叙事方法，访谈的穿插，以及多元化叙事手段的运用，凸显艺术灵光的闪现，增添了该片的艺术魅力。

关键词：政论片 《支点》 意象化表达 叙事化手段

胡锦涛同志在 2005 年和 2011 年两次视察湖北时，明确提出把湖北打造成为中部地区崛起的重要战略支点，这一命题不仅是中央的嘱托，更是时代的呼唤和湖北人民的期盼。然而，究竟什么才是支点？如何才能建构这一支点？这个政治命题为何会选择湖北？这些问题一直萦绕在人们心头。由湖北广播电视台和中视星云文化传媒联合制作的三集电视政论片《支点》，试图从政治、经济、文化三个维度，通过多元化的视听语言，把"中部支点"这个抽象的政治和历史命题加以意象化。全片大气磅礴、气势恢宏，以整体视角和现代视角系统地梳理了湖北悠久的历史和文化底蕴，并以构建中部支点为主线，将一个奋发图强的湖北全面呈现在人们眼前。

一　政论片传统的承继

政论片，顾名思义是政治性论述（或评论）的纪录片。由于其深邃的思想性、犀利的批判性、精美的艺术性等特色，容易在社会上引起轰动性效应。回顾中国电视发展史，首次震动观众并引发广泛争鸣的电视片，当数 1988 年播出的六集政论片《河殇》。

2004 年美国导演迈克·摩尔的《华氏 9·11》全球公映，该片揭露了布什政府发动伊拉克战争的真正意图，不仅获得了戛纳金棕榈大奖，而且还成为电影史上票房最高的纪录片。这部影片对中国的政论片创作者启示颇多，让人们见识到纯政治的纪录片也有广泛的市场。

近年来，中国也推出了不少优秀的政论片，尤其是央视于 2006 年播出的《大国崛起》和 2007 年推出的姊妹篇《复兴之路》，这两部政论片揭示了世界各大国崛起的历史规律，并且回答了中国何时崛起的疑问，对人们产生了强烈的心灵震撼，其深刻的思辨性和高超的艺术成就，使其成为新时期中国纪录片创作的两个标志性品牌。

今年 6 月湖北广播电视台制作播出的政论片《支点》，以湖北构建"中部支点"这一命题为主线，高屋建瓴地展现了湖北的风采，是地方台比较少见的大手笔政论片，也是对我国政论片优良传统的承继。

实际上，早在 1988 年湖北电视台就制作了我国第一部电视文化评论片《横断的启示》，该片以横断山脉为主题，以这一特定区域文明为脉络，以民族的盛衰兴亡为参照系，大跳跃地对古今中外的各种文化形态进行分析、比较，从而呼吁营造一种与全面改革相适应的文化氛围。该片被中央电视台安排在 1989 年新推出的《地方台 50 分钟》栏目中首期播出，可见其选材准、立意高、形态新，显示出较强的思辨性和文化意识。

二　"中部支点"的意象化表达

政论片的选题，要立足于历史学的眼光、文化学的高度、政治学的思考、社会学的观察；要有气势、高瞻远瞩，以一个媒体的社会责任意识，关注公共话题引导公众舆论。① 《支点》紧扣中央政府的政治议题，具有强烈的时代感和政治性，回答了困扰湖北已久的如何重新崛起的问题。"中部支点"是一个十分复杂的问题，它是在东部大发展、西部大开发、振兴东北老工业基地的时代背景下，针对中部地区经济发展塌陷的问题，从而提出的一个时代新命题。《支点》选择于此时对这个命题加以发掘，时间把握得恰到好处，能领悟出极富内涵的意蕴。

中国文人素来有指点江山、激昂文字的风骨，这种强烈的国家、民族意识深刻地反映在诗歌、散文等各类文学作品中，在近代，新闻界又形成了文人论证的传统，王韬、梁启超、张季鸾等报人通过政论文章书写着自己的一腔爱国热情。而电视政论片也是对这一传统的继承和发扬，其主要表现手法在于运用影像、声音、动画、特效等多元化的视听语言来"论"（述）主题。政论片的创作并不是为了颂扬某种理念，而是以理性和史实，来思考与探讨一种国家发展道路，引发社会的广泛讨论，这也是对媒体的社会"教育"责任和传播先进思想的社会功能的回归。从《支点》这部政论片中，我们能体悟到湖北人民对复兴与发展的热望，也能体悟到中部支点落定湖北、落定武汉的深层原因。

渴求复兴是湖北人民共同的心声，如何紧扣"中部支点"这个时代主题，实现湖北大发展是历史赋予的重要任务，于《支点》中分别以《鼎足华夏》《天降大任》《铁肩担当》三集，每集时长约50分钟的篇幅展开论述。在长达150分钟的影片里，"支点"一词不断重复出现，时刻紧扣主题，凸显主旨，这也彰显了湖北电视人对这片土地的深沉热爱。

其中《鼎足华夏》从六千年文明历史的角度追溯湖北曾经有过的辉煌，曾经的一鸣惊人，曾经的九省通衢，曾经的"东方芝加哥"，这些都证明湖北始终是顶托华夏文明绚丽图景的中部支点，开篇点题。《天降大任》回溯新中国成立以来湖北取得的突出成就，曾经的一桥飞架南北，曾经的红色钢城，曾经的高峡出平湖，这些也表明湖北是推进中国现代化的中部支点，展开论题。《铁肩担当》则着眼于当下，全方位记录肩负中部崛起国家使命的湖北，大力实施"一元多层次"的两圈一带、一主两

---

① 石长顺：《电视专题与专栏》，复旦大学出版社，2009，第196页。

副、一红一绿、荆州壮腰、托起中三角等战略，表明湖北正在奋力打造新时代的中部支点，呼应主题。通过三集纪录片层层深入的论述和阐释，湖北"中部支点"的战略地位得以彰显。

"中部支点"不仅是一个政治命题，还是一个经济命题和文化命题，湖北的支点地位，主要是通过其经济的发展体现出来的，而其深厚的文化底蕴，则是实现支点地位的重要保障。《支点》从文化、经济和政治三个维度诠释了为什么中部支点这样一个命题会落定湖北、落定武汉。在解析这一抽象命题时，该片选择使用一些具体的意象来加以说明，如"北纬30°线""郧县人头骨""强盛的楚国""汉阳铁厂""东方芝加哥""武钢高炉出铁""武汉长江大桥""汉正街"等，《支点》运用这些意象，将历史的湖北与现实的湖北联系起来，将支点这个抽象的概念加以形象化和具象化，并分别予以说明，从而层层深入阐释"中部支点"的文化积淀和政治内涵。

三　视觉化的艺术灵光

政论片是用视觉语言书写的政论文章。在结构方式上，它追求严谨、缜密、完整；在审美表现上，它力求达到理性与感性、形式与内容的美感统一；在表现手法上，灵活多样，它可以运用对话、座谈、采访的交替穿插，历史资料与现实景观，以及不同国家文化、经济发展对比等方式，多角度、全方位地展开叙述视角，凝练和深化主题，不断加强论证的说服力和思想深度。① 《支点》基本按历史的线索来表现为什么这一伟大使命会落定湖北，以及湖北又将如何来构建起中部支点的战略地位。其视觉化的展现方式是其艺术灵光所在。

1. 故事化叙事

消费时代的政论片，不仅要重视纪实和思辨，也要突出故事性和可视性。虽然政论片具有强烈的政治宣传色彩，但是长篇大论的叙述，枯燥乏味的解说，也是政论片的大忌。"中部支点"是一个抽象的、复杂的政治

---

① 石长顺：《电视专题与专栏》，复旦大学出版社，2009，第198页。

经济命题，为了使之容易被理解，也为了带动情绪、渲染气氛，《支点》使用了大量的故事化叙事。如该片一开始，便从湖北籍台湾学者柳长勋描述武汉未来的著作入手，切入"中部支点"，成功破题。在第一集的第四单元，又运用詹姆斯·布鲁斯沿长江考察，并最终选定武汉的故事，转入对武汉"九省通衢"的叙述，从交通方面论证武汉的支点地位。而第三集的开篇也从英国学者丁达尔木桶实验的故事展开叙述，从而引入对光纤生产和光谷的介绍，转入对现代化层面上"中部支点"的阐释。此外，《支点》中大量运用各类小故事，如张之洞、高炉出铁、老铁路李武汉、高铁司机王卫东、大布传人黄珍兰、企业家梁士臣等故事，这不仅起到了吸引观众的作用，而且还产生了调节叙事节奏功能。

但是，纪录片故事化并不等于纯粹的情节化，它只是借鉴故事化的手法，吸引受众注意力并进而引发理性思考，以冷静客观的方式体悟情节表象下隐匿的深层内涵。① 在这一点上，《支点》把握得较好，在讲述故事的时候，没有过多的情节展开，而是通过寥寥几句话、几幅图片、几帧影像来点明人物的际遇与感悟，并通过这些话语来诠释"中部支点"的意蕴及内涵。

2. 情景化再现

情景再现是纪录片的一种"再创作"，即将纪录片叙事的真实性和影视作品表现的艺术性结合起来，通过真人扮演、图片展示、文献资料等多元化手段来"再现"彼时的历史场景，从而使纪录片的视听语言更具感染力和说服力。《故宫》《圆明园》《大国崛起》等纪录片中都使用了这种情景再现的手法。《支点》上下跨越六千多年，在反映某些历史场景时，尝试使用角色扮演、实地拍摄、文献资料、电脑特效、影视剧画面节选等多种手段，尝试还原历史事件的原貌，如对张之洞督鄂18年的"再现"、对辛亥革命的"再现"、对丁达尔木桶实验的"再现"等，情景再现使得该片的视觉语言更加形象、生动、直观，同时也丰富了该片的表现手法。

---

① 刘阳：《政论片话语空间重构与意义生成——试论〈复兴之路〉的多维视点及其艺术风格》，《中国电视》2008 年第 4 期。

3. 访谈式穿插

为了克服政论片观点有余、论据不足的弊病,《支点》纵横捭阖、旁征博引,列举了大量有说服力的实例,如远古郧县人头骨、楚庄王中原问鼎、额尔金伯爵窥探汉口、张之洞督鄂18年、武钢高炉出铁、汉正街兴衰历程等,从历史-现实的叙事模式展开论述,时间跨度数千年,空间跨越几万里,内容涉及历史、文化、经济、政治、军事、科技、教育等领域,叙事宏大。

在每个实例之后,该片还穿插了对国内外70多位学者的访谈。在这部政论片中,访谈的意义重大,它除了是对实例进一步补充说明,还对"中部支点"的论题做出进一步阐述,使观点和例证得到了充分的结合,论述有理有据、气势恢宏。有些访谈者还在访谈中采用重述历史的方法,如对战国七雄时期的楚国的介绍,对汉阳铁厂的介绍等,这也是一种复调叙事,这就突破了传统单一叙事的模式。此外,访谈的运用还起到了调节叙事节奏的目的,实例与访谈的配合,使得叙事节奏张弛有度、缓急相间。

4. 多元化手段运用

《支点》的艺术灵光还体现在航拍、特效以及动画的运用方面。该片以全景、远景、中景为主,全片以高清摄制,画面清晰、制作精良,给观众奉上了一道丰盛的视觉大餐。其中60小时的航拍,鸟瞰全省、极目楚天、大气磅礴,这也奠定了该片宏大叙事的基调,而轨道摄影、吊臂摄影、逐格摄影等特效摄影的使用,也增强了画面的视觉冲击力和感染力。

动画的使用,也是该片的亮点之一。全片共有40分钟三维动画和特效的使用,使得历史场景情景再现,形象生动、活灵活现,如对古码头、汉正街的三维动画展现,对"一元多层次"战略的特效图示,高科技手段的运用,使得该片的艺术表现酣畅淋漓,更展现了博大精深的史诗气质。

四 思想传播的使命回归

传播学大师施拉姆曾说,"所有电视都是教育的电视,唯一的差别是它在教什么"。① 以市场为驱动的新闻业，往往过分强调娱乐功能，而忽视了应有的思想传播和社会教化功能。在娱乐至死的年代，人们渴望一种精神的救赎。而政论片无疑是思想传播和社会教化的利器，它不同于其他类型的节目，强调通过深刻的价值内涵和思辨性来扩大影响。近年来播出的政论片，如《大国崛起》《复兴之路》等，无疑都在社会上产生了强烈的反响，这与其强烈的思想性、尖锐的批判性，以及浓厚的文学色彩是分不开的。它们带给人们的绝不是那种浅薄的嬉闹，也不是那种浮躁的喧嚣，更不是那种无聊的解嘲，而是触及心灵的震撼。在解析"中部支点"这一伟大命题时，《支点》选择了最有深度的政论片形式，通过宏大叙事的方式，不仅完成了对主流意识形态的建构和传播，展示了电视政论的巨大力量，而且还满足了正处于发展弯道的湖北人民的精神需求，这是对电视思想传播功能的守望和回归，体现了电视媒体的社会责任和担当。

此外，政论片在保证厚重度的同时，还需要具有强烈的现实性和深远的前瞻性。"中部支点"的命题具有强烈的现实性，它不仅是湖北发展的战略目标，而且也是湖北发展的宏观策略。《支点》通过对古代、近代、现代战略支点的全方位解读，论证了作为点的武汉，以及作为面的湖北，在整个中国政治经济格局中的支点地位，彰显出强烈的现实意义。而在《铁肩担当》一集中，更通过对"一元多层次"战略的详细解读，对两圈一带、一主两副、一红一绿、荆州壮腰、托起中三角等战略的细致分析，凸显"中部支点"的前瞻性意义。在这个意义上，《支点》为其他的政论片作品树立了一个标新立异的好榜样。

（原载 2012 年 8 月 13 日《光明日报》文艺评论版）

---

① 〔美〕威尔伯·施拉姆、威廉·波特：《传播学概论》，陈亮等译，新华出版社，1984，第 261 页。

文化类综艺节目在主流意识形态表达上的创新

——以《朗读者》为例

内容摘要：近期，文化类综艺节目回暖，《朗读者》更是获得了"现象级"的成功，被称为综艺节目中的一股清流。而在成功的背后，其主流意识形态的传达甚为精妙，值得文化类综艺节目借鉴。本文以主流意识形态为切入点，用个案研究的方法，运用电视文化学、叙事学等知识，对央视《朗读者》的节目定位、主题选取、人文及场景选取与设置、"清"与"流"的原因等进行了深入分析，认为主流文化、精英文化、大众文化的相互渗透融合，是《朗读者》在主流意识形态表达上成功的重要因素。

关键词：文化类综艺节目　主流意识形态　《朗读者》

近期，文化类综艺节目回暖，包括《朗读者》《见字如面》《中国诗词大会》等在内的一系列文化类综艺节目相继涌现，而《朗读者》更是获得了"现象级"的成功，在成功的背后，其主流意识形态的传达可谓精妙，真正做到了精英文化的"大众化"传播，也使主流意识形态变得"亲民化"。

一　定位：以"人"为基点的人文关怀

中国传统文化如何实现转型？有学者认为，中国传统文化的推陈出新需要以"人性"作为依归，把人塑造成进行反思的思维主体。在电视文化类综艺节目中亦是如此，想要把传统文化、高雅文化转化为大众喜闻乐见的现代文化，也需要以"人性"作为切入点，给予受众反思的空间。而《朗读者》就深谙其道，紧紧抓住了"人性"内涵。

在该节目第一期片头的 MV 宣传片中，主持人董卿就对该节目的名字进行了解读：《朗读者》，我看来可以分为两部分来理解，朗读是传播文字，而人则是展现生命。将值得尊重的生命和值得关注的文字完美结合，就是我们的《朗读者》。这也就对该节目下了一个定义，确定了关注对象，即作为社会关怀最基本的个体——"人"。"一个人，一段文"这一宣传语则阐释了节目的内容，即通过朗读的文字来了解"人"背后的故事，以及故事折射出的情感。

以"人"为根本，这种对节目的定位精准地抓住了现代社会人们的共鸣，关注"人"本身的生存状态，在情感上产生共鸣。

二　主题：以爱为中心的
"中国元素"呈现

《朗读者》第一季共 13 期，除了最后一期的经典回顾外，其余 12 期主题分别为"遇见""陪伴""选择""礼物""第一次""眼泪""告别""勇气""家""味道""那一天""青春"等。除了每期节目的大主题之外，节目中又根据不同的人物，分为不同的小主题，无论大主题还是小主题都离不开"中国精神、中国文化、中国情感"三个维度的呈现。

如第一期"遇见"主题表现中，翻译家许渊冲先生使东西方文化得以相互遇见，体现了中国文化的博大精深，也体现了许渊冲先生"为中国文化走出去、西方文化走进来"做出贡献的大爱精神。联想集团总裁柳传志先生在人生道路上曾遭遇过失败，但最终克服困难走向成功，它体现的是自强不息的中国精神。而无国界医生志愿者蒋励遇见"生与死"，表现的是兼济天下的中国精神、中国情感里珍惜和平的大爱。濮存昕遇见机遇、鲜花山谷的夫妻遇见爱情、世界小姐张梓琳成为一名母亲遇见人生的巅峰，这三则故事则讲述了中国情感里的感恩、爱情、母爱等。

从每一期的大主题和小主题编排中我们可以看出，主题内容都是围绕着"爱"来展开，即自爱修身。如自强不息、尚智轻愚；小爱中的爱护家人、心怀感恩；大爱中的兼济天下；等等。"爱"是平易近人的主题，是人生体会的相通点，所以，这些主题能够有效地带给观众对人物命运解读的认同感。

三 节目：以人文场景的主体意识表达

人：主流人物用第一人称讲述自身经历。《朗读者》的"骨架"是一个个朗读的人。作为骨架，该节目对人的选取大有讲究。从每一期的节目中我们可以看到，选取的朗读者为社会各行业的领军人物、奉献大爱的道德模范、追求爱情和父母之爱等小爱的普通百姓等。如社会各行业的领军人物：国产品牌领头羊"联想"的创始人柳传志、"李宁"的创始人李宁、翻译大家许渊冲先生、"单人无动力帆船环球航海第一人"航海家翟墨等；如道德模范人物：无国界医生志愿者蒋励、大学生村官"黑土麦田"创始人秦玥飞；如生活中奉献小爱的人：鲜花山谷的夫妻、陪伴聋哑儿子上学16年的母亲等人物。

而每一个嘉宾所讲的故事都是源于自己的人生经历，作为处于各种矛盾中心的主人公，以第一人称来叙述故事，在某种程度上更容易和受众产生共鸣。而且这些经历或故事的叙述并不宏大，讲述的都是生活中的小事和感悟，带给观众感动、力量或启示等，而这些都是一种正能量的体现，符合中华民族的传统价值观和当今公认的道德规范。这些人带来了一种令人敬仰和钦佩的榜样作用，而他们的故事也在娓娓道来中传递着主流价值观。

文：书面文本遇上电视——多义性、开放性的转变。节目中朗诵的文章大多选自名家的诗词、散文或小说，以中学课本水平的文章为主，很多作品是大家耳熟能详的，便于被更多的受众理解与接受。

但有些高雅的作品仍旧是生僻的。同时，这些作品用书面文本呈现出来时，其解读又具有单一性、封闭性，需要较长的时间、较高的理解能力才能解读。所以这些阳春白雪式的文章难以"沉淀"到大多数普通受众中去。电视则相对具有开放性、直观性，易为观众所接受，且其"意义的生产是由文本与观看者共同完成的，因此电视没有保留其作者式的权力和特权"。①

当这些书面文本被搬上电视荧幕时，由于受电视时空的限制，书面文本在电视中只能以片段、节选的形式展现。以第十期"味道"为例，朗读的文章分别为：张小娴的《爱情的餐桌》节选；古龙的《吃胆与口福》节选；卡伦·布里克森的《走出非洲》节选；罗曼·罗兰的《贝多芬传》节选；红楼梦《葬花吟》；红楼梦选段《宝玉黛玉初相见》；李白杜甫等的经典名诗和叶嘉莹的诗词。当这些片段放在电视上，就变成了开放性、多义性的解读。这种开放性、多义性的解读使受众感觉到了知识的话语力量。

福柯认为知识、权力和快乐这三者形成了影响最大的社会力量。而当观众能够分享作者的知识与权力时，就能产生快乐。在这种能够掌握的知识情况下，受众感觉自己处于控制方，而不是受控制的状态，是平等话题的参与者，可以对该内容进行自我解读，而不是被意识形态教化和宣导的"学生"，在这个过程中，受众不仅与换了一种形式传播的"主流意识形态"相协调，保持一致，而且在其中感受到了驾驭知识、对朗读文本进行自我解读的快感。

场景：多重叙事场景改变单一"宣导"的形式。在节目中，节目组很巧妙地运用了舞台空间的排列组合，对于不同的嘉宾，安排了不同的采访空间，表达了教导、倾诉、分享等多重含义。这种场景的设置，形成了多重叙事手法，通过不同角度、不同方式，改变了主流意识形态单一"宣导"的形式。

---

① 〔美〕约翰·费斯克：《电视文化》，祁阿红、张鲲译，商务印书馆，2005，第342页。

"教导"型。各界名家的采访地点为中央舞台上，一般会安排椅子，坐下来聊天，因为这些名家身份地位很高，"坐下来"就是一种身份地位的象征，面对观众，这些人的言论更像是一种教诲。例如，采访中国古典文学研究专家叶嘉莹。

"倾诉"型。采访对象和主持人坐在第二现场，即一个单独的小房间里，这种房间具有私密性，更利于个人情感经历的倾诉，比如采访照顾自闭症双胞胎的夫妻俩时就是在小房间里进行的。另外采访明星演员也是如此，明星演员有丰富的舞台经验和极强的镜头感，在镜头下，多从事表演活动，不能很好地做自己。而当空间相对私密时，他们更能毫无保留地倾诉内心情感，使采访更真切，例如采访蒋雯丽、江一燕。同样，由于小房间相对中央舞台，空间较小，在拍摄中对嘉宾多用特写、近景镜头，并将采访的镜头投放在主舞台的大屏幕上，嘉宾的动作、表情被放大，使情感的表达更具有冲击力。

"分享"型。主持人和主持人都站在主舞台上，这是一种开放式的采访，其采访嘉宾背后的故事一般是有趣的、带有正向意义的，是可以快乐分享的。这种采访具有平等性、分享性，有利于互动，给人亲近感，例如采访大学生村官秦玥飞。

四　风格：以"清"与"流"的完美结合呈现

（一）《朗读者》之"清"

《朗读者》堪称综艺节目的一股清流。所谓清，即清新，指的是节目不同于以往的"韩式"综艺节目，具有较高的文化内涵和美学素养。

《朗读者》的精英文化给人一种崇拜感。该档节目在定位上为传播精英文化。每期节目董卿的卷首语都文采飞扬，堪称作文范本；每期节目都会邀请各个领域具有影响力的嘉宾来到现场分享自己的人生故事；朗读者倾情演绎来自朗读者文学顾问团的国家顶级文学家、出版人、专家、学者精心挑选的经典美文。此外，还会邀请相关科普作者讲述背景等知识，请现场钢琴原声配乐，现场弹唱表演节目等。该节目舞美大气，书香浸润；节目整体风格像一篇散文，一个大主题下分为若干个小主题，小主题围绕着大主题展开……这一切都可以看出该节目与其他流行综艺的不同之处，该节目具有优雅性、高端性和文化性。

"在我们的社会里，美学的作用就是使得以阶级为基础，带文化细节的鉴赏力方面的差异表现出普遍性，显得自然。支配阶级的鉴赏力已经由起源于这个阶级的美学理论所普遍化。表现'品味'的比喻起到了类似的作用，让阶级差异表现在身体的感受上，因而也就成了自然的感受。"费斯克还认为："审美感，或者叫品味，是专门用来表示阶级差别的载体，对这种差别起到自然化的作用。"① 而《朗读者》正积极构建着差异化的观众群，并通过节目来影响精英文化的意义和流行程度，其所定义的精英文化的审美取向，正引导着受众重新树立对综艺节目"美"的标准。

朗读带来的仪式感再现。朗读本身就具有仪式感。朗读即清清楚楚地高声读诵，使诗文语气连贯而见情意。朗读不同于默读，朗读是公开的，而非私密的，是拥有聆听者的（聆听者包括朗读者自己）。我国宋代大理学家朱熹就提倡朗读需要读得字字响亮，不可误一字，不可牵强暗记，需逐句玩味、反复精详、诵之宜舒缓不迫，字字分明。由此可见朗读的严肃性和严谨性。

此外，节目赋予了朗读新的仪式感。在节目中，嘉宾朗读之前，会专门伴随气势恢宏的背景音乐走到舞台中央为朗读做足准备，与此同时，观众会站起来鼓掌对朗读者表示欢迎；且朗读者多站立着、手捧书本进行朗读，充分给予朗读一种庄重的仪式感；在朗读过程中用现场钢琴原声配乐，代替电子音，纯粹的钢琴原声为朗读者营造了极为高雅的氛围。不仅如此，在朗读的过程中，观众安静地聆听是一种全神贯注的行为，也是一种学习过程，在聆听朗读的过程中，观众可以深刻领会诗文的意义、气韵、节奏，产生一种"立体学习"的感觉。所以聆听的整个过程也是极具仪式感的。

---

① 〔美〕约翰·费斯克：《电视文化》，祁阿红、张鲲译，商务印书馆，2005，第20页。

（二）《朗读者》之"流"

"流"即流行，显示出节目的喜闻乐见，收视率高。《朗读者》流行的主要原因在于精英文化的"平民化""大众化"传播，观众群得以迅速构建。而精英文化的"平民化""大众化"传播的技巧就在于谈话与朗读相结合的叙事方式。

每期节目，在嘉宾朗读之前，董卿都会对该嘉宾进行深入的访谈，以了解其背后的故事。首先，对于观众而言，这种先解读后朗读的手法，易于观众理解文章。"先解读后朗读"使有一定理解难度的精英文化，融入了朗读者的人生体会，转变为已经被朗读者"解码"后的文本。观众在观看节目时，可以充分理解朗读者的内心世界，体会朗读者演绎所流露的情感，从而使每一名观众对文字都有自己的认识，还可以嫁接自己的情感，可以加入自己的理解，结合自己的生活，再一次对朗读者新建的"解码文本"进行解读，形成自己的解读文本。

此外，这种"先解读后朗读"的叙事方式，有利于更好地抒发朗读者的内心情感。在沟通式采访中，朗读者将故事讲出来的过程就是情感积蓄的过程，当朗读者讲完故事开始朗读文章时，情感喷涌而出，感情的抒发变得更加强烈，更能引起共鸣。

费斯克说："一个类别的常规与主流意识形态密切相关的时候，那个类别就比较流行。"[①] 该节目被定位为精英文化，但在传播过程中兼顾了大多数受众的知识水平，将精英文化变得"平民化"，成功承担起了教化大众，提升社会价值的功能；在传播主流文化的过程中，注重人性关怀、故事讲述、情感共鸣，将主流意识形态变得"亲民化"，积极构建起了庞大的观众群，将大众构建为主流意识形态主体。该节目较好地融合了电视精英文化、主流文化、大众文化，带来了广泛的影响意义和流行大势。

（原载《南方电视学刊》2017年第4期）

---

① 〔美〕约翰·费斯克:《电视文化》，祁阿红、张鲲译，商务印书馆，2005，第162页。

用纪实语言讲述大师故事

——评纪录片《荆楚社科名家》

内容摘要：纪录片《荆楚社科名家》，通过抢救性的发掘记录，集中体现了一批长期扎根于湖北，耕耘在哲学社会科学领域的名人大家。本文从纪录片——思想的记录者、故事的聆听者、影像艺术的表达者三个视角，分析该片如何用音像传播思想、传播文化、书写历史，以及通过名家讲述自己的故事，提供极具个性化的口述历史，并通过影像的艺术表达，为名家宣传、为社科树碑。

关键词：纪录片　口述历史　影像艺术　荆楚社科名家

人类社会的每一次重大进步，人类文明的每一次重大发展，都离不开哲学社会科学的知识变革和思想先导。一个没有发达的自然科学的国家不可能走在世界前列，一个没有繁荣的哲学社会科学的国家也不可能走在世界前列。[①] 当今时代，坚持和发展中国特色社会主义，为实现"两个一百年""中国梦"而奋斗，更离不开哲学社会科学的引领和推动作用。

湖北，作为中国的文化大省和哲学社会科学研究"重镇"，以其丰厚的文化积淀滋养着一代又一代的学人，成就了一批灿若群星的文化名人。"惟楚有才，于斯为盛"，为系统反映湖北省现当代哲学社会科学进程的

---

① 习近平：《在哲学社会科学工作座谈会上的讲话》，《人民日报》2016 年 5 月 19 日，第 2 版。

人物影像志，展现和传承荆楚文化乃至中华文化的厚重思想史，湖北广播电视台拍摄推出了一部系列纪录片——《荆楚社科名家》，通过抢救性的发掘记录，集中展现了一批长期扎根于湖北，耕耘在哲学社会科学领域的名人大家，透过他们丰富的人生经历和曲折的成长历程，来展示其人生品格、学术思想和治学精神。

一　纪录片——思想的记录者

记录历史是纪录片的使命，一部好的纪录片就是一部好的历史教科书，而一部好的人文纪录片，更是一部好的思想史教材。《荆楚社科名家》就是一部众多活跃在湖北乃至中国哲学社会科学领域的"大家"的影像记录和思想凝聚。然而，社科门类庞杂，研究学者众多，如要从中选取出具有代表性的名家，提炼其学术思想，无疑是一项浩大的工程，因此，如何选择人物则是记录的关键第一步。《荆楚社科名家》纪录片中选取的 13 位社科名家，均是某一学科的创立者或在该领域做出重大贡献的人，在哲学社会科学界具有广泛的影响力。

在入选的荆楚社科名家中，有新中国刑法学的奠基人马克昌；世界级经济学大师，发展经济学奠基人张培刚；辛亥革命研究集大成者章开沅；引入西方发展经济学的第一人，发展经济学在中国学科化的开创者谭崇台；当代中国文化史研究之翘楚，一生致力于中国文化史整体建构和中华"元典精神"探究的冯天瑜；首倡"中部崛起"战略，一切为了中国现代化的发展经济学创新者夏振坤；创建我国第一个以母语汉语为教学和研究对象的语言学系，汉语逻辑语法学派奠基人邢福义；一生修典，鞠躬尽瘁，终结了我国"大国家，小字典"的时代，填补了我国辞典空白的著名古文献学家朱祖延；在实践中寻找美学，成就中国美学的一代大师刘纲纪；一生致力于马克思货币金融理论中国化，中国金融宏观调控理论的开创者周骏；结束中国会计有史无书，中国会计史研究第一人郭道扬；一生致力于"让马克思主义说中国话"的著名哲学家陶德麟；建立中国书目情报学地标，被誉为新中国现代目录学的拓荒者彭斐章等。这 13 位社科名家涵盖哲学、经济学、法学、历史学、语言学、美学、会计学、金融学、图书馆学等哲学社会学科领域，人物的选取，既具代表性、典型性，又具有先进性和世界性，充分显示了湖北省哲学社会科学研究的厚重。

"荆楚社科名家"立志报国、经世济民，用思想改变世界。世界级经济学大师，发展经济学奠基人张培刚出生在贫困山村，童年的艰苦劳作经历让他亲身感受到农民生活的贫苦和艰辛，张培刚从小便立志要发奋读书，探索一条富国强民、振兴中华的道路。1941 年，胸怀读书报国志的张培刚，远赴美国哈佛大学留学。在哈佛学习的张培刚清醒地意识到，二战后，中国必将面临着实现工业化这一复杂而急迫的任务，他富有远见地将"农业国的工业化"作为他在哈佛攻读经济学博士学位论文的主题。为了撰写博士论文，张培刚在哈佛大学图书馆内申请了一个 6 平方米的空间，每天待在那里超过 12 小时。他花了一年半时间，阅读了英文、法文、德文参考书 200 多本，研究了 180 多位经济学家的著作，终于在 1945 年 10 月完成了在世界经济学界具有拓荒意义的博士学位论文《农业与工业化》，获得了哈佛大学博士学位。张培刚在《农业与工业化》中首次系统提出了发展中国家如何实现经济腾飞的前沿理论，为现代发展经济学奠定了基础，在国际上被公认为"发展经济学"的奠基之作。1947 年，张培刚的博士学位论文获得哈佛大学经济学最佳论文奖——"大卫·威尔士奖"。1949 年，《农业与工业化》又被列为"哈佛经济丛书"出版。1951 年，该书还被翻译成西班牙文在墨西哥出版，在拉美地区发展中国家产生了广泛的影响。

就在张培刚学术成就蜚声中外，学术事业如日中天之时，1946 年，张培刚先后婉拒了在哈佛大学留校任教和担任联合国高级顾问的邀请，毅然决定回国，要将自己的农业国工业化理论贡献给贫困落后的祖国。尽管后来经历了"文革"动荡岁月，然而，满怀报国理想、学贯中西的张培刚仍未放弃他的"经世致用""学术报国"理想。拨乱反正后，60 多岁的他重新投入发展经济学的研究，他对建设中国特色社会主义理论精髓的精准解读无疑让当时的国人茅塞顿开。20 世纪 80 年代，他创造性地提出了"牛肚子理论"，主张中国应重视发展中部，以带动整体经济起飞，引起了中央高层领导的关注，2004 年十届全国人大二次会议上，"促进中部崛起"首次被写进政府工作报告。他的"牛肚子理论"更为今天"中部支点"国家发展战略奠定了重要理论基础。

"荆楚社科名家"不畏艰难，敢于追求真理，一生充满胆识和锐气。"文革"十年中备受煎熬的陶德麟，并未因当时思想遭禁锢而阻止他追求真理的脚步。"文革"刚刚结束并被平反的陶德麟，虽然从农场回到大学，但仍被看成"有严重问题的人"，行动处处受限。即便如此，当他接到中国社会科学院在北京召开"理论与实践问题哲学讨论会"的邀请做专题发言时，顾不上来自各方的劝阻，径直登上北去的火车。在一场关于真理标准大讨论的面前，他更是没有丝毫的犹豫和胆怯，迎难而上，发思想之先声，直呼"实践是检验真理的唯一标准是马克思主义哲学的根本原理，在实践标准之外另立真理标准是理论上的倒退"，这在当时是需要何等的勇气！而会后第二天，陶德麟又决定把恩师李达托他保存的三封毛泽东写的亲笔信转交给《哲学研究》和《人民日报》编辑部，随后三封信在《哲学研究》上发表，并被广泛转载。正是这三封毛泽东亲笔信的公开发表，成为对"两个凡是"论调最有力的驳斥。在那个年代，做出这样的行为是需要何等的勇气与胆量！陶德麟以一个坚定马克思主义者的气魄，不畏磨难，敢于追求真理，为批判"两个凡是"和"让马克思主义说中国话"做出了卓越贡献，他的哲学人生充满了胆识和锐气。

"荆楚社科名家"不忘初心，胸怀感恩，穷尽一生做好一件事情。中国会计史学家郭道扬，面对别人遗弃的冷门研究领域，以一种高度的责任心和感恩之情去接受、去完成，穷尽一生，只为做好一件事情——会计史研究。1979年初，商业部准备在湖北咸宁召开会计学术会议，给了郭道扬所在院系九个科研课题。其中八个课题早早地被其他老师们选定，只剩下"中国会计发展史"这个冷门课题无人问津。而在此之前，中国会计有史无书，也就是说还没有人做过这方面的研究，要想完成这个课题，困难重重，其难度可想而知。面对如此冷门的课题和艰巨的任务，一开始郭道扬是执意拒绝的，因为这是一项对于他来说不可能完成的任务。"郭道扬，现在党叫你做点事你都不做，你对得起党吗？你还吃助学金？"面对系领导的责问，郭道扬想到自己从小家境贫寒，之所以能有机会进高中，上大学，都是靠国家的助学金，没有党和国家的帮助，就不可能有自己的今天，他应该回报这份恩情。就这样，郭道扬怀着一份责任与感恩之情接下了这个难啃的硬骨头。刚刚接手课题，各种质疑、非议之声纷至沓来。

顾不上经济的拮据、生活条件的窘迫，郭道扬每天泡在图书馆，查阅大量文献资料，夜以继日地写作。凭借对史学的热爱、社会调查的实践经验、扎实的会计专业功底以及超强的恒心与毅力，他用四个月的时间完成了中国第一篇长达九万字的会计史论文——《中国会计发展史》。这年10月，还是在咸宁，十七所高校的教授、学者们举办了一场重要的学术讨论会。因为生活拮据，穿着简朴寒酸的郭道扬，竟被会务人员错认为炊事员。虽然人们的眼光一直是质疑的，但在这次会议的纪要中是这样记载的："郭道扬同志所撰《中国会计发展史》一文，是本次学术会议中的最重要学术研究成果。"随后《中国会计史稿》出版发行，郭道扬更是"毕其功于一役"，努力推进中国会计史学研究，去做好这样一件事情，终成大业。

纪录片，用音像传播思想，传承文化，书写历史。电视纪录片《荆楚社科名家》通过一种通俗易懂、喜闻乐见的影视艺术形式，展示了一群不忘初心、秉烛前行，用知识和思想之光照耀荆楚、闪亮神州的学者大师。他们发思想之先声，立时代之潮头，通古今之变化，传圣贤之精髓，立德立言扬我中华之文明。他们经世致用，以学术报国，以文化的力量追逐伟大的中国梦，用思想成果涵养社会，用德行修为润泽人心。荆楚社科名家是"建成支点，走在前列"的思想先导，是享誉湖北乃至世界的中国文化名片。

二 纪录片——故事的聆听者

纪录片的本质在于叙事性，而有故事的记录才可能引人入胜、耐人寻味。因此纪录片作为一门叙事艺术，通过特定的叙事视角、叙事结构和叙事技巧形成一定的叙事话语，向受众讲述故事。通过一个个具体的故事，来展示情节，表现人物，传递思想和精神。这些故事中带有人类的共同情感和人的普遍奋斗经历，因而容易引起观众共鸣。电视纪录片《荆楚社科名家》每一集都会通过很多的故事表达人物的情感，揭示人物的内心，用故事来打动人，发掘人物的精神、命运、情感，凸显与折射其个性和人性的光辉。

1. 叙事视角：社科名家讲述自己的故事

叙事视角指叙述者或人物与叙述文中的事件相对应的位置或状态，或者说叙述者或人物从什么角度观察故事。① 选择不同的叙事视角，纪录片就会形成不同的叙事话语，进而为观众带来不同的理解和观感效果。《荆楚社科名家》在故事的讲述中，通过名家讲述自己的故事，选择的是一种内聚焦型叙述视角，即从人物自身的角度展示其所见、所闻、所思。这种视角既能够形成聚焦，又能更充分敞开人物的内心世界，淋漓尽致地表现人物的内心和思绪。

会计学家郭道扬对于会计史的研究极其细致和认真，时常为了弄清一个字的读音、流变，他都要多次找考古文物专家虚心讨教，反复验证。在纪录片中，郭道扬亲身讲述了自己科研中的一个细节：在会计史的写作过程中，曾经为了弄清一个字，他八进考古研究所，想找一位考古老教授弄清"氐氏"字的来历和读音。然而由于老教授病重住院，不便直接打扰，他只好一直蹲守在那里，想找机会通过家属帮忙在方便的时候向老教授请教。最后他终于等到老教授的家属来医院送饭，便拦下家属跟她说好话，说明弄清这个字的重要意义。这个字如果弄不清楚，他的会计史书就不好写下去。他把字写在一张纸上，让家属拿给老先生在其清醒的时候帮忙看看。最后赶在老教授临终前，得知这个字念"kuo"，是个双写体，是中国最早的"会计"名称，最早的保管（在西周时代就设有"会计"专职管理）。可见，这样一个字对于会计史的研究具有多么重要的价值和意义。正是郭道扬的这份执着和坚守的科学专研精神，最终成就了他的会计史学研究。也正是这样一种第一人称的叙事视角，让故事更加真实和触动人心。《荆楚社科名家》通过名家讲述自己故事的视角，向观众展示其所见、所思、所闻以及自己亲身经历的种种，正是这样的视角既让观众有身临其境的感觉，进而感染人、打动人，又容易在短时间内形成聚焦，更充分敞开人物的内心世界，淋漓尽致地表现人物的内心和思绪。

---

① 胡亚敏：《叙事学》（第二版），华中师范大学出版社，2004，第19页。

2. 叙事结构：社科名家纪录结构的范式

纪录片是由故事构成的，没有故事，就失去了记录的本质。纪录片为了讲好故事，进而有效地传达信息，需要一定的叙事结构，而叙事结构是纪录片存在和形成的前提条件，是纪录片存在的方式。叙事结构存在的意义，是达到观众的审美认知水平，在观众精神上、情感上引起共鸣。《荆楚社科名家》作为一部系列人物音像志，在众多社科名家人物思想故事的表达中，形成了较为统一的叙事结构，即以每个"荆楚社科名家"人物为一集，长度25分钟，而每一集都包含四个基本结构单元：成就贡献及影响、治学历程和精神、现在与未来的工作、生活态度和情趣。这四个单元，包含了故事的一般性问题清单，即名家人物靠什么为生？名家世界的价值观是什么？名家世界的仪式习俗是什么？名家幕后故事是什么？这些故事呈现在人物亲身经历或参与的重大事件中，如著名哲学家陶德麟进京参加关于真理标准大讨论的经历。

在著名语言学家邢福义的纪录片中，开篇即以养斑鸠研究动物语言来展示人物的生活态度和情趣：他一辈子研究语言，对语言敏感痴迷，认为语言与生命同在，动物也有自己的语言。随后以"自己走路""走自己的路"概述其治学历程的两个重要阶段，也是对其治学精神的高度诠释。紧接着，通过梳理"普方古""句管控""小句中枢说"的学术思想，总结其汉语语法学研究的重要成就。最后，在推动人与机器沟通的同时，思考如何实现人与动物的对话，研究动物语言这种新事物，并谈及他现在及未来的工作。总之，纪录片围绕"四个基本单元"这一基本的叙事结构，通过截取名家人生和学术历程中的关键节点，挖掘动人的故事和闪烁着光辉人性的内涵，进而走进名家独特的内心世界，呈现一个丰满、立体、鲜活的人物形象。

3. 叙事技巧：社科名家口述历史的表达

纪录片为了有效传达信息，既需要合理的叙事结构，更需要讲究一定的叙事技巧和方法。《荆楚社科名家》在具体的故事叙述中主要采取口述历史、现实记录、情景再现、学者评价等多种表现方式相结合的手法，走进名家的日常生活，再现他们的心路历程，感受名家的内心世界，并透过他们的思想境界和精神世界，展示名家的人格魅力和人文情怀。系列纪录片通过大量的人物口述形式建立了直通心灵、直面人生、直指人性的叙事语境，让人仿佛就坐在"大家"面前，聆听"大家"故事，感悟智慧人生。

口述作为节目叙事的重要形式为文化解读的多样性提供了极具个性化的话语空间，在这个空间，往事浮现眼前，感觉身临其境，人物活灵活现，表明口述在整个节目叙事中起到了极为重要的作用。首先，口述这种叙事形式是通过名家自身讲述自己的故事，即故事的主人公来讲述具体的故事细节，具有强烈的真实性。其次，口述这种叙事形式，在具体的影片中通过具体的人物单独采访、访谈来实现，而这样一种近乎"面对面"的人际交流，不仅具有强烈的现场感，更拉近了观众与人物之间的距离，观众体会到融入感和亲切感。

由于这些社科名家都是各学科领域的杰出代表和标志性人物，大多数名家处在各自的学术巅峰，特别是一些艺术家已经进入迟暮之年，人物本身的这一特殊身份和分量，从保护文化遗产、传承中华文脉的角度看，他们的音像必将成为珍贵的口述历史，成为后人看之有形、听之有声的文化遗产，这样的叙事方式就使得《荆楚社科名家》更具有特殊的价值和意义。

三　纪录片——影像艺术的表达者

纪录片虽然具有记录历史的功能和使命，但它终究是呈现在观众面前的电视节目，人们观看电视节目，除了想要获得真实信息之外，还需要获得思想与审美的享受。因此，纪录片不仅是记录历史，也是艺术叙事，更是思想叙事，应该是满足高层次的审美需要，这也是观众对纪录片的更多期待。马克思说："如果音乐很好，听者也懂音乐，那么消费音乐比消费香槟高尚。"[①] 只有"音乐很好""听者也懂音乐"，才构成理想的文化消费与传播。荆楚社科名家学识渊博，思想深邃，如何用纪录片的语言记录、讲述名家，做到"音像很好""观众也懂"；如何将名家的胸怀和情

---

① 《马克思恩格斯全集》第26卷第Ⅰ册，人民出版社，1972，第312页。

怀结合起来，呈现一个有血、有肉、有温度，可亲、可信、可爱的人，这就需要纪录片使用高超的影像艺术表达手法。

1. 真实真诚 厚重质朴

真实是纪录片的本质属性，也是纪录片的生命和灵魂，它要求创作者在现实生活中获取创作素材，以非虚构的方式从事拍摄创作。[①] 这种真实更要求拍摄者带着一份诚意和敬意用心走进艺术家的世界，身临其境、感同身受。《荆楚社科名家》以纪实的手法、独特的视角、自然的状态去记录人物的日常生活和研究状态，利用人物口述、深度访谈、历史影像资料等为观众折射一个时代的画卷。同时通过感人至深的故事、醍醐灌顶的解析、娱心悦耳的视听语言，进而形成厚重质朴、意蕴深远的风格。用纪实的手法记录过程，一方面能够使观众进入具体的时空感知体验记录的内容，观众在观看具体情节的过程中，其情感不断积累，在不知不觉中逐渐凝聚，受到感染。另一方面又会让观众产生与事件平行的伴随感和期待感，在观众接受中起到触动人心的艺术效果。

2. 匠心独具 精致隽永

《荆楚社科名家》是一部系列电视纪录片，以每个人物为一集，13个人物合在一起又最终形成一个风格统一的整体。整部纪录片采用统一的形式、形成统一的风格。如：统一为厚重深邃的包装风格，精致凝练的导视开篇，名家大事记的结尾。整个访谈统一背景，叙旧影调统一做旧，统一用一名播音员做全部解说。另外特别制作的音乐，以一个主旋律贯穿六到七个情绪段落，等等。在整体风格统一的前提下，整部纪录片又会根据不同的人物尝试追求个性化的表达，通过灵活的表达进而形成每一集的个性特色。比如根据不同主人公的特点选用不同风格的解说词、开篇切入、叙事结构及音效、节奏等。整部纪录片看起来既风格统一，每一集又具有强烈的个性特色，既能够消除一个模式下的审美疲劳，又能够增强可看性，达到更好的传播效果，真可谓匠心独具、精致隽永。

3. 鲜活可亲 有血有肉

一部纪录片能否吸引观众，细节是不可或缺的一环，好的纪录片正是

---

① 石屹：《纪录片创作论》，西南师范大学出版社，2007，第29页。

对人物的一言一行、矛盾发展的具体环节进行细致的描摹。注重细节的刻画和渲染，才能生动地展示出人物的个性特点，丰富人物的神韵，增强感染力。细节，尽管看似是细枝末节，却能够小中见大，正是人物生活中最真实、最生活化的具体细节，才体现出纪录片的活力所在。突出细节，追求生活化、故事化、个性化是电视纪录片《荆楚社科名家》影像艺术表达的技巧和方法。对于片中社科名师大家的讲述，不是简单的成果展示或个人成就的堆砌，更不是对高深的理论的阐释，而是从最贴近鲜活的现实生活入手，从这些名家大师最基本的日常细节和鲜为人知的一面入手。比如金融学家周骏每日逛早市、看物价、关注经济走势；图书馆学家彭斐章侍弄花草；历史学家冯天瑜擅长素描、热衷古董；哲学家陶德麟教授出版中学作文集，喜欢京胡；经济学家夏正坤迷上微信，是钢笔画高手；语言学家邢福义养斑鸠研究动物语言；等等。将这些学识渊博、思想深邃的社科名家放到平实的生活和生动的细节中去讲述、去塑造，既拉近了与普通观众的距离，又鲜活可亲，有血有肉，更具贴近性和可看性。

4. 时代翘楚 民族精英

《荆楚社科名家》中的每个人物有着大致相同的成长历程：他们跨越新、旧两个社会，经历过"文革"十年，见证过改革开放的巨变，面对时代的剧变和人生的考验，他们身处逆境不忘初心，历经坎坷不改其志。他们是时代翘楚、民族精英。纪录片把名家放在大的时代背景来讲述，把人物个人命运与时代背景和国家命运联系起来，浓墨重彩地展示名家家国情怀、学术报国、思想境界、人格魅力。如：经济学家张培刚先后放弃哈佛大学留校任教、担任联合国高级顾问的待遇，毅然回国将自己开创的发展经济学贡献给祖国；哲学家陶德麟旗帜鲜明地反对"两个凡是"，捍卫真理无所畏惧；经济学家夏振坤"中部崛起"的理念和经济学家谭崇台"科学发展经济"的观点，都高度契合了后来的国家发展战略；37岁的冯天瑜主动辞掉武汉市委宣传部副部长的职务，一头扎进濒临断代的中华文化史研究；语言学家朱祖延一边与癌症搏斗，一边编纂辞书，改写了"大国家、小字典"的尴尬局面；历史学家章开沅四次请辞"资深教授"，成为中国主动辞去"资深教授"的第一人；等等。《荆楚社科名家》聚焦名家智慧的光芒、卓越的创造力和非凡的精神品格——守得住理想，耐得住寂寞，任风吹雨打不改初心，任五光十色不移其志，从而唤起人们对社科名家的敬仰和热爱。

电视纪录片《荆楚社科名家》以影像和口述语言为载体，以一种温暖而诗性的方式呈现名家的精神境界与学术思想，烛照当下，潜移默化地影响我们的社会态度，净化我们的心灵世界，提升我们的思想情操，为社会奉上一份可口的心灵鸡汤。为名家立传，为社科树碑，《荆楚社科名家》既是一部反映现当代哲学社会科学进程的人物影像志，又是一部展现和传承中华文脉的厚重思想史佳作，更是一幅集中展示湖北人文宝库的动人画卷。

（原载《电视研究》2019 年第 3 期）

纪录片"反腐"的视听震撼

——评《偏离坐标的人生》

关注人物的命运，呈现生活的状态，成为当代纪录片的共同追求。当纪录片的镜头伸向中国反腐社会的各个角落，讲述一个个腐败堕落的故事时，其展示人物本真的视觉质感，触及人物心灵的同期声表达，超越了一般警醒、劝服的力量。

一　纪录片的纪实：用镜头说话的冲击力

高墙、铁窗、统一着装下的囚服、应答目光中的呆滞，这是纪录片首先呈现给我们的一幅监狱中的生活景象，三名从正厅级、正处级到正科级不同级别的干部，由人民公仆蜕变为囚徒后的画面长期凝固在人们的头脑中，很难挥去那股莫名的情状。特别是纪录片运用对比的手法，将三名昔日装腔作势的风光、自在，化为层层监控中的阶下囚时，那种巨大落差下的人生轨迹，相信会对所有干部产生强烈的冲击力。这种传播效果是一般的正面教育和廉政谈话难以企及的。

真实，是纪录片的生命。这种真实来源于其形声一体化的展示、叙事情景化的描述，尤其是人物过程化的纪录，具有无可辩白的力量。三名昔日的"领导干部"上任之初，都有过干一番事业的抱负，也曾有过骄人的业绩，但当热情消退之后，腐败的诱惑接踵而至。"缺口往往从最薄弱处被打开，心态失衡是最容易被撕裂的软肋。"纪录片用现身说法告诫人们，人生蜕变的第一防线最为关键。只要守住了第一道防御线，便有可能避免步步陷入深渊，否则，将会节节败退，导致全线崩溃。

面对第一次8万元的行贿，有人"极为紧张"，而正厅级干部面对第一次的拜年（现金）信封，曾"从楼上推到了楼下"，另一位服刑者面对最初的诱惑，也只是选择在自以为隐秘的"小车"内。然而，这些人"在觥筹交错间，在香风软语中"，最终挡不住金钱的诱惑，"一些人的防线开始动摇，手中的权力开始向罪恶飘移"，以致"千里之堤，溃于蚁穴"。

二 纪录片的访谈：用同期声表达的震撼力

"明明知道违纪违法是要付出代价的，可是硬要拿鸡蛋碰石头。造成领导的呵护关爱没有了，同事的谈笑风生没有了，朋友的默契相会没有了，家人的幸福团聚没有了。不是天作孽而是自作孽，自己种的苦果自己吃。现在想起来，无论是政治账、经济账、家庭账、朋友账、亲情账都不划算！"如果这篇表白，不是发自高墙内的悔过，真要为其绝妙的排比文法喝彩，更为其发自内心的真情实感而动容。如果不是经历了人生的大起大落、大喜大悲，任何作家都难以道出这么具有震撼力的忏悔词。

访谈式的记录，最大的优势是可以弥补电视画面难以表达心理活动的不足，它以内聚焦视觉中"我"的陈述，将内心蜕变的轨迹呈现在电视声光下。该片通过声形一体化的表现，揭示了上述三个蜕变者的所作所为、所思所想，以及扭曲的心态。

这些人上任之初，曾有过高尚的理想，张某就发过誓言："到乡镇做官，孝顺老百姓，服务老百姓，不当贪官。"许某在国家级贫困县就职时曾提出过，"干不出成绩不走，群众不撵不走，组织不调不走"，誓言改变贫困地区的落后面貌。然而，当看到一些老板腰缠万贯、灯红酒绿时，心里开始不平衡了。于是，在称赞与鲜花的簇拥中，心态不经意间发生了变化。

当三名腐败者在滑向深渊时，有过悬崖勒马、弃暗投明的机会，但他们都没有很好地把握住，而是怀揣种种侥幸心理，"因为搞一次逮不到，两次逮不到，胆子就放大了"。甚至自我安慰与麻痹，认为"同事给我送钱是对我的感情，下级给我送钱是对我的尊敬，朋友给我送钱是结交，老板给我送钱好像是应该。所以，在违纪违法的道路上越滑越远。"然而，到头来，"这不过是自己自欺欺人的一种安慰，最终埋单的还是自己"。

纪录片以真实的心理活动采访为重点，抓住人物蜕变的心理轨迹深入挖掘，并以严谨的警世逻辑为结构，清晰地展现了腐败蜕变的各个节点，对领导干部、政府公务员防腐、拒腐、反腐都提供了一个极为有效的警示参照，以防患于未然。

三 纪录片的警示：用理性剖析的说服力

纪录片是故事化的叙事，它通过矛盾冲突来表现人物复杂的命运；纪录片是形象化的政论，它通过事理性分析表明了制作者的立场观点，从而起到激励、警示等作用。

纪录片《偏离坐标的人生》，准确而形象地概括了腐败者的蜕变根源，也透露出了该片精心编排的结构技巧与方法。从横坐标看，三个不同级别的蜕变干部互为参照地说明，不论级别高低，不论权力大小，他们都演绎着相同的堕落人生轨迹：在善与恶、美与丑、正义与邪恶、奋进与堕落的搏斗中，遗憾地交出了令人失望的答卷。从偏离人生的纵坐标看，腐败者往往是从心理失衡开始走上歧途，然后，从心存侥幸一步步滑向深渊，进而，禁不住所谓亲朋之间的错位往来，以致铤而走险，最后陷入疯狂的人格分裂。

针对这些纵横交错的蜕变，纪录片的编导们以敏锐的眼光，将纪录片的"探照灯"扫向一个个黑暗的角落，并以鞭辟入里的剖析，揭示出警示诫言。如"超越纪律和法律的底线，动用手中的权力为家人谋私利"，这种"扭曲了爱的真谛，最终给自己和家人带来的只能是痛苦"。该片针对张某感叹自己的父亲为了不让他多花钱治病，一直隐瞒病情，是"真正的布尔什维克"时,编导者发出了深深地遗憾,"这位父亲以自己的生命为代价也没有唤醒儿子清正廉洁的心"。

党的十八大报告强调指出,反对腐败,建设廉洁政治,是党一贯坚持的鲜明政治立场,是人民关注的重大政治问题。在这一关乎党和国家存亡的政治大是大非面前,纪录片工作者以高度的社会责任感,用电视纪录片做武器,交出了一份"腐败警示"的形象化作品。

(原载《楚天风纪》2013 年第 3 期)

论艺术史志纪录片创作规律及使命

——评湖北系列纪录片《繁花》

内容摘要：作为历史文献纪录片的一个子类，艺术史志纪录片有着独特的属性。从根本上讲，它是基于艺术文本而形成的叙事文本。本文分析艺术文本、艺术家和社会三者的互动关系，厘清各自的纵向发展脉络，以影像话语记录"三线交织"的历程，探讨艺术史志纪录片的一般创作规律，及该类节目凸显的国家、地域或民族的"文化身份"。

关键词：艺术史志　内容主体　价值定位　"文化身份"

中国早期的历史文献纪录片，带有浓厚的宣导色彩，大多为主题先行的政治史诗。它的叙事话语，受到意识形态的主导和制约，价值属性基本等同于电视新闻和专题。随着创作理念发展和话语环境的宽松，历史文献纪录片渐渐向其本体回归，找寻到了其独立的文化价值属性。艺术史志纪录片在此背景下发展起来，从不同角度对文化记忆进行梳理和反思。

一　艺术史志纪录片：基于艺术文本的影像叙事

艺术史志纪录片，属于历史文献纪录片的一个子类。如《百年光影》，记录了中国电影1904—2005年的发展历史，《千年书法》记录了中国书法自晋代至清代 1500 多年的发展历程。它们都是以某一艺术门类为主体的艺术史志。而十集文献纪录片《黄梅戏》，则是以中国戏曲这一艺术门类的子门类为主体的艺术史志。另有系列纪录片《武侠电影人物志》和《梅兰芳》等，都是以艺术人物为反映主体的影像史志。

以某个艺术门类为主体的史志纪录片，所反映的第一主体往往是文艺作品。在这一类纪录片中，与文本相关的创作者作为第二主体也必不可少，并且与文本密不可分。以艺术人物为第一主体的史志纪录片中，与人物相关联的作品作为第二主体，也同样是无法割离的。无论是文化艺术作品本身，还是其创作者，均为艺术史志类纪录片中的本体性元素。

每一个时代的文化印记，首先是那些有代表性的艺术作品。作者可能逝去了，但是其作品却以物化的形式（如印刷文字、胶片影像等）保留了下来。每一个作品，在创作尚未结束的时候，它依附于作者；作品一旦完成，它便作为文本而存在。文本蕴含着意义，但并不主动呈现意义。如同一幅画，被挂在博物馆的墙壁上，只要未被欣赏，它内在的意义就不可能被认知；再如一部小说，它在书架上沉睡，只有进入阅读，它的意义才能被展开。换言之，只有进入了审美的视野，文本才被激活，艺术作品的最终实现方成为可能。艺术史志纪录片以影像话语生动记录艺术的历史，回顾过往，它"唤醒"不了那些逝去的作者，但是可以"激话"保存完好的文本。作为一个现时的文本，它是基于过往的艺术文本而构建起来的。也许有人想尝试拍摄一部文化思想史志纪录片，但是思想作为一种抽象存在，其本身在画面当中是难以体现的，借以表现这些思想的可视化内容，仍然依托于相关作品的直观影像。鉴于以上认知，我们认为，从根本上来讲，艺术史志纪录片，是基于艺术文本而形成的叙事文本。

湖北广播电视总台影视频道于 2009 年推出《繁花》系列纪录片，不管是从内容上还是形式上，都堪称一部非常具有典型意义的作品。它以宏观的历史视野观照各种艺术门类的发展，比如：以"文学鄂军"崛起为主线，回顾了《李自成》《风景》《凤凰琴》《张居正》等一系列经典性文学作品的诞生和社会影响；以曲艺发展为脉络，记录了"汉派"评书、小品和湖北大鼓的发展与繁荣；以"影像世界的湖北记忆"为题，对鄂产电视剧《诸葛亮》《汉正街》，纪录片《舟舟的世界》等作品的创作进行回顾，客观揭示了其不同寻常的时代意义；聚焦汉剧，记录了艺术大师陈保华对《宇宙锋》等剧的经典演绎及其与梅兰芳之间的佳话；围绕音乐，记录湖北西部土苗原生态音乐如何以其独特的艺术魅力征服听众，从峡江深处走向了全国……或有的篇章、故事干脆围绕某一艺术文本展开，讲述其产生的时代背景及社会影响，如围绕小说《女大学宿舍》，记录它如何走红并被改编拍摄成同名电影；透过话剧《同船过渡》，记录了编剧沈虹光与朴庆树、肖蕙芳、李铁等两代表演艺术家如何倾注心血，共同打造了这一经典剧目；追溯音乐剧《洪湖赤卫队》作品及其主创人员的命运，讲述了这部音乐史诗在"文革"期间经历的政治风雨。系列作品表现手法多样，其中一集，便是以著名艺术家夏菊花一个人的艺术生涯和命运主线来结构全篇，记录了她如何以惊人的技艺享誉世界并演变为一个成功的杂技外交使者的非凡历程。

综观《繁花》系列作品，它几乎囊括了湖北区域所有的文化艺术门类，记录了它们在荆楚大地上自新中国成立以来的发展历程，而且反映了与之相关的文化人物的命运、文化事件的过程、文艺观念的更替、文艺作品的现实影响。从叙事的角度，它虽然基于具体的艺术文本，但没有机械地以时序堆砌或连缀，而是立足宏观叙事主线，对作品精华部分适量、巧妙地撷取，将那些形象的影像文献片段作为插入式文本合理地融入其中。

通过对《繁花》这一文本的解读，可以使我们对艺术史志类纪录片审美形态有一个新的认知。通过对这一个案的分析，也可以推一及十，总结出艺术史志纪录片创作的一些基本规律。在它的启发之下，我们也可以对此类纪录片的使命有了更为明确的认识。

二 作品、作者、社会：三线交织的艺术史诗

艺术史志类纪录片，在内容上或以艺术文本为第一主体，或以艺术家为第一主体，两者或有主次，但从来相辅相成。但是，综观此类纪录片，还有一个无法或缺的元素，那就是作为文本及人物背景的社会现实。

我们如果把艺术史志纪录片比作一根绳子，那么这根绳子是由三条线交织而成。第一条线，是艺术作品，它们展开了一幅幅生动的审美画卷，

表达出丰富的思想内涵；第二条线，是作者（即艺术家），他们创新着艺术理念，展现着不懈的艺术追求，焕发着夺目的光彩；第三条线，是社会，它是一幅现实的图景，像土壤一样为艺术家提供创作的源泉与动力。文本是艺术家的作品，艺术家是社会中的人。社会影响着艺术家，艺术家创作出作品，作品又影响着大众与时代……这是普遍联系、相互作用的动态的艺术发展体系。如果对艺术史志纪录片的创作的一般规律进行总结，那便是：发现文本（经典艺术作品）、作者（艺术家）、社会三者的互动关系，厘清各自的纵向发展脉络，以影像话语记录"三线交织"的历程。

综观《繁花》系列纪录片，其创作团队可谓很好地掌握了艺术史志的"书写"方式。它首先对各个代表性的艺术门类进行单元划分，再追溯历史，对新中国成立以来六十年中具有重要意义的作品、人物及文化事件进行梳理。无论是作品的创作者，还是事件的亲历者，它都顺藤摸瓜，尽量寻获。围绕小说《凤凰琴》，找到作者刘醒龙；循着话剧《同船过渡》，找到编剧沈虹光、主演肖惠芳和李铁；循着歌剧《洪湖赤卫队》，找到了"韩英"的扮演者王玉珍；追溯曾侯乙编钟出土，找到了湖北省博物馆原副馆长冯光生……该片编导尽一切可能找了相关文本的影像文献，采用口述历史体例，辅以绘声绘色的情景再现，建立起了完整有机的影像叙事系统。在娓娓道来之中，逐次唤醒着公众半个多世纪以来的文化记忆。虽然时间跨度非常之大，但是《繁花》没有选择宏大叙事的框架和语态，而是从人物或作品的命运切入，以客观视角回首时代变迁，紧紧围绕作品、作者、社会这三个要素的互动关系展开叙事。

在《文学鄂军领风骚》这一集中，画外音以平和的语言这样开场："一百多年前，督鄂的张之洞奉旨修建京汉铁路时，恐怕不会想到：他负责修建的铁路，繁华了一个城镇，但同时也造就了无数的贫民窟。在汉口老火车站附近，曾经有一个地方叫河南棚子，沿着铁路线挤满了密密麻麻的、破败不堪的板壁小屋。五十多年前，作家方方的小说《风景》中的故事就是在这样的背景下展开。"然后，经由对文本的进入，一个文学世界里的生活画卷徐徐上演："一对目不识丁的夫妇，在河南棚子一个 13 平方米的板壁小屋里，生了 9 个儿女……"作品中的人和事逐渐向我们走近的同时，作家方方面对镜头，谈起她对作品中人物的理解，谈起她为什么要选择这样的书写。现实的历史推进,"方方小说中的河南棚子已经拆掉了,而喜爱方方小说的人们,依然会透过她的《风景》这部小说,寻找老汉口那摇曳多姿的市井风情。"纪录片的线索,从文学的文本从容地跳进跳出,巧妙地围绕社会的变迁、作品的演绎、作家的创作与思考这三者紧密相关的互动关系结构全篇,以流畅的故事线索展现出半个多世纪以来湖北的文学艺术发展史。

艺术作品、艺术家、社会现实的相互作用,共同构成了艺术史的动态发展体系。在三线交织的文化史诗中,因时代变迁而凸显出的命运感,最能吸引观众心灵参与。在《一峡山水一江歌》中,片中回顾道:"1972年,全国上下的文艺创作还处在十年'文革'的一片阴霾之中,一个从黄冈高中毕业,连简谱都不识的小伙子被老师推荐给当时的湖北艺术学院。今天,当年的湖北艺术学院已经改名为武汉音乐学院,桃李满院,而那个小伙子也早已经名满天下……"那个当年的小伙子,就是后来的著名作曲家王原平。在这一集的叙事中,编导从个人的艺术命运切入,交代了社会现实对他的影响。在《影像世界的湖北记忆》一集中,讲述了《汉正街》的故事。作为反映中国第一代个体户命运的电视剧,《汉正街》冒着可能出现的政治风险在央视播出,主创人员同样担心着这部作品的命运。没想到,这部电视剧却引起了中央领导同志的高度重视。当时的国务院总理李鹏甚至派出调查组进驻汉正街,探索个体私营经济发展的经验和模式。此后,由于中央的大力支持,汉正街经验迅速在全国推广。从某种程度上讲,这部电视文艺作品,有力助推了中国市场经济的改革,尤其是个体、私营经济的发展。艺术与作品、与社会的互动关系,由此得到强有力的彰显。

艺术史是美学史,是艺术家的观念史,更是艺术与社会的互动史。艺术史志纪录片,承担着记录的功能,同样承担着反思的功能。《繁花》系列节目,对于六十年间湖北文艺界取得的成绩,并没有简单、高调地讴歌,而是摒弃了主题先行、高调赞美,将主线暗藏,感性切入,理性梳理,在对作品、作者、社会的综合观照中,写出了"史"的丰富、客观,还有"诗"的意韵深远。

三　价值定位：凸显国家、民族的"文化身份"

艺术史志纪录片作为史志文本的一种，必然承担"史"的功能，帮助人们回顾和反思过去，清醒地定位现在，从而能够更好地面向未来。在纵向的视野中，这是所有历史文献纪录片共同的责任，这里不做更多阐述。而在横向的视野里，艺术史志纪录片则肩负着一项重要的使命：挖掘、提炼对一个国家、地域或民族来说具有本质性、核心性、代表性的宗教信仰、价值观念、审美取向等精神元素，通过作品信息的传播凸显国家、地域或民族的"文化身份"。

宏观而言，在全球化和现代化的文化语境下，发达国家采取以影视剧为代表的文化艺术产品倾销等方式，将其价值观向不发达国家推广和普及，欲使后者对自身价值观产生动摇，从而对本国文化失去自信和认同，在"现代化就等于西方化，西方化就等于美国化"等错误认知的影响下，许多弱国屈服甚至主动追随强势国家的价值观，失去文化自觉意识，从而导致"文化身份"消亡或被改写的危险。面临强大的文化冲击，也有不少国家纷纷起来捍卫本土文化，构建和强化自身的"文化身份"。微观而言，中国地域辽阔、民族众多，在团结友好、和谐相处的前提下，不同地域和民族的文化体系也需保持自己的身份认同，明确自己在民族大家庭中的"文化身份"。只有如此，中国这个文化大国才能呈现"百花齐放"的繁荣局面。

《繁花》纪录片的创作者，立足湖北省域，对地方民族文化有着深刻认知。在《一峡江水一江歌》一集中，他们把视线对准了恩施和峡江地区，着眼峡江文化和土苗文化，聚焦于这里的原生态民间艺术。为了加强故事紧凑性，节目以土苗歌手参加中央电视台青年歌手大奖赛的故事为线索，顺理成章地引入音乐艺术文本及其背后的社会现实，展示了鄂西土家族原生态音乐及其背后奇特的民俗文化。土家人作为巴人的后代，沿袭着古代巴人的信仰和习俗，这个民族的女子出嫁之时，会痛哭不已；如果村落中有人死去，亲人和乡民却面带笑容，围着亡灵通宵达旦地舞蹈和歌唱。这构成鄂西土家族独特的文化景观。因而产生的艺术形式，从文化人类学角度来讲也有着重要的意义。纪录片中的焦点集中于土家族"跳丧"歌舞《撒哟尔嗬》，记录了这个作品在全国比赛中的命运和它在观众中产生的强烈反响。利用影像文献，借评委田青之口，对其核心审美价值进行重点宣扬："我觉得她们的歌声表达了中华民族的一种精神，一种非常达观、潇洒、豁达的生死观。村上的人死了，他们不是哀哭哀号，而是用通宵达旦的欢乐来纪念死者。把一个死的诀别当成了生命的礼赞。……当一个民族能够用舞蹈和歌声来直面死亡的时候，请问这个世界上还有什么力量，能够阻挡这个民族前进的步伐？"评论当中虽将"民族"的概念层次进行了提升，但是无疑有力地加深了观众对土家族文化的深刻印象。非同一般的生命意识和审美取向，使土家族的"文化身份"由此凸显出来。土家文化源自巴文化，巴文化和楚文化两大体系，共同构成了今天湖北省文化的重要资源。在《繁花》系列纪录片中，编导还追溯了湖北随州"曾侯乙"编钟的出土，通过对这一重大文化事件的记录，浓缩展现了新中国成立之后湖北省的艺术考古历史。编钟高超的铸造技术和良好的音乐性能，反映了我国先秦时代青铜艺术的辉煌成就。而对其艺术价值的解读，对这一文化符号的放大，也折射出楚人的智慧和审美取向，彰显了楚文化的魅力。纪录片由此亦凸显了湖北作为一个文化大省的"文化身份"。

作为历史文献纪录片的一个子类，艺术史志纪录片有着相对独立的创作规律，它要求创作者对其记录的艺术门类、艺术作品、艺术家有系统、深入的了解，同时在文化社会学、美学、历史等方面具备良好的知识素养，"三线交织"的叙事模式，更要求编导掌握相对复杂的叙事技巧。相信有志并有缘从事艺术史志类纪录片创作的电视工作者，通过加强自身综合素养，循着此类节目的创作规律，一定能不辱使命，拿出优秀的作品。

（原载《中国广播电视学刊》2010 年第 11 期）

中国广播电视公共服务体系建构

内容摘要：随着中国政府从经济建设型向公共服务型转变，广播电视公共服务也作为一个重要的学术话语，被认为是对"市场失灵"的矫正，是实现城乡和地区公共服务均等化的重要举措。为了建立中国广播电视公共服务的长效机制，本文从广播电视公共服务的覆盖、内容、体制、评估和保障等方面论述广播电视公共服务体系的建构。

关键词：广播电视　公共服务　体系建构　长效机制

当前，我国政府改革已经进入以公共服务为中心的结构性改革阶段，建立公共服务型政府就是提供均等化的公共服务和公共产品，以满足人民群众日益增长的公共利益和公共需求，在此基础上形成政府治理的制度安排。努力实现以公共服务为中心的政府转型，既是落实以人为本、经济社会协调发展科学发展观的重要保障，又是在宏观调控中推进改革，保持经济持续增长的重要举措。[①]

文化公共服务事业是建设公共服务型政府的重要方面，它与经营性文化产业相对应，主要为全社会提供非竞争性、非排他性的公共文化产品和服务，它涵盖了文学艺术、广播电视、电影、出版、报刊、互联网、博物馆等诸多文化领域。在文化公共服务的体系中，广播电视作为覆盖广、影响大的传播载体，承担着把党和国家的方针政策及时传递到千家万户的责

任和义务，对于构建文化公共服务体系具有重要意义。因此，以"均等化"为原则，以满足公众需求和知情权为核心的广播电视公共服务体系的构建是广播电视的时代使命。本文从硬件覆盖、内容提供、体制机制、评估监管和保障体系五个方面论述建构广播电视公共服务体系的路径选择和制度安排。

一 广播电视公共服务的渠道覆盖

在广播电视渠道覆盖方面，我国已经形成了无线、有线、卫星、互联网等多重覆盖，模拟和数字技术传播并存的格局，并通过"村村通工程""西新工程"等加强了对西部边远地区和少数民族地区的覆盖。但是我国广播电视渠道覆盖仍存在城乡和地区的二元结构，城市已经开始从模拟电视向数字电视的转变，截至 2009 年 3 月，全国 229 个城市进行了数字化整体转换，其中 106 个城市已经完成整体转换。而在中西部偏远贫穷地区，仍有地方无法看到电视，中央人民广播电台一套、中央电视台一套和七套的无线人口覆盖率只能分别达到 84%、82%、68%。[①] 因此现阶段渠道建设应仍以加强农村的传输覆盖网络为基本要务，为农民提供政策解读、农业信息、知识普及和文化娱乐等公共服务，提高农民的科学文化素质。

广播电视的渠道覆盖要根据产品的消费属性的不同分别对待、区别供给。无线覆盖具有纯公共产品的属性，必须由政府提供，纳入财政预算；有线覆盖具有准公共产品的属性，可由市场提供，政府提供政策支持；对于付费电视、数字电视、视频点播来说，具有私人产品的属性，可以市场运作，依法监管，政府加强规制。具体来说，无线广播电视传输覆盖具有纯公共产品的非竞争性和非排他性，是向全体公众提供公共服务的基本前提，为了保证供给，政府应加强财政投入。在无线覆盖不到的"盲区"，主要采用直播卫星方式，卫星平台建设由公共财政负担，用户的接受设备由政府给予补助。2008 年 6 月，中国第一颗直播卫星"中星九号"发射

---

① 《2008 年中国广播电影电视发展报告》，新华出版社，2009，第 53 页。

成功，卫星直播村村通平台开通，转播 43 套公益性广播节目和 48 套公益性电视节目，满足了西部边远地区广播电视公共产品的需求，而且成本不高、质量较好。

有线电视具有准公共产品的性质，虽可以实现消费上的排他性，但是仍带有一定的公益性，目前我国的有线电视的基本收视维护费实行政府定价，并通过听证会听证，收取一定的初装费和收视维护费，实行一定公益性的有偿服务，有线电视多样化的增值服务，具有私人产品的特点，由市场定价。对于边远地区的农村有线电视和少数民族语言的有线电视，国家应给予免税（营业税和所得税）政策，支持其发展。对于数字电视、付费电视、网络电视等个性化的服务，属于专业化、对象化、个性化的私人产品，在明确产权的前提下，可以采取"谁投资，谁受益"的原则来进行供给。

二 广播电视公共服务的内容提供

广播电视公共服务内容以满足公众需求和知情权为宗旨，强调公益性的内容传播，着眼于社会效益和为公众服务，区别于商业性的利润至上和消费者为王的传播理念。

公共服务内容的价值取向应该包括如下几个方面：节目的普适性，满足不同民族、种族、性别、年龄、地域公众的需求，特别是残疾人、老人、儿童、农民等弱势群体需求；节目的多元化和多样性，呈现意见和观点的多元性，构建公共领域，提供民主讨论的平台；节目的丰富性，新闻报道客观性、公正性，理性平衡各方观点；节目的优质性，强调节目的文化、社会和教育意义，而不是迎合受众的低级趣味；节目的创意性，给予戏剧、音乐、电影等各类先锋性艺术作品和另类文化展示的空间。

我国的广播电视公共服务的内容建设重点做好以下几点，第一，增加中央和省级新闻综合以及新闻频道频率，扩大覆盖范围，使之成为公众获取信息最权威、最及时的渠道和途径，成为党和人民的桥梁和纽带，促使"上情下达""下情上传"。第二，加强农业频道频率建设，做好中央"三农"宏观政策的发布和解读，深入了解和调查农民受众的需求，传播实用性的技术，实施农业科技培训，及时发布农业市场信息，满足农民对知识和信息的需求。第三，加强制作为残疾人、儿童、老年人、农民工等弱势群体和少数民族服务的公益性的节目。第四，要进一步强化广播电视公共服务在应对社会突发性公共危机和国家安全战略中的作用，在遭遇重大紧急或突发性事件如地震、台风、恐怖袭击等时，通过启动广播电视应急系统，动员和引导社会及时进行处置。

三 广播电视公共服务的体制机制

文化事业产品具有鲜明的准公共产品特性，不同的文化活动准公共性具有明显的差距，大致可分为公益性文化和营利性文化。公益性文化活动以满足社会文化需求为目标，着眼于提高全体公众的文化素质和文化水平，既给公众提供最基本的文化享受，也成为维护社会生存与发展必需的文化基础和条件。营利性文化具有满足一定的群体或个人的文化消费需求为主要目标，具有明显的商品性、营利性，从而形成文化市场。[①] 对于广播电视来说，西方是通过建立公共广播电视和商业广播电视的双轨制来满足受众对广播电视公共产品的需求，消除市场失灵。根据我国文化体制改革精神，我国要建立广播电视事业和产业协调发展、良性互补的格局，即公共服务广播电视事业与经营性广播电视产业共同发展。发展公共服务广播电视事业的基本思路是以政府为主导，增加投入，实现和保障广大人民群众的基本文化权益；发展经营性文化产业的基本思路是面向市场，满足人民群众多方面、多层次、多样性的精神文化需求。

具体来说，广播电视公共服务应实行"频道制"或者"配额制"，建立公共服务频率和频道是当今最合适的制度建构。公共服务广播电视频率频道注重节目的质量、品位，以普适性、满意度、均等化为主要衡量标准，而不是过分注重收视率，兼顾效率与公平，把以前那些属于公共服务性质而电视台不愿提供的节目剥离出来，放入公共服务频道，政府对于公

---

① 李军鹏：《公共服务学——政府公共服务的理论与实践》，国家行政学院出版社，2007，第274页。

共服务性质的频道运营和覆盖实行财政资助和必须传输原则，在节目制作、人员管理、频道经营、经费使用、设备管理、节目传送、后勤保障等方面全面引进市场竞争机制，以提高公共财政的使用效率，消除政府失灵。

关于农村广播电视公共服务的体制建构，国家对农村广播电视公共服务的政策是"政府主导、财政保障、国资控制、多元参与、社会服务"。首先，这个体制明确政府是构建农村广播电视公共服务体系的责任主体。其次，转换政府角色，逐步实现生产供给主体多元化，通过市场配置资源，各级政府应从提供者转变为保障者和监督者，鼓励、吸引社会多种力量参与广播电视公共服务的生产和供给。最后，理顺各级政府在提供广播电视公共服务中的职责，根据财权和事权相对称的原则，明确省市县三级政府在广播电视公共服务发展规划、网络建设、政策宣传、技术支持和维修服务等方面承担的相应责任。

四　广播电视公共服务的评估监管

完整、科学、合理的广播电视公共服务监管评估体系，对于广播电视公共服务的良性发展和长效机制具有重要意义。西方通过受众投诉、理事会监督、专业评估和行业自律等多重方式进行监督，而我国广播电视公共服务内容供给的社会评估缺乏，盲目崇拜收视率，导致市场失灵，同时由于资金缺乏，无线覆盖也出现了"反盲"现象。所以需要建立一套科学系统的监管评价体系，确立评估主体、评估方式、评估内容、评估指标和评估模型。

在评价组织上，可成立公共服务广播电视监管评估委员会，由政府、专业人士、公众代表等共同组成，避免因为行政权力的隶属关系或者利益的相关性而影响客观评价，广播电视公共服务监督评估委员会确定评估组织、评估方式、评估内容、评估指标和评估模型，制定评估体系，并组织有效实施。

在评估方式上，可以采用社会调查、公示制度、听证制度、表决制度和受众论坛等方式，对广播电视公共服务的组织机构、内容提供、运营机制、服务绩效、群众满意度等指标进行考评。评估工作要坚持公开、公平、公正的原则，结果必须公示，接受群众的监督，设立统一的举报投诉电话，同时专业评估与社会评价要联合使用。在评价内容上，应包括广播电视公共服务的基础建设、发展规模、资金投入与使用状况、运行机制的效率和效益，以及公众对服务效果的满意度等指标，进行成本核算和绩效管理，并及时发布评估报告，接收社会广泛的监督。对于评估不合格的公共服务广播电视机构，应追究其责任，给予相应的惩处。

在评估指标上，应该建立合理科学的体系，确立一级指标、二级指标和三级指标，对每个不同的指标确立不同的权重，设置从不满意到非常满意即 1~5 不同的量值，或者 0~100 不同分值，在此基础上建立评估的数学模型，形成软件包，实现计算机操作，并在实践中加以检验。对公共服务广播电视的绩效评估和衡量有别于商业广播电视，公共服务的评估指标主要包括以下内容：公平指标、效率指标、内容指标、渠道覆盖指标和影响力指标等。

五　广播电视公共服务的保障体系

1. 法律保障

我国广播电视管理主要依靠行政法规、地方法规和部门规章，法律层次比较低，缺乏对广播电视公共服务义务的规制，对不履行义务的相关主体无法追究责任。这就需要就广播电视公共服务做更详细的规制，比如制定公共服务法或公共文化服务法，依法建设和监管公共文化服务，保证农村公共文化服务体系的顺利推进。另一种途径，就是修改完善现行的广播电视相关法规，在完善《广播电视设施保护条例》的基础上，制定"广播电视传输保障法"，将农村广播电视传输覆盖网络建设纳入"广播电视传输保障法"，明确农村广播电视传输覆盖网络是文化建设和国家信息化建设的基础设施，其建设、运营、维护由公共财政支持或给予优惠政策予以扶持。在修改完善《广播电视管理条例》的基础上，制定"广播电视法"，将广播电视公共服务纳入"广播电视法"，明确规定广播电视公共服务的宗旨、组织形式、财政来源、节目构成和标准、审查制度和保障机制，特别是对广播电视公共服务的体制机制做出详细的规定，建立长效机制。①

2. 资金保障

我国广播电视公共服务内容建设的资金来源方面，应根据国情，设立相应的广播电视公共服务基金，基金的主要来源可以考虑为：国家财政补贴、商业性频道利润补贴，广告费、有线电视收视费、电影票房、广播影视节目版权税的汲取，社会资金赞助或捐助等。基金吸纳、审核、统筹支出，由各级广播电视局的公共服务监督管理委员会统一监管。资金投入尽可能多样化，以公共财政为投资主渠道，综合运用多种投融资手段和多种形式的财税优惠政策，引导更多的企业和社会组织对广播电视公共服务进行社会捐助、赞助。

现阶段，我国公共服务的事权和财权的配置存在不合理、不匹配的倾向，承担责任多的低级别政府财政有限，加上部门和地方双重的国家机会主义倾向，亲民的公共产品让位于具有功利目的的政绩式、广告式公共产品的供给，公共产品供给的范围、顺序和水准出现了一定程度的人为扭曲。② 对于农村广播电视公共服务的硬件建设，要建立专项发展基金，省、市、县三级财政要纳入财政预算，按照事权和财权相对称原则，实行差额拨款，省市两级重点是负责解决广播电视转播发射台和有线电视干线网络的建设与维护问题，以及乡镇有线电视网络建设维护补贴、自然灾害救助等，县级作为直接对农村农户服务的平台重点是解决分配网络的建设维护。对老、少、边、远、穷等困难地区，对低保户、残疾人、烈士家属等困难群众，要重点给予帮扶救济，使其享有基本的公共视听服务。

3. 制度保障

建立广播电视公共服务的长效机制需要制度保障，不仅需要党委的统一领导、各级政府的支持，而且需要广播电视行政部门具体实施和其他部门的配合，建立一套健全稳定的领导体制和工作机制。具体来说，要把广

---

① 张蕾：《构建农村广播影视公共服务法律保障体系》，《中国广播电视学刊》2008 年第 3 期。

② 宋立：《各级政府公共服务事权财权配置》，中国计划出版社，2005，第 31 页。

播电视"村村通"工作和公共服务建设纳入各级党委、政府工作的重要议事日程，纳入和谐社会和新农村建设的总体规划，纳入地方经济社会发展的部署，纳入公共财政支出预算，纳入扶贫攻坚计划和干部考核的内容，形成制度保障和长效机制。

　　总之，广播电视公共服务是建设公共服务型政府的重要方面，是文化公共服务的重要内容，是一个国家文明程度和和谐发展的重要标志。广播电视公共服务是一个复杂的系统工程，要建立长效机制，渠道覆盖是满足公众公共服务需求的前提，均等化、普适性的内容供给是公共服务的实质，建立公正、合理的评估机制是衡量公共服务的重要举措，最终还是要在法律法规、资金保障和制度建设等方面保障公共服务的可持续发展。

（原载《河南社会科学》2010 年第 5 期，

《新华文摘》2010 年第 24 期、

《新闻与传播》2010 年第 12 期全文转载）

下编　传播教育改革研究

媒介融合与新闻传播专业教育改革

内容摘要：21世纪初的媒体融合将改变传媒生态格局，同时波及新闻传播教育改革，影响到新闻学毕业生的职业道路。那么，媒介融合将如何影响新闻传播教育，未来传媒需要什么样的人才，新闻教育期待怎样的培养模式创新？这些正是本文需要探讨的主要问题。

关键词：媒介融合　新闻人才培养　传播教育改革　传媒生态格局

在世界的许多地方，一种具有革命性的新闻进化方式正日益凸显，即融合。作为21世纪初的新闻学毕业生，你必须了解融合，因为它很可能影响你职业道路的推进。接下来的十年中，你可能会在多种不同媒体平台上与不同同事合作，也可能与同样的人共事但报道形式不同。为了迎接这个新纪元，所有的新闻人必须知道怎样为不同媒体报道，怎样恰当地为这些媒体写作。①

一　我们已经进入媒介融合时代

全世界的新闻组织都在以不同速度朝融合迈进。国际媒体创新顾问团的奠基人吉勒（Juan Antonio Giner）在国际报纸市场联合会（INMA）期

---

① Stephen Quinn, Vincent Filak, M.（2005）, *Convergent Journalism：An Introduction*, Boston：Elsevier, p. 3.

刊《理想》的网络版中写道："媒体分化已经成为过去式，数字化融合才是现在进行时，而复合式多媒体将是未来的发展方向"。① 几乎每个国家中的单一媒体公司都在向复合媒体公司转变，逐步综合印刷、网络和广电在编辑方面的业务。世界报社联合会（WAN）73%的成员报告了他们公司所采取的融合形式。

其实，早在2004年底，美国本土48个州中就有33个在发展融合。就当年美国新闻媒体形势，哥伦比亚大学新闻学研究院发表了一项关于出色新闻学计划的研究报告，该报告将融合列为八大媒体趋势之一。美国西北大学教授李奇·高登（Rich Gordon）归纳了美国当时存在的五种"媒介融合"，即所有权融合（Ownership convergence）：大型传媒集团拥有不同类型的媒介，以实施这些媒介之间的内容相互推销和资源共享；策略性融合（Tactical convergence）：所有权不同的媒介之间在内容上共享；结构性融合（Structural convergence）：与新闻采集与分配方式相关，如报纸新闻加工打包后出售给电视台；信息采集融合（Information-gathering convergence）：新闻报道层面上一部分新闻从业者需要以多媒体融合的新闻技能完成新闻信息采集；新闻表达融合（Storytelling or presentation convergence）：记者和编辑需要综合运用多媒体的、与公众互动的工具与技能来完成对新闻事实的表达。② 这"五种融合"从媒介机构到报道业务融合、从内容资源共享到采编角色融合，层次清晰地概括了媒介社会的全部状态，也符合我国新闻传媒集团的运营状况和今后的发展方向。

在我国，各种报业集团的成立和广播电视总台（集团）的产生，都在不同程度上兼容了相关媒体，如传统媒体与新媒体（互联网）的融合，广播、电视与报纸的融合。即使是传媒功能较为单一的新华通讯社，也将打造"中国国际电视台"（CITV），这是新华社自1931年成立以来，首度以开办电视的方式介入新闻报道。前不久，新华社主办的新华新闻电视网（CNC）已正式上星，成为名副其实的融合媒体。

---

① Stephen Quinn, Vincent Filak, M. （2005）, *Convergent Journalism: An Introduction*, Boston: Elsevier, p. 12.
② Stephen Quinn, Vincent Filak, M. （2005）, *Convergent Journalism: An Introduction*, Boston: Elsevier, pp. 4-6.

事实上，雅典奥运会报道期间，新华社就以网络为依托，所有的报道都发到网络，再通过网络分发成报刊、电讯、手机等类型的报道。各媒介在新闻信息采集发布上联合行动，最大限度地减少人力、资金和设备的投入，使不同的媒体组织结构和工作流程发生了新的变化，从而实现资源的重组，在新闻传播上利用不同类型媒介的差异实现资源共享。上海广电台重组后，其业务也涉及传统的报纸、电视、网站、数字电视、IPTV 等，建立起面向多主体、多渠道的节目订购采购、择优播出机制。

以往人们曾经将报刊、广播、电视几种媒体泾渭分明地划分开，但随着互联网、电信网和广播电视网"三网融合"的发展，我们已经进入到由数字技术所构织的混合媒介中，媒介融合成了当代媒介发展的主旋律，北京奥运期间媒体的融合传播，也在实践上推动了融合新闻的重大突破。媒体融合是当代传媒业的一种新趋势，跨媒体、跨行业、跨地域的联动与合作，早已突破了现行政策的壁垒。

在信息化时代，要实现任何人、任何时间、任何场所，都能安全、便捷、高效地获取丰富的、个性化的信息服务，仅靠单一媒体的工作流程已不再适应一个数字化的融合新时代。以文字、声音和图像等因素来为媒体领域做泾渭分明的定义，或为记者进行传统媒体的分类将变得越来越不可能。现代化的数字压缩技术使网络传输系统兼容了传统媒体传播手段，超强的加载能力使新旧媒体之间的融合成为未来传媒发展的主要趋势。

我们正在见证着"一个统一的媒介王国"的出现，因为"技术的法则就是整合的法则"。

新媒介技术正快速地改变着媒介地图，一个真正独立和强大的公共传播的新媒体将会出现。"它可能在本质上使所有的社会机构发生转变"，包括新闻传播教育。为此，所有研究传播教育的人都不能无视当代媒体整合的事实。

二　媒介融合正在影响新闻传播教育

新闻传播教育是最具职业色彩的专业教育之一，在倡导通识教育的同时，应保持与社会的联系，为未来的职业生涯做好一定的准备。特别是在媒介融合的大背景下，更需要培养跨学科的视野、跨学科的思维、跨学科的人才。过去，我国的新闻传播教育侧重于专识教育，并且是"专业"分工越来越细，甚至在某些大学将某些专业技能知识划分出"专业"类型，这与"融合"下的跨专业能力培养相去甚远。

随着新闻传播领域以前所未有的速度不断地变革，未来从事这一职业的人必须能够迎接各种各样的挑战。美国学者约翰·V. 帕夫利克在谈到新媒介对新闻教育的影响时说：新媒介将改变新闻和大众传播的教学和科研，改变新闻教育者的工作方式；改变我们讲授的内容；改变新闻院系和其他高等教育机构的结构；改变新闻教育者及其公众关系。①

这些改变，首先源于未来记者工作方式的改变。那么，未来的融合新闻记者是什么角色？"新闻流编辑""复合功能记者""记者与编辑合一""背包记者""全能记者""故事建构者"等逐渐为人们所熟悉，为适应这种角色的变化，未来的媒介融合教育应让学生明确：

如何能通过几种不同的媒介进行新闻写作？

如何能用文本、音频、视频、网络等不同的方式叙事？

如何适应全天候新闻业务变化，改变对待截稿时间的态度？

如何成为下个十年出现的"过滤信息"的全新媒介职业者？

在互联网时代，新闻资讯的"雪崩"越来越需要记者对信息进行筛选分类。面对"注意力短缺"的受众，记者必须知道如何合理分配资源，记者的工作也由搜集信息转为处理信息、编辑信息。随着在线新闻业的发展，媒体记者工作的黄金时间也变为全天候上班时间。

这样，如何使用搜索引擎来寻找新闻线索就成为一个新话题。学生要通过面对面的采访、电话采访、邮件采访以及即时通信采访获得新闻信息。为此，未来新闻工作者需要适应广泛的技术，掌握准确的沟通技巧。每一个新闻工作者要跟上变化，就要不断地接受教育。

媒介融合对未来编辑的影响，将会产生融合性编辑室的新角色。未来的编辑应是：新闻流的管理者，在接收到新闻事件信息后，懂得选择最适

---

① 〔美〕约翰·V. 帕夫利克：《新闻业与新媒介》，张军芳译，新华出版社，2005，第219页。

合报道和传递这一新闻故事的媒介形式；故事的构造者，要根据各种媒体的技能和特征，将故事的不同方面分配给不同的报道者，并根据不同报道者的报道内容进行组合，从而构造出故事；新闻资源的提供者，为在编辑室里工作的编辑和记者提供来自数据库、因特网以及其他各种来源的信息，这种工作是跨领域和跨平台的；多技能的报道者，为融合编辑室的每一种媒体撰写故事。总的来说，新闻流的管理者角色关注故事；故事构造者角色关注受众的故事经验；新闻资源提供者角色提供故事的背景；多媒体报道者的角色提供故事的内容。①

21 世纪的新闻工作者需要能够使用各种不同的元素构思报道新闻。这就要求未来有志于新闻工作的学生能够从事各大媒体如印刷、网络、广播、电视等媒介新闻写作，学会如何用文本、音频、视频以及网络来进行新闻叙事，至少应该具备图片拍摄、视频记录和博客更新的基本能力。特别是在一个个观众作为记者和新闻评论者的媒介生存环境下，新闻已经成为观众的一种生活方式。未来将需要学生以新的形式，例如运用博客这种可以集纳观众的方式进行新闻采集制作。

"媒介融合"导致"融合新闻"。未来对"融合新闻"内容的采集与生产，其复杂程度显然要超出任何传统媒体产品，对新闻从业者素质与能力的要求也更高，这就要求新闻传播教育必须加快改革步伐。

虽然从某些方面来看，条理清晰的写作和充分的背景交代依然是媒体人最基本的素质要求，但出色的媒介语言表达及跨媒体报道制作的能力，促使新闻传播教育接受融合带来的文化转换。在传统新闻学中，我们总是把自己界定为"报纸"记者或"电视"记者或"网站"记者。当我们在极力区分专业教育差别的时候，社会则强调学科的交叉、专业的多能，探讨融合中的"超级记者"或"双栖记者"。随着媒介的融合，一个真正独立和强大的公共传播新媒体系统将会出现，"它可能在本质上使所有的传媒机构发生转变"，包括新闻传播教育。

美国密苏里大学呼应业界的需求，紧跟技术发展潮流，于 2005 年 9

---

① Stephen Quinn, M., *Convergent Journalism*：*The Fundamentals of Multimedia Reporting*, Boston：Elsevheier, 2015, pp. 91-101.

月开设了世界上第一个新的"媒体融合"专业,在"交叉"的基础上,为学生提供新闻传播技能的全面训练,以培养适应媒体融合的新型新闻人才。目前美国许多新闻院系都开设了"媒介融合"专业,希望给予未来的新闻业从业者更全面的技能训练。早在 2003 年,南佛罗里达大学的伊戈·黄(Edgar Huang)教授与他的学生发布了一份关于美国新闻学院怎样应对媒体融合培养学生的调查报告。结果显示,五分之三的美国新闻学院已经调整了课程,或为融合做准备开设新课。南卫理公会大学的卡米尔·科瑞普林和凯利·克莱阿朵发现,他们所调查的 240 个大学中有 85% 已经或正在吸纳融合的课程。[①] 到 2009 年,美国 300 所新闻传播院校中,超过 90% 的院校已根据媒介融合课程作了不同程度的改革。其中排在第一梯队的 46 所新闻院系,全部开出了媒介融合课程。鉴于复合式平台的多维新闻报道成为未来新闻的趋向,因此,在新闻传播的专业教育中,吸收媒体融合知识应是当务之急。

三 新闻教育期待培养模式创新

"媒介融合"催生"融合新闻","融合新闻"呼唤新闻传播教育改革,期待培养适合媒体融合时代的人才。在 2010 年 5 月初于南京召开的第四届中外大学校长论坛上,20 多位大学校长就如何"提高大学人才培养质量"展开了讨论,论坛围绕创新型人才培养、教育模式创新等议题进行了交流,在改革传统培养模式、培养学生创新精神方面基本达成共识。那么,在信息全球化时代,新闻传播教育如何适应创新人才培养的国际化趋势呢?

1. 教学理念创新

2005 年在北京"首届新闻传播学院院长国际论坛"上,包括 8 所国外院校在内的 61 所中外新闻传播学院院长共同签署了"北京共识",共识认为:"新闻传播教育的核心任务是培养具有神圣的职业良

---

① Stephen Quinn, Vincent Filak, M., *Convergent Journalism: An Introduction*, Boston: Elsevier, 2015, p.16.

知、宽广的国际视野、深厚的文化修养、科学的思维方法和精湛的专业技能的新闻传播工作者。"[1] 围绕这个目标,融合新闻传播教育同样应加强三个层面的教育,即人文素质教育、专业技能训练、思想思维培养。

本研究是在充分尊重培养专业拔尖人才和创新人才基本素养的基础上,重点从专业的角度探讨媒介融合人才的培养,但这并不意味着对人文通识教育的忽视。

在教学理念上,首先是要确立全能型人才培养的理念。"融合新闻学"的培养目标,应是为媒介融合环境下的媒介行业培养复合型(跨媒体)人才。根据美国的经验,媒介融合人才的培养应分为两个层次:一是能够在多媒体集团中进行整合传播策划的高层次管理人才;二是能够运用多种技术工具的全能型记者编辑。对于全能型跨媒体记者编辑的培养,就是要求必须学会同时运用多媒体进行工作,学习运用更多新技能的多媒体和工作流程讲述故事,力求在以印刷、在线及视音频为主的融合新闻工作平台上取得成功,这是新闻传播教育改革的着力点。

其次,注重多媒体思维的培养。

全能型或多媒体记者、编辑的工作,最基本的要求是要有一种多媒体的思维方式。传统的典型叙事结构是依照线性模式讲故事,是按照既成的报道套路单向、单一的传播,而多媒体新闻则包含不同的报道方式或不同的叙事结构,既要考虑双向互动的非线性传播方式,又要善于运用不同的媒介语汇报道新闻,并根据不同的传播要求,运用不同的采访和编辑思维。

密苏里大学新闻学院副院长布赖恩·布鲁克斯(Brian S. Brooks)2006年6月在中国人民大学的讲座上曾介绍说:"媒体融合的核心思想,是随着媒体技术的发展和一些樊篱的打破,以及电视、网络、移动技术的不断进步,将各类新闻媒体融合在一起。""记者必须跨平台承担不同媒体交给的工作,98%的工作将和今天要做的极大不同。"

---

[1] 转引自钟新、周树华主编《传媒镜鉴:国外权威解读新闻传播教育》,中国传媒大学出版社,2006,第4页。

最后，注重"筛选者"角色的培养。

伟大的思想家爱德华·德·波诺（Edward De Bono）1999 年曾预言，下个十年将有一种涉及过滤信息的全新职业出现，即"如整理者、摘要者、调查者"。他说："每个用户亲自整理自己所要的信息将不再可能。"这样发展的后果是，有些记者的基本职责会从信息搜集过渡到信息加工，未来的记者会花更多时间在编辑和集合这些消息上，而不是收集信息上。[①] 记者作为背景供应者的角色将被弱化，融合新闻记者从信息提供者到信息筛选者的变化，对新闻传播教育的改革提出了新的培养要求。

跨媒体记者要在新闻传播专业的学生中培养。面对迅速发展的新媒体技术，我们可能难以教会他们使用每一种最新的技术工具，但我们要告诉他们技术工具的本质与演进趋势，让他们拥有扩展和更新自己知识系统的科学思维方法与基础知识结构。新闻传播教育的改革，应当朝着上述目标接近。

2. 教学模式创新

媒体融合势必成为未来传媒业的主流，培养新一代的媒体融合人才便是重中之重。在急剧变化的媒体融合的趋势下，我国的新闻传播学课程体系需要改革，探索多样化的教学模式。

"独立"模式。即在传统新闻传播学科的专业中，独立设置"媒介融合"或"融合新闻学"专业。以美国密苏里大学新闻学院为例，其传统的本科专业方向有 5 个：新闻、杂志、新闻摄影、广播电视新闻和广告传播。2005 年新开设了"媒体融合"专业，这是密苏里大学继在世界上首创新闻教育之后，又一具有开创性意义的事件。为什么要独立开设这个专业？该院分管教育的副院长布莱恩·布鲁克斯（Brian S. Brooks）教授解释说："我们看到在美国对记者编辑的需求有了变化，需要培训一些技能融合的记者编辑。既能报道体育盛会和美式足球，又能给报纸写个报道，再给网络写个不同的故事，还能为网络做一些视频、音频的节目。我们从没有训练过这样的学生，现在需要培养跨媒体的记者了。我们要开设一个

---

① Stephen Quinn, Vincent Filak, M., *Convergent Journalism: An Introduction*, Boston: Elsevier, 2005, p.210.

将各种媒体融合在一起的新专业方向来培养这样的人才。"① 密苏里新闻学院的改革与哥伦比亚大学新闻学院培养专家型记者的思路不太相同，它是以紧跟技术发展潮流、提供新闻传播技能的全面训练来培养适应媒体融合的新型人才，以跟上新闻界的变化，这种尝试显然是有前瞻性的。

围绕上述变化，密苏里大学对基本课程进行结构性重构，课程体系分为基础课、采访报道课、编辑课及讨论课四个部分，每部分持续一个学期。其课程的开设主要基于以下三个要素。①公众总是在任何可能的时间，通过任何最方便或是公众最感兴趣的方式（媒体形式）来获取有用的信息，这种趋势日益明显。②公众日益摆脱被动接受新闻或信息的状态，尤其是年轻人，乐于回应、参与媒体报道。专业媒体的记者必须正视这一现实。③媒介融合的教学不应当是"重视多能，忽视一专"，而是要求报道者能够在团队中正确理解自己的角色，发挥其应有作用。

"交叉"模式。即在不完全打破传统专业界限的情况下，实现新闻传播专业间的交叉选修、互补互融。早在1998年，华中科技大学新闻与信息传播学院就已突破传统新闻教育的界限，实现"大跨度交叉"，创办了网络新闻专业（方向），引领着文工交叉的新潮流。2003年又在传统新闻学、广播电视新闻学、广告学和（网络）传播学4个专业间开展专业核心课程的互选。首先将各个专业的主干课程3~5门打包成课程组，然后在每个专业设置6~10个学分的交叉选修课，以供学生自主选择，力图让学生们在校期间掌握两门以上的新闻传播专业知识，增强学生的多媒体适应能力。这在目前中国新增专业控制较严的情况下，不失为一条可行的发展之路。

"融合"模式。"融合"是与"独立""交叉"相对应的模式。后者的课程设置从总体上看是独立的，是严格以专业分割为目的的实务性课程，显然与"融合"的本质不相符。严格意义上的"融合"是将相关的专业内容整合到融合新闻教育知识体系中，构建"复合课程"，例如在编辑课程中融合印刷、视频在线和其他许多传输格式中的编辑技术。

---

① 转引自钟新、周树华主编《传媒镜鉴：国外权威解读新闻传播教育》，中国传媒大学出版社，2006，第128页。

融合新闻课程体系与教学模式探索是我们改革的重点。在媒体融合专业课程设置中应遵循以下基本原则。

——多媒体的思维方式，即面对一个新闻题材可以很快做出判断与选择，规划出多种媒体手段进行报道的思维。

——多媒体的技能训练，如写作、编辑、电视节目制作、数字摄影、报纸版面设计、网页制作、网上出版等。由此培养出一批"背包记者"，即成为一名文字、摄影、摄像全能的记者。

——多媒体的课程结构，即课程设置不仅仅是技术上的，还应该注重理论基础性和概念性的知识；不仅要学习多套基本技能，还应重视专业化的教育。

——多媒体的沟通平台，即为各专业课程建立沟通的渠道，形成平滑交叉过渡的基础平台。课程体系应借助数字信息技术，使这一基础技术工具成为构建的基础要素。

鉴于以上原则，可考虑设置相关核心课程：融合新闻报道原理、融合新闻编辑与制作、多媒体新闻报道、跨媒体图像整合、融合新闻案例研究等。

总之，媒介融合教学应注重融合报道课程特色的建构。在融合基础课程中应侧重融合新闻理念、融合多媒体技能基础，包括视、音频与网页编辑制作的基本技能训练；在报道课程中要注重融合特征的报道教学、广电与网络交叉构思完成故事创意的技巧；在编辑课程中强调融合报道的团队合作，注重从中层领导的视角培训融合报道的项目管理和策略。

3. 教学体系创新

作为应用型特征较为明显的融合新闻学，其教学模式的基本框架应由三大结构构成：一是课程体系，即围绕融合新闻学的培养目标对课程内容及教学方法进行改造；二是实践体系，即为融合新闻专业的实践提供实验条件与环境；三是支撑体系，包括最为重要的师资队伍建设。

融合报道实践，是跨媒体记者培养与新闻传播教育改革的关键。因此，必须改变现有的实验方式，打破专业分割的实验模式，建立"媒体融合"的综合实验室，让学生在实验中领略到多媒体记者或"背包记者"采集素材的全新体验，感受到"融合性编辑室的新角色"。在美国，60%

的新闻院校已为学生参加多媒体平台的实践开设了新的课程，通过媒介融合实验教学开展融合报道技能的训练。特别是要加强新技能的训练，包括多媒体制作、电脑辅助报道和团队合作等。

建设一支融合型的教学与研究队伍，是融合新闻教育中最为重要的支撑体系建构。媒介融合改变了记者、编辑的工作方式，也改变了我们专业讲授的内容，新闻传播教育者的角色也正在向"全能知识"指导者转变，这对传播教育者的知识体系结构提出了挑战。要培养掌握新媒体技巧并理解如何在具体情况下使用新技术的学生，就要有相应的融合知识结构的教师，未来的教师应具备跨学科的知识基础。这意味着要重新审视传统新闻教育所传授的内容，对教师队伍的知识体系进行更新，或引进培养具备跨学科知识基础的青年教师，以建构媒介融合教育的全新体系。

（原载《新闻学论集》第 24 辑，2010）

广播电视学：作为学科的
内涵与知识体系

内容摘要：2012 年教育部学科专业新目录正式确立了"广播电视学"的地位，这也引发了我们对学科内涵、知识体系及科学共同体的思考。从认识论角度看，广播电视学属于软应用学科；从社会学角度看，广播电视学目前属于分散型学科；从学科独立的条件看，广播电视学是一门应然学科。鉴于这种学科属性，应从学科交叉的视野出发，进行学科间的交流，以建构广播电视学的知识体系和外在社会建制。

关键词：广播电视学　学科内涵　知识体系　科学共同体

2012 年 10 月 11 日，教育部公布了《普通高等教育本科专业目录（2012）》，正式将"广播电视新闻学"调整为"广播电视学"，这是国家教育主管部门首次为广播电视学正名。学科及专业目录的这一调整，显示出当前对广播电视学科的认识突破了新闻学的传统框架，逐渐与广播电视业界的发展相契合，同时也引发了我们对广播电视学学科的思考。

一　广播电视学的成立标志

衡量一门独立学科的标准，应看其是否有特定的研究对象，是否构建起相对完整的理论体系，是否能与其他学科划清界限。根据上述条件判断，广播电视学属于一门应然学科。所谓应然学科，指的是符合学科成立条件而没有达到学科成熟标准的科学领域。这类学科的外在社会建制已经存在，但学科内核及根本的知识理论体系（内在观念建制）尚没有发展成熟，它必须对某一个尚不成熟的研究领域先进行学科目的社会建构，并以此推动其内在知识理论体系的成熟。①

学科是一个不断发展的概念，其内涵十分丰富，在不同的维度有不同的侧重和指归。从知识论的角度讲，"学科"的英文对应词为"discipline"，它是一个"知识体系"，是一种"知识类别"。德国学者黑客豪森（H. Heckhausen）基于经验和事实的分析，将学科界定为一种系统化的知识体系，是指对同类问题所进行的专门科学研究，从而是吸纳知识的新旧更替。学科活动不断导致某学科内现有知识体系的系统化和再系统化。② 法国学者布瓦索（M. Boisot）则从形式和结构的角度分析，认为学科"由可观察或已形式化的客体、现象和定律三个模块组成的不同知识领域"，他认为学科的定律构成了学科的基本框架，定律就是学科的符号和标识。③ 中国也有学者提出，学科是在教育、科学领域内按专业知识划分的知识门类，是相对独立的科学知识体系。④

从组织学角度看，学科意味着存在一个具有组织形态的学术实体，也就是库恩（T. kuhn）所讲的科学共同体。比利时学者阿波斯特尔（L. Aplstel）运用科学社会学的方法来考察学科，认为学科是以建立模式（基础学科）为目的和以改变客体为目的的（应用学科）的活动。⑤ 我国学者宣勇、凌健认为，学科就是有以知识操作为主要任务的学科成员、知识信息和学科物质资料所构成的实体化的专门组织。⑥

从知识社会学角度讲，学科还指涉一种严格的规训活动。福柯（M. Foucault）从知识社会学出发，认为任何一门学科都是一种社会规范。

① 刘小强：《学科建设：元视角的考察——关于高等教育学学科建设的反思》，广东高等教育出版社，2010，第26~27页。
② 转引自刘仲林《现代交叉科学》，浙江教育出版社，1998，第19页。
③ 转引自刘仲林《现代交叉科学》，浙江教育出版社，1998，第23页。
④ 苏均平：《学科与学科建设——院校业务建设的核心与龙头》，第二军医大学出版社，2004，第2页。
⑤ 转引自刘仲林《现代交叉科学》，浙江教育出版社，1998，第24页。
⑥ 宣勇、凌健：《"学科"考辨》，《高等教育研究》2006年第4期。

由学科、知识、权力组成的学科规训，是现代社会不可避免的一种生产论述的操控体系，是主宰现代生活的种种操控策略与技术的更大组合。[①] 华勒斯坦（I. Wallerstein）认为，学科既要生产和传授最佳的知识，又需要建立一个权力结构，以期可以控制学习者及令该种知识有效地被内化。[②]

综合来看，学科既是一种知识体系，也意味着一个科学共同体的成立，同时还暗含着对该学科的规训。然而并非所有的知识体系都是学科。一门学科的成立需要满足一些必要条件，即：第一，是否有特定的研究对象；第二，是否构建起相对完整的理论框架；第三，是否能与其他学科划清界限。[③] 也有人认为，判断一门学科成立与否主要有两个指标：一个是"内化"方面，是否在对象、方法及理论体系上有本体意义上的凝聚；另一个是"外化"方面，是否有专业的研究人员、代表著作、教育和研究学术机构组织、学术刊物等。[④] 这两种观点关注的都是学科生成的内在逻辑。

而作为一个学科的成立还必须符合五个外在条件：①根本条件，即具有独立性的研究对象；②经济条件，即关于同一研究对象的学科不应重复建构，学科研究范围或视角相互之间不应重叠；③生态条件，即一门学科的建立需要以其他学科知识的形成和成熟为条件；④社会历史条件，即新学科的建设必须适应社会需要；⑤道德条件，即新学科的成立必须符合道德善。[⑤] 这些观点对于我们认识广播电视学的学科生成具有启示意义。

根据以上对学科内涵及生存条件的分析，原本科专业目录中的"广播电视新闻学"显然与"新闻学"未划清界限，且有重复交叉。事实上，作为该学科相对应的广播电视业界早已超出了纯新闻学的范畴，其三大节

---

① 〔美〕华勒斯坦等：《学科·知识·权力》，刘健芝等译，生活·读书·新知三联书店，1999，第14、79页。
② 〔美〕华勒斯坦等：《学科·知识·权力》，刘健芝等译，生活·读书·新知三联书店，1999，第79页。
③ 赵玉明：《谈谈广播电视研究和广播电视学学科建设》，《现代传播》2007年第4期。
④ 王文利、艾红红：《"广播电视学学科体系建设研究"学术研讨会综述》，《现代传播》2007年第4期。
⑤ 刘小强：《学科建设：元视角的考察——关于高等教育学学科建设的反思》，广东高等教育出版社，2010，第24~26页。

目主体构成中，广播电视社教、娱乐节目播出比例约为60%。而现有的广播电视新闻学高等专业教育知识体系与实践严重脱离。

教育学家凯特洛夫（Khytrov）有个著名的观点，即科学的突破点往往发生在社会需要和科学内在逻辑的交叉点上。[①] 一门学科的成立既是知识体系发展的结果，也是社会需求的产物。从学科成立的条件看，《普通高等教育本科专业目录（2012年）》中的基本专业将"广播电视新闻学"调整为"广播电视学"符合媒体发展的需求，也具备了一门学科成立的条件。

广播电视学具有相对独立的研究对象，它是研究广播电视系统、广播电视传播活动及其规律的一门学科，属于人文社会科学范畴，它能与其他学科划清界限，或者说它具备了学科成立的经济条件。

广播电视学已经构建起相对完整的知识体系，并拥有一大批有影响力的学术成果，一个以中老年为主的具有中高级职称的专兼职研究队伍已初步形成，研究活动从分散、个体为主逐步走向有组织、有计划的研究为主。[②] 广播电视学已构建起一个由广播电视基础理论、广播电视应用理论、广播电视决策管理理论等构成的理论框架。

从学科外部的社会建制来看，广播电视学的周边学科已经发展成熟，如传播学、艺术学、社会学、心理学、政治学、文化学等，这为广播电视学的发展创造了良好的生态环境系统。就社会历史条件来说，广播电视已经成为人们生活中的一个重要组成部分，人们对其已形成了一定程度的技术依赖，有必要进行系统的研究。此外，广播电视行业的发展需要大量的优秀人才，相关教育也具有强烈的针对性。教育部网站公布的历年获批的本科专业相关数据显示，截至2012年1月，全国共有相关专业641个，其中广播电视新闻学专业163个，播音与主持专业145个、广播电视编导专业152个，戏剧影视文学专业56个，数字媒体艺术专业98个，录音艺术专业23个，照明艺术专业4个。此外，国家相关主管部门、各类广电集团等都已成立了专门的研究机构，广播电视学科的社会建制已经较为成熟。

---

① 赵红洲：《科学史数理分析》，河北教育出版社，2001，第111页。
② 赵玉明：《谈谈广播电视研究和广播电视学学科建设》，《现代传播》2007年第4期。

然而，广播电视学也存在某些概念、范畴不清晰，理论体系不完善，缺乏独特的方法论等问题，这说明广播电视学已经成为一门应然学科，但还不是一门实然学科。

二 广播电视学的学科体系

英国的托尼·比彻（Tony Becher）教授在研究学科知识特征的过程中，提出了一个学科分类框架，这对我们认识广播电视学的学科属性具有重要意义。他从认识论和社会学角度，运用四个基本维度对所有的学科进行了划分，即认识论角度的"硬—软"和"纯粹—应用"，以及社会学角度的"会聚—分散"和"城市—乡村"。其中，学科的认识论特征和社会特征是随时空的变化而变化的，在进行学术评价时应坚持发展的观点。①

认识论角度的学科分类，指的是学者对学科在认识论方面的一种总体判断。结合广播电视学的实际情况来看，硬/软指标，表示的是广播电视学领域内所有学者对广播电视学作为一门学科的特定理论体系或研究范式的认同程度，认同度高，则硬度高，认同度低，则软度高。纯粹/应用维度描述的是广播电视学领域的研究问题应用于实践的程度。社会学角度的学科分类，是描述学科领域中学者构成状况的基本指标。其中会聚用以描述广播电视学领域内学者紧密相连的学科组织面貌。会聚度较高说明学者具有较类似的思维方式和价值观，有较为相似的学术判断标准，认同感较高，而分散度较高的情况则刚好相反。而城市/乡村维度则源自普赖斯（D. Price）《小科学，大科学》中的"人——问题的比率"（the people-to-problem ratio），即在任何时候从事某一问题的学者的数目或问题的群集度，它与城市度成正比。② 一般来说，会聚度高的城市型学科是较为成熟的学科。

从目前的情况看，广播电视学作为一个刚刚独立的学科，其发展成熟

① 蒋洪池：《托尼·比彻的学科分类观及其价值探析》，《高等教育研究》2008 年第 5 期。
② Tony Becher，Paul R. Trowler，*Academic Tribes and Territories*，Buckingham：The Society for Research into He &Open University Press，2001，pp. 36-47.

还有一个较长的过程。因此，根据比彻的指标衡量，现在广播电视学领域的研究者的认同程度还不高，目前属于"软应用"学科，且学者们的思维方式和价值观会聚程度较低，研究问题较为宽泛，"人——问题比率"低，因此，现阶段属于"分散乡村型学科"（见表1）。

表 1　广播电视学学科属性分析

维度	认识论维度		社会学维度	
指标	硬/软度指标	纯粹/应用指标	会聚/分散指标	城市/乡村指标
广播电视学科分析	"软"学科	"应用"学科	"会聚"程度较低，"分散"程度较高的学科	"乡村化"程度高，"城市化"程度低的学科

广播电视学的学科属性使得亚学科领域之间的批判性交流和观点的争鸣比较少见，虽然现阶段的研究成果较丰富，但仍存在许多问题，如研究成果呈线性发展且不易进行累积，知识体系结构不紧凑，具有多元化发散性特征。因此，广播电视学需要与其他邻近学科进行频繁的交流，推动知识体系多向度、膨胀式发展。

广播电视的知识体系是由三大模块构成，即可观察或已形式化的广播电视学研究客体、广播电视现象和定律。

从广播电视学的研究客体来看，广播电视学的研究对象不应该是机械主义世界观的"现象对象"，即简单地、抽象地认为广播电视学就是研究广播电视传播现象的科学，而应该是有机的、整体的、复杂的"系统对象"，即广播电视学研究客体应该涵盖广播、电视、视听新媒体三大系统，在未来甚至可能包含更多的系统。

传统观点认为，广播电视属于新闻学与传播学范畴，包含广播电视史、广播电视理论、广播电视业务（采访、写作、编辑等）、广播电视播音和其他相关学科等。另一种较为常见的观点认为，广播电视学包括广播学和电视学两大学科。[①] 这都有一定的道理，但随着传播科技的演进和社会结构的转型，广播电视学的外延已经有了拓展，当前新兴的视听媒体显然应该属于

---

① 艾红红：《建议将广播电视学列为一级学科——"广播电视学学科体系建设研究"课题论证会综述》，《现代传播》2010 年第 11 期。

广播电视学的范畴。另一方面，若从广播电视学"软应用"的学科属性来看，广播电视技术和广播电视艺术也应该是它的研究客体。因此，作为一个较完善的知识体系而言，也应该将广播电视技术和广播电视艺术列入。

从广播电视的现象和定律来看，广播电视学应该研究广播电视的系统运作、传播活动及其规律，包括传者（广播电视台）、传什么（宣传、节目、编采播）、用什么传（技术设备）、怎么传（管理）以及受者（听众、观众）等诸方面的内容。因此，广播电视学应该涵盖广播电视宣传学（广播电视新闻学、广播电视文艺学等）、广播电视技术学、广播电视管理学和广播电视受众学等。① 这种观点主要通过拉斯韦尔的传播 5W 模型演绎得出，但若作为广播电视学的知识体系则显得范畴过小。然而这也启示我们，广播电视学的知识体系中还应当建立广播电视的元理论，即研究广播电视系统自身的理论。此外，科技哲学与广播电视学史也应该是广播电视学科知识体系不可缺少的环节。

此外，再从世界排名前 100 位的新闻传播学院来看，"广播电视学"的称谓更为广泛，并且它经常作为一个领域，藏身于新闻学或传播学等学科之下。美国和英国的新闻学与传播学是两个历史渊源不同、教育方法和研究目的迥异的学科，不同院校将广播电视学的划归也不同。其中新闻学以实用技能训练为主，且重"术"轻"学"，如哥伦比亚大学新闻学院、西北大学 Medill 新闻学院以及英国的大部分新闻院系等，主要专业方向包括报纸新闻、广播电视新闻、杂志新闻、新媒体新闻等，主要的学科设置包括传统的新闻写作、编辑、摄影、广播电视制作，以及网络媒体等新门类。而传播学院则关注大众传播的过程与社会效果研究，设有硕士和博士研究生项目，如宾夕法尼亚大学安南伯格传播学院等。基本的课程设置包括大众传播理论、组织间传播（公共关系）、政治传播、健康传播、演讲修辞学、公众舆论，以及整合传播和公共外交等。此外，密苏里大学新闻学院、得州大学奥斯汀分校传播学院、密歇根州立大学传播艺术与科学学院等高校，则是"大而全"的综合性新闻传播教育和研究基地，专业方向囊括传统新闻媒体、新网络媒体、战略媒体传播、传播理论、政治传播

---

① 赵玉明：《谈谈广播电视研究和广播电视学学科建设》，《现代传播》2007 年第 4 期。

等各个门类。而日本的新闻传播学教育则重"学"轻"术"，没有明确的"广播电视学"专业称谓，分属"社会信息研究"或"社会情报研究"，如东京大学等，有些学校还干脆将新闻学会改为大众传播学会。台湾地区的新闻院校大多设置有"广播电视学"，如政治大学、世新大学等。总体而言，世界各国（地区）在构建广播电视学的知识体系时更加偏重于应用技能，这也启示我们，应充分考虑广播电视学"软应用"的学科属性，将应用性知识作为广播电视学知识体系的重要组成部分。

总之，广播电视学的知识体系应该包括元理论、科技哲学及学史，广播学、电视学和视听新媒体三个二级体系，而广播学、电视学和视听新媒体则均应由技术学、新闻学和艺术学三个三级体系构成，充分体现学科的交叉（见图1）。这样一来，就可以把播音与主持艺术、广播电视编导、戏剧影视文学、数字媒体艺术、录音艺术、照明艺术等专业，纳入广播电视学科的研究和建设中来。

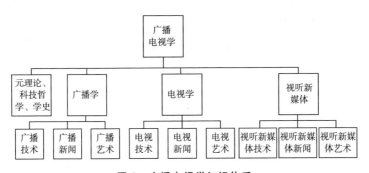

图1　广播电视学知识体系

三　广播电视学的科学共同体

如果说广播电视学在内在建制方面已形成了学科知识体系，那么广播电视学的外在建制则是学科制度化建设的基础，而科学共同体的建制又是其中的关键环节。从社会科学各学科的制度化建设情况来看，学科的制度化主要包括一个学科或研究领域的学术团体、专业杂志、图书出版、基金资助渠道、教育培训、职业化以及图书馆新收藏目录的确定等方面的建设，其中尤其以大学教学的发展（专业、系、所、学院的设置）为要。①

1. 高校广播电视学相关专业建设

高校专业建设是科学共同体建设的核心。自 1959 年北京广播学院的成立并引领国内广播电视专业教育以来，根据教育部网站公布的历年批准的本科专业相关数据统计，我国高校在已设置的 641 个相关专业中，涉及新闻传播学、艺术学、工程学等多种学科门类。2002 年经国务院学位办同意，复旦大学将广播电视学列入"博士学位授权一级学科范围内自主设置的学科、专业"，这标志着广播电视教育已经覆盖了本科、硕士、博士三个阶段。

现阶段，广播电视学专业建设的当务之急是如何实现学科的交叉与融合，如何与其他学科共建广播电视学知识体系、组织体系和学科规制。如与划归艺术学门类的广播电视编导、播音主持艺术、数字媒体艺术、戏剧影视文学等专业，以及划归工学门类的数字媒体技术、照明艺术、录音艺术等专业，进行跨学科的学术沟通和交流，交换学术思想，进行学术观点、方法、程序、认识、术语以及各种资料的全面交流。

2. 学科研究机构及队伍建设

学科研究机构、学会组织是科学共同体形式的基础，也是科学共同体内研究人员进行学术活动的主要阵地。自 20 世纪 80 年代以来，我国广播电视研究逐步走上正轨。目前已经建立多个研究机构，有政府举办的，有高校举办的，还有各地广电集团举办的。其中中国广播电视协会是全国性的广播电视社会团体，也是目前规模最大的广播电视研究团体。协会接受国家新闻出版广电总局指导，目前拥有 38 个专业委员会，各省、自治区、直辖市等地方也相应成立了省（市）广播电视学（协）会。高校方面，中国传媒大学成立了国家级高校广播电视研究中心。在研究队伍建设方面，30 多年来，已经逐步培养起了一支老中青结合的具有中高级职称的

---

① 陈振明：《当代西方社会科学发展的整体化趋势：成就、问题与启示》，《学术月刊》1999 年第 11 期。

专兼职研究队伍，研究人员数以万计。这些都是广播电视学科外在建制的坚实基础。

然而倘若把这些学会组织及研究机构视为广播电视学科的科学共同体的话，显然还存在许多问题，如：由于广播电视学的学术边界较为宽泛，研究者们比较分散，且缺乏较为一致的研究目标和认同感；由于学会组织内部以及组织之间的沟通交流网络不够发达，研究者们缺乏合作的意识或集体的研究行为，更缺乏批判性的交流和观点的争鸣等，这些都不利于科学共同体的进一步发展，也很难形成有影响力的学派。因此，在相当长的一段时间内，广播电视学科亟须完善专业学会组织的沟通交流网络，鼓励学会组织定期召开专题研讨会，鼓励研究者获得各种资金来源的资助，并且加强合作研究和批判性的交流，集中力量探索广播电视学科建设的重大议题，以及搞好学科群建设。

3. 学术成果及期刊文献建设

学术成果、期刊文献是学科建设的物质体现，也是科学共同体建设的核心。期刊文献及学术成果的数量、影响因子及规范化程度，都是衡量科学共同体建设的指标。

目前广播电视学相关著作十分丰富，从已出版的著作来看，主要集中在广播电视学基础理论、应用及史志等方面，如《中国广播电视学》《广播电视传播学》《广播电视新闻学》《电视文化学》《电视艺术学》《公共电视》，等等。在学术期刊方面，除了新闻传播学的权威期刊之外，一些专门研究广播电视的期刊，如中国传媒大学主办的《现代传播》、中国广播电视协会主办的《中国广播电视学刊》、中国电视艺术委员会主办的《中国电视》、中国电视艺术家协会主办的《当代电视》、中央电视台主办的《电视研究》等先后入选 CSSCI 核心期刊目录，这说明广播电视研究已经获得了一定的学术认可度。

虽然相关学术成果比较丰富，然而目前仍然缺乏在全国范围内具有普遍影响力的广播电视学权威著作，也没有在世界范围内产生影响的研究成果，这不能不说是一种遗憾。广播电视学科要发展成熟，要形成一定的影响力，这是必须寻求突破的地方，当然这也是所有分散乡村型学科所共同面临的问题。

　　总之，广播电视学是一个新兴学科，它涉及人文社会科学的多个领域，需构建一个科学共同体，并且允许不同的学术观点在其中并存、讨论和交锋，这将有利于广播电视学科的建设和发展。

（原载《现代传播》2013 年第 7 期）

电视学理论体系建构路径、方法与模式

内容摘要： 中国电视理论研究经过 30 多年的发展，已形成了基于文献分析法、现象描述法、教学总结法及理论整合法基础上的四种电视理论体系建构模式：政治模式、业务模式、教学模式和学术模式。本文在分析整合众多理论研究体系时，试从电视理论体系的建构路径、建构方法和建构模式等方面反思电视理论体系建构。

关键词： 电视学　理论体系　路径方法

中国电视事业虽已走过 50 多年的历程，但中国电视理论研究才不过 30 多年。30 年间伴随着中国政治、经济以及文化方面的巨变，电视研究在主题、方法以及研究思路方面也发生了很大的变化，电视研究虽硕果累累，但体系庞杂。俗语说"三十而立"，电视理论研究也该到了总结、梳理、批评、建构电视学的时候了。关于电视学科体系的总结、构建，在不同的阶段、不同的时代、不同的思维理念之下显出较大差别：早期的学者往往从政治的角度力图构建中国电视理论体系，其学科体系构建大多停留于思想层面，具有明显的意识形态色彩。进入 21 世纪以来，不少学者开始从不同的角度提出建构中国特色电视理论体系。

学者们的研究，为我们提供了一幅电视理论的多彩画面，他们的努力在电视研究的历史长廊中留下了不可磨灭的印记。"现实本身是一片浑浊的神秘经验整体。如果不把我们思想中关于现实的印象——或在人的头脑中所反映的现实——变成或表现为主体和对象，我们就糊里糊涂，无法知道现实是怎么回事。"① 历史事实是没有生命的，死板的，赋予其生命价值的就是历史研究者的思想，对于理论研究的发展历史尤其如此。同时，"历史的确证实了爱因斯坦的一句名言，除非一个人摈弃细枝末节，具有更广阔的视野，否则，在科学中就不会有任何伟大的发现。"② 30年电视理论的发展，内容庞杂，展现在我们面前的理论研究以一种极其零碎的状态出现，因为"思想只要一启动，就会把现实打碎，但马上又会把现实加以重新组合。在分解之后，思想就进行分类工作，即把不同的对象确定为同一类型的东西"。③ 此时，理论体系的建构便成为人们进行"思想分类"的重要工具，从这个意义上来看，理论体系的建设不过是将纷繁复杂的理论碎片加以整合的努力而已。"成败好坏"已非评价理论体系建构本身的标准，建构的方法与模式才是重点，方法与模式背后透露的媒体研究生态才是解释现状的钥匙。

一　电视理论体系建构路径

吉林大学哲学系教授孙正聿认为，人文社会科学的研究必须关注时代的变化，作为研究者我们必须关注：人类文明形态的变革、人们社会存在的变革和人们思想观念的变革。文明形态的变革指人类由农业文明过渡为工业文明或后工业文明；而社会存在方式在中国最大的变化莫过于建设有中国特色社会市场经济所带来的变化，具体到电视上，表现为电视有限度地市场化。"市场经济中隐含着三个基本取向：功利主义的价值取向、工具理性的思维取向和民主法制的政治取向。"人们思想观念的变革则体现

---

① 〔英〕阿诺德·汤因比：《历史研究》，刘北成、郭小凌译，上海人民出版社，2005，第423页。
② 〔英〕阿诺德·汤因比：《历史研究》，刘北成、郭小凌译，上海人民出版社，2005，第23页。
③ 〔英〕阿诺德·汤因比：《历史研究》，刘北成、郭小凌译，上海人民出版社，2005，第423页。

在五个方面："两极对立模式的消解、英雄主义时代的隐退、高层精英文化的失落、理性主义权威的弱化和人类精神家园的困惑。"① 这番论述对我们认清电视理论的发展亦有很大启示，对于建构电视理论体系也有裨益。

建构电视理论体系，两个关键因素不可忽视：一为学术研究生态；二为理论建构目的（见图 1）。这两者制约着理论体系建构的每一步，但并非每个研究者都自觉地注意到这一点，它们以一种"润物细无声"的方式浸润着理论体系建构者。

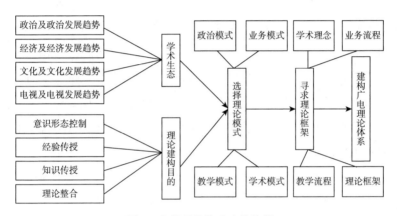

图 1 电视理论体系建构路径

学术生态即理论研究所处的社会、政治、经济、文化和技术背景，这一个宏观环境。从目前的中国形势来看，政治因素以及社会文化因素是决定理论研究本地化的最为重要的因素。这两者决定着研究者的本能，它们是一种潜在的影响，在此影响之下的理论的借鉴与吸收过程恰似谣言传播的过程，"削平""磨尖""同化"② 过程缺一不可。国外的理论传至中国，如果未经过这几个过程的处理，是很难实现真正的中国化的。电视理论源于西方，但是中国人有自己的思维，这种思维逻辑制约着国外理论传

---

① 本段相关文字与思想均引自孙正聿《我国人文社会科学研究的范式转换及其他——关于文科研究的几点体会》，《学术界》2005 年第 2 期。

② 〔美〕奥尔波特：《谣言心理学》，刘永平、梁元元、黄鹂译，辽宁教育出版社，2003，第 94 页。

播的每一步，使得理论在传播引进过程中出现各种变形甚至扭曲，当然这种扭曲与谣言传播有明显的不同，谣言传播在于信息失真，而研究方法扭曲在于在地化方法的形成。"削平"即是将不适合自己政治和文化因素中的部分内容与方法去掉，"磨尖"即将自己想要突出的方式方法突出来，以解释本国的特殊问题，磨尖的过程亦即"特色化"过程，"同化"就是"特色化"进一步形成，从而完成系统化的过程。至此中国特色的电视理论方才建立，但理论体系不是静态之物，它是个动态的过程，虽然理论体系具有极强的稳定性，但当影响理论体系建构的任何一个因素出现变化，理论体系将可能出现变异。经济因素和技术因素则时刻以一种很外显的方式吸引着研究者的目光，恰恰是这种外显的因素让人们在建构理论体系之时出现偏差。

理论建构目的之确立往往取决于理论研究者的社会地位及立场，这实际上是影响理论体系建构的一种个人因素。具体来说，有四种——意识形态控制、经验传授、知识传授和理论整合，政治、业务、教学与学术是这几种目的的落脚点。

在学术生态与理论目的共同作用之下，人们便选择相应的理论模式，寻找适合的理论框架，从而建构出自己特有的电视理论体系。从这个方面来说，电视理论体系的建构既是个"一"的过程，又是个"多"的过程。称其为"一"，是因为电视理论体系是对既有理论的总结与提升，是既有理论的概括；称其为"多"则是因为，电视理论体系的建构不是个整齐划一的过程，而是不同思想对电视理论研究现状的诠释过程。因此，多种多样的理论体系建构实属必然，留给我们的便是如何看待多样性的理论体系了。

二　电视理论体系建构方法

依据研究目标的不同，电视理论体系的建构大体上可分为文献分析法、现象描述法、教学总结法和理论整合法（见表1）。这些研究方法优劣各具，共同织造出电视理论体系的版图。

表1 电视理论体系构建方法

建构方法＼类别	目的	优点	缺点
文献分析法	总结科研成果	相对完整	对话性弱
现象描述法	总结现象与问题	简化为自觉意识	静态描述
教学总结法	知识传授	知识传授	关联性弱
理论整合法	理论整合	体系性较强	要求较高

1. 文献分析法

文献分析法指的是对现有的电视研究文献进行统计分析，从而设计指标，然后加以总结。

文献分析一向被研究者认为是了解某一领域发展趋势的晴雨表，能够反映传播媒介研究的演进历程。通过分析相关论文论著，学科或理论发展的轨迹被全面呈现出来，论文能极大地反映某个传播领域或某个期刊的学术进展。同时，文献分析之时，研究者独特的理论视角与对理论体系的认识便自然体现出来。

这种方法主观性显而易见，从个体来说，每个研究者都提出了相对完整的体系，但其缺点是体系的对话性较弱，逻辑起点具有明显的历史性。但如从总体建构来说，这种学术综述类论文能从各个方面大体描述出中国电视的发展脉络与框架，从而为电视理论体系的建构奠定一定的基础。

2. 现象描述法

这种研究方法使用者既可能来源于业界，也可能来源于学术界，其目的在于能够对整合电视传播现象进行描述，从而形成一定的理论。

电视新闻传播现象复杂多样，千差万别，如何从中理出一条线来，将其简化，从而完成电视自我化，将电视经验化为电视从业者或研究者的自觉本能，如杨伟光的《中国电视论纲》等专著。这种电视理论体系建构方法的好处在于，从静态层面上来看，它能完整地描述电视现象，但是如果从动态层面上来看，它不具备开放性，难以形成连续性的理论体系。

3. 教学总结法

根据电视实践教学统合的需要，将不同研究内容整合起来，这种研究方法最大的目的在于形成教学上的方便。这是目前大多数电视理论教科书的编写逻辑。

这种研究方法的主要目的是为电视理论教学服务，因此，其出发点不在于对现象整合，亦不在于形成理论统一的体系，而在于形成教学上完备的前后衔接关系。高鑫教授所建构的电视艺术理论体系实际上就是教学模式的集中反映，"电视艺术学""电视艺术美学""电视艺术哲学"分别对应着本科、硕士、博士三个教学层次。这种研究的最终结果往往导致可用性与条理性成为理论建构的第一标准，其中的理论与理论之间的衔接不是很自然，理论多以并列方式出现，观点多以平行方式展现，理论间缺乏必然的发展与转承关系。

4. 理论整合法

寻找一个理论来源，然后根据此理论来源统合电视实践过程中出现的问题、现象以及对问题现象等的解释。

运用这种方式建构电视理论体系者多有自然完整的理论框架，其本人多是该理论的创始人或成熟的应用者，对理论的驾驭能力相对强，因而这种研究方法的好处在于能够形成完备的体系，能运用一种理论框架构建电视理论研究体系，如以符号学理论统筹整个电视理论体系，即根据电视符号的生产、分配、交换、消费以及符号的编码和解码理论来统合电视理论与现象。根据电视市场理论，从生产商、产品、消费者建构起文本、机构与受众三分法的电视理论观。

电视理论体系的建构在于形成对话空间，因此我们在建构电视理论体系之时一是要考虑的是它是否有利于对话空间的形成；二是它是否能够统合现有的电视现象；三是看它是否适应某个国家现有的政治经济和文化模式，这一点对于建构中国特色的电视理论体系至关重要。理论体系的建构首先要考虑的问题是建构主体，其次要考虑的才是建构的内容，再次考虑的才是建构的理论。

三　电视理论体系建构模式

　　根据电视理论体系建构主体的不同，中国目前电视理论体系建构的模式主要有四种：政治模式、业务模式、教学模式以及学术模式。各个模式侧重点各有不同，从建构主体来看，确定是谁的理论体系很重要，认识电视理论体系建构的学术生态是理论体系建构的第一步，目前的电视理论体系建构虽然涉及业务模式、政治模式、学术模式和教学模式（见表2）等几种，但由于这些理论体系模式立场不同，价值观自然不同，构建电视理论体系的目的也就不同。因此，这几种模式之间的权力争夺将始终存在，业务模式表现的是知识与经验的传承，政治模式是控制的表现，学术模式是独立科学的展现，强调的是"价值无涉"，而教学模式则是方便性的体现。作为学者，我们期待建立的是具有独立取向的学术模式，但是学术模式由于既不与我国政治模式相容，亦不与教学模式相容，因此其研究地位十分尴尬。社会政治现实与电视媒体现实是建立独立的电视学科理论体系不可能绕过的问题，这也是中国特色电视理论体系的精要所在，建构中国电视理论体系的关键点在于把握政治及政治发展趋势和电视及电视发现趋势这两个大背景。

表 2　电视理论体系建构模式

建构模式　　类别	主体	目的	对象	建构理论来源
政治模式	体制内学者	意识形态控制	全体相关人	政治主张
业务模式	业界从业者	经验传授	从业者	业务流程
教学模式	电视教学者	知识传授	学生	教学流程
学术模式	独立学术研究者	理论整合	理论研究者	相关理论

　　从电视理论体系建构的内容来看，由于不同电视理论体系建构模式的出发点和立场不同，其关注点自然不同。政治模式关注的是能否将自己的意识形态通过学术传递出去，从而形成权力对学术的规训；业务模式关注的是能否将业务流程阐述清楚，从而为经验传授提供路径；教学模式关注

的是知识传授，其目的在于知识传授的简易与效率；学术模式关注的则是某个理论框架是否具有包容一切的可能性。

四　电视理论体系建构反思

以上所言表明，电视理论体系建构事实上就是个价值判断的过程，同一个社会现象与现实，人们从不同的角度得出不同的结论。马克斯·韦伯认为"无止境的误解，尤其是术语上的、从而也是完全没有意义的争执，都是从'价值判断'这个词出发的"。[①] 波特图式[②]（见图2）为我们在建构电视理论体系时所做的选择提供了一个较为清晰的步骤。该步骤包括定义、价值、原则、忠诚和判断五个步骤，其重点在于对研究现象的界定，其后的价值以及根据价值选取的伦理原则选择效忠的对象从而做出判断都具有极大的主观性，只有界定问题具有客观性。因此，电视理论体系首先要弄清其界定的问题是什么；其次才是识别价值；再次考虑的才是建构的理论。一种成熟的社会科学理论都具有建构电视理论体系的可能性，如传播过程论、传播符号论、市场理论、商品理论等，从这方面来说，理论以及理论选择不是问题，而是理论的熟练程度以及理论的应用程度问题；最后是理论体系建构的思维——开放性思维。从目前来看，基于现象学而产生的对话协商理论具有包容一切的可能性，这种理论也较为符合目前世界对话的现实。

电视是一种大众媒体，是人类传播的一种，是通过语言或非语言符号传递信息的……，我们发现当我们以不同的眼光来看待电视时，其视角、逻辑、方法等均不相同，那么，其所建构的体系也就大不相同，更难以寻找到对话的空间。事实上，我们更应清楚建构理论体系的目的，使理论体系具有自身发展的连续性，具有自我发展的空间。因此，理论体系的建构

---

① 〔德〕马克斯·韦伯：《社会科学方法论》，李秋零、田薇译，中国人民大学出版社，1999，第98页。
② 转引自〔美〕克利福德·G. 克里斯蒂安、马克·法克勒、金·B. 罗特佐尔等《媒介公正：道德伦理问题真的不证自明吗？》（第五版），蔡文美等译，华夏出版社，2000，第6页。

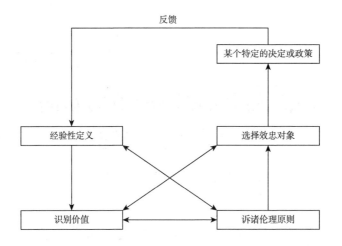

图2 改进后的波特价值图式

资料来源：〔美〕克利福德·G. 克里斯蒂安、马克·法克勒，金·B. 罗特佐尔等：《媒介公正：道德伦理问题真的不证自明吗?》（第五版），蔡文美等译，华夏出版社，2000，第6页。

不在于形成具体的理论，而在于建构出理论体系建构者的一种思维观念，在此观念之下，理论研究者能够完成人类赖以生存发展的对话与交流过程，不至于使建立在同一现象之上的理论处于"老死不相往来"的局面。理论自觉恰恰能为我们完成这样一种任务，这也是本文提倡电视理论自觉这一概念的初衷所在。

（原载《现代传播》2011年第2期）

市场新闻业环境下的新闻专业主义研究

——从《世界新闻报》"窃听门"谈起

内容摘要：《世界新闻报》作为默多克新闻集团旗下的著名小报，在不久前因窃听丑闻结束了长达 168 年的发行历史，这一事件让我们不得不重新审视市场新闻业。本文首先对市场新闻业展开逻辑批判，从百年小报倒闭的警示、新闻事实来源的追问到中国媒介报道的反思，分析市场新闻业的诸种弊病，进而探讨市场环境下公共媒体的文化坚守，以及秉持公共媒体的价值判断、维护公众利益的媒体表达，同时做到公信传媒的集体维护。

关键词：市场新闻业 《世界新闻报》 公共媒体 价值判断

一家闻名世界百年的小报《世界新闻报》，因窃听丑闻结束了长达 168 年的历史。据伦敦警察局披露，遭这家报社窃听的受害人可能多达 4000 人，不仅包括社会名流，还涉及普通人，由此案例引发了我们对当下市场新闻业的诸多思考。市场新闻业有其存在的合理性和必要性，但是当市场力量主宰了堪称"公共领域"的新闻业之后，市场带来的弊端同样给人警示。面对市场新闻业产生的众多问题，新闻专业主义精神或许为我们提供了另一种解决途径。

一 市场新闻业的逻辑批判

1. 百年小报倒闭的警示

市场新闻业的竞争使很多报纸被无情地淘汰，而《世界新闻报》这份以报道名人情事、性丑闻、八卦、犯罪案件而闻名的小报则生存了168年之久，近来则因为"窃听门"事件持续发酵而突然关停。《世界新闻报》是整个英国销量最大的老牌报纸之一，这次让默多克的传媒帝国摇摇欲坠，被解读为新闻正义的伸张，甚至有人预言小报业正在走向深渊。但事实上，排除对法律的逾越，小报在全球范围内并不曾迷失方向，轻松的娱乐报道和明星花边新闻依然是群众喜闻乐见的。市场化背景下的媒体本应是多元化的格局，从而满足社会各阶层人士多元化的信息需求。然而，超越法律规范靠窃听手段获取新闻来源，仍然不能为社会公众所谅解。

依据市场新闻业的理论，新闻商品与市场中的一般商品相比，它是"信任型产品，消费者很难或从不去探究报纸或者新闻节目是否准确、公正和详尽"。① 然而，事实并非如此，市场逻辑在新闻（尤其是电视新闻）生产中的应用，使消费者代替新闻工作者成为"把关人"，对什么能成为新闻做出决定。新闻标准也被残酷的市场逻辑所替代，市场新闻业呈现出来的新闻产品并非真正的信任型产品。《世界新闻报》正是失去了消费者的信任和支持而关闭，在貌似值得信任的新闻背后却是"职业"记者所采取的令公众难以接受的窃听手段。一份老牌报纸成熟的运作模式何以出现问题？新闻业的生命力与职业道德的关系为何？什么才是新闻业赖以生存的根本所在？我国新闻业从中又应当做出哪些反思呢？这些都给予我们极大的警示，同时也应引起新闻学界和业界的反思。

2. 新闻事实来源的追问

《世界新闻报》的老板鲁伯特·默多克作为传媒大亨和新闻集团的领军人物，在世界传媒界具有超级影响力。英国《新政客》杂志2010年9

---

① 〔美〕约翰·H. 麦克马那斯：《市场新闻业：公民自行小心?》，新华出版社，2004，第103页。

月根据权力和对全球影响力大小，评选出的全球 50 位最具影响力人物榜中，美国总统奥巴马被从前届榜首的位置拉下来，被默多克超越。在"窃听门"事发后，默多克出席英国议会听证会，就《世界新闻报》丑闻接受议员质询时说，这是他"一生中最谦卑的一天"。一个小报的大事件，使得传媒帝国大亨默多克不得不面对他最谦卑的一天，这一问题难道不应引发我们对新闻事实来源这一基本职业操守的追问吗？

获取新闻，本是新闻业最基本的一项职业行为。但是，如何获取新闻，通过何种手段获取新闻，却成为拷问新闻事实来源合法性的核心问题。这其中存在着新闻专业主义的明显分野，关涉新闻业的专业主义理念与实践操作问题。小默多克在公开向《世界新闻报》窃听受害者道歉时，称这些行动不符合他们企业所追求的准则。那么，市场驱动的新闻业如何动作？它对美国的新闻受众又会产生什么影响？将这两个问题结合在一起就产生了一个关于商业化新闻生产的新理论：媒介企业的市场竞争，如何争夺受众和新闻来源？

实际上，默多克本人在此之前通过英国各主要日报发表的道歉信中也言及"我们的企业创立时的理念是，自由和公开的新闻应该成为社会的积极力量，我们应达到这个高度"。《世界新闻报》的表现恰恰是违背了这一理念，对社会形成一种威胁和破坏性力量，由此失去的是媒体最为宝贵的公信力。

米莉事件作为《世界新闻报》"窃听门"的引发点，揭露出该报雇用私家侦探以获得新闻故事的内幕。正如历史上著名的"水门事件"记者伯恩斯坦所评价的那样：我们已经从真正的新闻转变为制造一种龌龊的"信息娱乐"文化。米莉作为一个普通人被窃听，让每个普通民众都感觉到了潜在威胁，只要他们身上发生了足够吸引人们眼球的事情，都存在被攻击的可能性，这将直接危及社会民众的隐私和安全。这种取向反映了新闻从业者的根本性变化，反映了各种实用性考虑对持续了数十年的新闻专业伦理的冲击，或者简直可以用"侵蚀"这个词来形容。随着电视新闻机构在判别新闻时越来越屈从于市场因素，人们可能会更加珍惜过去那个非商业化的客观新闻的黄金年代。

3. 中国媒介报道的反思

《世界新闻报》"窃听门"事件不独个案，恐怕只是世界大市场新闻业中浮出水面的冰山一角而已，然而由此引发对新闻业的震撼性影响却发人深省。默多克一手建立起来的世界传媒帝国也在此事件中猛烈震颤，它撼动的不仅是市场新闻业本身，而且撼动了市场新闻业的逻辑根基——为了追求商业利益而无限竞争。至少它使得人们开始审慎地重新思考市场新闻业的有效路径。我国新闻媒体也必将对市场化进程中的媒介报道给予反思。

中国日益加速的媒体市场化进程并非完美无缺，在市场的大风大浪中优胜劣汰，逼迫新闻业适应残酷的市场竞争。由上海《新闻记者》杂志主办的每年一度的"十大假新闻"评选活动，从中暴露出的十大假新闻仅是众多假新闻中的突出典型而已。如果新闻工作者们一味追求吸引受众眼球，在极具噱头却真假难辨的新闻面前，有意无意地忽视"新闻核实"这项最基本的新闻规范，新闻职业又如何能成为一种专业。

在商业化新闻生产环境下，新闻媒体可能尽力减少一部分规范新闻业的开销。因为规范新闻业强调挖掘深层信息，获得各方说法，高度忠于事实，承担揭露真相的责任——这不合媒体成本运算规律。而市场新闻业，传播信息的主要目的有可能会以牺牲公众理解力为代价，与规范新闻业尽可能促进公众对于社会环境的理解和为公众利益服务相比，市场新闻业的负面效应是：在发现环节，发现的新闻事件和议题大多数是戏剧性、暴力性、反常性的，具有极高的利润价值；在选择环节，主要看对受众的吸引力和可用性；在报道环节，用一种娱乐化而不是反映真实的方式来报道它。面对"商业化新闻"的消费，我国媒体应重塑公众需求，建立"公众新闻业"。"如果一个民族无法确保获得事实的真相，那么，无法胜任和缺少目标，腐败和不忠，恐慌和世界末日，这一切都会降临到他/她们头上。"①

---

① 转引自〔美〕约翰·H.麦克马那斯：《市场新闻业：公民自行小心?》，新华出版社，2004，第306页。

二　新闻专业主义的理性回归

1. 新闻专业主义的基本规范

西方新闻业围绕新闻专业主义形成了一套专业理念和操作规范，新闻专业主义虽然在西方新闻界经过若干力量的历次消解，但仍然作为最核心的新闻理念内化于西方新闻业者心中。从 19 世纪 30 年代兴起的以独立、中立为特征的便士报到后来的独立报刊的发展，使得新闻业作为一项职业和专业得以逐步确立，从而催生了新闻专业主义的理念和规范。

客观性可谓西方新闻专业主义的一个标志，它虽然体现在外在的操作规则上，但其本质是一个职业团体对自己职业规范、职业理想的明确申明和维护，其透射的是一种自觉的职业道德精神。① 新闻客观性不仅为西方商业化报纸所推崇，而且成为深受社会公众所信赖的理念。西方新闻发展史上的便士报兴起，不仅因为它可以实现巨大的商业利益，还因为它为了赢得读者而自觉服务于社会的公共利益。新闻客观性满足了这样的一种需求，发展成为新闻专业主义的核心准则。

西方新闻专业主义诞生的背景就是打破集团控制的褊狭，归依于大众，还其公共性，通过专业主义的新闻报道，服务于社会的广大公众，而非褊狭的集团利益。这样完全通过规范化的运作，首先争取尽可能多的受众，然后将争取的受众二次"出售"给广告商来获得利益。从理论上来说，它既能达到服务社会公众的福祉，同时也可以作为产业获得商业利益。这种方式成为新闻专业主义的典型路径。

2. 新闻专业主义的当代生存

新闻专业主义的理念和实践在当代面临一系列新的阻碍和矛盾。首先从市场新闻业的兴起看，虽然摆脱了集团利益，却很快又面临另一对矛盾，即媒体的公共性与商业性之间的冲突，广告成为媒体商业性的集中体现，公共媒体日益蜕化为广告媒体，正如哈贝马斯所说"报刊业的商业

---

① 黄旦：《传者图像：新闻专业主义的建构与消解》，复旦大学出版社，2005，第 79 页。

化迎合了公共领域向广告媒体的转变"①。新闻业市场化的运作路径使其竞争日益加剧，也使其对商业利益的强烈追逐成为必然，为了商业利益，违背专业主义规范、不负责任的新闻报道频频出现，新闻专业主义出现危机。"社会责任论"作为对自由新闻业的修正而诞生，它虽然在理论上可以解决危机，但付诸实践仍需接受市场新闻业严峻的考验。

此外，新闻专业主义还面临由市场新闻业追求商业利益本身所带来的内部新闻自由问题。新闻编辑部难以独立做出新闻采编的决策，同时亦不能排除新闻生产中诸多复杂因素的控制，使得新闻专业主义实践困难重重。而兴起的公共新闻业（市民新闻业）则更是偏离了专业主义标准，网络和手机媒体带来的自媒体传播新格局，使得任何普通人皆可成为记者，人人皆有麦克风的景象司空见惯，新闻业作为一项职业和专业从技术层面被打破了，新闻专业主义的精神再度引起业内人士的关注。

让人感到欣慰的是，在当代世界范围内，仍然有一批新闻媒体和新闻人坚守着新闻专业的历史传统，以真实客观公正的新闻报道为使命，发挥着维系社会和造福人类的强大功能。这其中既有《纽约时报》《泰晤士报》等一批独立运行的新闻媒体，同时也有公共广播电视媒体在市场环境中的毅然坚守，如以 BBC、NHK 为代表的公共广播电视机构。这些媒体为当代信息全球化、多元化环境下新闻专业的坚守树立了榜样。新闻专业主义历经如此漫长的岁月，经受了多种对抗力量的多次消解，仍然显示出其社会价值所在，毫无疑问，它在未来仍将继续引领新闻业前行的步伐。

3. 新闻专业主义的媒体实践

新闻专业主义虽然在当代媒体产业化、市场化竞争中受到冲击，但是仍然未能消弭，尤其在某些重大突发事件发生的时候，总让人重新感受到新闻专业主义精神的宝贵。以日本大地震中的 NHK 报道为例，让国人真正体会到了什么是新闻专业主义的报道。

NHK 作为一家在世界范围内卓有影响力的公共广播电视机构，在新

---

① 〔德〕哈贝马斯：《公共领域的结构转型》，曹卫东、王晓珏、刘北城、宋伟杰译，学林出版社，1999，第 225 页。

闻专业主义的践行上一直受到较多褒奖，尤其是 2011 年 3 月份，日本因地震而引发的海啸和核电站爆炸灾难报道，使 NHK 新闻的专业报道成为典范。

NHK 在地震报道中，无论是演播室播报新闻的主播们，还是奔赴一线采访的记者们，面对具有毁灭性的大地震，都表现出了高度的新闻专业主义水准。即使是在余震的摇晃中，播音员仍头戴安全帽端坐在演播台前，沉着冷静地播报地震新闻和紧急预防伤害的知识，成为新闻专业主义精神的高度体现。在 NHK 的地震报道中，没有出现我国电视媒体中常见的死伤惨重的画面，也没有刻意渲染灾区人民痛不欲生的场景，毫无煽情的报道成就了 NHK 记者的卓越表现。在这些非凡表现的背后，其实就是以公共服务和服务公众为宗旨的新闻专业主义理念与精神。

三　市场环境下公共媒体的文化坚守

1. 公共媒体的价值判断

当今新闻业所处的市场大环境及其所面临的残酷市场境遇，使得新闻业为争夺受众而打起了火药味十足的"新闻战争"。但是，面对市场新闻业的竞争，我们的媒体在极力强化市场化、商业性的同时，却有意无意地忽视了传媒的公共性，而公共性恰是新闻传媒生存的根本，传媒缺失了公共性如同一个人失去了魂灵。新闻媒体首先应当是公共媒体，新闻专业主义遵循的正是公共性标准，其本质就在于服务于公共利益，服务于广大公众和特定人群，这是公共媒体的价值所在。

早在 2003 年 10 月 8 日，默多克为挺进中国市场，曾在中共中央党校做了专题演讲，题目是"文化产业的价值"。他首先就非常明确地表示，传媒业不仅是一项有巨大盈利价值的产业，更是一项能够极大地造福于社会、提升人们生活品质的公共事业。在默多克看来，虽然西方传媒集团经营的根本目的是为了商业盈利，但同时他也特别强调传媒的公共服务。默多克还认为传媒业推进市场化进程与其说妨害其公共属性的实现，毋宁说它会极大促进公共职能的实现。在此，默多克试图从理论上将公共性和商业性完美统一，却没有意识到或刻意回避了两者之间存在的固有矛盾，默多克的传媒帝国旗下《世界新闻报》"窃听门"的发生并非偶然，当两者出现根本冲突的时候，其价值判断标准不再是公共服务和公众利益，而是传媒集团的商业利益。对商业利益的过分追求，必然违背公共媒体的价值标准。

2. 公众利益的媒体表达

市场新闻业是市场化的反映，我国正是顺应市场化的发展潮流，推动了由计划经济向市场经济的全方位转型，这导致在利益驱动下人们之间利益关系发生改变，并由此形成了社会阶层分化和不同利益群体的媒体表达。有学者将我国不同阶层概括为"国家与社会管理者，经理人员，私营企业主，专业技术人员，办事人员，个体工商户，商业服务业员工，产业工人，农业劳动者，城乡无业、失业、半失业者等十大社会阶层"。[①]面对市场利益流向的不均衡，我们可以将其分为利益既得群体和利益受损群体。公众的利益表达权在此成为一项重要社会议题，而新闻媒体是其最关键的表达渠道。

在市场环境下，广大普通公众群体在强大政治经济势力或集团面前往往处于弱势的次要地位，而这是市场力量所决定的。若让市场主导的社会环境自然生长，公众利益将被忽视，公平地享受媒体公共服务将会成为一种奢望。在一个良性的社会利益协调结构中，传媒的公共性坚守、传媒的均等化服务是必不可少的重要元素，其价值就是提供公平的利益表达渠道，尤其是少数群体的利益。因此，维系公众利益的媒介表达，不仅是公共传媒的社会价值之体现，也是其生存根本之所在。

3. 公信传媒的集体维护

市场不是万能的，当今市场新闻业面对的诸多问题提醒人们，传媒并非天生就是公信传媒。市场有其内在的局限性和结构性偏差，它本来就不是一个价值中性的机制[②]，仅靠市场的力量达到公信传媒的美好构想是不切实际的，因为市场的驱动力在于获得商业利益，甚至为了盈利不惜一切

---

① 陆学艺：《当代中国社会十大阶层分析》，《学习与实践》2002 年第 3 期。

② Zhao, Y. Z., *Media, Market, and Democracy in China: Between the Party Line and the Bottom Line*. Chicago: University of Illinois press, 1998, p. 181.

手段，而公信传媒的驱动力是获得公信力，它需要为维护公共利益而不惜一切代价。

公信传媒的打造和维系，需要传媒人、公众、政府、企业等所有社会力量的集体维护。传媒人，作为打造公信传媒最重要的行为主体，其从事传播事业的根本价值判断首先应该是公共利益，应该以关注广大公众为根本，抑制"星、惺、性"等低俗信息。公众作为公信传媒的社会基础，应当监督和促进媒体的健康运行，通过舆论引导使传媒坚持遵循公信原则。政府作为公信传媒的重要影响源，应发挥主导功能支持传媒的新闻专业主义实践，激励传媒更好地服务于公众利益。企业等市场力量作为市场新闻业环境下影响公信传媒的经济要素，应当和传媒达成良性互动，相互促进彼此的健康发展，二者须臾不可离，没有市场化的经济独立就没有传媒的生存独立，没有公信力的传媒也无助于市场的完善和社会的进步。

新闻专业主义虽然是资产阶级新闻学的重要概念，但其作为新闻工作者恪守的最主要的新闻职业规范，还是具有世界意义的。《世界新闻报》"窃听门"事件给予我们的是深刻的教训和警示，市场新闻业并非完美，其弊端日益显露。面对市场新闻业，我们需要以不断反省自身的专业理念和操作规范自律，改进新闻报道，提升媒体品质，做真正有公信力的传媒。而要赢得公众的信赖，唯有坚守新闻专业主义，在具有商业和政治双重性质的媒体机构中，强调公共利益的守护，承担守望社会的职责，把人民的关切、人民的意志传播到各个角落，传媒公信力才会大大提高。

（原载《媒体时代》2012 年第 1 期）

美国融合新闻学教学模式研究

内容摘要：新媒介技术正快速地改变着媒介地图，所有研究新闻传播教育的人都不能无视当代媒体整合的事实。美国密苏里大学新闻学院首开媒体融合专业，建构出全新的教学体系。本文通过对美国一流新闻传播院系融合新闻教育的考察，总结出融合新闻学教育的多种模式，这对建构具有中国特色的融合新闻教育体系具有重要的启示意义。

关键词：媒介融合　融合新闻学教育　密苏里教学模式　新媒介技术

近年来，"媒介融合"与"融合新闻"已成为国际新闻传播学界出现频率较高的新名词，这一领域的实践探索与理论研究正逐渐成为新闻传播教育领域的趋势和主流。

美国密苏里大学呼应业界的需求，紧跟技术发展潮流，于 2005 年 9 月开设了世界上第一个新的"媒体融合"专业，在"交叉"的基础上，为学生提供新闻传播技能的全面训练，以培养适应媒体融合的新型新闻人才。就是说既能给报纸写新闻故事，又能给网络写个不同的故事，还能为网络做一些视频、音频的节目，其要求可同电视台相比。

在一个数字化的新时代，以文字、声音和图像等因素来为媒体领域做确切的定义，或为记者分类将变得越来越不可能。在信息化时代，要实现任何人、任何时间、任何场所，都能安全、便捷、高效地获取丰富的、个性化的信息服务，仅靠单一媒体的工作流程已不再适合于媒体融合时代。

新媒介技术正快速地改变着媒介地图，我们正见证着"一个统一的媒介王国"的出现。"它可能在本质上使所有的社会机构发生转变"，包括新闻传播教育。

为此，所有研究新闻传播教育的人都不能无视当代媒体整合的事实。而为了真正弄清融合新闻的本质，就必须深入融合新闻教育的源地，还原融合新闻教育的本体，探索融合新闻教育的体系，弄清美国融合新闻教育的教学内容与方式，唯有如此，方能给我国新闻传播教育以更多的实践启示。

一 融合新闻学教育的课程体系

当社会发生根本变革时，教育也要随之而变，而变革的尝试是在对教育本质追问的前提下，对课程体系的建构。课程在教育体系中占有最基础的地位，它体现教学目标，显示教学内容、专业内涵和特色，是专业建设的基础。因此，课程体系是教学活动开展的前提，也是教学活动的主体。

美国密苏里大学新闻学院（University of Missouri School of Journalism）首开媒介融合专业也是基于对关于未来的新闻工作的一种大胆的设想，即媒体将大规模合并与联合。记者必须跨平台承担不同媒体交给的工作，98%的工作将和今天要做的极大不同。媒体将穿越不同的形式，打破樊篱，创造出媒体融合新平台。[①] 以注重实务、实践为特色的密苏里大学新闻学院，适应媒介融合的大趋势，于 2005 年开设的媒介融合专业，到现在已经形成了层次清晰、特色鲜明的教学体系。

密苏里大学新闻学院在本科培养阶段，除了设有专门的融合新闻学（convergence journalism）专业（方向）之外，还开设了融合新闻摄影（convergence photojournalism）、融合广播新闻报道和制作（convergence radio reporting and producing）、融合电视报道（convergence television reporting）

---

① 参见美国密苏里大学新闻学院副院长布莱恩·布鲁克斯（Brian Brooks）2006 年 6 月在中国人民大学新闻学院的讲座录音，译者为密苏里大学新闻学院章于炎博士。

三个跨学科专业（方向）。在硕士阶段，针对攻读硕士学位的学生设立了2年制融合新闻学硕士课程和5年制本硕连读教学项目。仔细考察密苏里大学的融合新闻学课程，发现其体系由四大部分组成：基础课程、核心课程、专题课程、选修课程。

（一）基础课程

强调人文科学教育是美国新闻与传播教育认证委员会的重要信条。同样，必修专业基础课，在美国的新闻院校中也是普遍的要求。密苏里新闻学院要求学生必须修19个学分的基础课程，包括：

新闻学职业生涯的探索（1学分）

美国新闻学原理（3学分）

跨文化新闻学（3学分）

新闻（3学分）

美国新闻史（3学分）或解决新闻学实践问题（3学分）

传媒法（3学分）

强化领域的顶级课程（3学分）

这些基础课集中在史、论、法和职业的实践认知方面，与我国新闻传播学专业基础课类似。

（二）核心课程

在密苏里新闻学院的融合新闻专业中，开设有四个方向：融合新闻学、融合新闻摄影（跨学科）、融合广播报道/制作（跨学科）和融合电视报道（跨学科）。所有融合方向都要共同开设如下四门核心融合课程：

电视、广播和新闻摄影的基础（3学分）

融合新闻报道（3学分）

融合编辑和生产（3学分）

融合媒体的报道、编辑和市场营销（3学分）

通过学习这四门核心课程来教授学生使用多媒体讲故事，以及如何在媒介融合的环境下从事新闻工作。随后，学生还要通过选修另一领域的至少两门课来强化该专业方向。这是为那些对其他视觉媒介的传播更感兴趣的学生设立的课程，如新闻摄影方向要求具备纪实摄影、灯光和工作室的技术、静止与移动的图像编辑等技巧。学生通过扩展性学习，建立对视觉传播的欣赏和理解，为以后成为印刷和在线出版的摄影记者或从事自由职业做好准备。

融合广播电视报道方向的强化选修，是为了那些更愿意在广播电视报道方面工作的学生设立的兴趣领域。此领域也包含了一个很宽的范围，包括报道课程和生产/管理课程，给予学生一种做广播记者或在摄像机前做电视报道的感觉。其他开设的一些多媒体课程作为广播电视的补充，为学生从事基于网页的新闻报道做好准备。以上几个方向的强化选修均由融合新闻系管理。

（三）专题课程

在密苏里新闻学院的融合新闻学专业，必须在第二、三学期选修6学分的融合新闻专题课程，要求学生在现有的领域中专攻某一特殊领域。以下是该校设置的若干专题课程。

广播电视新闻专题：广播新闻Ⅱ、广播新闻Ⅲ各3学分。如预修课程传播实践（1学分）没通过，则修广播新闻Ⅰ（实验室）。

信息图像学专题：电脑辅助报道、信息图像学各3学分。

国际新闻专题：国际问题报道（3学分）。另在随后课程中任选之一：国际新闻媒介系统、国际新闻、媒介力量塑造欧盟、传播实践等各3学分。

调查性报道：电脑辅助报道、调查性报道各3学分。

在线新闻：参与式新闻（原网上新闻）（3学分）或广播电视新闻的高级互联网应用（3学分）。另在随后课程中任选之一：电子新闻摄影、信息图像学各3学分。

新闻摄影专题：基础新闻摄影和图片编辑、电子新闻摄影各3学分。并建议新闻摄影选修视觉传播（3学分），本课程向所有融合新闻学学生推荐；新闻摄影史（3学分）。

印刷设计专题：新闻设计或有教学顾问签名的定制专题、杂志设计（3学分）。

印刷编辑专题：编辑、新闻编辑（3学分）。

（四）选修课程

通过对密苏里大学新闻学院课程体系的分析，我们可以看出，作为一名新闻学专业的学生，首先必须具备基本的新闻传播理论与历史知识。其次，融合新闻学作为一门新兴的学科，其自身已经发展出一些理论和实践经验，融合新闻学专业的学生，必须修读诸如融合新闻报道、融合新闻编辑与制作等融合新闻专业的核心课程。在这二者基础上，学生还可以根据自己的兴趣和未来的发展方向，自由选择自己感兴趣的9～10个学分的本系或者外系的课程。这样的设置对于将在跨媒体平台从事新闻工作的学生来说是非常重要的。

媒介融合的教学不应当是"重视多能，忽视一专"，也不是要求报道者同时掌握所有媒体形式的专业技能，而是需要具备在某一方面的特长，要求报道者能够在团队中正确理解自己的角色，发挥其应有的作用。培养"一专多能"型的新型新闻从业人员，应该是融合新闻教育的目标。为此，在每个融合新闻学专业（方向），均设置了若干选修课程。

1. 融合新闻学方向

要求选修中级写作（3学分）、其他融合新闻选修（6学分）。中级写作课程可任选其一：媒体与艺术批评、科学和环境写作、批评性评论、编辑性写作、宗教报道和写作、电脑辅助报道、调查性报道、商业报道、高级新闻报道或国际问题报道。其他融合新闻选修课组包括电视新闻制作中的广播新闻Ⅱ、新闻制作或视觉传播。

2. 融合电视报道（跨学科）方向

融合电视报道（跨学科）方向要求选修9学分的科目，可在如下范围选择：

多媒体规划与设计、多媒体视觉编辑、新闻生产、高级新闻报道、健康报道技巧、电脑辅助报道、调查性报道、商业和经济报道、信息图形、国际问题报道、国际杂志从业者、参与式新闻、互联网法律、高级全球化融合新闻、在线受众发展、新闻实习、理解受众、广播电视新闻中的互联网高级应用、媒体管理和领导。

以上课程除多媒体视觉编辑、健康报道技巧各 2 个学分外，其余均分别为 3 学分。

此外，密苏里大学新闻学院非常注重实践。该院在自己的网站上宣称："密苏里方法（The Missouri Method），是依据这样一个主张，即学生通过新闻实践学到更多的知识，而不是仅仅谈论这个职业。这是密苏里新闻学院的基石。尽管其他学校很少这样让学生获得新闻方面的第一手经验，我们相信这种方式已经被证明是最好的为学生进入现实世界做准备的方式。"

当代媒介大融合的新闻传播业，为融合新闻学专业奠定了实践基础，因此，融合新闻教育从诞生之初就应适应业界对未来的新闻从业人员在跨媒体、全媒体环境下工作的要求。

二 融合新闻学教育的基本内容

"媒介融合"作为国际传媒大整合之下的新作业模式，将报纸、广播、电视、网络等采编作业有效结合起来，资源共享，集中处理，衍生出不同形式的信息产品，然后通过不同平台传播给受众。

"媒介融合"催生了"融合新闻"，"融合新闻"内容的采集与生产，其复杂程度显然要超出任何传统媒体产品，因此，要求新闻传播教育必须加快改革步伐，培养适合"媒体融合"专业需要的"跨媒体记者"。

（一）融合新闻教育的教学目标

2005 年在北京"首届新闻传播学院院长国际论坛"上，包括 8 所国外院校在内的 61 所中外新闻传播学院院长共同签署了"北京共识"，"共识"认为新闻传播教育的核心任务是培养具有神圣的职业良知、宽广的国际视野、深厚的文化修养、科学的思维方法和精湛的专业技能的新闻传播工作者。[①] 围绕这个目标，融合新闻传播教育同样应加强三个层面的教

---

① 钟新、周树华主编《传媒镜鉴：国外权威解读新闻传播教育》，中国传媒大学出版社，2006，第 4 页。

育，即人文素质教育、专业技能训练和思想思维培养。

在倡导通识教育的同时，新闻传播教育作为最具职业色彩的专业教育，应保持与社会的联系，为学生的未来职业生涯做好一定的准备。特别是在媒介融合的大背景下，更需要培养跨学科的视野、跨学科的思维、跨学科的人才。过去，新闻传播教育侧重于专识教育，并且是"专业"分工越来越细，甚至在某些大学将某些专业技能知识划分出"专业"类型，这与"融合"下的跨专业能力培养相去甚远。

我们试图通过对美国融合新闻学教育主要内容的分析，从中了解融合新闻教育到底是培养什么样的专业人才？学生为了适应将来媒介融合的工作环境，在高校中应该学到些什么？

"融合新闻学"的培养目标，应是为媒介融合环境下的媒介行业培养复合型（跨媒体）人才。根据美国的经验，媒介融合人才的培养分为两个层次：一是能够在多媒体集团中进行整合传播策划的高层次管理人才；二是能够运用多种技术工具的全能型记者编辑。

对于第一层次传播管理人才，必须具备信息内容生产、高新技术应用、发展战略策划等多种素质，能以宏观的思维统筹多媒体产品生产、发布和营销，以及在这个过程中对所用资源的整合共享与交叉互动。而对于全能型跨媒体记者编辑的培养来说，必须能同时为报纸写文字稿件，为电视拍摄新闻节目，为网站写稿。

随着媒体的融合，电视、广播、网络等资源都会被集中起来，新闻工作者必须具备跨媒体的新闻工作能力，即能通过几种不同的媒介进行新闻写作，包括用文本、音频、视频、网络等不同的方式叙事。未来的编辑也应是新闻流的管理者，在接收到新闻事件后，懂得选择最适合报道和传递这一新闻故事的媒介形式，并根据各种媒体的技能和特征，对故事的不同内容进行组合，为融合编辑室的每一种媒体撰写故事。[①]

虽然从某些方面来看，条理清晰的写作和充分的背景交代依然是媒体人最基本的素质要求，但出色的媒介语言表达及跨媒体报道制作的能力，

---

① Stephen Quinn, M. （2005）, *Convergent Journalism*：*The Fundamentals of Multimedia Reporting*，Boston：Elsevheier, pp.91-101.

促使新闻传播教育接受融合带来的文化转换。在传统新闻学中，我们总是把自己界定为报纸记者或电视记者或网站记者。当我们在极力区分专业教育差别的时候，社会则强调学科的交叉、专业的多能，探讨融合中的"超级记者"或"双栖记者"。随着媒介的融合，一个真正独立和强大的公共传播新媒体系统将会出现，它将在本质上使所有的传媒机构发生转变，包括新闻传播教育。

面对迅速发展的新媒体技术，我们可能难以教会学生们使用每一种最新的技术工具，但我们可以告诉他们技术工具的本质与演进趋势，让他们拥有扩展和更新自己知识系统的科学思维方法和基础知识结构。新闻传播教育的改革，应当朝着上述目标接近。

（二）融合新闻教育的教学内容

融合新闻学的课程，到底应该涵盖哪些方面的知识？纵观国内近几年的研究成果，很少或几乎没有涉及具体的教学内容，这一直是让大家很迷惑的问题。本文通过对美国融合新闻学文献和教学实施的研究，试图破解这个谜题。

目前搜集到的融合新闻学英文书籍文献共三十余种，代表作如下：

Convergent Journalism：*An Introduction-Writing and Producing Across Media*《融合新闻导论》，作者：Stephen Quinn，Vincent Filak（2005）

Principles of Convergent Journalism《融合新闻原理》，作者：Jeffrey S. Wilkinson，August E. Grant，Douglas Fisher（Author）（2008）

Convergent Journalism：*The Fundamentals of Multimedia Reporting*《融合新闻：多媒体报道基础》，作者：Stephen Quinn（2005）

All the News：*Writing and Reporting for Convergent Media*《所有的新闻：为融合媒体写作与报道》，作者：Thom Lieb（2008）

Journalism Training for a Convergent World《融合语境下的新闻训练》，作者：Hans Paukens，Sandra Uebbing（2006）

Cross-Media Service Delivery《跨媒体服务》，作者：Diomidis Spinellis（2003）

Convergence in Broadcast and Communications Media《广播与通信媒体

的融合》，作者：John Watkinson（2001）

Media Organizations and Convergence：Case Studies of Media Convergence Pioneers（Lea's Communication Series）《媒介组织与融合：媒介融合先锋的案例研究》，作者：Gracie L. Lawson-Borders（Author）（2005）

Convergence Culture：Where Old and New Media Collide《融合文化：新旧媒体碰撞》，作者：Henry Jenkins（Author）（2008）

Convergence Media History《融合媒介史》，作者：Janet Staiger（Editor），Sabine Hake（Editor）（2009）

Media Convergence and Digital News Services：-Adding Value for Producers and consumers.《媒介融合与数字新闻服务：新闻制造者和消费者的增值》，作者：Ester Appelgren（Author），（2008）

Convergence：Integrating Media，Information & Communication《融合：整合媒介、信息与传播》，作者：Thomas F. Baldwin（Author），D. Stevens McVoy（Author），Professor Charles W. Steinfield（Author）（1996）

Convergence Journalism《融合新闻》，作者：Achim Matthes（Author）（2006）等。

下面以《融合新闻导论》《融合新闻原理》《融合新闻：多媒体报道基础》《所有的新闻：为融合媒体写作与报道》四本教材为例，通过比较其目录，从中可以看出美国主流融合新闻学研究与教学的框架（见表1）。

表1　美国融合新闻学的研究与教学框架

《融合新闻导论》	《融合新闻原理》	《融合新闻：多媒体报道基础》	《所有的新闻：为融合媒体写作与报道》
第一章　什么是融合新闻，它是如何影响我们的生活？	第一章　融合新闻引言	第一章　融合的出现 第二章　媒介融合出现的缘由与表现	第一章　融合时代的新闻 第二章　决定什么是新闻
第二章　多媒体编辑和制作人的任务	第二章　在融合新闻工作室里要掌握的基本技能和扮演的角色	第三章　融合媒介的商业与创收模式	第三章　研究与调查

《融合新闻导论》	《融合新闻原理》	《融合新闻：多媒体报道基础》	《所有的新闻：为融合媒体写作与报道》
第三章 词语：新闻的基石 第四章 广播写作和口语 第五章 为网页写作	第三章 从印刷媒体到网络媒体：内容的重新构建 第四章 从印刷媒体到网络媒体：新的内容品类 第五章 从广播电视到网络媒体：内容的重新构建 第六章 从广播电视到网络媒体：新的内容品类	第四章 融合新闻与多媒体新闻报道 第五章 融合新闻的案例研究	第四章 短的新闻报道与头条的写作 第五章 写作基本的文字报道
第六章 跨媒体的图像整合 第七章 数字静止图片 第八章 数字视频短片 第九章 运动影像编辑	第七章 广播电视基础 第八章 印刷媒体基础 第九章 网络新闻	第六章 技术与融合 第七章 智能化的新闻工作室：信息的管理与融合	第六章 写作更深入的文字报道 第七章 写作基本的网络报道 第八章 写作基本的音频报道 第九章 写作更深入的音频报道
第十章 多媒体新闻：将所有元素整合在一起 第十一章 多媒体广告 第十二章 多媒体公共关系	第十章 在网页上添加多种媒体内容 第十一章 与其他新兴媒体融合	第八章 融合与新闻未来 第九章 在新闻工作室中对融合新闻的贯彻执行	第十章 写作基本的视频报道 第十一章 写作更深入的视频报道 第十二章 写作更深入的网络报道 第十三章 主要报道种类 第十四章 新闻操作规则 第十五章 法律问题与新闻道德
第十三章 何去何从？融合新闻在未来的可能性	第十二章 融合新闻前景展望		

从表1中我们可以清晰地看出，融合新闻学的主要内容由如下六个层次组成：第一，媒介融合的概念界定，融合出现的缘由等；第二，媒介融合语境下新闻从业人员的角色与任务；第三，融合新闻报道；第四，多媒体基础；第五，多元素融合；第六，融合新闻的未来与规则。其中关于融合新闻报道的教学内容涉及文本、音频、视频和网络内容的构建与写作。

（三）融合新闻教育的教学方式

融合新闻学教育的课程体系，是围绕培养目标对课程内容及教学方法的设计，还包括为学生提供的实践体系和保障体系。以核心融合课程"融合报道"为例，密苏里大学教师在教学方式上主要围绕以下十个方面展开教学。①社交型媒体（social media）的学习与实践。②新媒体新闻工具的使用。③采访技巧与拓展训练。④主题教学。⑤案例分析。特别强调"批判式思维"的运用和折中的实用主义，强调对这种平衡性的把握。⑥新闻摄影、新闻摄像的基本技巧。⑦专题学习与指导。⑧报纸、电台、电视台记者或专家的讲座。⑨新闻道德与伦理观念的探讨。⑩媒体融合发展趋势探讨。

而在"融合编辑与制作"这门课程教学中，其内容可总结为三大板块：新闻融合编辑室是什么样的，如何发现新闻源并与新闻提供者保持良好关系，如何使新闻故事多元化、吸引人。这门课程的授课方式与其说是教学，不如说这就是一个真实的编辑部①。

与密苏里大学相比，南加州大学（University of Southern California）在新媒介融合课程的具体教学中更强调对新技术的掌握，如在网络新闻写作教学中，就强调了故事板（story boarding）、数据库结构以及网络专题报道的能力。这些内容在纸质媒体中也有用武之地。鉴于新媒体软件更便宜和更"傻瓜化"了，因此教学更重视概念的传授而不强调对某一具体软件的使用。

综观美国融合新闻学教育，其教学方式目前主要有四种：一是团队协

---

① 王建磊：《密苏里大学新闻学院媒体融合教育考察记》，《新闻记者》2010 年第 6 期。

调模式。在这种模式中，媒体融合课程被分为几个板块，每个板块由不同的教师负责，在板块之间相互连接或通过共同项目建立连接关系，这种合作带给教师较高的教学自主权。二是联合学习模式。在此模式中，以一人为主讲者，其他成员负责讲授分散知识点，主讲者通过个人能力整合所有知识与技能。三是合作学习模式。这是最富有合作精神的一个模式，教员根据课程安排及教授内容等方面协调与合作，有时会同时出现在课堂上，这种高水平的合作与协调最耗费教员的时间和精力，但同时也增加了学生的经验。四是团队分散模式。在此模式中，教员每周与学生进行两至三次会面，但只有第一次以团队方式出现。在每周的第二或第三次会面时，教员会根据学生的专业需要进行分批式教学，由不同教师负责不同领域的学生，学生通过团队项目进行专业互补，教师则在每次团队会面时互相学习教学理念、技能和方法[①]。

通过对以上美国大学融合教育分析，我们可知：媒体融合教育不是将电视、广播、报纸等技能简单的叠加，也不是使用互联网的技能与新闻专业主义叠加，美国的融合新闻教育模式是复合多元的。它不但强调掌握技能和理论，更强调研究能力与对新闻流程的整体把握，从而使毕业生在创造性和批判能力方面都能获得比较扎实的教育，能在新技术环境下向受众提供更好更高质量的新闻。

三　融合新闻学教育的模式选择

根据对美国大学新闻传播学专业教育的研究，在融合新闻学专业教育方面主要呈现出以下三种模式。

1. "独立"模式，即在传统新闻传播学科的专业中，独立设置"媒介融合"或"融合新闻学"专业

按照美国新闻学者 Wilson Lowrey 的观点，在媒介融合课程改革的力度上

---

① Auman, Ann, Lillie, Jonathan, "An Evaluation of Team-teaching Models in a Media Convergence Curriculum," *Journalism & Mass Communication Educator*, Winter 2008, Vol. 62 Issue 4, pp. 360-375.

将美国新闻传播院校分为三类：坚守者（static）、改良者（supplementary）和变革者（realigned）①。Wilson Lowrey 认为，以上三种类型的院校中，坚守者最少，变革者最多，而改良者的数量则正在增加。三种类型既同时存在于不同院系中，也可以作为线性发展存在于一个院系融合课程的不同发展时期。密苏里大学新闻学院可以称为美国新闻传播教育改革的先行者，它再次引领着世界新闻教育的潮流。

通过对美国 TOP100 的综合性大学和新闻传播类 TOP50 的大学分析，得到美国融合新闻教育的基本现状②：发现综合排名前 100 位的学校中，开设新闻学相关专业的一共 68 所，占总数的 67%。而在新闻学相关专业排名前 50 名的学校中，独立设置了"融合新闻"或类似专业/方向的有密苏里大学等 6 家，只占总数的 12%。

密苏里大学对融合新闻学基本课程进行结构性的重构，主要是基于以下三个要素：①公众总是在任何可能的时间，通过任何最方便或是公众最感兴趣的方式（媒体形式）来获取有用的信息，这种趋势日益明显。②公众日益摆脱被动接受新闻或信息的状态，尤其是年轻人，乐于回应、参与媒体报道。专业媒体的记者必须正视这一现实。③媒介融合的教学不应当是"重视多能，忽视一专"，而是要求报道者能够在团队中正确理解自己的角色，发挥其应有作用。

2. "交叉"模式，即在不完全打破传统专业界限的情况下，实现新闻传播专业间的交叉选修、互补互融

密苏里大学于融合新闻学专业之外，还开设了融合新闻摄影、融合广播新闻报道和制作、融合电视报道三个跨学科专业。这种跨学科专业，学生除了必修自己专业方向的理论和技能之外，还要"打包"选修某一兴趣领域中 6 个学分的课程，力图让学生们在校期间掌握两门以上的新闻传

① Lowrey W., Daniels G. L., Becker L. B., Predictors of Convergence Curricula in Journalism and Mass Communication Programs, 2005（1）.
② 本论题所抽取的新闻传播教育样本，包括新闻及相关专业：agricultural communication/journalism（农业传播/新闻）、communication, journalism, and related programs（传播，新闻及相关课程）、journalism（新闻学）、photo journalism（新闻摄影）、broadcast journalism（广电新闻）等。

播专业知识，增强学生的多媒体适应能力。

实际上，在新闻传播学课程设置上，各院校对学生掌握多种媒体平台上的传播技巧及跨媒体的新闻写作与新闻报道都较为重视，大部分学校都安排了相关课程或者在课程设置中体现了融合新闻思想——复合多元。

3. "融合"模式，即与"独立"相对应的模式

"独立"模式的课程设置从总体上看是独立的，是严格按专业分割为目的的实务性课程，显然与"融合"的本质不相符。严格意义上的"融合"是将相关的专业内容整合到融合新闻教育知识体系中，构建"复合课程"，例如在编辑课程中融合印刷、视频在线和其他许多传输格式中的编辑技术。

美国绝大部分高校的新闻传播院系所进行的媒介融合的课程改革几乎都采用了这一模式。从一些传统新闻实务类课程的介绍中可以明显看出，这些新闻实务课的教学内容，较之单一媒体壁垒分明的时代，已经发生了很多变化，在注重基本功训练的同时，针对融合媒体环境下的新特征，对学生进行了新的训练。

在媒介融合的趋势下，传统的专业知识界限和专业技能界限都将被更大限度地突破。学科的组织架构需要适应媒介融合的趋势，以保证各个专业都具有更强的自身开放性与相互兼容性。

为了适应媒介融合的趋势，我国在新闻传播教学改革中，应吸收美国大学的有益经验，建构具有中国特色的融合新闻教育体系。在本科课程改革中，应将基础采访与写作、音视频内容制作、数字传播技术和媒介经营与管理等课程，作为所有专业学生的学科基础课。同时，通过"数字新闻传播"等新的专业方向的建设，进一步探索数字新闻传播技术条件下的课程体系的构造。整体的教学改革方向应该是打破传统的专业之间的壁垒，使学生在具有丰富知识积累和跨媒体思维的"宽""厚"基础上，掌握专业媒体工作的技能。

在我国的现实条件和师资力量的制约下，采用上文提到的第一种"独立"模式，建立独立的融合新闻学专业恐怕不太现实。因此，应重点以第二种"交叉"模式和第三种"融合"模式为主。在"交叉"模式下，向学生介绍所有形式的媒体，但是需将课程划分为不同层次，让学生

在传统媒体知识建构之外，增强在新媒体平台上的信息处理能力。在"融合"模式下，一些传统的课程需要充实，例如新闻采访课，应加大网络采访、视音频采访等新技能的培训；新闻报道课应加强多媒体写作方面的教学内容。同时，一些新的课程需要被创建。

技术在改变一切，但从新闻传播业务来说，变化的还是传播手段、传播方式，新闻报道的基本原理和专业准则不会变。从这一点说，对全能型新闻人才的培养是在原有专业理论和知识的基础上对技能培训的跟进、拓展和融合。创新适应媒介融合发展需要的新闻人才培养模式，需要我们了解新闻传播业正在发生的变化，把握其发展趋势，在此基础上对教育模式和教学方案进行大胆改革，建设适应我国传媒业实践和新闻传播教学条件的教育体系。

在美国综合排名前一百名的大学中，所有新闻传播专业几乎都根据媒介融合对课程作了不同程度的改革。即使没有推出明确的融合新闻课程，但对于原有的报道、编辑、信息收集等课程的教学内容，也都做出了适应媒介融合趋势的调整，力图加强自己学校毕业生的职业竞争力。

到目前为止，美国绝大多数高校的新闻传播院系的专业和课程中明确使用"融合"（convergence）一词的还不多，而在"新媒体""网络传播""互动媒体""背包新闻"等项目和课程中，则均涉及融合新闻的教学内容。同时，对新闻专业的一些传统的基础性业务课程，如采访、编辑等，都更新了教学内容，一方面更加注重对学生基本功的训练，另一方面也加强了其与新媒体、跨媒体工作环境的兼容性。除了更新课程体系，各高校还纷纷推出了媒介融合的实验性平台，供学生实地演练，这也体现了融合新闻教育的发展方向。

（2011 年 8 月在吉林长春召开的教育部"新闻学学科教学指导委员会第五次会议"上的发言稿）

广播电视学学科体系的
建构与理论强化

内容摘要： 广播电视媒介及视听新媒体的持续影响力与广播电视专业的不断发展，呼唤广播电视学学科体系的建构与理论强化。本研究认为，广播电视学学科体系建构当以广播电视媒介为中心，围绕广播电视与社会关系这条主线展开探讨。其路径可以广播电视理论的历史演进为经，以广播电视理论的研究范畴为纬，并以广播电视批评研究和广播电视实证研究相结合为特色，对广播电视理论在多学科的观照下进行系统的审视。同时，鉴于数字新媒体对广播电视传输格局的影响，广播电视学学科体系的建构应增强对现代传播体系构建的生态环境、传输体系、多元主体、话语体系的构建研究。

关键词： 广播电视学　学科体系建构　现代传播体系

广播电视是现代社会的文化传播平台，也是我们日常生活的"最佳伴侣"，它持续不断地为我们提供资讯和娱乐，并透过其写实或故事性的节目，选择性地反映现实，进而建构着我们的社会"常识"。我们通过接受广播电视节目，分享其中的共有文化，同时建立起社会意识框架。

但与广播电视的巨大社会影响相比，其学科体系的建构与广播电视媒介的地位不相称；广播电视理论的研究与中国特色和经典学说脱节；广播电视的学院派探索与业界的实践相游离。在这种语境下，《广播电视学学科体系建设研究》（赵玉明等主编）问世，成为广播电视学科体系建构的一个标志性成果。

一 广播电视学学科体系建构的衡量标准

广播电视学学科体系的建构，尽管有多种研究视角，但并不排除基本的衡量标准。从形成条件看，有以下几种基本判断。

第一，是否具有特定的学科研究对象；

第二，是否具备形成学科体系的条件，包括系统科群形成条件（理论学科群、方法学科群、历史学科群、应用学科群）、跨科交叉形成条件（学科新领域的开发）；

第三，是否建构起相对完整的理论体系。

基于上述标准判断，"广电学科体系"建构基本成立。

一是有明确的研究对象和体系架构。"广电学科体系"明确将广播电视学学科体系概括为"两大领域、三大模块"[①]，即理论研究和活动（现象）研究两大领域，基础理论、交叉学科和独特内容三大模块。该论断简洁而科学的归纳，清晰而独特的界定，高屋建瓴地阐明了广播电视学科体系的研究范畴。该框架从元理论、科技哲学和学史层面梳理了广播电视史论研究成果，从广电交叉学科和广电实务两个方面分别探索广播电视共性和个性活动（现象），既涉及史观视野，又涵盖基础理论和本体研究；既有对当代成果的述评，又为广电学科的发展研究提供了一定的空间。

二是有明确的理论价值和意义追求。从广电学科体系探索与建构的角度看，"广电学科体系"的研究具有开创性的价值，其对广播电视交叉学科与对西方广电学科等的研究，将有助于认识广播电视与社会的关系，有助于强化学科的独特性和恒久性。它内孕于新闻学，但广播电视不限于新闻的传播；它靠近传播学，却不能因此忽视广播电视的文化特征；它追求艺术性，却不能因此抹杀广播电视的主流媒体特征。

[①] 赵玉明、艾红红、庞亮主编《广播电视学学科体系建设研究》，中国广播影视出版社，2015，第20页。

二 广播电视学学科体系建构的基本路径

理论体系的建设不过是将纷繁复杂的理论碎片加以整合而已。"成败好坏"已非评价理论体系建构本身的标准,建构的方法与模式才是重点。

广播电视学学科体系建构具有多种思路和理论建构模式,包括政治模式、业务模式、教学模式和学术模式。

研究思路:以广播电视媒介为中心,围绕广播电视与社会关系这条主线展开理性研究。从一般的学科发展看,广播电视理论体系可依三种路径进行探索:

第一,以广播电视理论的历史演进为经,从功能分析、文化研究及广播电视政治经济分析三个主要取向来全面梳理、研究广播电视理论。

第二,以广播电视理论的研究范畴为纬,对广播电视本体、传播过程和模式、广播电视批评等进行系统的概念化并加以阐释,甚至对广播电视理论研究者进行传统的研究。

第三,以广播电视批评研究和广播电视实证研究相结合为特色,采用历史研究、比较研究等方法,对广播电视理论在多学科的观照下进行系统的审视,并以各种理论的代表人物及学说研究为补充,使理论体系更具深度。

研究重点:以建构广播电视理论体系为出发点和归宿,注重对已有研究成果的总结、归纳及提炼。特别是要对广播电视研究的三大传统进行求真、求实、求是、求通的分析与研究。对广播电视本体的探讨,要体现中国特色的广播电视理论视角,以对世界广播电视研究提供一套科学的理论体系参照。

研究策略:

(1)借鉴传播学的研究框架,梳理广播电视理论,有利于厘清广播电视研究的发展脉络。缺点是,丧失了广播电视研究的自主性和独特性。

(2)探索广播电视学独特属性的研究框架。其中的本体研究,主要是回答广播电视是什么的问题——广播电视的特性、功能、符号学等;

交叉学科研究——广播电视与文化学、社会学、政治学、经济学的交叉等。

此外，还要注重广播电视基础业务、广播电视产业经营、广播电视新兴媒体发展研究。

研究方法：理论整合法。即运用一种理论框架构建广播电视理论研究体系。如可根据电视媒体的生产、分配、交换、消费及其权力关系构建广播电视传播政治经济学，也可从媒介产品提供者、消费者，以及文本的编码和解码理论建构起电视文化理论。

我国30多年的广播电视理论研究以一种极其零碎的状态出现，因为"思想只要一启动，就会把现实打碎，但马上又会把现实加以重新组合"。从这个意义上来看，理论体系的建设不过是将纷繁复杂的理论碎片加以整合的努力而已。

建构过程：削平过程，即将不适合政治和文化因素中的部分内容与方法去掉；磨尖过程，即将想要突出的方式方法凸显出来，以解释本国的特殊问题，磨尖的过程亦即"特色化"过程；同化过程，就是"特色化"进一步形成，从而完成系统化的过程。

理论框架的设计（见图1），可参照国标分类中的广播电视学类目，它集纳了广播电视史学研究、广播电视基础理论、广播电视应用理论、广播电视管理理论，在一定程度上反映了国内广电学的研究现状。

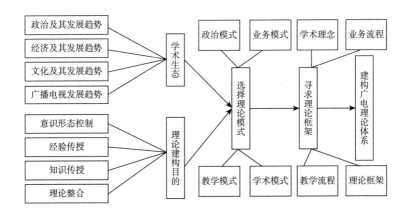

图 1 电视理论体系建构路径

　　赵玉明教授认为，广义的广播电视学应包括广播电视宣传学（广电新闻学、文艺学等）、广电技术学、广电管理学和广电受众学。狭义的广播电视学应包括广电理论研究、广电实务研究、广电史学研究和广电交叉学科研究。在他主持的教育部人文社科重点基地重大项目"广播电视学学科体系建设研究"中，以广播电视媒介为中心，将其作为公共信息或文化、娱乐的代理者，力图解释电视传播、电视文化及电视与社会的权力关系。并从整体上观照广播电视理论史，将"经典"与"当代"理论联系在一起，阐明二者在深层主题上的连续性。抓住这一指向，便厘清了广播电视理论的逻辑和勾勒出它的演变轨迹。

　　目前，国内研究体系过于庞杂。首先，从基础理论到实务研究、史学研究、管理研究、技术研究、队伍研究、发展和交叉性学科研究等无所不包，且多为原则性总结和描述性归纳，真正富有学术意义的见解和理论体系较少；其次，致力于中国特色的广播电视学或体系研究，但缺乏对西方经典电视理论的观照；最后，建立一个"既适用于广播学，也适用于电视学"的广播电视学体系，其虽有学科的共同之处，但从符号学的角度看，其差异也是显而易见的，将广播与电视真正融为一体的难度还是相当大的。

　　在西方广播电视理论研究中，从 20 世纪 40~60 年代经验学派主导的功能主义分析，到 70~80 年代批判学派为主导的文化学派研究，以及 90 年代至今的传播政治经济学分析，有一个明显的研究分期。但广播电视理论著作的研究仍显庞杂。如：

　　An Intro to Television Studies（《电视学导论》，2004）——内容包括电视历史、文化、节目类别、后现代电视、电视上的现实世界、电视如何影响观众和日常生活中的电视等。

　　A Companion to Television（《电视研究指南》，Wasko，2005；Miller，2003）——内容包括理论概述、电视美学与制作、电视的国家政策、电视与商业、电视节目内容与类别、公众与观众、国际电视等。

　　"广电学科体系"研究将西方广播电视理论研究纳入其体系之中，这是值得肯定的，但如何融入"体系""为我所用"还需要深入探讨。

三　广播电视学学科体系建构的发展观念

基于数字新媒体发展对传统传媒格局的影响，探讨现代广播电视与视听新媒体传播体系的内涵与特征，必将推动广播电视学学科体系建构的发展。

数字新媒体时代广播电视传输格局发生了根本变化，应研究现代传播体系构建的生态环境及影响，包括传统媒体的转型、新媒体发展的冲击、全球化传播的竞争、集约化经营的改革等。现代广电体系的研究应立足于媒介业态体系改变、话语形态体系改变，注重研究以下主要内容。

现代广播电视传输体系构建研究，包括广播电视原有业态体系的转型升级；广播电视新媒体业态的平台体系构建；传统广电、视听新媒体及三网融合覆盖体系等。总之，研究如何构建协调统一、传输快捷、覆盖广泛、直达受众、影响力强的现代广播电视传输体系。

现代广播电视传播多元主体联动研究，应研究现代传播主体的复式结构、多元主体的联动、融合新闻主体的培育等问题，创建现代广播电视传播主体构建的模式。因为时代与环境在高速变化，传统价值创造模式失去了效率，必须创造不同以往、超越从前的主体形态。无论是从产业的发展、意识形态和舆论阵地的控制力考虑，我们都必须加快与新媒体的深度融合，全面转型，加快成为新型主流媒体。[1]

现代广播电视传播话语体系构建研究，内容包括话语平台多重利用、话语主体的公众延伸、话语方式的开放联动，以及话语传播的首发引导、议题设置、深度解读等，创新话语体系的构建，研究完善多层级新闻信息采集和提供网络体系等。

现代广播电视传播体系的发展研究，加强下一代广播电视网（NGB）的战略规划、发展目标研究，以及 NGB 的传输网络、业务平台和管理系统等；加强广播电视与下一代互联网的研究，侧重研究互联网谱系变化与

---

[1]　王建军：《唯转型才有出路，唯创新才有价值》，微信公众号"广电独家"，2016 年 8 月 16 日。

世界现代传媒格局的重构，研究现代广播电视传播体系语境下的体制重构和制度创新。

同时，通过传统与现代、中国与西方传播体系的比较，研究现代传播体系的基本特征，探索现代广播电视体系的概念、功能及框架。

（中国传媒大学"广播电视学学科体系建构研究"

会议报告，2016）

中国文化创意产业研究的
偏颇与平衡

——基于中国期刊全文数据库文献的量化分析

内容摘要：本文主要通过中国期刊全文数据库文献的量化分析，对文化创意产业的研究进行了理性反思和前瞻预测。经分析发现，中国文化创意产业的研究范畴重宏观发展范畴、轻传媒产业研究；研究建构整体分布较为合理，但具体不同范畴的建构明显失衡。相关研究以"发展宏观分析"和"产业经济"为重点，而大众传媒作为文化创意产业中的重要领域并未得到应有重视。后续研究应基于理性的学术思考，在理论和实践的关联中找到研究的平衡点，彰显研究的价值。

关键词：文化创意产业　大众传媒　创意产品　理性学术思考

文化创意产业作为一项"软实力"，在任何国家和地区都有着举足轻重的地位。中国作为典型的发展中国家和社会转型国家，在加强国家硬件建设的同时，如何在国家"软实力"上实现快速提升，将成为中国可持续发展和保持竞争力的关键因素。文化创意产业的理论研究与实践发展总是相互激荡和促进的，因此，面对当下中国文化创意产业研究的现状，本文力求从宏观上探讨其研究格局与脉络，主要研究内容包括中国文化创意产业的研究范畴、研究类型和基本观点的理性反思。

一　研究问题

1. 概念界定

关于"文化创意产业"的概念，国内有众多不同的见解，很不统一。因此，在回顾研究之前，对"文化创意产业"进行界定，是本研究的基础。

首先，必须区分与"文化创意产业"相关的几个概念，即"文化产业""创意产业""文化事业"等，然后才能在此基础上进一步明确"文化创意产业"的意义及其内涵。

"创意产业"，源自英国创意产业特别工作组提出的"Creative Industry"，英国创意产业特别工作组将其定义为"源于个人创意、技巧和才华，通过知识产权的开发和运用，而形成具有创造财富和就业潜力的行业"。

"文化产业"，文化部文化产业司的定义为："从事文化生产和提供文化服务的经营性行业"，是与"文化事业"相对应的概念。①

"文化事业"，《现代汉语词典》给予其以较为代表性的定义："没有生产收入，由国家经费开支、不进行经济核算，从事文化服务的事业。"

上述三个代表性定义都有一个共同点，即都具有行业性、文化性和服务性，但在本质上三者截然不同。

首先，就"文化事业"和"文化产业"而言，虽然我国自从改革开放以来实行的是"事业单位、企业化管理"，但这只是文化事业变革的过渡状态。随着国家政策的逐步调整，一部分文化事业向企业化转型，使得公益性"文化事业"与经营性"文化产业"分离，两者开始有了清晰的界限，其中"经营性"成为区分的标志。

而"创意产业"则强调经由"创意"带来的财富和就业，其核心是"创意"，即"创造力"，包括物质实体和精神文化的创造力，如创造建筑

---

① 吕学武、范周主编《文化创意产业前沿理论：碰撞与交融》，中国传媒大学出版社，2008，第9页。

属于物质实体创意，制作电影属于精神文化创意。本文关于"文化创意产业"中的"文化"应为"精神文化"层面的文化。这样看来，"文化创意产业"实际上是一个由"文化""创意""产业"三者链接组合的概念，它的核心是"文化创意"，即要求在文化上有创意，而且这个创意是用来经营获利的。

据此，本文将"文化创意产业"界定为："借助科技和知识产权，并通过个人或群体的创造力将精神文化转化为商品或有偿服务的产业。"

2. 研究问题

（1）中国文化创意产业的研究范畴如何分布

主要分析相关论文文献涉及的研究内容及范畴。本文将研究范畴归纳为大众传媒、政策法规、休闲娱乐、创意人才、创意设计、发展宏观分析、产业经济以及其他8个大类。探讨这些研究范畴的总体分布情况，可以比较客观地了解到各个方面的研究热度和深入程度，以此给予后续研究以比较合理的研究建议。

（2）中国文化创意产业的研究类型与建构状况如何

主要分析相关论文文献的类型属性，是理论（史论）研究还是应用（对策）研究；是全方位（概括）研究还是单一（具体）研究。分析目的在于考查研究类型与建构状况是否合理。因为这是一个紧密联系产业实践的大课题，它应该更加侧重应用研究和单方面（具体）研究，以求对产业实践有更强的指导价值。

（3）中国文化创意产业有哪些主要学术观点

此部分试图从中国文化创意产业纷繁的学术观点中梳理出具有代表性的观点，从中基本摸清目前学界对中国文化创意产业的理论贡献，然后对这些基本观点进行反思。

二　研究方法

1. 样本选择

本研究的分析数据来源于中国期刊全文数据库的论文文献。以"文化创意"为题名在中国期刊全文数据库中进行检索，共检索到1266条文献记录，这些文献即是接下来进行分析的数据样本。

依据中国期刊全文数据库进行分析，有一定代表性，也顾及全面性。它能够反映出学界围绕这一主题研究的基本面貌。至于围绕本主题的其他方面研究，如学术会议、专著、论文集、学位论文等并不涵盖在本研究的范围内。

2. 类目建构

本研究在尽可能弱化误差和保持严谨性的基础上，本着方便研究的原则，进行了如下类目建构。

a. 研究时间：2006 年 9 月前；2006 年 9 月后

2006 年 9 月 13 日，中共中央、国务院印发《国家"十一五"时期文化发展规划纲要》，首次正式提出"文化创意产业"的概念。鉴于中国政府在产业实践和学术研究方面的重大引导作用，本文将 2006 年 9 月作为中国文化创意产业研究的分界点，学术研究在此前、后的研究状况应当呈现出不同的面貌。

b. 研究类型：理论（史论）研究；应用（对策）研究

理论（史论）研究包括对中国文化创意产业的理论建构、历史研究以及中外比较理论研究等；应用（对策）研究包括产业实践中实际应用层面的具体问题分析与解决策略。

c. 研究建构：全方位（概括）研究；单方面（具体）研究

全方位（概括）研究，即围绕中国文化创意产业这一主题从宏观层面上概括论述，是对整个文化创意产业全方面问题的思考；单方面（具体）研究，即从中国文化创意产业的某一个方面或某一个范畴出发探讨问题，相对比较具体。

d. 研究范畴：

大众传媒（报纸、期刊、广播、电视、电影、新兴媒体、出版发行）；

政策法规（政府作为、配套政策、法律法规）；

休闲娱乐（动漫、娱乐、旅游）；

创意人才（人才需求、培养教育、人才测评）；

创意设计（产品设计、服务设计、广告设计、品牌设计、公关策划）；

产业经济（产业集群或园区、产业融资、产品营销）；

发展宏观分析（国家文化创意产业发展研究、区域性发展战略研究）；

其他（不包含在上述主要范畴的其他方面研究）。

3. 资料统计与分析

本研究主要采用 SPSS for Windows 17.0 对所有论文文献进行量化统计分析，分析方法主要采用频率分析和交叉表分析。中国文化创意产业的研究范畴、研究类型与建构是直接进行的量化分析，而中国文化创意产业的主要观点方面则是依据主要文献进行的归纳分析。

三　研究发现

1. 研究范畴：重宏观发展范畴，轻传媒产业研究

表 1　中国文化创意产业研究范畴统计

单位：篇，%

研究时间	研究范畴	大众传媒	政策法规	休闲娱乐	创意人才	创意设计	发展宏观分析	产业经济	其他	合计
2006 年 9 月后	数量	34	54	90	81	110	462	229	92	1152
	占比	3.0	4.7	7.8	7.0	9.5	40.1	19.9	8.0	100.0
2006 年 9 月前	数量	4	8	12	3	11	45	16	15	114
	占比	3.5	7.0	10.5	2.6	9.6	39.5	14.0	13.2	100.0
合计	数量	38	62	102	84	121	507	245	107	1266
	占比	3.0	4.9	8.1	6.6	9.6	40.0	19.4	8.5	100.0

由表 1 可见，中国文化创意产业的研究范畴分布很不均匀，各个研究范畴在整个研究领域所受到的重视程度和研究热度差距较大。

研究范畴中的"发展宏观分析"占研究总量的 40%，成为文化创意产业研究中最热门的主题，而研究范畴中的"大众传媒"却遭到冷遇，

只占研究总量的3%。大众传媒作为文化创意产业中的一个重要领域，无论是在以美国为代表的西方产业布局中，还是在我国的文化产业发展现状中，都占有相当的比重和突出的地位，理应受到重视和充分研究，但文献分析则相反。

对此，我们认为，在中国文化创意产业发展的初始阶段，可以偏重对文化创意产业全面分析的研究，以便于人们把握中国文化创意产业的总体趋向。但是随着文化创意产业的深入发展，应该将注意力更多地放在大众传媒等关系文化创意产业发展的关键领域，揭示出这一研究领域的多面性和复杂性，从而有助于更深刻地认识并解决这一领域的相关问题，以增强研究的有效性。

2. 研究类型与建构：

（1）研究类型：重应用、轻理论

表2　中国文化创意产业研究类型统计

单位：篇，%

研究时间 \ 研究类型		理论（史论）研究	应用（对策）研究	合计
2006年9月后	数量	171	981	1152
	占比	14.8	85.2	100.0
2006年9月前	数量	5	109	114
	占比	4.4	95.6	100.0
合计	数量	176	1090	1266
	占比	13.9	86.1	100.0

由表2可见，中国文化创意产业的研究类型存在着明显的"重应用、轻理论"的偏向。应用（对策）研究占了研究总量的绝大部分（86.1%），而理论（史论）研究仅占13.9%。这一方面可能是因为文化创意产业本身就是应用性很强的研究领域，重在实用，实践指向明确，目的是推进中国文化创意产业实践的发展。另一方面，理论（史

论）的研究也有待于实践的丰富发展，为其提供充足的研究案例。尽管如此，理论研究也必须得到一定程度的重视，因为它是应用研究的进一步升华，对实践有着重要的指导作用，理应随着研究的深入不断呈上升之势。从 2006 年 9 月之后与之前的理论研究所占比例看，增加了约 10 个百分点，这是一个进步，但仍然远远不够，还需增强对这一领域的深入思考和探讨。

（2）研究建构：总体分布较合理

表 3　中国文化创意产业的研究建构统计

单位：篇，%

研究时间 ＼ 研究建构		全方位（概括）研究	单方面（具体）研究	合计
2006 年至今	数量	477	675	1152
	占比	41.4	58.6	100.0
2006 年之前	数量	53	53	114
	占比	46.5	53.5	100.0
合计	数量	530	736	1266
	占比	41.9	58.1	100.0

由表 3 可见，中国文化创意产业的研究建构方面，"单方面（具体）研究"比"全方位（概括）研究"得到更多使用。"单方面（具体）研究"占研究总量的 58.1%，"全方位（概括）研究"占 41.9%，两者相差 16.2 个百分点，从总体看，分布还是比较合理的。

由于中国文化创意产业研究应用性强的特点，自然直接影响到研究建构偏重"单方面（具体）研究"，而在"全方位（概括）研究"方面相对较弱，这与研究类型的分析是比较匹配的。从 2006 年 9 月之后与之前的研究比较看，研究建构差异加大，这说明单方面（具体）研究在后期日益受到重视，研究越来越具体，有了更强的针对性。

3. 不同范畴之建构：以"发展宏观分析"和"产业经济"为重点

表4　中国文化创意产业不同研究范畴的研究建构统计

单位：篇，%

研究建构 ＼ 研究范畴		大众传媒	政策法规	休闲娱乐	创意人才	创意设计	发展宏观分析	产业经济	其他	合计
全方位（概括）研究	数量	0	0	1	0	1	466	4	58	530
	占比	0	0	0.2	0	0.2	87.9	0.8	10.9	100
单方面（具体）研究	数量	38	62	101	84	120	41	241	49	736
	占比	5.2	8.4	13.7	11.4	16.3	5.6	32.7	6.7	100.0
合计	数量	38	62	102	84	121	507	245	107	1266
	占比	3.0	4.9	8.1	6.6	9.6	40.0	19.4	8.5	100.0

　　由表4可见，中国文化创意产业不同研究范畴的研究建构情况有着相当大的差异。"全方位（概括）研究"建构以"发展宏观分析"为主，而"单方面（具体）研究"建构以"产业经济"为主，"大众传媒"等研究范畴在两种研究建构方面都是非常弱的。在"全方位（概括）研究"建构中，"大众传媒""政策法规""创意人才"等方面研究显示为零，与"发展宏观分析"范畴占绝大部分（87.9%）形成天壤之别。即使是在"单方面（具体）研究"建构中，"产业经济"范畴也占了将近三分之一（32.7%），而最弱的仍是"大众传媒"的研究（5.2%）。

　　这一发现或许跟研究范畴属性有直接关系，如"发展宏观分析"范畴更适合做宏观的全方位（概括）研究，而"产业经济"范畴因为涉及具体经济运作与针对性的经济策略，更适合于单方面（具体）研究。但是对于大众传媒这一重要领域的两种研究建构都明显不足，这非常值得注意。

　　再从不同研究范畴的研究类型统计表5可以看出，"发展宏观分析"范畴在理论研究和应用研究两种类型上仍然是一家独大。

表 5   中国文化创意产业不同研究范畴的研究类型统计

单位：篇，%

研究类型 \ 研究范畴		大众传媒	政策法规	休闲娱乐	创意人才	创意设计	发展宏观分析	产业经济	其他	合计
理论（史论）研究	数量	2	3	6	0	3	85	20	57	176
	占比	1.1	1.7	3.4	0	1.7	48.3	11.4	32.4	100.0
应用（对策）研究	数量	36	59	96	84	118	422	225	50	1090
	占比	3.3	5.4	8.8	7.7	10.8	38.7	20.6	4.6	100.0
合计	数量	38	62	102	84	121	507	245	107	1266
	占比	3.0	4.9	8.1	6.6	9.6	40.0	19.4	8.5	100.0

由表 5 而知，"发展宏观分析"范畴中的"理论（史论）研究"占 48.3%，"应用（对策）研究"占 38.7%，而其他范畴均呈明显弱势。这个比例是让人吃惊的，这对于中国文化创意产业研究总体来说不太合理，它表明我们过去的大量研究只停留在宏观发展的务虚层面，而较少注意到具体研究范畴。由此可推断出，中国文化创意产业研究的主题多维度还未做到。

另外，在理论（史论）研究类型方面，"其他"范畴占据第二位，所占比例达到 32.4%，这主要是因为它包含了众多关于基础概念和基本理论方面的研讨。在"应用（对策）研究"方面，"产业经济"范畴占据第二位（20.6%），也明显高于其他各个研究范畴，这说明文化创意产业对"产业"的层面非常重视。

4. 中国文化创意产业的主要观点

文化创意产业自 20 世纪 90 年代以来，已成为当代学术界研究的热点话题，研究领域涉及文化创意产业的历史变迁、基本属性、研究范式、研究对象和发展趋势等。现从理论研究文献中梳理出有代表性的主要观点，以更加深刻地理解文化创意产业。

(1) 关于文化创意产业的本质属性

一般认为，文化创意产业具有双重属性：一是文化创意价值属性，特指文化创意产品所表达的人类精神活动内涵及其影响；二是经济价值属性，包含文化创意产品所带来的经济效益的总和①。其基本特征表现为：具有双重质量标准，即物质形态的产品质量与非物质形态的内容质量评价；具有公共品的消费特征，即有某种程度的非竞争性和排他性；文化创意产品的创意性及对知识产权的高度依赖性；文化创意产业组织的空间集聚化等。

文化创意产业究其本质属性，完全可将其看作"文化+创意+产业"，即文化属性、创意属性和产业属性三者的相互叠加，构成了文化创意产业的范畴。同时由此衍生出文化创意产业的其他非本质属性，如"产业属性"可衍生出"产业集聚化"和"高盈利性"等非本质属性。

(2) 关于文化创意产业的主要研究内容

有研究者归纳梳理了相关研究成果，集中反映了文化创意产业的主要研究内容。②

文化创意产业特质的研究。由于文化创意产业的存在和发展均由创意驱动，因此，比较一致的看法是，文化创意产业的内涵应着眼于整个产业链来认识。

文化创意产业的特质，应厘清文化创意产业和文化产业、传统产业的关系，并从它们之间的联系与区别来认识。

文化创意阶层的研究。著名经济学家理查·弗罗里达（2002）提出了"3T模型"，即创意人才的培养、创意技术的培育和城市文化的包容。相关研究基本上围绕这个模型展开。

文化创意城市的研究。创意产业的发展与区域经济发展程度相关，特别是与城市的经济发展程度相关，创意已是当今城市发展的大主题。有专家将创意城市分为四种类型：技术创新型、文化智力型、文化技术型和技术组织型。

---

① 魏鹏举：《文化创意产品的属性与特征》，《文化月刊》2010年第8期。
② 黄志锋：《创意产业理论研究综述》，《延边大学学报》（社会科学版）2010年第5期。

文化创意产业集群的研究。创意产业集群是指以创意产业为主的多元文化生态和创意服务产业链的一个特定的区域。目前，国外关于此项研究较为成熟，国内刚刚处于起步阶段，集中在创意产业集群的特征、外部环境及个案的研究。

（3）关于文化创意产业的支撑体系

中国文化创意产业的支撑体系可概括为三大体系：政府政策支持体系；知识产权与版权法保障体系；人才发展教育规划体系。创意产业最初在英国是作为一项重大国家政策提出来的，英国政府当时专门成立了"创意产业特别工作组"，开始了极具历史开创性的工作。但在国内，涉及政策性的研究完全沉浸在创意产业集聚园区发展上，其后果很可能催生的不是创意产业，而是房地产业的恶性膨胀。

在知识产权与版权法保障体系方面，众多研究对完善版权法体系都给予了一致肯定。人才教育发展规划体系在世界各国都被放在十分突出的地位，中国也不例外。有研究提出分层次、分阶段地建立不同面向的文化创意人才教育体系。

（4）关于大众传媒文化创意产业的研究

在高度媒介化的时代，人们面对的社会生存方式是一种媒介化生存，大众传媒的影响力几乎无处不在，传媒产业理应成为中国文化创意产业研究中的重点领域。有的研究倡议用文化创意来引领传媒产业，使传媒融入文化创意产业之中，从而使传媒"产业经营向整个文化创意产业集群靠拢"[1]，而且传媒文化创意产业具有十分强大的调节组合作用，既可调节组合传媒产业，又可调节组合非传媒产业，比如农业和制造业。由于传媒创意产业传播的是一种新的理念和方案，这样就促使各行各业的操作方式、管理办法、经营策略等都必须发生相应的变化[2]，此外还要求冲破传统的产业模式，实现从产业链到产业丛的转变，推动传媒业与其他行业的互动融合。发掘传媒业中的创意因素并优化其配置，可从生产、流通、消费、劳动等方面分别定位传媒业发展创意的举措，进而将其具体化为管理

---

① 喻国明、王斌：《创意：传媒业的空间重构》，《新闻与写作》2007 年第 3 期。
② 周鸿铎：《积极构建传媒文化创意产业体系》，《广告大观》（媒介版）2006 年第 5 期。

程序和细节，实现传媒业的创意导向式发展①。

与之相对应，有些研究对大众传媒创意产业进行了反思，如学者提到党政喉舌、公共服务、商业运营三位一体的媒介现实使其不可能走上平衡调和之路②。只有靠不断改革才有出路，改革的前提要使传媒文化创意能够贯通于"传媒创业产业经营主体"和"传媒创意公共服务主体"的双主体，这样才能避免传媒创意产业发展的偏颇。

（5）关于文化创意产业的未来发展研究

文化创意产业是非常有潜力的现代朝阳产业，而且将深刻影响现代产业的结构调整和升级。在中国文化创意产业发展路径上，大多数研究能够从提升内容创意、加强人才培养、完善政策法规、强化产业运营等方面给予发展建议。在中国文化创意产业发展方向上，研究认为将朝着融合的趋势发展，文化创意产业要凭借自身很强的渗透力和广泛的融合性，与各行各业相互融合、渗透，尤其将技术、文化、制造和服务融为一体，从而有利于产业链的延伸和空间的拓展。③ 还有研究指出"文化创意产业发展的根本策略在于民族的创新意识，应坚持鼓励创新，保护原创，鼓励竞争与融合"④，"以本土化、国际化和专业化的发展理念为引领，走中国特色的发展道路"⑤。

此外，有关文化创意产业的"发展宏观分析""产业经济分析"以及"休闲娱乐"的研究在我国成为热点。相比之下，其他内容如文化创意产业的主体、文化创意产品的生产消费、文化创意产业的经济政策研究等较少涉及，如能兼顾主次分析所涵盖的各方面内容，才能对这个领域的全貌形成比较完整的理解。

---

① 喻国明、王斌：《创意：传媒业的空间重构》，《新闻写作》2007 年第 3 期。
② 尹鸿、杨乘虎：《文化·创意·产业：中国电视的三维空间》，《现代传播》2007 年第 1 期。
③ 厉无畏：《发展创意产业是实现"蓝海"战略的一种手段》，《中国高新区》2008 年第 3 期。
④ 哈艳秋、桂清萍、张琳：《中国广播电视文化创意产业发展策略研究》，《现代传播》2007 年第 5 期。
⑤ 胡智锋、李继东：《中国影视文化创意产业的三大问题》，《现代传播》2010 年第 6 期。

四　结论与讨论

通过以上分析，大致梳理出中国文化创意产业研究的脉络。总体看来，研究范畴重宏观发展，轻传媒产业研究；在研究建构方面，偏向"发展宏观分析"和"产业经济"研究，明显呈现失衡状况。尤其是作为文化创意产业的大众传媒，没有得到充分的关注，这种状况亟须改变。

文化创意产业是文化属性、创意属性和产业属性三个本质属性的联合体，因此，在文化创意产业的发展中，政府政策的鼓励支持、知识产权与版权法的保障以及人才发展教育规划等三个支撑体系均需强化。

文化创意产业的发展，既需要理论的观照，又需要能引领实践的系统研究。英国政府为推动"创新式文化"产业发展，于2001年发布《文化与创新：未来十年的规划》（绿皮书），我国是否也需要做出文化创意产业发展的"十二五"规划呢？

其次，本研究选取中国期刊全文数据库中以"文化创意"为题名检索到的文献，它基本反映了中国文化创意产业研究的概貌，但也见到相关研究领域的局限。这为进一步的讨论研究提供了可拓展的空间，建议在如下方面展开研究。

①文化创意产业的研究类别与模式研究；

②文化创意产业的法规政策与机制研究；

③文化创意产业的微观层面与创新研究；

④文化创意产业的大众传媒与突破研究；

⑤文化创意产业的生态环境与集群研究；

⑥文化创意产业的知识产权与保护研究；

⑦文化创意产业的发展趋向与多元研究；

⑧文化创意产业的学科交流与沟通研究。

文化创意产业在发达国家正迅速成长为支柱型产业，理论研究也相对走在学术研究的前沿。我们应当借鉴国外的先进成果，结合我国文化创意产业的实践，加强跨学界、跨领域的学术研究与交流，真正做到能引领文化创意产业的健康发展。

（原载《河南社会科学》2011 年第 3 期，

《文化创意产业》2011 年第 5 期全文转载）

后　记

从 20 世纪 70 年代初我在西藏军区某部兼任新闻报道工作至今，我从事新闻宣传工作和高校新闻传播教育工作已有 40 多年了，占了我"工龄"90%的时间，其间共发表论文 100 多篇，分阶段结集成三本论文集。

当年，我在西藏军区某部被选拔到师部参加通讯员培训班，结业后便随首长下连队追踪报道，在《西藏日报》发表了第一篇"豆腐块"处女作。自此，算是与新闻工作结缘。此后，在地方又先后于 1975 年从电影公司调到文化、广播电视局从事广播电视宣传管理工作，1986 年受命筹备成立一家地方电视台并任首任台长，开始了长达十多年的传媒业界经历，自此，再未与新闻传播领域分离。其间创业的艰辛、深入第一线采拍的苦乐、重要题材连续 60 小时的作战……换来了央视和省台的视频用稿、宣传工作领导的肯定，以及各类作品的获奖等，这些都成为难以磨灭的记忆。

尤其是在传媒业界工作期间的困惑，常常促使我在那个广电新闻专业书籍极少的年代，展开自寻答案式的理论研究，并付诸"方格"形成了若干篇论文，先后被各类刊物采用，其中有三篇已发表论文被中央电视台建台 35 周年"电视丛书"收录，深感欣慰。为总结前期实务阶段的理论研究，我于 1998 年将此前十年的研究成果集纳成册，由中国广播电视出版社正式出版，这便是我的第一本论文集《荧屏思索录》。现在看来有些文章虽还很稚嫩，但它却是业界实践早期急切需要回答而还没有解决的一些理论问题，我所做的不过是针对实践问题的研究写出了一些较为接

"地气"的文章，让读者感觉既有"可读性"，又能在解决实际问题时具有启发性。

冥冥之中似乎命运早有安排，早年对学术的追求与爱好，使我应邀进入了梦寐以求的大学校园，开始了人生第二个较长时间段的工作经历。从学术爱好到学术职业，这一大跨度的转型开始的确让我感觉准备不充分。从"热动"的电视业界到"冷坐"的学术殿堂，需要厚实的理论积累与教育资源，而对初涉高校讲坛的我这个"中（年）人"新手来说，其角色的转换初期还是较为痛苦的。幸好我们这一代人，历经了社会变迁的种种艰难，磨砺了我们的意志力和对美好向往的不懈追求，使我在较短的时间内赶上了高校教学科研的步伐。我在站稳、站好高校讲台的基础上，孜孜不倦地伏案笔耕，同时，带着我的博士、硕士研究生共同探讨新闻传播学的理论问题，又于高校工作的第一个十年，完成并发表了 50 多篇论文，大部分被核心期刊采用，并有近十篇论文分别获全国和省级学术论文一等奖。这时，正好在我任教的华中科技大学新闻与信息传播学院组织部分博导出版一套"中华新闻传播学者文丛"，受邀将我在高校前期的研究论文汇编成册，集纳为第二本论文集《电视话语的重构》一书，感谢时任院长张昆教授的支持，由华中科技大学出版社于 2010 年正式出版。这是我在已出版近 10 本专著和教材的基础上又一部自选文集。

进入高校工作后的第二个十年，本想放慢节奏兼做些学术之外的事，比如看一些让我曾经入迷的小说。但身不由己，被学术圈推着往前走。在获得一项国家社科基金一般课题并结题为良好后，又接着申报并获得国家社科基金重点项目一项。其间还出版了《融合新闻学导论》《中国广播电视公共服务》和国家级规划教材《电视专题与专栏——当代电视实务教程》（第三版）等专著、教材。本想就此搁笔，但无奈还是放不下，在近耳顺之年又连续发表论文，并在现任院长张明新教授的督促和支持下，再次着手将近十年的论文结集出版，完成第三本论文集。此间还同步完成了另一本专著和一本北大出版社规划教材（第二版）的修订工作，并付诸出版社出版。

进入华中科技大学以来，我从副教授到教授的晋升、博导的选聘、"华中学者"的特聘，再到登上中国哲学社会科学最有影响力学者排行榜

（基于中文论文的研究，2017），一路走来，算是对我近 20 年努力拼搏的认可。

综上，本书所选编的部分论文是在担任导师期间与我近几年指导的研究生共同研究完成的，他（她）们分别是：博士后胡言会，博士生肖叶飞、姚洪磊、陈静卉、景义新、柴巧霞、吴柳林、曹霞、梁媛媛、栾颖、刘枫、程洪涛、吴龙胜，硕士生郝萍、唐秋彤、钟阳等。在此，向他（她）们表示感谢！

我还要特别感谢华中科技大学新闻与信息传播学院院长张明新教授！正是由于他的安排和督促才使我近十年来发表的论文得以结集出版。

值此出版之际，感谢社会科学文献出版社的大力支持！

特别感谢我的家人，他们的支持让我多年来能专心致志于新闻传播的教育与研究！

石长顺

2019 年 9 月 16 日于华中科技大学喻园

图书在版编目（CIP）数据

传媒进化论 / 石长顺著. -- 北京：社会科学文献
出版社，2020.11
　（喻园新闻传播学者论丛）
　ISBN 978-7-5201-6147-3

　Ⅰ.①传…　Ⅱ.①石…　Ⅲ.①传播媒介-文集　Ⅳ.
①G206.2-53

　中国版本图书馆 CIP 数据核字（2020）第 026402 号

喻园新闻传播学者论丛
传媒进化论

著　　者／石长顺

出 版 人／王利民
责任编辑／周　琼
文稿编辑／贾宏宾

出　　版／社会科学文献出版社·政法传媒分社（010）59367156
　　　　　　地址：北京市北三环中路甲29号院华龙大厦　邮编：100029
　　　　　　网址：www.ssap.com.cn
发　　行／市场营销中心（010）59367081　59367083
印　　装／三河市龙林印务有限公司

规　　格／开　本：787mm×1092mm　1/16
　　　　　　印　张：28.75　字　数：449千字
版　　次／2020年11月第1版　2020年11月第1次印刷
书　　号／ISBN 978-7-5201-6147-3
定　　价／138.00元